研 究 生 教 学 用 书
教育部研究生工作办公室推荐

中国科学院研究生教材

区域与城市发展论

QUYU YU CHENGSHI FAZHANLUN

（第2版）

姚士谋
汤茂林　陈爽　陈雯　编著

中国科学技术大学出版社

图书在版编目(CIP)数据

区域与城市发展论/姚士谋,汤茂林,陈爽,陈雯编著. —2 版. —合肥:中国科学技术大学出版社,2009. 3

中国科学院研究生教材

ISBN 978-7-312-02134-3

Ⅰ. 区…　Ⅱ. ①姚…　②汤…　③陈…　Ⅲ. ①区域发展—中国—研究生—教材 ②城市化—中国—研究生—教材　Ⅳ. F127　F299. 21

中国版本图书馆 CIP 数据核字(2009)第 024106 号

出版发行　中国科学技术大学出版社
(安徽省合肥市金寨路 96 号,230026)
印　　刷　中国科学技术大学印刷厂
经　　销　全国新华书店
开　　本　710×960/16
印　　张　20.75
字　　数　395 千字
版　　次　2004 年 6 月第 1 版　2009 年 3 月第 2 版
印　　次　2009 年 3 月第 2 次印刷
印　　数　3001—6500 册
定　　价　36.00 元

序

改革开放以来，在社会主义经济建设过程中，我国人文地理学、城市地理学的研究结合国民经济建设的重大理论与实际问题，取得了很大成绩。中国科学院的有关研究所二十多年来培养了一大批高质量的硕士、博士研究生，其中很重要的就是在研究生学习期间能结合实践，因材施教，积累经验，努力提高其研究能力。其中如中国科学院南京地理与湖泊研究所城市与区域经济研究室，自20世纪80年代以来，在前所长周立三院士的倡导下，重视人文地理、经济地理学科的发展，特别是在90年代初期，该所的许多业务骨干活跃在各条战线，在华东地区以至长江流域主持与参加了许多国家重点科研任务和国家自然科学基金项目，在此过程中培养和锻炼了大批研究生，现已成为参与国家各个部门工作且能独立发挥作用的建设人才。

中国科学院是我国最高的自然科学学术研究机构，不仅重视基础教育培养专业人才，同时也注重通过实践来培养国民经济建设需要的实用人才。在当代依靠实践、教学积累经验与知识，编写研究生教材是十分重要的。这本《城市与区域发展论》专著是该院博士生导师姚士谋研究员等，在积累了将近20年来的丰富实践经验的基础上为培养研究生所作的系列讲课的结晶，比较系统地总结了城市与区域发展的相互关系及其城市化与区域发展理论、城市信息理论概念与方法等重要问题，提出了不少新的观点与见解。我认为本书是一本融汇了人文地理学、城市地理学、技术经济学、城市规划学、区域发展学等等专业知识的综合性论著。它从区域发展与环境问题的多层面和多视角去深刻认识和理解城市的成长，可以说是当前国内深入研究城市与区域发展的一部新的论著。该书结合我国当前大量的区域规划、国土规划及城市规划与建设的实践，从理论和方法上作了较为深入的研究，在实验手段上从深层次涉及到工业化、城市化、信息化等本质问题，探索了社会、自然、经济发展等方面的规律性，对城市地理学、区域发展学和城市规划学以及区域环境学等方面的研究，有所增益。

本书可作为中国科学院研究生的一本综合性教材和重要的参考文献。当然其中有一些问题还有待于进一步系统地完善，希望后浪推前浪，有更多的中青年专业研究人员不断深入探索、不断更新和不断发展这方面的研究。这对培养国家建设的专门人才以及为中国科学院输送高层次研究人才，将发挥更大的作用。

中国科学院资深院士 吴传钧
中国地理学会名誉理事长
2003 年 12 月
（2006 年修订）

前　言

现代城市是社会经济高度发达和科学文化历史发展积淀的产物，也是人类文明历史进步的一个重要里程碑。城市从诞生的那一天起，就是一个社会生产力集聚和商品经济活动以及市场发育的进步标志。城市发展到今天，集聚了从事二、三产业(社会经济)活动的大量人口及其城市基础设施、市政公用设施以及文化娱乐设施日益现代化的一个长过程，已经成为区域经济发展的中心和推动现代社会高度发达的前沿基地，也是整个国家或地区可持续发展的创新中心。

早在1978年年初，改革开放的第一个春天，中央国务院建设部规划司(当时称为城乡建设与环境保护部)一行10人来南京作城市规划与建设问题的试点调查，建设部要求南京大学与我所派员配合调查，当时南京大学的宋家泰、吴友仁、崔功豪教授和我所的沈道齐、姚士谋教授等一起参与此项重要工作，这是改革开放之初我们中国科学院南京地理与湖泊研究所，尤其是人文地理学专业开始的第一项城市规划工作，并作为向全国城市规划界第一个春天的献礼。在将近三个多月的城市规划专项调查的实践中，我们提出了“城市与区域发展的相互关系”、“从区域空间研究城市问题”等等新的观点，当时还没有受到规划界、地理学界的足够重视，只有到了20世纪80年代中期以后才逐步引起各省市城市规划与建筑学界以及各个大学的重视。此后，我们相继发表了一些重要论文，专门论述城市与区域发展的相互关系，并得到了地理界、城市规划学界等许多有识之士和专家的认同。

此后，在20世纪80、90年代，我所招收研究生时，我们开设了城市与区域发展的研究生课程。我们认为，城市发展与区域空间的相互关系是十分密切的，也是很复杂的系统工程，相当一段时间以来，许多问题没有真正解决。改革开放后，特别是近20多年来，从事城市问题研究的专家、学者越来越多，大家都很重视城市发展的地理空间、区域开发问题。无论是城市规划学界，还是人文地理学界和社会经济学界等等，对于城市与区域发展问题都感兴趣，发表的论文、专著也日益增多，对城市发展战略，城镇体系规划、概念规划与都市圈规划等等做了大量的工作，对国家的城市规划与建设方面作出了重大贡献，这是十分可喜的现象。

本书的出版，是在二十多年的工作实践及其教学研究的基础上，逐步积累了丰富的科学知识，收集整理了城市与区域发展的系统问题，并参考了国内外大量的文献资料，并由此作进一步深入的分析、探索。本书共分为8章，重点探索城市与区域发展的相互关系，城市化问题，区域发展过程中城市成长、发育机制，城市个性与城市功能新特点；同时也探讨了区域可持续发展与城市现代化问题，城乡一体化与都市圈特征以及信息环境下的城市空间的新发展。

城市建设与区域空间开发（含城市新工业区、开发区以及城市新区建设）是当今世界各国、各地区社会经济发展的最本质问题，也是全球经济一体化前提下全人类社会文明进步与人民生活水平日益提升的现代化问题。城市建设（从城市规划开始到现代化的建设）与区域空间组织与开发，都标志着人类主观能动性、创造性和战略性地认识自然、改造自然的重大步骤，直接关系到人口、资源、环境、经济发展与社会进步等方面进入了一个新的发展阶段的关键问题。

本书主要执笔人为：第一章、第五章、第六章由姚士谋负责（陈爽参加了第一章的修改）；第二章由汤茂林、姚士谋负责；第三章、第四章由汤茂林负责；第七章由陈雯负责，第八章由陈爽负责。本书的插图、制作与资料分析由姚士谋、刘存丽、王成新和汤茂林完成，全书最后由姚士谋修改、定稿，吴楚材参加了部分章节的定稿。在写作过程中，我们得到了中科院南京地理与湖泊研究所领导秦伯强、杨桂山教授与科研处、研究生处的支持、关心，所长基金给予了部分资助。

本书出版过程中，得到了朱英明、李昌峰、陈彩虹、管驰明、年福华等的帮助，在此表示深深的谢意。本书再版得到了我所所长杨桂山教授的支持与关心，在此表示感谢！

姚士谋

中国科学院南京地理与湖泊研究所

（城市与区域发展研究中心）

2004年5月20日修订于南京

2008.8月修订

目　次

第一章 区域发展与城市规划概述

区域发展与开发是当今世界各国各地区经济发展的关键问题，也是地区生产力发展所导致工业化、城市化的最主要的区域空间布局的实体。区域发展和区域开发是一个区域经济建设的程序，也是一个同质稍有差异的区域发展进程。

区域发展与开发，都标志着人类能动地认识自然、改造自然，直接关系到人口、资源、环境、经济发展与社会进步关系方面进入了一个新的发展阶段(陆大道，1995)。西方发达国家经济建设初期就把区域发展和开发规划作为加强宏观调控、合理配置资源、激发经济增长和促进社会进步的长期战略(毛汉英，2000)。我国在当代改革开放后，经济发展比较迅速，随着社会主义市场经济体制的逐步形成和政府职能的转变，既注意到沿海经济与内地开发的协调，充分发挥沿海中心城市及其周围地区经济的巨大作用(毛汉英，1995)；另一方面又注意到内地丰富资源的开发，在条件成熟的地方进行成组布局，发达地区沿着轴线开发，逐步建立内地经济开发的工业基地和枢纽经济，加强了我国沿海与内地的板块经济的长足发展(陆大道，1995)。

第一节 区域发展与区域板块的形成

区域发展是地区经济开发过程中，人口与工业集聚的经济现象，集中反映在城市的形成与区域工业化、城市化过程中，也是区域板块相对形成的过程。区域板块是各国各地区在经济比较发达的地区(如美国东北太平洋沿岸地区、五大湖地区，中国的珠江三角洲、长江三角洲，日本的京阪神和东京大都市圈等)，由于长期的历史开发逐步形成的。在这些地区，人口密集、工业发达、城镇密布、交通联系密切、城市化水平高。其最主要的地域特征是：以1～2个具有国际意义和国家级特大城市为核心，并具有类似的自然地理特征和悠久的开发历史，成为巨大的城市群，依托发达的交通网络和信息交流，相对构成一个“地块”，成为国家现代化的前进基地(姚士谋，陈振光，朱英明，2006)。

在全球经济一体化和信息环境的影响下，区域板块的形成和发展越来越重要，其产业的辐射强度与作用越来越大。区域发展是当代世界重大的社会经济问题，有着四大属性：①综合多维发展过程；②动态渐进发展过程，包括新区开发；③人口、资源、环境、经济与社会相互作用的协调过程；④与相邻区域发展相关的联动效应(毛汉英，2001)。世界著名城市地理学家P·霍尔(霍尔，2002)在杭州长江三角洲区域发展国际会议(2002年10月)上所作的主题报告中指出，中国目前至少拥有两个经典性的特大城市区域，即长江三角洲、珠江三角洲，并认为这是经济发展的新形式，代表着真正的21世纪的城市范例。参加"2001中国城市化发展论坛——大城市群发展战略"的专家认为，板块经济对中国未来的发展至关重要，它是中国经济发展的支点，中国未来经济发展的重心应放在两个地方：一是以上海为中心的长江三角洲大城市群，另一个是以香港、广州为中心的珠江三角洲大城市群。长江三角洲和珠江三角洲是未来中国经济增长最快的地区。在不久的将来，中国GDP增长的5成以上将出现在这两个地区。我们认为，我国的长江三角洲和珠江三角洲近似于区域板块，也是亚洲特大城市地区，不仅是一种新城市发展模式，而且也是未来跨国规模经济发展的新形式的空间表达。

区域板块的经济开发、工业与人口集聚、城市化水平提高和生态环境协调发展是21世纪世界重大的社会经济问题，是中国城市地理学和区域地理学研究的重要课题，研究区域板块的形成、发展与区域协调发展也是现代地理学的主要内容。

一、区域板块形成的重大作用

我们认为，区域板块在各国各地区经济发展进程中起着基础性、关键性的历史作用，具有很广泛的自然属性和人文属性，从当代发达国家与发展中国家的经济建设实践分析，有三大重要作用。第一，区域板块是地球表面的一定地域空间，经济开发、城市生长和生态网络的建设均需要相对完整的地域空间，不仅包括资源开发与配置、工业生产、城市形成、经济增长等物质实体的发展空间，而且包括科技、教育、信息、政策等非物质实体的发展空间。因此，可以说，区域板块是一个综合性的多维地域空间。第二，区域板块的形成是一个动态、渐进的连续发展过程，不仅包括新开发区的发展(例如大上海浦东开发和香港的沙田、荃湾等新市镇开发建设)，而且也包括许多老城区的更新、改造与完善，也包括许多地区原有的道路网、干线公路和其他基础设施的改造，提高劳动水平和管理水平(孙尚志，1994)。这种区域板块的动态发展过程伴随着极其复杂的社会经济问题。如果要使这种区域板块成为现代化的前进基地，还得十分注意板块内的人口、资源、环境、经济与社会相互作用的持续协调发展，包括生态平衡的良性化和环境保护的持续发展。第三，区域板块从大地区而言，它是区域整体的一部分，从小地区而言，它又是相对独立的一个单元，具有地域行政单元和区域发达的空间的双重性。因此，区域板块的形成、发展又是一个与相邻区域互动互进的联合协作发展过程，既包括区域内部多维边界与协调发展，又要考虑区域发展对相邻地区或更大区域发展的影响和联动效应，加强区域联合与协作正是基于区域发展的这一特点(胡序威，1998)。

总之，区域板块在社会经济发展过程中有着许多重要特性和历史作用，而且在全球经济一体化的时代，对它的理论研究与规划实践越来越重要了，而且将会在人类的进步中发挥巨大作用。国家计委宏观经济研究院专家认为，区域发展规划(RDP)关系到国家建设的长远利益，关系到国计民生的重大问题与社会经济持续协调发展(PRED)问题。英国著名地理学者 P·霍尔认为，区域发展规划“作为一项普遍活动是指编制一个有条理的行动顺序，使预定目标得以实现。它的主要技术成果是书面文件，适当地附有统计预测、数字描述、定量评价以及说明规划方案各部分关系的图解”(霍尔，1985：3)①，并把区域规划称为物质环境规划(physical planning)或空间规划。波兰科学院院士 P·萨伦巴认为，区域规划作为整体物质规划“是门建筑在科学原则上的组织空间的艺术，是一种恢复空间秩序、保证形成使人满意的美的环境和通过技术的措施创造新的价值的实用艺术。”(萨伦巴，1986)这也正是区域板块规划设计所要达到的一个基本目标。

二、区域板块的集聚和扩散规律

区域板块现象由于城市的集中性、经济性、社会性的存在，使区域空间产生集聚作用，表现在区域内重要的交通干线、高速公路、高级公路和水网的集结，构成枢纽，形成高密度的人流、物流和信息流，并在区域内的城市集聚。

不少学者在研究区域空间集聚现象时，都提到区域空间具有整体性、层次性、结构性和相互依存性。19 世纪中叶和 20 世纪初，随着原材料以及来自欧洲的劳动力和资本在美国东北部的集中，从波士顿到纽约到费城、华盛顿，是城市高度密集高度发达的区域，这一地带成为美国重要的制造业带(工业走廊、城市化发达区)，推动美国东北地区经济的迅速发展，因而该地区形成一个相对完整的美国板块核心区。核心区形成后，由于集聚经济和规模经济的作用，人口集聚越来越多，集中分布在波士顿、纽约、费城、巴尔的摩等城市区域，大部分来自英国、德国、意大利和北欧，使得该地区与美国其他地区的对比更加强烈(姚士谋，陈振光，1998：26～27)。结果，美国东北部沿海一带形成若干大城市和许多中小城镇，沿着北大西洋沿岸密集分布，形成一个巨大的城市群地带和一个相对比较完整的区域。

---

① P·霍尔对此的新论述是：planning is concerned with deliberately achieving some objective, and it proceeds by assembling actions into some orderly sequence.(Hall，1992：1)

日本城市地理学家山田浩之在研究了东京大都市区域和京阪神地区之后，对这种城市密集地区（类似于区域板块）概括出“区域–城市”的三大本质特征：一是密集性，大量的人口和产业高度密集布局；二是经济性，非农业土地利用的集约性以及非农业经济活动的集聚；三是社会性，即城市区域中人与人的交往活动、社会交流所形成的社会关系明显区别于农村（朱喜钢，2002）。作为仅次于东京圈的日本第二大都市圈——关西都市圈的产业发展依赖于独特的区位优势：适中的地理区位，是日本东西部地区相互交流、经贸往来的必经之地，易于吸收各地区优势而集于一体；还有悠久的历史基础和丰富的人文旅游资源、发达的对外交通等等。

区域性城市集中化现象，是区域空间经济性与社会性相互交融的结果，现代化的区域性交通设施加速了这一集中化的过程。尤其是区域空间的集聚功能，使区域吸引了大量的农村人口，此外，也可能是集中居住的较高的人口密度，形成了社会的竞争性与市场的“袭夺”现象，吸引着人流、物流，从而形成了区域城市集聚。因此，集中化既表现为“进入大城市的人口比例的增加，也表现为一个城市的工厂和居民点集中于一个密集的团块，而不是稀疏地散布于都市地区。这一地区的团块现象具有 3 个明显的地区空间特征：集中过程（人口与经济集聚）、工业化过程、城市化过程（阎小培，郭建国，胡宇冰，1997）。

区域集中到一定程度又会产生分散，这种分散性是在人口的集中、工业的集中和城市区域形成过程中产生的（毛汉英，1995）。尤其是在大城市地区，人口密度、经济密度和生态环境问题超越一定的容量后，会形成一个“门槛”，区域空间内主要城市增长率持续下降，甚至出现负增长，乡村地区、中小城市、城市边缘地区稳步增长，这一过程被称为分散化过程（deconcentration process）或逆城市化（counterurbanization）现象。在扩散规律的支配下，城市地区呈跳跃式空间生长，形成围绕城市中心区的卫星城、工业镇或卧城飞地式的点状集聚，这类城镇空间形态在 20 世纪发达国家城市郊区化的浪潮中产生并得到发展。目前，我国城市地区正处在工业化过程中的城市化推进阶段，许多地区城市人口正在集聚，工业化水平提高，市政设施正在完善，但有些大城市、特大城市由于人口高度集中，工业项目过多，产生许多交通问题和环境质量下降，因此，不少大城市出现了城市扩散、分散过程（姚士谋，于春，2002）。例如，上海通过浦东开发、浦西老市区更新，老城区已有 100 万人口向外疏散，郊区化现象正在出现。但目前，人口还是过度集中在老城区，交通仍然比较拥挤，生态环境并不理想，因此，上海市政府提出要有机疏散市区人口、产业和房地产等等，要在上海郊区建设 9 个重点中心镇（见图 1–1），提高整个上海地区的环境质量和城市化水平。

总之，区域经济发展到比较成熟的阶段，即是地区工业化、城市化比较完善的时期，区域板块的集结和扩散规律也就比较明显。国外对区域发展和经济增长问

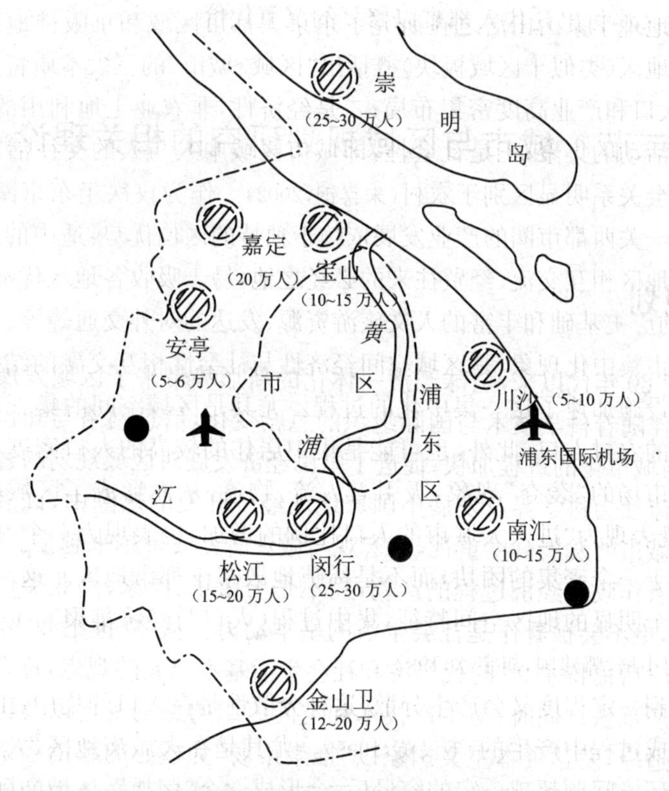

图 1-1　大上海郊区重点发展城镇(2000～2020)

资料来源:上海市规划局(2000年编制)

题已有比较系统和完整的理论,如均衡与非均衡发展论、发展阶段论、核心–边缘理论、空间相互作用理论以及转型发展理论等。从发达国家与我国沿海地区的经济发展过程中可以找到三条较明显的规律性。一是工业集聚与城市的集中化过程存在着客观经济规律,受其能动与强弱的制约,逐步形成地区的发展中心(第一增长城市),起到规模等级与强磁力系统核心的作用。其他次一级中心城市的发展受制于第一增长中心的吸引力的影响(姚士谋,2006)。二是区域开发程度达到高度发达水平时,区域核心城市与其他次一级中心城市开始在区域板块中分化,表现出区域实力的溢出效应、分化效应与扩散效应,形成了工业化、城市化过程中的大都市扩展规律,体现在经济发达地区内大都市郊区边缘地区城镇化现象(郊区化),不少学者认为这是一种大城市有机疏散规律在起作用(顾朝林,1998)。三是地区空间演化规律必须遵循区域可持续发展规律,任何一个地区特别是经济发达地区(如长江三角洲板块、珠江三角洲板块等),如果城镇人口过度集中,超大城市地区过度开发,耗尽与破坏附近地区的水土资源,造成严重的水质污染,生态环境系统受到干扰破坏，那么这一地区将付出几代人都难以修复的沉重代价。

第二节　城市与区域规划研究的相关理论

一、区域规划

自20世纪80年代以来，全球经济一体化的新形势带来了区域发展与区域规划新的机遇。伴随着科学技术与国际组织的急剧变化，信息网络与知识经济飞速发展，工业化与城市化的进程加快，促进了国民经济发展对区域规划的客观需求。

在西方主流社会科学界及发展中国家地区经济开发的热潮中，许多相关部门对区域开发与城市的发展高度重视，其宏观与微观研究成果越来越多。以往，人们多把经济区域看作政治经济过程的产物，而不是与市场、国家、企业类似的社会生活的基本单元，更不会被看作是社会生活的基本动力。从20世纪80年代早期开始，区域被看作“后福特主义”时代经济和社会生活基本单元的观点，逐渐被西方主流社会科学界所承认。同时，与生产技术和空间组织的急剧变化以及经济全球化的快速推进相适应，发达资本主义国家以“推崇市场”为核心的政治经济转型和经济管制权力向区域的转移，也进一步突出了区域在全球经济竞争中的地位与作用（苗长虹，樊杰，张文忠，2002）。

从国内外大量的区域规划实践与理论研究来看，区域规划是指在一定地域范围内对国民经济建设和土地利用以及生产力布局的总体部署。其主要任务是根据规划区域的发展条件，从其历史、现状和发展趋势出发，明确规划区域经济发展的方向和目标，对区域社会经济发展和总体建设，包括土地利用、城镇建设、基础设施和公共服务设施布局、环境保护等方面作出总体部署，对生产性和非生产性的建设项目进行统筹安排，并提出关键性的实施对策。区域规划的目的是发挥区域的整体优势，达到人和自然的和谐共生，促使区域社会经济快速、稳定、协调和可持续发展（崔功豪，魏清泉，陈宗兴，1999）。

在城市规划中必须重视城乡关系的协调。只顾城市，不管乡村，其结果不仅伤害了乡村，而且也抑制了城市自身的发展。城乡关系的协调是社会正常运转的基本保证。尽管在城市集中了人类绝大部分的物质文明和精神文明，在推动社会进步上起主导作用，但是，乡村向全社会提供了维持人类最基本需要的消费品，因此，农业一旦受到伤害，受到最大震动的往往不是乡村，而是城市。城市规划中，必须考虑使城乡之间建立良性循环。

区域规划已有近百年的历史。它是在工业革命以后为了解决工业的发展、城市的扩大而引发的一系列社会经济问题而产生的，是工业化促进的结果。尤其是在第二次世界大战后，伴随着欧洲国家的城市重建和经济发展，以城市为核心的区域规划发展旺盛。例如美国的大纽约地区、芝加哥地区和英国大伦敦地区的规划等。特别是20世纪60年代后，由于工业化和城市化的发展，人口、资源、环境问题和区域发展不平衡等问题突出出来。正是基于这样的背景条件，区域规划对诸如此类问题的解决发挥了积极的作用。我国自20世纪50年代中期也开始了区域规划的尝试，在改革开放以后更是得到了深入发展。如80年代对长江三角洲的上海经济区划、珠江三角洲的城市群规划等。许多规划理论如区位论、中心地理论、增长极理论、梯度发展理论、倒U字型理论、点–轴开发模式、聚集理论、圈层开发理论等大量运用到了区域规划的实践中。

1. 增长极理论

增长极(growth pole)概念最早由法国经济学家F·配鲁(F. Perroux)提出。法国地理学家J·布德维尔(J. Boudeville)则对增长极理论进行了更加深入的描述。他认为增长极是指在城市区配置不断扩大的工业综合体，并在其影响范围内引导经济活动的进一步发展。增长极理论对于区域开发和区域规划具有重要的指导意义。增长极对于区域经济发展的积极影响有两个方面：一是极化中心本身的经济增长；二是极化中心对周围地区的影响。一方面，增长极产生向心力和吸引力，使周围区域的劳动力、资金、技术等要素转移到核心地区，从而加大了核心地区与周围区域的经济发展差距，这一过程称之为“回流效应”。另一方面，核心地区产生扩散作用，通过产品、资本、技术、人才、信息的流动，对周围区域起促进、带动作用，这一过程称为“涓滴效应”或“波及效果”。所以，我们可以看出：前者是增长极的集聚效果，后者是扩散效果。增长极理论在区域规划中的应用主要体现于：①处理好增长极与城镇的关系。②增长极类型与规模的选择。③选择适宜的地点培植增长极。④充分发挥增长极的功能。⑤增长极的体系。⑥对增长极的集中投资等。

新世纪之交，我国地理学家对增长极理论和点–轴理论进行研究分析后，又提出区域发展的双核结构模式。他认为，双核结构模式是指在某一区域中，由区域中心城市和港口城市及其边线所组成的一种空间结构现象，它广泛存在于中国沿海和沿江地区，以及其他国家和地区中。从形成类型看，可分为内源型和外源型两种类型的双核结构，具有一定的形成规律和机制。在我国的沿海省区，表现得特别明显，如辽宁的沈阳与大连、山东的济南与青岛、浙江的杭州与宁波、广东的广州与深圳等。

2. 核心–边缘理论

核心–边缘理论由美国区域规划专家J·R·弗里德曼(J. R. Friedmann)于

1966年提出。其理论基本上也是以极化效应和扩散效应来解释核心区域与边缘区域的演变机制。他认为经济增长的空间动态过程包括:①前工业化阶段;②工业化初期阶段;③工业化成熟阶段;④空间相对均衡阶段(或后工业化阶段)。他所指的核心区域一般是指城市或城市集聚区,是经济发达地区,是创新活动基地、新的技术和新的工业发源地。而边缘区域是国内经济较为落后的区域,其中又可分为上过渡区(是兴盛区域,投资增加,移入人口多于迁出人口的地区)、下过渡区(是经济停滞、生产率低,青壮年人口大量移出地区)和资源边疆区(能与核心区域合作,经济出现新的增长势头的地区)。他对"核心"与"边缘"并没有明确的界定,只是一个相对的概念。但是他阐明了核心与边缘的关系,发展核心,带动边缘;发展城镇,带动周围乡村,这在规划实践中可供借鉴。在区域规划中,一般应针对不同地区的发展状况、存在问题和发展的潜力,制定相应的规划方案。对于核心区域应充分发挥当地优势,大力发展高科技产业,巩固和加强其金融、信息、商业、科技等产业的领先地位,适当向外围地区扩散传统产业和人口,控制核心区域城市人口和产业过度臃肿及环境质量退化的现象;对于边缘地区中的上过渡区则要调整陈旧的产业结构,以高技术、高附加值、高需求收入弹性的产品作为主导部门的发展方向,搞好区内基础设施,密切与核心区域的联系与协作,更多地吸引核心区域的投资和外迁企业;对于下过渡区,宜改造和提高传统产业部门,不断调整产业结构,增加新的就业岗位,并通过调整布局,发展与核心区域互补经济等手段,使其重新获得增长动力;对于资源边疆区则宜尽可能将资源优势转化为深加工产品优势,不断壮大输出性强的基础部门,并通过这些部门的发展对当地经济产生产业关联效应,带动其他部门的发展。

3. 点-轴开发模式

此理论最初由波兰规划学家萨伦巴和马利士提出,采用据点与轴线相结合的模式应用于区域规划中。据点开发理论认为,由于资金的有限,要开发和建设一个地区,不能光在面上铺开,而要集中建设一个或几个据点,通过这些据点的开发和建设来影响与带动周围地区经济的发展。轴线开发理论或者称带状开发是前者的进一步发展。该理论认为,区域的发展与基础设施的建设密切相关。将联系城市与区域的交通、通讯、供电、供水、各种管道等主要工程性基础设施的建设适当集中成束,形成发展轴,沿着这些轴线布置若干个重点建设的工业点、工业区和城市,这样布局既可以避免孤立发展几个城市,又可以较好地引导和影响区域的发展。在据点开发和轴线开发扩展理论的基础上,又进一步发展出了条带开发模式。我国著名的地理学家陆大道在1984年也曾提出过"点-轴系统"模式,到1987年出版了专著《区位论及区域分析方法》,其中对点轴系统形成的内部作用机制做了详细的阐述,到90年代为国内许多人文地理学家所采用,这一理论逐步完善成熟。这里的“点”一般指中心城市，区域经济发展的核心；“轴”作为地区经济发展的交通走廊，对附近地区有很强烈的经济辐射力。

该理论的核心是，社会经济客体大都在点上集聚，通过线状基础设施而联成一个有机的空间结构体系。其开发模式是地域开发有效的方式之一，在规划实践中具有重要的指导价值。“点轴系统”理论的核心是关于区域的“最佳结构与最佳发展”，它反映了社会经济空间组织的客观过程和规律，是一种最有效的区域经济开发模式。这种实践经济在我国经济最发达的长江三角洲、珠江三角洲和京津唐区域得到印证。它有利于发挥集聚经济的效果，能够充分发挥各级中心城市的作用，有利于把经济开发活动结合为有机整体，有利于区域国际化、现代化开放式地发展。

4. 圈层结构理论

19世纪40年代，德国农业经济学家冯·杜能提出了著名的“杜能环”的圈层空间结构模式。1925年美国芝加哥大学社会学教授E·W·伯吉斯(E. W. Burgess)提出同心圆城市地域结构模式。20世纪50年代以后，狄更生和木内信藏提出了近似的城市地域分异三地带学说，认为大城市圈是由中心地域、城市的周边地域和市郊外缘的广阔腹地组成。圈层结构反映了城市的社会经济景观由核心向外围呈规则性的向心空间层次分化。城市及其周围地区大致可分为3个圈层：①内圈层，可称为中心城区、城市核心区，是城市核心建成区。该圈层是完全城市化了的地区，基本上没有大田式的种植业和其他农业活动，以第三产业为主。本区是地区经济最核心部分，也是城市向外扩散的源地。②中间圈层，称为城市边缘区，是中心城区向乡村过渡地带，是城市用地轮廓线向外扩散的前缘。③外圈层，为城市影响区，土地利用以农业为主，农业活动在经济中占绝对优势，与城市景观有明显差别，居民点密度低，建筑密度低。圈层结构理论现已被广泛地应用于不同类型、不同性质、不同层次的空间规划实践中，如卫星城镇的规划建设、城市经济圈的发展模式等。

二、城市规划及大都市地区规划

城市规划是人类为了在城市的发展中维持公共生活的空间秩序而作的未来空间安排的意志(李德华，2001)。其本质任务是合理地、有效地和公正地创造有序的城市生活空间环境。城市规划应该具备一种理性的思维，妥善处理人与自然的依存关系，重视保护自然环境，真正使人工环境与自然环境很好地结合起来，以生态学理念来指导城市规划。我国大都市地区的规划在20世纪90年代后形成了一个新的高潮，各省市规划院、大专院校地理系和中国科学院等单位做了大量工作。我国目前的大多数城市规划还停留在以物质规划为主、追求人工秩序和功能效率的层面上，忽视了城市区域自然环境，加之城市规模、数量快速增长，使城市环境破坏进入一个高峰期，表现在城市水环境与大气环境的退化、自然栖息地的碎化、城市景观的同化等方面。为此，探讨面向自然的城市规划方法，将自然融入城市是亟待重视的问题。

新时期，城市规划中应该注重以下几个方面的内容(金经元，1993)：

首先，在市场经济环境下，城市规划应该注意宏观规划。城市规划就其本质而言具有超越本部门利益、参与社会发展总体决策的性质。求得最佳的社会综合效益既是城市规划工作思考问题的起点，也是评价其工作质量优劣的最终标准。即使是在许多西方资本主义国家中，政府也重视宏观调控作用，在可能的范围内实行严密的计划管理。如英国政府为了协调大伦敦与周边地区的经济发展，成立了一个专职委员会，以研究全国的工业布局并加以控制，构筑了英国城市规划体系的理论基础。城市规划成为在市场经济中最有效而且有必要的一项调控手段。

其次，城市规划是一种社会规划。城市规划不仅包括物质环境设计，还必须研究社会发展，制定合理的城市发展战略，综合考虑社会利益。其实质是一种社会规划，其工作对象是城市社区，其手段是对城市物质环境的布局和设计，其目的是满足全社会(包括乡村社区在内)的现实需要，使城市环境中各社会集团之间社会生活相和谐，使城市的历史环境和未来环境相和谐，促进全社会的发展和进步。

再者，重视外因和内因的共同作用。外因是变化的条件，内因是变化的根据。城市的内在力量是城市的活力，是城市社区内部结构所具备的新陈代谢能力。正是由于存在着这种内在力量，即使没有城市外力的推动，一般城市也在不断地发展，其发展的速度取决于城市活力的大小。倘若有了外来的推动力，这个推动力能够转化为城市有机组成的一部分，以进一步提高城市的活力，还要看城市原有的活力是否有能力消化吸收这个外来推动力。

最后，人工环境与自然环境的统一。城市物质环境在很大程度上是为满足人类社会生产的需要而高度发展的人工环境。人的自然性和社会性的统一，决定了城市物质环境必须是人工环境和自然环境的统一。在城市规划工作中应当正确运用“自然规律”，把人工环境和自然环境更好地结合起来，建设现代化城市。

此外，重视农业在国民经济中的基础性地位。农业是一切其他产业赖以发展的基础。我国是一个拥有9亿农民的国家，农业生产水平低下。落后的乡村严重地束缚着城市和工业的发展，没有农业的现代化就没有全国经济的持续发展。

三、城市设计

城市设计(urban design)意指人们为特定的城市建设目标所进行的对城市外

部空间和形体环境的设计和组织(王建国,1999)。它是城市规划和建筑设计之间的桥梁,是从城市整体出发,具体地对某一城市、某一地段、某一个街道、某个中心、某个场所所进行的综合的设计(徐思淑,周文华,1991)。因此,城市设计的对象大致可分为3个层次,即大尺度的区域——城市级城市设计、中尺度的分区级城市设计和小尺度的地段级城市设计。城市设计内容主要包括意向设计、空间设计、环境景观和细部构造与小品设施设计等。在公众中最著名的方法是投资-效益分析(cost-benefit analysis)。这是采用经济权衡的方法,能提供最大的经济效益。但在20世纪,大多数区域规划与城市设计都忽视了生态环境的社会效益,给人类工作和生活带来了许多负面影响。

城市设计不仅要体现自然环境和人工环境的共生结合,而且还要反映包括时间维度在内的历史文化与现实生活的融合,以达到为人们创造一个舒适宜人、方便高效、健康卫生、优美且富有文化内涵和艺术特色的城市空间环境。可以说,现代城市设计是一项综合性的城市环境设计,它强调"以人为本"与"可持续性"的思想,所涉及的内容已远远超出了传统的空间艺术范畴,而以满足人的物质、精神、心理、生理、行为规范诸方面的需求及其与自然环节的协调共生为设计目的,追求舒适和人性化的空间环境;注重环境的舒适度与便捷性,着重考虑社会效益和环境效益,以其作为一种干预手段对社会产生影响;注重质量,着重于立体布置,一般是建立多功能空间。

城市设计从其产生发展至今,在方法上,其跨学科的特点不断显化,其内涵与城市规划、建筑学、风景建筑等密切相关,并与社会学、生态学、环境心理学、法学和城市管理学等学科有关(刘宛,2001)。城市设计是这些学科在城市物质环境设置、使用和体验这一结合点上的综合体现。当前,为了实现生态城市的建设目标,亟需引入生态城市设计的理念。具体说来,应该遵循以下几条原则:

(1)进行生态调查与分析。依据生态原则利用城市土地,进行城市开发建设。同时,协调好城市内部结构与外部环境的关系,在空间利用方式、强度、结构和功能配置方面与自然生态系统相适应。

(2)城市开发建设应充分利用特定的自然资源和条件,使人工系统与自然系统相协调、和谐,形成一个科学、合理而富有个性的城市格局。应重视城市生态景观要素。城市及周边地形、地貌景观和其他自然环境方面的资源,可为城市带来富有个性的风格特点;不同的生物自然气候条件的差异亦对城市形态格局和建筑风格、社会文化和人的生活方式影响极大;城市的重大工程建设应注意保护自然景观格局和生物多样性以及由此引起的城市景观形态的变化;创造一个整体连贯而有效的开放空间,如丰富绿色开放空间,维护沿河和滨海开放空间等。

(3)重视生态,追求环境整体效益,促进可持续发展。遵循生态学原理,从城市现状环境中努力探求内在生态规律，寻找生态空间结构，并使之得以维护和强化；对于结构中已被破坏的部分，应尽量使之恢复；对于难以恢复的部分，也应该使破坏减少到最低程度，从而使城市生态环境在综合途径下得以持续发展(周庆华，雷会霞，2001)。

(4)尊重地方的文化和历史遗产。特别是中国历史文化悠久，有着5 000年的华夏文明，城市建筑与城市历史文物丰富，具有世界意义。我们的城市设计、城市空间的表现形式和内容都应当体现历史文化的保护与延续。

第三节　大都市区相关理论研究

一、都市区(圈)的概念

所谓"都市区(圈)"(metropolitan area)是指由一个或多个核心城镇，以及与这个核心具有密切社会、经济联系的，具有一体化倾向的临接城镇与地区组成的圈层式结构(张京祥，邹军，吴启焰等，2001)(图 1-2)。大都市区是一个国家和地区经济发达的城市化区域。它在区域发展中处于"龙头"的地位，并对区域经济、社会和文化等产生多方面的影响。

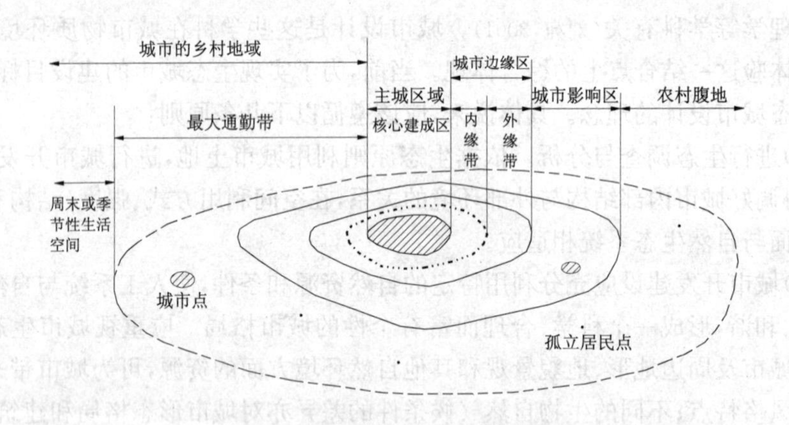

图 1-2　城市圈层式地域结构

广义的都市圈包含多种地域尺度，其中最重要的两种形式是(张京祥，邹军，吴启焰等，2001)：

(1)以单一中心城市为核心的“日常都市圈”，常简称为“都市圈”（如图 1-2 所示）。它是以当日往返通勤范围为主形成的日常生活、生产都市圈（daily urban system），“1 小时距离法则”对其地域范围有明显的制约作用。这种都市圈的周围城镇（卫星城镇）一般对中心城市存在着极大的依赖性，其规模扩展与职能演变常常受到中心城市的强烈作用。

(2)以多个中心城市为核心的“多核心都市圈”，常简称为“大都市圈”。它是由若干中心城市为核心和周边城市、地区所共同组成的更大地域、经济结构，其内部包含若干个“日常都市圈”。

范例：东京大都市圈

东京是世界上数一数二的世界城市，其经济实力及其在国际上的影响仅次于纽约，超过伦敦和巴黎。

东京的面积、人口、产业构成和从业人数在日本独占鳌头：面积占全国的3.5%，人口却占 26%，大企业、总公司占全国的 60%，信息产业服务人员占 60%，批发零售总额占全国的 45%，印刷、出版、报纸与文化科技占 65%。东京大都市圈又是日本城市化、交通网络系统和经济最发达的地区，是世界上的主要大都市带之一。

表 1-1　东京大都市圈主要指标及其变化

指　标			1985 年	2000 年
大都市圈人口		（万人）	3 140	3 425
大首都圈人口		（万人）	3 760	4 090
就业人数	第一产业	（万人）	100	75
	第二产业	（万人）	605	630
	第三产业	（万人）	1 125	1 345
	合计	（万人）	1 830	2 050
首都圈域面积		（km^2）	3 610	4 560
大都市圈面积		（km^2）	3 120	3 900

资源来源：Planning of Tokyo，1994～2001．东京都都市规划局情报中心

二、都市区(圈)的空间结构与形成机制

日本学者木内信藏(1951)通过研究城市人口增减的断面变化与地域结构的关系而提出了“三地带”学说,其思想进而被发展为“都市圈”的理念(图 1-3)。1977年穆勒(Muller)提出了大都市的地域空间结构模式(图 1-4),由四部分组成(顾朝林,甄峰,张京祥,2000):① 衰落的中心城市(declining central city);② 内郊区(inner suburbs);③ 外郊区(outer suburbs);④ 城市边缘区(urban fringe)。

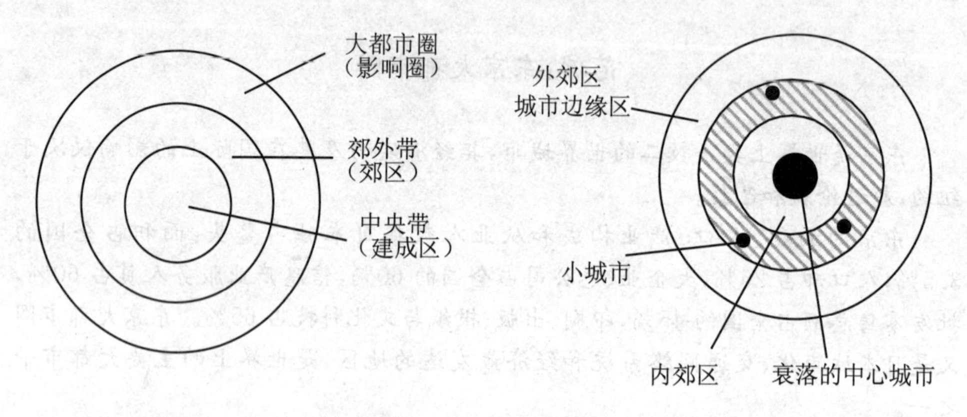

图 1-3　木内信藏的三地带学说　　**图 1-4　穆勒的大都市地域结构模式**

这一模式又称为多中心城市模式。在大都市地区,除衰落的中心城市外,在外郊区正在形成若干个小城市(mini-cities),它们依据自然环境、区域交通网络、经济活动的内部区域化,形成各自特定的城市地域,再由这些特定的城市地域组合成大都市地区(metropolitan area)。穆勒在研究了日益郊区化的大都市地区后,提出郊区小城市是一种新因素,代表了郊区范围内的主要核心。

都市区内的中心城市一般具有较高的首位度,随着城市人口的进一步集中,首位城市产生集聚不经济(如环境问题、地价上涨问题、劳动力成本上升等),导致竞争力下降,并把一部分经济活动和人口分散到周围地区。区域、城市的空间演化过程遂表现为大范围的集聚和小范围的扩散,形成了各种都市扩展区形态。在中心城市临近的地域其功能发生调整,并逐渐走向专门化,特别是生产性服务业更进一步向核心城市集中;而在周围地域制造业也发展特别迅速,往往占主导地位。于是在一定的地域范围内形成了以服务业为主的核心城市,而周围地区则以工业为主,彼此有便捷交通线路相连、结构上相互依赖又各具特色的有机整体。

都市圈形成了中心城市与周围地区双向流动的结构,健全的都市圈的运作以其内在的社会经济紧密联系为基础,以便利的交通、通讯条件为支撑,以行政协调

领导为保障。都市圈的划分与构建是以中心城市与周围城镇地区的联系为依据的,同一都市圈应属于同一城市场的作用域围,是一定尺度的城市经济区。它体现了空间系统的诸要素按一定的组合方式结合而成的空间分布规则(空间序),以及按一定的内在关联形式而产生的空间相互作用规则(功能序),是系统优化的内在要求的反映。

我国的大都市区在行政上和空间上一般由两部分组成:市区和郊县或市辖县。市区又进一步按照行政管理和功能分为内外两部分:完全像城市的内部"城区"和为城市居民生产大部分蔬菜的外部郊区。作为内环的城区人口密集的城市核心区,包括建成区的绝大部分。作为市区第二环的郊区,是城市与乡村的过渡地带,许多市政设施如水厂、垃圾处理场、铺筑的道路往往延至这里,不能设置在市中心的工厂也多建于此。另外其界内也包括一些农业用地和农业人口。大城市第三环郊县,在中国城市中是一个独特而又复杂的空间组成部分。郊县位于所有大城市、大部分中等城市和小城市的郊区之外,与中心城市在行政上是隶属关系,在经济上保持密切关系。

三、都市区的空间界定

我们认为,都市区空间范围的界定应当立足于城市-区域层面来考虑,建立以行政区为主体,以跨行政区的经济区为补充的地域层次。城市经济区(urban economic region)就特定的意义来说是指经济上具有紧密联系的城市化地区。它是为协调城市经济及其周围地区经济发展,更好地发挥中心城市作用,为整个国民经济发展部署提供科学依据服务的(顾朝林,1991),主要反映中心城市的经济辐射功能影响地域范围和城市间密切的经济联系。其有五大构成要素:中心城市、城市网络、联系通道、空间梯度、经济腹地。首先,确定中心城市。中心城市是在区域范围内,在国民经济生活中居于重要地位和作用,与其他城市、城镇和广大农村经济联系密切,且能影响这一地域经济发展的大、中型城市。胡序威、陈佳源和杨汝万(1997)、阎小培等(1997)、宁越敏等(1998)针对闽东南、穗港澳、长江三角洲地区进行了实证研究,均以市区内非农人口在20万以上的地级市作为都市区中心市的划分标准。其次,确定与中心城市存在密切社会经济联系的外围县。西方国家一般采用通勤流作为测度指标。如日本东京都市圈的范畴其实就是其通勤圈的范围。这主要归结于其完善的市场经济体制,由市场来调节居民对就业和居住地的选择,而且其城市为通勤的普遍化创造了条件。但我国由于本身特殊的国情和发展阶段,通勤并未成为城乡联系的主要方式,而综合反映在城市与其外围地区之间人口、物资、资金、信息、技术等方面的联系。孙胤社(1992)以北京为例,分析得出城市和其周围县的社会经济联系强度与这些县的非农化水平有密切关系，外围地区的非农化水平与客流量是显著正相关。所以，我们可以用非农化水平替代通勤流指标。一般现在国内较一致的外围县标准为：① 全县（市）的 GDP 构成中非农产业比重与劳动力构成中非农劳动力比重分别占 75%和 65%以上；② 与中心城市毗邻或满足以上两条件且与中心城市毗邻的县（市）相邻。如果县（市）能同时划入两个都市区则确定其归属时主要依据行政区划。此外再借助参考城市经济联系强度指标，采取定性与定量相结合的方法，计算出中心城市与其他城市的经济联系强度指数，根据其大小，则可界定出中心城市的辐射范围，即为都市区的地域范围。对于都市区范围的合理界定问题今后还需进一步探讨和研究。

四、大都市郊县的特点分析

大都市郊县是城市集聚与扩展的直接影响区，也是与城市化区域关系最密的地区，由于其独特的区位，一般有以下特点(李志刚，王兴平，徐海贤，2001)：

1. 与大都市区的协调性

大都市区指的是一类特殊的城市地域单元，是城市化发展到较高阶段时产生的城市空间形式，本质上是非农化过程中形成的与中心城市具有高度社会经济一体化的连续区域的组合。它由两部分组成：一是具有一定规模的中心城市，二是与之联系的外围城市化地区。大都市郊县是大都市区的重要组成部分，它是都市用地扩展的外围空间，其发展首先强调与都市区的协调性。例如番禺县之于广州市、嘉定县之于上海市、吴县之于苏州市等等。近 5 年来，清华大学与中国科学院地理研究所等 10 多个单位，在吴良镛院士主持下，完成了京津冀地区城乡空间发展规划，对北京、天津、唐山地区的城乡协调机制、动力与规划关键问题做了深入的分析，为我国的区域发展树立了一个典型案例(注 1)。

2. 发展方向上的变动性

从空间演变来看，大都市郊县的拓展主要表现为两种方式：一是外延式渗透，即城市用地逐步向郊县连续发展的城市化方式，二是跳跃式扩散，即城市功能向与城市有一定距离的地域扩散，从而造成郊县与都市在空间上的逐步融合。从产业结构来看，大都市在全球化过程中不断转变经济结构，对城市产业进行疏解，大量的劳动密集型产业由市区转向郊区，造成了郊县产业结构的变化。加上其他因素的影响，大都市郊县朝大都市新的构成部分(例如一个区)的方向发展也就成为一种必然。

3. 超越本体的功能性

作为都市区的组成部分，郊县并不为大都市所被动支配。事实上，大都市郊县不仅具有作为城市的农副产品基地、工业扩散地等附属功能，而且应成为城市或区域的功能性中心之一。

大都市周边的城市由于地理区位、历史基础、经济发展特征各异，其与大都市的联系呈现出错综复杂的态势。大都市区内部，中心城市与周边地区，大都市区内市与市、市与县、市与区、城与乡之间，在环境、资源方面的合作和共享，已经成为大都市可持续发展的重要前提。因此，通过加强大都市内外城市之间的协作与管理、共享区域资源，对于大都市与周边城市的协调发展和大都市区的有效管理具有重要的作用。

五、大都市郊县城市定位的理论支撑

城市定位是指在社会经济发展的坐标系中综合确定城市坐标的过程（张复明，2000）。城市定位主要涉及3个层次：一是城市在不同尺度区域空间社会经济地位的确定，包括社会文化联系、经济分工关系及空间区位关系等；二是城市社会经济发展战略的确定，其定位主要是通过产业发展定位得以体现；三是城市发展特色的确定（刘荣增，崔功豪，冯德显，2001）。后来，河南大学李小建等又提出我国县级经济差异的空间分析，从地区微观发展划分了地域经济增长类型，有一定的创新①。

1. 都市圈理论

都市圈是指一个大的核心城市以及与这个核心有密切社会经济联系的、具有一体化倾向的临近城镇与地区组成的圈层式结构。都市圈是城市发展的一种空间表现形式，是以空间联系作为主要考虑特征的功能地域概念。都市圈的形成是中心城市与周边地区双向流动的结果，健全的都市圈的运作是以内在的社会经济联系为基础，以便利的交通、通讯条件为支撑，以跨地区的行政协调为保障的。

从目前经济增长与城市发展理论分析，我国都市圈的形成主要是指具有全国意义的超大型城市为核心的周围地区（人口大于250万以上的核心城市才有意义；人口规模过小，经济实力不强的城市形成不了都市圈的地域范围，仅仅是郊区工业化、城市化的发展模式）。

2. 区位理论

经济区位是区域经济学或空间经济学的核心概念。区位理论的重点是通过对区位与经济关系的研究，揭示出一定的经济活动在一定地域范围进行的规律，不同地域范围的经济活动不尽相同。德国经济学家奥古斯特·勒施（August Losch）比

① 李小建等根据20世纪90年代人均GDP增长与全国平均值比较，分析了1990～1998年的详细数据，将全国2 443个县做了分类：高基础高增长型；低基础高增长型；低基础低增长型；高基础低增长型[详见：地理学报，2001,56(2)]。

较全面、准确地对区位理论进行体系性的构建。他认为“一个合适的区位，必然是一个能保证事情妥善发展的区位”。这里合适的区位实际上是指一个能够带来效率和效能最大化的经济主体运作空间。区位构成及其作用不是独立运作的，而是通过互相影响和叠加而产生的。区位与区位之间的“反射作用”使区位转变为区位间的相互关系，即区位体系。

3. 比较优势理论

比较优势理论来源于英国古典经济学家亚当·斯密(Adam Smith)的绝对优势论和相对优势论，后被大卫·李嘉图(D. Richardo)继承与发扬为比较优势论。他们认为生产的目的和优势理论是紧密结合的，要实现生产目的，就必须根据优势进行分工发展生产。每个国家和地区都有其比较优势和竞争优势。20 世纪 80 年代中期，我国一些领导人和区域、城市发展问题专家先后多次在我国西部地区考察，提出了“西部大开发”的经济发展战略，要在15～20年内将西部地区逐步建设成为我国现代化的重要基地之一，不少学者提出“战略大转移”或“区域开发梯度论”(胡序威，毛汉英，陆大道，1995)，主要是依据经济发展的“均衡论”和“比较优势学说”等理论而提出的战略方针。

4. 共生理论

又称竞争协和论。城镇区域空间不断扩展，竞争力和协和力是推动其演化的根本动力。竞争力将空间向外扩展与外界环境相抗争，而协和力则使群体空间整体功能和效率达到协和与共生。在纯自组织的过程中，这两种力在城镇空间扩展不同层次上的相互作用是有差异的：同一层次的城镇空间之间以竞争为主，不同等级的城镇空间之间协和力表现得更为明显，但要真正发挥协和规律的作用，则需明确外界控制与规划干预。协和力在空间竞争的后期有可能使不同的空间类型走向集约化和一体化。

综合上述理论，要确定一个城市的发展方向和功能定位，应从以下几方面进行分析(姚士谋，朱明英，陈振光，2006)：

首先，对于城市的定位，应充分认识一个城市在一个地区的中心地位和经济辐射的重大作用，特别是那些地理区位位置优越的超级城市、特大城市(人口规模 200 万人以上的省会城市、历史文化名城与重要的港口城市)，从历史基础、发展特点、产业趋势与城市的发展方向进行系统的综合分析。

其次，对于城市的定性，重要的是从城市的个性、城市的功能或潜在性的发展前景分析，应对每个城市所在的区域经济现代化过程中所发挥的关键作用进行综合分析，注意城市之间的职能分工，避免城市产业结构趋同化现象，防止城市工业布局、工业新建扩建项目过多地重复，以免产生不必要的基本建设投资的极大浪费。

再者，在城市的定量分析上，应对城市今后的发展规模设定一个合理的限度，不是任何一个城市都是规模越大越好，这里有一个人口、用地、环境的合理容量问题。每一个城市的合理发展都应当与自身的条件特别是自身的经济基础、综合实力与发展潜力基本一致，不能操之过急，盲目求大。

最后，是城市的空间发展问题。当代城市的合理发展、适度发展都有一个合理的地域空间，这里主要涉及到城市的内部结构、空间范围是否科学合理，必须对每一个城市的人口结构、用地结构、产业结构、环境结构进行分析，注意城市本身的支撑体系（包括城市用水、交通体系、能源供给、防灾体系和市场潜力等因子）能否达到稳定、安全、可持续发展的基本要求，能否促进城市现代化的建设。城市空间的合理开发利用主要表现在房地产业的开发与地上、地下空间的合理开发问题，目前应积极、稳妥地发展房地产业，不能盲目、过于超前；同时积极开发地下空间，这对节约用地、保护耕地来说是一个有发展前景的领域。

第四节　区域形成发展过程中的动力源

20 世纪 60 年代以前的区域科学主要依据经济学的一般均衡理论，着重探讨经济成本最小化或利润最大化意义上的最优化空间结构，可称为经典性的区域科学。但到 80 年代后，区域科学主要应用运筹学与数理统计，以研制一套建立在经济学和管理学理论上的区域定量分析方法而存在，可称之为运筹学研究的区域科学时期。到了 90 年代，区域研究则侧重于把区域看作复杂的系统空间，开始迈向所谓复杂区域的科学时代（杨开忠，薛领，2002）。

由上述分析可见，区域板块不仅是经济全球化和信息时代的必然产物，而且也是区域科学经过几个发展阶段，在由均衡理论逐步到复杂系统空间研究的过程中形成的概念。区域板块的形成和发展犹如生物群落，需要一定的内外动力的强有力支撑。从总体上看，区域板块发展既得益于自然条件、优惠政策、灵活机制等软硬环境，又得益于枢纽经济带来的外在动力，其内部的竞争和合作而形成的内动力则是其动力之本。多种动力相互关联、相互制约、相互推动，最终形成一个多层次、等级结构明显的综合动力系统，它们组合得当、配合默契、运转有序，共同推动区域板块的健康发展（图 1–5）。

一、环境条件是区域板块形成发展的始发动力

1. 良好同质的自然基础

自然界是区域板块形成的载体。在技术进步未能完全改变自然格局的今天，

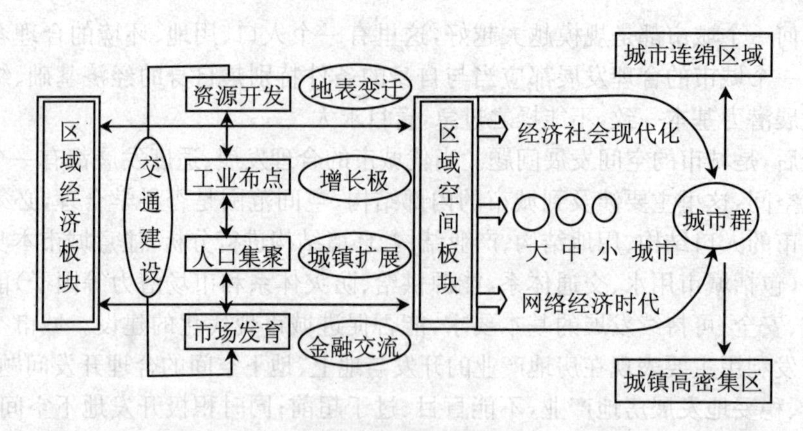

图 1–5　区域板块形成和发展的动力源示意图

地质、地形、水文、资源等对区域板块的重要性是不言而喻的。自然条件较为恶劣的地区（如高寒地区、沙漠地区等）不适合人类日常活动，即使个别地方能够形成大城市（如拉斯维加斯），也难以发展成为区域板块。在长江中下游平原、美国东北部沿海以及西欧等地区，由于具有较为一致且适宜的生产居住条件和丰富的土地等资源，在农业社会就已成为人口密集区，生产力相对发达，这为在工业社会和信息社会形成区域板块奠定了较为坚实的基础。20 世纪 90 年代，吴良镛院士提出了“人居环境科学”，就对人类居住的自然环境做了科学的探索，为发展我国的人居环境科学做出了很大的贡献（注 2）。

2. 优越的区位因素

区位综合地反映了一个地区与其他地区的空间和经济联系的方便程度，它决定着区域参与国际劳动分工和接受资金、技术、信息等生产要素辐射的方便程度，对于现阶段区域板块的形成产生重大影响。在诸侯割据的战国年代，得益于封闭的地理位置和较为丰富的资源，四川成为天府之国。但到现代经济条件下，随着我国改革开放、经济全球化和政治形势的稳定，其封闭的地形则成为经济发展的严重羁绊。我国的长江三角洲由于位于世界经济发展的重心、中国经济发展的沿海主轴线和长江经济带的龙头位置，理所当然将成为中国经济发展的区域板块。更重要的是，现代区位为区域板块的形成创造了发展轴线，如巴黎沿塞纳河南北两岸两条发展轴线，上海沿江和沿海轴线，这些轴线有力地加强了区内不同经济实体的联系。

3. 有利的政治条件

政治反映经济，高层动力必然反映基层动力。由于我国行政中心的辐合效用，一般首先在区域行政中心形成区域板块的极核。国家政策也对区域板块的发展产生直接影响。改革开放之初，我国实施“沿海地区经济发展战略”，先后成立了 5 个经济特区和14个沿海开放城市，对东部沿海实行政策和资金倾斜，使沿海地区获得了经济发展和吸收外资的特殊政治条件，造就了强大的先发优势，再加上行政管理体制的改革和创新，对旧的体制形成屏蔽，区域经济率先发展，为区域板块的形成积累了物质基础。21世纪许多专家提出“体制创新”，旨在促进经济发展的政治改革[①]。

4. 区域经济一体化的国际形势

全球化发展带来了区域板块的新动力。二战后各国各地区经济中的相互依赖关系不断加深，通过资本、人力和技术的流动以及跨国企业建立国际分支机构，跨越国界的生产和市场体系正在形成和建立，它们相互联系、相互牵制和相互影响，形成了一体化的运行体系，在全球形成了不同尺度的区域板块，小的如美国的波士顿地区，大的如整个西欧。我国最主要的经济区域，如长江三角洲经济圈、珠江三角洲经济圈等，在外资的推动下，区域内部的相互依赖关系也在不断深化，一体化程度不断提高，逐步形成区域板块。

二、区域内部竞争与协调是区域板块形成发展的内生动力

1. 增长极的集聚和辐射作用

20世纪是城市大规模发展的世纪，巨型城市(mega-city)、大都市进一步成为主导区域全面发展的关键(汤茂林，2003)。中心城市犹如一个巨大的“磁场”，通过磁力线强烈地吸引着区内的经济实体，使各种生产要素向中心城市集聚，也使整个辐射区域在磁力的长期作用下逐步实现生产要素的有序配置和产业的有序分工。全球主要的世界城市(world city)，特别是一些重要国家的首都，如伦敦、巴黎、东京等，在各自的区域板块的辐射与协调功能越来越突出。香港是中国东南部的次级世界城市，其区域影响力整合了珠江三角洲。上海的辐射作用对于苏锡常等城市的发展至关重要，由于经济结构的提升，上海的传统产业向其周边扩散，不仅是整厂或部分车间的有形扩散，而且还是资本、技术的无形扩散，这种扩散加强了长江三角洲区域板块的联系，促进了整个板块经济的发展。

2. 利益共享

区域板块凝聚的最大内在动力是共同利益。不同规模、不同类型的城市在区域的集聚，通过互补、替代、共生、共用，能够产生最大的集约化规模效益，在博弈中实现“共赢”。如区域合作被认为是当前解决大城市人口拥挤、生态恶化的有效途径，只有跳出点的束缚，从区域角度考虑基础设施建设、产业分工、人口与资源配

① 见：胡鞍钢．在中国科学院管理科学学术讨论会上的发言《中国发展问题前景》．1997-10.

置，才能为城市化过程中产生的日益严重的问题提供解决方案。通过发挥中心城市的扩散效应(spread effects)，才能真正实现板块内部经济的共同繁荣。刘连银和周方涛(2001)提出的旅游"区域性大板块"模式也印证了这一点。从这一意义上讲，区域板块的形成是自觉与自发的耦合。

3. 创新动力

创新是一个民族进步的灵魂，是一个国家兴旺发达的源动力。科技创新是区域板块整体发展的核心动力，无论是产业的集聚，还是产业结构的演进，或者是城市的空间相互作用，无一不是技术发展的最终体现。它不仅带来区域竞争力的提高，而且由于科技创新带来的时空转变进一步强化了区域内部的关系。例如，随着磁悬浮城际列车的建设、家庭轿车普及等交通条件的日益改善，就有可能工作在上海，生活在南京、杭州、无锡，板块中心范围会更大，与周边城市的联系更紧密。管理创新可以促进由决策、实施、监督和反馈等职能构成相互约束的管理系统，具有整合和优化各种生产要素并提高其效率、降低区域内部交易成本、发挥科技创新之功效，最终促进经济的增长。体制创新则为区域板块的深层次发展注入了强大的制度动力。

4. 城市化推进

工业化推动城市化的进程，现代第三产业促进了城市的繁荣，信息产业带动了城市现代化的变化[①]。城市化尽管不是经济发展的第一推动力量，但它是板块经济发展的源动力之一。区域板块往往是城市化水平最高的地区。在区域内部形成了开放的、互动的、网络状的都市连绵区格局，城市之间、城乡之间联系密切，既相互竞争又相互协作，一方面促进了整个区域板块经济发展水平的共同提高，同时也增强了板块整体的竞争力。

三、枢纽经济是区域板块开发发展的外生动力

整个区域板块是个开放的市场，利用其发达的交通网络和现代化的通讯网络，形成了一个巨大的枢纽经济结节点。它不仅开放商品市场，而且开放服务市场、资金市场、劳动力市场、技术市场、房地产市场、信息等等(陈先枢，2002)。这个枢纽不仅关系区内各经济实体的交流，更重要的是利用其枢纽功能，实现与广大腹地之间的物质和能量的互换，实现与国内外板块的竞争和合作，带来区域发展所需的物质、信息、资金和人才等有利负熵，保持区域板块的生机和活力。例如，背靠祖国内地是香港经济发展的一大优势，在战后香港经济几次转型中遇到险象之时，内地作

---

① 见：姚士谋. 在福建省人民政府城市化工作会议上的报告. 2004-08；在清华大学、北京大学为研究生所作的学术报告. 2005-11.

为腹地的支撑因素每次都发挥了巨大作用(姚士谋,陈振光,2003)。

1. 物质流

区域板块作为枢纽最基本的功能就是物质的交流和交换。一方面是与腹地的垂直交流,区域板块作为经济中心不断向广大腹地提供高技术、高附加值的商品,同时获得食品和原材料等初级产品,上海工业品就曾占据全国的半壁江山。另一方面,与国内外同类板块之间进行着水平和垂直的双向交流,获得发展的技术和方向。同时,区域板块还具有物质的中转地功能,如香港、上海港口的吞吐量居世界前列,是商品进出中国的主要通道。区域板块在物质流的过程中不仅满足了自身需要,而且获取了额外的发展能量。

2. 信息流

当前经济分为物质经济和信息经济,快速获取信息是发展物质经济的关键,能够消耗较少的能量和材料,生产出质量更好、市场广阔、利润更高的商品。美国计划用 20 年时间,耗资 4 000 亿美元,建立一流的包括光缆电话网、无线电话网、有线电视网和各种计算机数据网在内的信息高速公路。建成之后,可提高全社会劳动生产率 20%～40%,国民生产总值增加 3 000 亿美元,并提供不少于 50 万个就业机会,减少交通流量 30%～40%(迟文岑,1998)。区域板块能够利用先进的网络和创新能力,及时获取信息,抓住发展机遇,并将创造的信息向其腹地传播扩散。同时,信息流也是世界同水平地区进行高层次交流的重要方式。

3. 资金流

在现代社会,资金比其他生产要素更为重要。区域板块由于较高的投入已经成为资金的高地,纽约、东京、伦敦正是依靠金融功能来控制整个世界经济的运行和发展。外资的流入无疑对流入地区的各种结构均产生作用。深圳从十多年前的小渔村一跃发展成为拥有 200 万人的特大城市,正是外资带动的结果。近几年来,整个珠江三角洲、福(州)厦(门)经济发展带也遵循了这一发展模式,外资对珠江三角洲的经济结构和空间结构变化影响显著,珠江三角洲已由改革开放前的农业生产基地发展为全国五大城市密集群之一,逐步形成了一个全新的发展板块(姚士谋,王成新,于春等,2004)。

4. 人才流

区域经济发展差异导致人才在空间上的流动和整合。人才一般是由落后地区流向发达地区,由农村流向城市,由板块腹地流向板块中心,区域板块坐享广大腹地的人才供给。人才流带来了信息流、知识流,人才的集聚推动着区域的创新,促进了区域板块发展的良性循环。

总之,区域板块内部、外部的各种联系表现在“枢纽经济”流,体现在物质世界范围内关于城市扩散、区域物质流和经济联系的网络性规律方面,特别是全球经济一体化新形势下,这种联系更为广泛、更加复杂、更具有时代特征。钱学森关于开放的复杂巨系统的理论，既揭示了规律在横向结构上的多层次性，又揭示了规律在纵向过程中的动态性，丰富和深化了关于客观物质世界研究中的网络化思想。地理学最早注重分析经济活动的国际关系和区际联系。最近一段时期，经济地理学、区域科学和区域经济学强调实际的空间关系，亦即强调空间-距离-可达性在区域发展中的先决性和重大作用(吴传钧，侯锋，1990)。

表 1-2　城市与区域之间的导向性联系

类　型		基　本　要　素
自然联系		公路、铁路、航空、航运和管道交通运输网络，生态系统的相互依赖
经济联系	内在的	国家-区域、区域间的投资-生产-利润循环
		国家-区域、区域间最终消费-生产-就业循环
		区域专业化与协作，生产的前向、后向、侧向联系
		市场辐射范围，产品销售的空间模式，消费水平与消费结构的空间关系
	实体的	原材料、半成品、制成品的区际商品流
		能源流动及网络资本流动、收入流动
人口移动联系		劳动力流动、人口暂时或永久性迁移
技术联系		创新与技术的扩张
社会联系		文化、价值观念、社会思潮的相互渗透
		习俗、宗教的联系
		社会群体间相互作用
服务传递联系		电信系统及信息流动
		信贷及金融网络
		教育、培训
		商业及技术服务联系
政治、管理及组织联系		区域管理与控制层次的关系
		政策决策链
		组织与结构相互依赖

资料来源：吴传钧，侯锋. 国土开发与整治规划. 南京：江苏教育出版社，1990. 290.

参考文献

P. Hall Urban and Regional Planning[M]. 3rd ed. London and New York: Routledge, 1992.

陈先枢. 试论中国城市发展的动力与机制[J]. 现代城市研究，2002，17(2)：59～51.

迟文岑. 信息技术及其产业：当今美国经济发展的新动力[J]. 山西师大学报(社会科学版)，1998(2).

崔功豪,魏清泉,陈宗兴.区域分析与区域规划[M].北京:高等教育出版社,1999.
顾朝林.城市经济区[M].长春:吉林科学技术出版社,1991.
顾朝林,甄峰,张京祥.集聚与扩散:城市空间结构新论[M].南京:东南大学出版社,2000.
胡序威.城市与区域规划[M].北京:科学出版社,1998.1.
胡序威,陈佳源,杨汝万.闽东南地区经济和人口空间集聚与扩散研究[G].香港:香港中文大学香港亚太研究所,1997.
胡序威,毛汉英,陆大道.中国沿海地区可持续发展问题与对策[J].地理学报,1995,50(1):1～12.
霍尔.长江范例[J].城市规划,2002,26(12):6～17
霍尔.城市与区域规划.邹德慈,金经元译[M].北京:中国建筑工业出版社,1985.5,3～4.
金经元.社会、人和城市规划的理性思维[M].北京:中国城市出版社,1993.
李德华.城市规划原理[M].3版.北京:中国建筑工业出版社,2001.
李志刚,王兴平,徐海贤.大都市郊县县域规划的探索[G].城市规划汇刊,2001(1):31～34.
刘连银,周方涛.打造区域性产业板块:“十五”期间我国旅游业产业结构调整的重要战略方向[J].旅游科学,2001(3).
刘荣增,崔功豪,冯德显.新时期在都市周边城市定位研究[J].地理科学,2001,21(2):158～163.
刘宛.城市设计概念发展评述[J].城市规划,2000,25(12):16～22.
陆大道.区域发展及其空间结构[M].北京:科学出版社,1995.1～2.
毛汉英.人地系统与区域可持续发展[M].北京:中国科学技术出版社,1995.7.
毛汉英.序[M]//方创琳.区域发展规划论.北京:科学出版社,2000.1,1～3.
苗长虹,樊杰,张文忠.西方经济地理学区域研究的新视角——论“新区域主义”的兴起[J].经济地理,2002,22(6):644～650.
宁越敏,施倩,查志强.长江三角洲都市连绵区的形成机制与跨区域规划研究[J].城市规划,1998,22(1):16～20,32.
萨伦巴等.区域与城市规划[R].建设部,1986:149.
孙尚志.德国、荷兰的区域规划与区域开发[J].自然资源学报,1994,9(4):65～70.
孙胤社.大都市区的形成机制及其界定——以北京为例[J].地理学报,1992,47(6):552～560.
汤茂林.发展中国家的巨型城市:现状、成因、挑战与对策[J].城市规划汇刊,2003(1):66～71.
王建国.城市设计[M].2版.南京:东南大学出版社,1999:50～52.
吴楚材,张落成,季子修.中国沿海经济低谷地区的崛起[M].合肥:中国科学技术大学出版社,2002.
吴传钧,侯锋.国土开发与整治规划[M].南京:江苏教育出版社,1990.
徐思淑,周文华.城市设计导论[M].北京:中国建筑工业出版社,1991.
许学强,周素红.20世纪80年代以来我国城市地理学研究的回顾与展望[J].经济地理,2003,23(4):433～440.
阎小培,郭建国,胡宇冰.穗港澳都市连绵区的形成机制研究[J].地理研究,1997,16(2):22～29.
杨开忠,薛领.复杂区域科学:21世纪的区域科学[J].地球科学进展,2002,17(1).

姚士谋,陈爽. 长江三角洲地区城市空间演化趋势[J]. 地理学报,1998,53(增刊):1～10.
姚士谋,陈振光.城市现代化与国际化[M]//姚士谋.中国大都市的空间扩展.合肥:中国科学技术大学出版社,1998.22～40.
姚士谋,陈振光. 上海与香港大都市定位发展的比较研究[J],城市规划汇刊,2003(2):28～31.
姚士谋,管驰明,范宇. 经济地理学新的思维范畴[J]. 地球科学进展,2000,16(4):473～477.
姚士谋,王成新,于春,等.区域"板块"形成演变规划及其动力源探究[J]. 地域研究与开发,2004,23(2):1～5.
姚士谋,于春.试论城市枢纽经济新的发展层面[J].城市规划汇刊,2002(5):17～19.
姚士谋,朱英明,陈振光,等.中国城市群[M].3版.合肥:中国科学技术大学出版社,2006.59～65.
张复明.城市定位问题的理论思考[J].城市规划,2000,24(1):54～57.
张京祥,邹军,吴启焰,等.论都市圈地域空间的组织[J].城市规划,2001,25(5):19～23.
周庆华,雷会霞.城市设计·生态结构·景观生成[J].规划师,2001,17(6):22～26.
朱喜钢.城市空间集中与分散论[M].北京:中国建筑工业出版社,2002.35～40.
陆大道,姚士谋.中国区域发展报告(城镇化问题)[R].北京:商务印出馆.2007:35～60.

[注 1]

目前,跨省级行政区的资源开发利用、基础设施布局还缺乏统一规划和有效的协调,矛盾越来越突出。因此,要高度重视跨省区的区域规划工作,探索建立有效的实施机制。(温家宝,1999-12)

通过我国沿海经济发达、城镇密集区的城市群规划、大都市区规划、城市体系规划等,吴良镛院士指出:"积极探索如何推动区域统筹管理,兼顾多方利益,谋求种种棘手的区域问题的妥善解决是国外城市地区发展的经验和趋势。(京津冀地区城乡空间发展规划研究.北京:清华大学出版社,2002)

[注 2]

吴良镛院士指出,人居环境,顾名思义,是人类聚居生活的地方,是与人类生存活动密切相关的地表空间,它是人类在大自然中赖以生存的基地,是人类利用自然、改造自然的主要场所。按照对人类生存活动的功能作用和影响程度的高低,在空间上,人居环境又可以再分为生态绿地系统与人工建筑系统两大部分。(人居环境科学导论.北京:中国建筑工业出版社,2001)

第二章　区域与城市发展研究

第一节　城市发展与区域发展的关系

城市是人类社会经济发展到一定阶段的产物，是社会进步的标志，是人类文明的结晶。城市作为人类各种活动的集聚场所，通过人流、物流、能量流和信息流与外围区域（腹地）发生多种联系，通过对外围腹地的吸引作用和辐射作用，成为区域的中心。外围区域则通过提供农产品、劳动力、商品市场、土地资源等而成为城市发展的依托。因此，可以说，城市与区域相互依存，城市借区域而立，区域依城市而兴（沈道齐，崔功豪，1990）。目前，我国正进入城市化加速发展的阶段，城市发展与城市化过程中出现的许多问题，均与对城市和区域的相互关系认识不清有关。因而，城市发展与城市规划研究需要研究城市以外更大的区域问题。

一、城市与区域

对于城市与外围腹地之间的关系，古今中外均有不少精辟的论述。管仲（？～645BC）在《管子・人观》中写道："夫国域大而田野浅者，其野不足以养民；城域大而人民寡者，其民不足以守城"。他还主张："地之守在城，城之守在兵，兵之守在人，人之守在粟，故地不辟则城不固"。伍子胥在论述吴城（今苏州）的建城思想时说："立城郭，设守备，实仓廪，治兵库"。尉缭在《尉缭子・兵谈》中写道："量土地肥硗而立邑建城，以城称地，以地称人，以人称粟"。其大意是要根据土地的肥瘠情况来设邑建城；建城要与土地情况相适应；城邑的大小要与人口的多少相适应；人口的多少要与粮食供应相适应。这些论述说明我国古代已经认识到立邑建城与区域经济基础的依存关系（孙宗文，1986）。

一般认为，城市是区域的核心和统帅，城市在区域经济发展中产生，依靠所影响区域提供的原料、能源、农产品、劳动力等而发展，城市以工业品、信息、技术、政策等供给和统帅它的区域（陆大道，1986）。

1933 年 8 月国际现代建筑协会(IUA)通过的《雅典宪章》认为,城市与周围的区域是有机联系在一起的,城市与乡村都是一定区域内不可缺少的构成要素,因此应该把城市作为其所在区域范围内的一个重要组成部分来进行整体性研究,而不能把城市从其所在区域中割裂开来,单独地研究这个城市的规划。

1977 年 12 月,国际现代建筑协会在秘鲁利马签署的《马丘比丘宪章》认为,《雅典宪章》关于城市和区域关系的基本思想要进一步深化,要求在制定宏观经济计划和在考虑国家和区域一级更大范围的经济决策时,应对城市规划工作给予更为直接和优先的考虑。

著名的人本主义城市规划理论家 L·芒福德(1895～1990)对城市与区域的关系有过精彩的论述,如"区域是一个整体,而城市是它其中的一部分";"真正成功的城市规划必须是区域规划"。

二、城市是区域的核心

目前全世界约有一半的人生活在城市里,其中发达国家占72.6%;世界上60%以上的 GNP 是在城市内产生的(汤茂林,1997a),这足以表明城市在当代社会的重要性。"尤其是大城市和超大城市(如纽约、巴黎、东京和上海等),成为一个国家乃至全球的经济、政治和文化的中心。随着社会生产力的日益发展,现代城市的影响越来越大"(姚士谋,1984)。城市有许多职能,可以分为一般职能和特殊职能,也可以分为基本职能和非基本职能,具体地说有管理、经济、政治、文化、商贸、信息服务等职能。但城市最重要的特征还是人口和非农产业的集聚。

由于城市经济是以第二、三产业为主的集聚型经济,其生产效率明显高于农村经济。其原因有二:一是由于生产技术的不断革新,引起劳动生产率的不断提高;二是由于企业之间的分工协作和集聚,带来了生产效率的提高。现代中心城市已经成为区域生产力最高水平的代表,特别是在组织社会经济、创新、信息交流等方面发挥着巨大作用。有许多资料表明,在我国,大城市的经济效益,一般高于中小城市(胡兆量,1992),中小城市高于农村,城市经济在国民经济中所占的比重越来越高。恩格斯曾写道:"城市愈大,搬到里面来愈有利,因为这里有铁路,有运河,有公路;可以挑选的熟练工人愈来愈多;由于建筑业中和机械制造业中的竞争,在这种一切都方便的地方开办新的企业,比起不仅建筑材料和机器要预先从其他地方运来、而且建筑工人和工厂工人也要预先从其他地方运来的比较遥远的地方,花费比较少的钱就行了;这里有顾客云集的市场和交易所,这里跟原料市场和成品销售市场有直接的联系。"(马克思,恩格斯,1958：301)

城市还是区域的商贸流通中心和交通中心。随着生产力的发展而出现的产品剩余产生了交换的需要，而交换的实现需要有场所。这种交换场所从最原始的自然的商品集散地，发展到现代化的贸易中心。我国的许多城市，如上海、北京、广州等，都是在国内外商品经济发展的推动下首先作为商业城镇兴起的。

随着城市社会经济的发展，城市必然对整个社会的发展起主导和推动作用。因为只有城市中发展起来的先进技术和生产出来的产品，才能用来彻底改造整个国民经济，特别是改造传统农业。城市还是各种政治和管理机构的集中地，是区域的政治中心。

人类历史发展表明，城市不仅是区域的社会经济中心，也是区域的文化中心。在当今世界，城市是人文荟萃、文化昌盛、科教发达、不断创造和积累精神财富的摇篮。城市集中了高等院校、图书馆、博物馆、体育馆、体育场、文化馆等文化设施。

此外，城市还是“社会交际和信息交流之地；思想和产品在此流通，实现其社会的或经济的价值。城市是创造性和文化轴心，为人们提供机缘，为进步创造条件，是文明的最牢固的基础”(Willeim，1997：11)。

因此，《中共中央关于经济体制改革的决定》指出：城市是我国经济、政治、科学技术、文化教育的中心，是现代化工业和工人阶级集中的地方，在社会主义现代化建设中起着主导作用。特别值得一提的是中心城市拥有较高的科学技术水平、雄厚的物质基础、先进的经营管理经验，对区域发展有重要作用。中心城市，作为工业中心，可以通过生产协作和扩散效应带动外围腹地经济的发展；作为商贸中心，以雄厚的物质基础可以给其影响地区有力的支援；作为金融中心，其一部分资金可以通过信贷、直接投资、补偿贸易等形式投向外围腹地，促进腹地经济的发展；作为文化科技中心，可以通过输送科技知识、转让研究成果，促进外围腹地经济文化事业的发展；作为信息和服务中心，可以为周边地区提供信息，使其能及时地根据市场情况，调节生产的方向和节奏(于洪俊，宁越敏，1983)。因而，可以认为，任何一个经济区都有一个或几个对该区域发展起着主导作用的城市，并以它们为核心，加上区内其他城镇，形成区域经济发展的主战场；各类中小城镇也依据区内中心城市得到发展与壮大。所以列宁认为：“城市是经济、政治和人民精神生活的中心，是进步的主要动力”(列宁，1958：264)。

三、城市发展的区域基础

“影响和制约城市发展的根本因素，总的来说，是社会物质生产方式。也就是说，历史上社会生产力的发展和更替，生产关系的交替和变革，从根本上制约着城市的发展；而具体到每一个历史发展阶段，则是一个国家(或地区)在一定时期内政治形势与国民经济发展任务对城市发展的要求”(宋家泰，1980：277)。我们认为对城市发展影响较大的区域因素主要有区域经济条件、地理位置、自然资源、社会因素、区域基础设施、生态环境，等等。

1. 区域经济条件

城市作为区域的中心，其兴起和发展的前提条件不在城市的内部，而在于城市所在区域的经济发展水平，特别是农业生产力的发展水平及其产生的产品剩余。“一个国家城市化的界限，一般由该国家的农业生产力所决定，或是由该国通过交换、政治和军事力量从国外获得粮食的能力所决定”[①]。有人称农业生产力的发展为城市兴起和成长的第一前提(于洪俊，宁越敏，1983)。

由于城市是非农业人口和第二、第三产业的集聚地，农产品剩余一方面作为最终产品供城市人口生活消费，另一方面作为轻工业的原料，促进城市工业化和城市人口的进一步集聚。

城市化与工业化、现代化有同步关系。区域经济发展水平越高，城市化水平就越高。城市化的目的在一定程度上可以说是要实现国民经济和城市文化的现代化。城市化与经济发展同步的原因是经济结构和经济发展模式对城市发展有决定性影响。

经济条件对城市发展的影响还表现在对城市分布的影响上。区域间经济发展差异越大，城市分布就越不均衡。一般而言，经济发达地区城镇分布密度大，而经济欠发达地区城镇分布密度小。在发达国家和地区，随着地区间经济发展差异的缩小，城市分布逐步趋向相对均衡。

2. 地理位置

地理位置指区域(或城市)所在地与周围的自然和社会经济事物的空间相互关系的总和。它与山脉、平原、江河、海洋的空间关系，称自然地理位置；与交通线、农业区、港口及城市的空间关系，称经济地理位置。在一定历史条件下，地理位置是城市形成和发展的决定性因素。其作用表现在：①影响城市辐射和吸引范围的大小；②决定城市的优势产业部门和专业化市场。新加坡之所以成为东南亚的航运枢纽、转口贸易中心、技术服务中心、煤油业中心、电器制造中心、修造船基地、金融中心、旅游中心，是与它所处的欧亚东西航运中点这一位置分不开的(胡兆量，1992)。我国的特点是南船北马，因而南方城市大都处在河流汇合处，北方城市大都处在大道汇合处。

城市的地理位置是不断变化的。从自然方面看，沙漠扩张、海平面升降、河道变迁、港口淤塞等等，都会引起城市的变迁。经济地理位置的变化，如交通技术的改进、交通工具的变化、交通网的扩展、行政区划界线的变化等更是城市变迁的主

① W. S. Woytinsky 语. 转引自：中国城市科学研究会，中国城市规划设计研究所. 国外城市化(译文集). 1987.93

要原因。苏北古城淮阴的兴衰变化可算是经济地理位置的变化对城市发展影响的一个典型例子[①]。淮阴位于淮河与大运河的交汇之处，又是古代驿道的必经之地，历史上曾是当时我国南方著名的“淮扬苏杭”四大名城之一。“酒酣夜别淮阴市，月照高楼一曲歌”(唐·温庭筠诗句)。到明清时，地处苏北平原的淮阴市更加昌盛：既是淮、涟、泗、沭等流域的土产集散地，又是淮盐的转运口岸，再加上这里雄踞水陆要冲，南船北马、漕运总汇，商贾云集，盛极一时，成为拥有数十万人口的大城市。但是，鸦片战争以后，海运业和陆上交通的兴起，这里南北水运中心的地位不复存在。至1900年，“津浦铁路成，辕辙易向，乃夷为僻鄙，不复有问津者”，淮阴彻底衰落了。目前淮阴仍仅为一个非农业人口不足50万人的中等城市。

3. 自然环境和自然资源

自然环境和自然资源是城市的自然基础。一地的自然环境影响着这个城市的特色与风格。正如芒福德(Lewis Mumford)所说：“每一个城市都受到自然环境的影响；自然的影响愈多样化，城市的整体特性就愈复杂，愈有个性”。因此，要发扬地区文化特性，创造城市的地区特色。城市建筑和景观设计与自然环境相协调是保持和发扬城市特色的重要原则，特别是对于风景旅游城市而言。

区域内自然资源的种类、数量和质量及开采条件是影响城市形成和发展的重要因素。在我国，水资源南丰北歉，因而北方大部分城市都缺水，一遇旱年，生产、生活用水不足，影响城市的正常运行。水资源成为我国北方城市规模扩大的严重制约因素。区域内自然资源的大规模开采可导致城市特别是资源开采与加工型城市的形成与发展，如大庆、克拉玛依成为石油工业城市，鞍山、攀枝花成为钢铁工业城市，而伊宁成为森林工业城市。

在传统工业阶段，城市对自然资源的依赖性较大。伯明翰(英)、匹兹堡(美)、鲁尔区(德)的城市等都是以自然资源为基础发展起来的。到现代工业社会，尽管由于技术、资金、人才在经济发展中的地位提高，而自然资源[②]的相对重要性下降了，但仍是影响经济发展和城市发展的重要因素。

4. 社会因素

影响城市形成和发展的社会因素包括历史因素、文化传统、政治因素、人口素质等。

城市是历史的产物，历史发展的结晶。城市的规模、性质、职能、布局、建筑景

---

① 阮仪三. 近代衰亡的城市——淮阴. 城市规划资料汇编，1980(12,13). 转引自：于洪俊，宁越敏. 城市地理概论. 合肥：安徽科学技术出版社，1983. 111～112

② 古典经济学家认为，影响生产的主要因素至少有3个，即土地、劳动力和资金。Norton Ginsburg把自然资源看作是影响经济发展的第五大因素，其他四大因素分别是文化设定(cultural configurations)、技术、资金、劳动力。不同的社会有不同的价值观和人生目标；不同的社会有不同的社会组织系统。有的社会强调个人的首创精神，强调基本需求以外的商品和服务的生产。

观等都打上了历史的烙印。“每一时代都在它所创造的建筑上写下它的自传”(Lewis Mumford语);“城市是一本石头写成的大书,每个时期都给它增添新的一页”(E·沙里宁语)[①]。中国历史悠久,区域历史因素对城市影响深刻。河北承德曾是一个人烟稀少的山村,清初满族选择了承德建避暑山庄,围绕山庄建外八庙。这一历史因素左右着承德的城市性质。2 000多年来,扬州曾是运河漕运和盐务中心;唐时有“扬一益二”之称;白居易、李白、杜牧、欧阳修等唐宋名士都曾定居、游览扬州;清代扬州八怪在我国艺术史上独树一帜;清初康熙、乾隆南巡,多次驻足扬州;等等。这些历史因素都促使扬州发展成为具有悠久文化传统的园林旅游城市。

区域的文化传统是影响城市发展的重要因素。在我国,移民观念的传统束缚、轻视经商的文化心理等观念,曾对农村剩余劳动力的外迁及其向城市的转化形成阻力。而20世纪80年代迅速崛起的温州,不仅资源贫乏,而且交通不便,其乡镇工业兴起和钮扣等批发市场形成的重要依托,便是温州人历史上形成的外向型文化传统与改革开放时机的重合(吴传钧,刘建一,甘国辉,1997)。

人口素质的高低直接影响劳动力的劳动效率及其适应不同产业的能力、创新的能力和吸纳创新的能力。1979年诺贝尔经济奖获得者、美国著名经济学家T·W·舒尔茨认为:经济的发展取决于对物质资本和人力资本[②]的投资;既然人力资本的收益率较高,那么人力便是经济发展中最主要的因素,提高人的素质成为经济发展的关键所在。因此,在社会活动中,教育、医疗保健等具有举足轻重的地位。二战以后,西德、日本经济的飞跃发展,其基本原因之一在于,与物质资本相比,人力资本在战火中未遭到严重破坏,同时由于对教育和医疗的重视而培养了高素质的劳动力。

5. 政治因素

政治因素包括政治中心、行政区划与政策等,对城市发展有重要影响。政治中心对城市规模影响较大。大多数传统意义上的社会主义国家的政治中心所在城市是首位城市,城市向外扩展较快。在我国,政治中心行使社会、经济、文化管理职责,与国民经济有关的行政、金融、保险、信托、邮电、广播、电视等机构集中在政治中心。在现代化过程中,这些部门发展最迅速。在我国传统的社会计划体制下,人、财、物按行政隶属关系分配,政治中心在人财物方面有优先权,容易发展壮大。因此,城市的等级体系基本上与行政中心的等级体系相一致。在市场经济条件下,随着经济全球化的发展,国内政治因素对城市发展的促进作用会受到削弱,经济因

① 转引自:黄光宇. 城市之魂. 纪念刘易斯·芒福德诞辰一百周年学术研讨会论文. 北京,1995-08.

② 人力资本表现为人的能力和素质.后者是通过人力投资而获得的,因此人力资本可理解成是对人力的投资而形成的资本。从货币形态来看,人力资本表现为提高人力的各项开支,主要有保健支出,学校教育和在职教育支出,劳动力迁移的支出等。

素和世界地缘政治因素对城市发展的作用将会上升。

行政区划的合理与否对城市发展有直接的影响。在当前计划经济向市场经济过渡的条件下,行政区划对城市发展的作用仍然较大。行政区划直接影响城市腹地的大小,进而对城市发展造成较大的影响(陈传康,邓忠泉,1993)。陈传康等(1993)以江苏省泰州市为例,论述了行政区划对城市发展的掣肘作用,提出"泰州-高港"现象,并给出了解决办法。1996年泰州地级市的设立及此后几年泰州市区范围的几次扩大和调整,正是为了减轻行政区划对泰州市发展的制约作用,必将促进泰州市的健康发展。

建国以来,我国实行的城乡二元政策,严格限制着农村人口的流动,严重地阻碍了我国城市的发展和城市化水平的提高,人为地制造了社会的不公。理论上,这种不公应该随着社会经济的发展而逐步取消,但在改革以前却逐步得到强化。改革开放以来,随着我国战略重心的转移,我国城乡二元结构有所松动,人口有了一定程度的流动,加上城乡经济的迅速发展,城市发展步入快车道,1979～2002年24年间城市化水平大约每年提高0.88个百分点。特殊的地缘政治因素[①]和中央的特殊优惠政策,使深圳这个昔日的小渔村,在很短的时间内成为拥有几百万人口的大城市。在我国百万人口以上的城市中,省会及以上政治中心占多数。2000年全国非农业人口百万以上的40座(不包括港澳台地区)城市中,省会及以上城市占25座。这些都是政治因素对城市发展有重大影响的实例。

6. 区域基础设施

区域基础设施包括交通、通讯、供电、给排水、污水处理厂等,其完善程度和空间分布,对城市发展和布局有很大影响。区域性的基础设施,特别是交通、通讯,是城市与外围区域相互联系的纽带,其好坏程度将直接影响城市的辐射能力和吸引范围及投资环境,进而影响城市的发展、城市体系的形成、城市之间的分工协作,以及区域优势的发挥和区域差异的大小。因此,在城市发展、区域规划和城市化进程中,必须重视区域基础设施建设,特别是要加强跨行政区的区域基础设施规划和建设的协调,避免重复建设,使有限的建设投资发挥出最大效益。

7. 生态环境

城市发展受到区域生态环境容量的制约。在生态敏感带和环境容量较小的地区,城市发展的余地较小。随着社会经济的发展和生活水平的提高,人们开始追求全面的生活质量,对环境的要求不断提高,区域生态环境和城市生态环境对城市发展的制约作用会越来越大。在知识经济时代,城市生态环境的质量成为影响城市投资环境的一大因素。因此,必须从可持续发展的高度来认识解决区域环境和城

① 赵燕青(1999)认为,深圳的发展和成功在很大程度上就是国际地缘政治变化的结果,也正是由于国际地缘政治的限制,深圳不可能成为第二个香港。

市环境问题的重要性，创造舒适的人居环境。

一般说来，城市经济密度过高，过度开发，人口过分集中，必然带来人居环境质量的下降，不利于城市的长远发展。因此，区域开发特别是城市开发应该与区域环境容量相一致，避免过度开发和人口、产业等在城市地区的过度集聚。目前，在中国的许多特大城市，一旦交通条件许可，如不限制个人购买小汽车，所谓的高收入阶层（中产阶级）便很可能首先迁离市中心，由此出现西方国家城市普遍出现的郊区化现象，城市范围迅速扩展，既浪费了弥足珍贵的耕地资源，又使城市运行成本较高，甚至使城市不堪重负。

四、研究城市发展要有区域观点和全球观点

1. 城市发展需要区域整体发展观的指导

城市是大小不同的区域的中心，它不是孤立的，因此，研究城市问题必然涉及到整个区域。目前，随着改革开放的不断深入，我国城市发展和城市化进程加快；城市与外围腹地的关系——城市与乡村、城市与城镇之间的关系更为密切，特别是在我国沿海经济发达、城镇密集地区（如京津唐地区、长江三角洲地区、珠江三角洲地区等），各种关系就更为紧密，甚至可以说是密不可分，呈现出区域一体化的态势。与此同时，区域之间、城市之间、城市各利益主体之间的利益冲突和摩擦也日益表面化。在这种情况下，城市发展要以区域整体观为指导，重视城乡结合、大中小城镇结合的问题，重视城乡生态环境的保护问题，再不能就城市论城市了，要特别重视区域问题。因为城市对于一个区域来说，城市是局部而区域是整体，不少城市的工业发展和布局仅从局部来看是合理的，但从整体来看是不合理的（宋家泰，1982）。例如，南京市作为江苏省省会，首先具有行政中心的职能，至于是否为全省的经济中心则要从全省的实际情况出发，而不要一提省会就必然是全省的经济中心，否则，其结果就是不从区域角度出发，不讲具体条件，把什么工业都安排在省会城市。江苏省新一轮小城镇规划由于缺乏区域规划的约束和指导等，存在盲目求大的倾向（汤茂林，1997b）。笔者强调区域的整体性，其目的在于促使区域的持续、协调发展。要达到这一目的，必须加强区域规划，重视区域规划对城市发展的约束和指导作用。珠江三角洲城市群规划可算是区域整体性规划的一个范例[①]，值得长江三角洲地区在制订城市群（都市圈）发展规划时参考。

2. 区域内城镇的地域分工与协作

每一个城市都有其一定的腹地范围，该范围可能因多种因素而变化，如区域社

① 广东省建设委员会，珠江三角洲经济区城市群规划组. 珠江三角洲经济区城市群规划、协调与持续发展[M]. 北京：中国建筑工业出版社，1996.

会经济条件的变化，城市在区域城镇体系中的地位和等级的改变，基础设施特别是交通、通讯、互联网等的改善。城市发展不能脱离特定区域的自然条件和社会经济条件而孤立地进行。因此，必须从区域角度分析研究现代城市发展的合理性。例如，江苏省的沿江地区各城镇（特别是南京、苏州、无锡、常州）发展方向与地域分工问题，如何确定才比较合理？风景旅游城市（如苏州）与工业布局如何结合？苏锡常三市及附近地区的轻纺工业如何合理分工？（姚士谋，丁景熹，虞孝感等，1982；姚士谋，1984）。这些问题的分析、解决必须从长江三角洲这个大区域入手，统一规划、统一实施，否则就会造成重复建设、过度竞争、开工不足、投资效益不高、区域整体效益不高等现象和问题。

因此，在区域发展过程中，要根据各个城镇自身的历史基础、产业优势和国际、国内市场的需求等条件，确定优势产业部门，进行专业化生产，避免"大而全"、"小而全"的问题。实际上，专业化生产是社会生产力发展到一定阶段的必然产物。专业化协作生产将相同的产品、工艺过程差不多的加工工业零部件组织在一起，采用先进的设备和工艺，集中起来进行大批量生产，达到提高劳动生产率、降低成本、保证产品质量和区域整体效益最大化的目的，这也将加强城市与区域、城市与城镇之间的合理联系与协作，促进区域一体化的发展。

3. 城市和经济的日益全球化使城市化研究需要全球观点

随着生产社会化的发展，新的国际劳动分工从传统的垂直型向水平型的转变，水平分工在迅速发展和加深，经济国际化不断加强并达到了更高的阶段，即全球化阶段。全球化削弱乃至抹掉国家之间的边境线而任货物和信息自由流通。与此同时，世界经济已被置于一种只能称为信息化的机制之下。要生产便需要越来越多的信息，而信息的产生和交换本身已经成为一种产业（Castells，1989）。电话、电传、电子邮件等电子通讯技术可以在某种程度上代替面对面的交谈。

伴随经济的全球化和信息化时代的到来，经济和人口将出现集聚与扩散两种流动趋势，世界城市网络正在逐步形成，全球性城市（有人也称国际性城市、世界城市）的竞争日益激烈。目前，国际上公认的全球性城市有纽约、东京和伦敦（King，1989；Sassen，1991）。这3个城市集中了远超乎比例的银行和金融机构，特别是外国银行，以及其他从事金融交易的公司；它们还是世界各个最大公司总部的最大集中之地。此外，还有大约20个次全球性的或者说"地区性的"中心城市，也特别值得研究，其中位置排列较前的有巴黎、旧金山、洛杉矶以及墨西哥城（霍尔，1997）等。在我国城市中，香港（包括广州、深圳）、上海、北京（包括天津）、台北等有可能成为次全球性城市或全球性城市。我们在研究上述这些城市的发展与规划时，必须从全球着手，才可能得出科学的结论和合理的城市发展方案。因此，要在不同范围的区域内研究不同等级城市的发展问题。

第二节　区域发展理论综述

一、增长极理论

增长极(growth pole)概念最早是由法国经济学家 F·佩鲁(Francois Perroux)1955 年提出的。针对古典经济学家的均衡观点,他指出:现实世界中经济要素的作用完全是在一种非均衡的条件下发生的。其基本观点是:"增长并非出现在所有地方,它以不同的强度首先出现在一些增长点或增长极上;它通过不同的渠道向外扩散,并对整个经济产生不同的影响"。佩鲁理论的基本要点可以概括为:①经济增长不是均衡的,存在着极化效应。②技术变化和创新对经济增长有重要作用。W. Thompson(1968)认为大城市地区的主要优势并不在于其传统意义上的经济基础,而在于它具有创新能力[①]。③"极化"依赖于具有特殊性质的一个或多个推进型企业。④推进型企业有如下特征:规模较大、增长速度较快、有充足的货物供应、与其他工业的市场联系紧密、具有创新精神;这类推进型企业的集中地即为增长极。⑤推进型企业通过前后向联系实现其在经济空间中的扩散效应,从而带动区域经济增长。

佩鲁的增长极概念是从抽象的经济空间出发的,是指工业部门,并非指工业部门的空间形式,即不是一个具体的地理位置或地区。增长极理论基本上是内增长理论(internal growth theory)的一种类型,强调区域内部的变化能导致经济发展(曹勇,1990)。

佩鲁于 1957 年提出了发展极(development pole)的概念:"发展极是有能力导致经济和社会结构相关发展的一种经济组合,通过其扩散效应可以增加整体发展的复杂性,扩大多元收益"(佩鲁,1988)。很明显,用发展极概念取代增长极概念,可以从发展角度全面讨论社会经济水平和结构的变化,使研究更加切合实际。

佩鲁增长极理论在区域发展领域引起了广泛关注,不少学者对其进行研究并将其应用于实践之中。20 世纪 60 年代以来,布代维尔(Boudeville,1966)、赫希曼(Hirschman,1958)、弗里德曼(Friedmann,1966,1973)、汉森(Hansen,1972)等人进一步修正和发展了佩鲁的增长极理论,相继提出了增长核、增长中心等地理空间概念。由于布代维尔强调经济空间的区域特征,认为"经济空间是经济变量在地理空间之中

---

① Rees J, ed. Technology, Regions, and Policy[M]. Totowa, NJ: Romman and Littlefield, 1986. 28.

或之上的应用”,故首先将佩鲁的抽象经济空间转换成地理空间。他认为,“增长极概念与推进型产业相关联。由于我们是在检查区域环境而不是全国的空间,把它看作经济活动在地理上集聚的极,比看作不同于全国矩阵的部门复合体系统更为可取。总之,增长极将作为以拥有推进型产业复合体的城镇出现”。他对增长极的定义是:在城市区配置不断扩大的工业综合体,并在其影响范围内引导经济活动的进一步发展(曾艳红,1992:4)。由于外部经济和集聚效应,造成作为增长极的工业在空间上的集中分布,并与现存的城市结合在一起(Boudeville,1966)。经过这种修正,增长极便同城镇体系联系起来,增长极的层次性便对应于城镇体系的等级性,并且将这种结构发展成具有可操作性的区域模式。于是形成了一种新的增长极概念,即增长极就是城市增长中心,该增长中心的增长可以向周围地区扩散(Broolfield,1975)。因而,增长极既是经济空间上的某些企业,也是地理空间上产业集聚的城镇。这种对佩鲁增长极概念的修正较大程度地削弱了原始的增长极思想,但反映了人们注意力从主导部门间的相互影响转向空间集聚的利益和空间极化效应。

佩鲁本人通过对鲁尔区的研究也强调地理集聚,从而使经济空间与一般地理空间的概念之间的区分变得模糊起来,这导致后人在概念上的混淆。J. R. Lasuen(1969)在一项重要研究中指出:应注意增长极与组织空间(organizational space)之间的关系,并给出未来研究的几个可能途径。T. Hermansen (1972)探讨了发展极概念和发展中心概念在使用过程中发生的变化,并认为增长极概念已经被拓展和简化,以便包括社会发展的所有问题,而不仅仅是经济进步的问题。

针对文献中对增长极和增长中心两个术语含义理解的混乱状况,John Campbell (1974:43) 进行了有益的区分。他认为,“因为极化(polarization)发生在经济空间,不必涉及集中(concentration,集中发生在地理空间),所以只要牢记地理空间与经济空间的最初差别,就可以把混乱降到最低限度。极化和集中的差别是明显的,因而适于给它们以不同的词语。因此,‘增长极’一词应当限定在经济空间的极化和增长过程,而‘增长中心’一词应特指地理空间上的集中和增长过程”。然而,至少在应用增长中心概念时,混乱依然存在。

尽管围绕增长中心的术语和理论基础存在不同的争论,但增长中心理论已经引起区域规划界的广泛注意(Larkin and Peters,1983),以解决不发达地区、衰退区的增长问题和发达地区的过度集中问题。在20世纪60年代、70年代,处于不同发展水平和阶段的数十个国家曾声称其按增长极策略制定过城市和区域发展政策(Higgins and Perroux,1988:31~37),其核心是“通过各种激励措施在不发达区域或衰退区的城镇增长中心建立新企业,并通过增长中心的扩散带动不发达区或衰退区的经济增长”。

但是,由于有些国家和地区在实施增长极战略后并没有引起增长极腹地的增长(或发展),而且本应在发展中缩小区域差异,却因扩散效应很弱而加大了区域差异，特别是城乡间的差异，因此，到70年代后期人们开始怀疑增长极理论在区域开发中的有效性。但是，英国经济学家 Richardson 认为，做出增长极政策无效的结论为时过早，许多国家不再热衷于增长极政策，这并不意味着极化原则是错误的；有分析表明：只要有一个较长的应用时期（15年或更长），增长极就会趋向于对腹地产生纯有利影响（曾艳红，1992）。

总之，增长极理论承认经济发展在地理空间上的不平衡性（极化）和各不同节点（城市，即不同等级的增长极）的空间作用，以及增长极潜力的差异，这对欠发达地区的增长极确定、城市发展有一定的指导意义。欠发达地区（如江苏省的苏北地区）在开发过程中，应根据“效益优先”的原则，采用增长极开发模式，即首先在有增长潜力的地点集中投资，通过极化效应（亦称回流效应）使增长中心（通常为城镇）不断成长壮大；然后通过扩散效应带动整个结节区域的发展。由于极化效应往往比扩散效应大，为了避免过分的极化（或称不平衡），到一定发展阶段必须通过政府干预强化增长中心的扩散效应（汤茂林，1999a）。

二、中心—外围理论

中心-外围理论（center-periphery theory）也称为核心-边缘理论（core-periphery theory），这是一种由多位学者发展起来的区域发展和区域开发理论。中心-外围理论源于美国学者波尔洛夫（Perloff H）对19世纪以来美国经济空间组织的分析。他把20世纪中叶的美国分为中心区和外围区两部分，前者是工业和市场的中心区，人均收入水平高，是大规模服务业的集聚点，是新兴工业建立的温床；后者则是专门从事资源型和中间产品生产，以满足中心区原材料需求的地区。

1929年德莱西（Delaisi F）在《两个欧洲：工业的欧洲和农业的欧洲》一书中，把欧洲看成是由工业的中心区和农业的外围区组成的中心-外围空间结构。德国区位经济学家普雷德尔（Predohe A）认为，在19世纪初英国成为世界经济的唯一中心以后，随着新工业中心区的形成，世界经济由唯一中心变为多中心，从而构成整个世界经济发达的中心区，其他地区则成为向中心区提供原料并成为中心区产品的销售市场（张俊芳，乔立新，1988）。

阿根廷经济学家普雷维什（Prehish R）把中心-外围理论应用于国家的对外政策分析。他在分析拉丁美洲国家经济落后与欧洲北美的关系（1950）后，得出结论：作为中心区的欧洲、北美对外围区原材料的廉价进口和中心区的产品对外围区市场的冲击，使外围地区的初级产品在市场上的贸易条件面临长期恶化的趋势，从而抑制了外围地区完善的产业结构的形成（吴传钧，刘建一，甘国辉等，1997：341），由此创造出进口替代型的经济发展战略模式。

用中心-外围理论探讨国际关系出现了所谓的依附论，其代表人物有：普雷维什、阿明(Amir S)、伊曼纽尔(Emmanuel A)和弗兰克(Frank A G)等人。依附论的主要观点有：发达国家与发展中国家由于社会经济发展水平的不同，发展中国家对国际贸易的支配能力较低，原材料等初级产品的贸易条件恶化；经济发展和工业化需要引进外国资本和技术，从而形成对发达资本主义国家的依附。

首先，全面论述中心-外围关系的主要有瑞典的缪尔达尔(Myrdal G,1957)和赫希曼(Hirshman,1958)，他们的论述至今仍有影响力。弗里德曼(Friedmann,1973)则是中心-外围理论的集大成者(Larkin and Peters,1983：35)。

针对20世纪50年代流行的各种经济发展均衡模型，作为不平衡增长理论的倡导者之一的缪尔达尔提出了自己的不平衡发展模型(或称极化发展模型)，其核心概念是"循环累积因果机制"。在这一概念中，市场力量趋向于把经济活动吸引到具有位置、技术等优势的特定地区，并且这种集聚是自给性的，几乎不能引起周围地区的任何增长(汤茂林,1999b)。他认为，在自由经济条件下，经济系统的一部分所发生的最初变化不会必然产生恢复均衡的补偿变化(countervailing change)。确切地说，他认为这种变化遵循循环累积因果模式(一种远离均衡的模式)，将进一步引起远离均衡的运动。例如，一个国家的某个区域由于某种原因(可能出现一种新工业或新工艺)，开始经济的加速增长，那么按照缪尔达尔模型，该区域将对投资者产生更大的吸引力，进而实现更快的经济增长；假如国家投资资源不足，该区域的增长将以牺牲其他区域(外围区)的发展为代价，导致"极化发展"。也就是说，"市场力量的作用是倾向于增加，而不是缩小区域间的差异"(Myrdal,1957)。

在缪尔达尔看来，一旦经济增长在一个或几个区位出现，劳动力、资金和商品等的不断涌入进一步支撑了这种经济增长。然而，上述流动也包括回流效应(backwash effect)。回流效应将通过把外围地区的资源吸引到中心区而进一步扩大中心区与外围区之间的差距。这将引起中心区的持续增长，并以不断减慢外围区的增长为代价。回流效应包括：①中心区通过不平等贸易从外围区购买商品；②劳动力尤其是熟练劳动力和受过训练的劳动力从外围区流入中心区；③稀缺的财政资金从外围区流入中心区。在上述每一种情况下，中心区的吸引力将进一步妨碍外围区的后续发展。

另一方面，缪尔达尔的确考虑到了可能出现的扩散效应(spread effect)，这种扩散效应可以看作是利益从中心区流向外围区。但随着与中心区距离的增大，扩散效应将迅速减弱。扩散效应包括因中心区需求的增加而引起的农产品价格的上涨，其结果是中心区附近的农民获得较高的收入。之后，农民就有更多的资金可以用于投资，以改进农业生产方式。缪尔达尔认为，市场机制本身不会必然产生扩散效应。正如Lloyd和Dicken (1974：414)所说："在具有高度一体化经济系统的发达经济中，无疑存在着扩散效应，但其空间影响决不会通过经济系统平衡地向外扩散”。缪尔达尔认为，区域差异的产生和发展经历三个阶段：工业革命前为第一阶段，此间区域差异很小，尚未形成中心-外围结构；第二阶段，由于循环累积因果机制和乘数效应的作用，部分地区的发展远远快于其他地区，加之回流效应，区域差异达到最大；到第三阶段，通过国家干预，中心区的扩散效应使区域差异呈缩小趋势。

赫希曼的经济发展观点在许多方面与缪尔达尔的观点相似。他认为，极化发展是一种自然过程，尤其是在发展的早期阶段。他关注的焦点是乘数效应，即在增长区域，早期发展将通过作为投资诱因的企业间联系，提供和吸引更多的投资。赫希曼发现了两种类似的效应，即极化效应(polarizing effect)和涓滴效应(trickling down effect)。他认为，随着时间的推移，中心区与外围区之间的各种差别将消失；如果差别不消失，那么国家必须对市场系统进行干预。

DeSouza 和 Foust (1979:576)对缪尔达尔模型和赫希曼模型做过简明而有用的评价：“缪尔达尔和赫希曼两人的经济空间极化模型认为，在自由企业经济中，发达区域与不发达区域之间差距的扩大是经济发展早期阶段的典型特征。对于后来的区域一致问题，缪尔达尔持悲观态度，除了探讨回流效应的恶性循环之外没有进行分析。他说，不发达国家的政府都有一种高人一等的优越感，其成功之处只在于强调贫富区域之间和穷人富人之间的差别上。而赫希曼则深信，最终将达到一致。他坚信，一旦政府在规划发展方面发挥作用，通过采用累进的税收政策或给乡村地区以援助，将使区域不平衡减小。”

弗里德曼受缪尔达尔和赫希曼两人著作的启发引入了几个模型，他关注的焦点是城市经济系统的空间形式与经济增长相应阶段之间的关系。他于1966年提出一个国家经济进化模型。在该模型中，他把城市化水平与经济增长联系起来，并认为随着经济发展的不断进步，空间经济将在经过4个阶段的过程中日益复杂化和一体化。

弗里德曼指出，中心-外围模型可以有不同的规模(大到全球，小到一个很小的区域)，但其中心和外围的性质和内涵是不同的，并且区域可以有多中心和多外围。中心-外围模型实际上起源于一种观念，即任何地区都可以分为中心(核心)和外围。在国家水平上，我们可以找出城市-工业中心区和工业化程度低、更乡村化的外围地区；在城市-工业中心区域，仍可以找出高度城市化的中心和低城市化的外围；在高度城市化的中心，我们可以进一步找出中心(如CBD)和外围(周围居住区和郊区商业化程度低的地区)；在任何郊区外围地区，我们仍能找出中心和外围；这种空间二元结构的划分有助于探索区际关系与合适的区域发展战略。

弗里德曼从区域经济特征及区域差异出发，将国家内部分成若干不同类型的区域，以便分析区域增长的空间差异及开发的时间顺序，并确定相应的区域发展政策。他划分出的区域类型有(张俊芳，乔立新，1988)：① 核心区域。指具有较高经济增长潜力的大城市区域，可以进一步分为四类，即国内大都市区、区域首府、亚区中心、地方服务中心。核心区是经济快速增长的地方，其区域政策目标应集中在防止经济活动、人口的过度集聚而产生的一系列社会、环境问题，以及通过政策调控，加强其对外围腹地的扩散效应。② 开发走廊。这是联系两个或多个中心区的一种向上过渡地区，受中心的影响最大，具有资源利用程度高、向内移民数量大、经济持续稳定增长等特征，是潜在的中心区。③ 资源前沿区域。该区属于外围区的一部分。由于资源的发现和开发，经济开始增长，同时有新聚落、新城市形成。这是区域发展过程中外围地区内最有希望成为中心区的区域。④ 向下过渡区域。属于外围区的一部分，区域经济停滞或衰退。其原因是资源的耗尽、工业部门的老化，以及与中心区的联系不紧密。该区的区域政策目标是重建地方基础设施，以吸引投资和人口，尤其要培植创新型主导产业，以产业结构的调整重振区域经济。⑤ 特殊问题区，如贫困区、生态恶化区等。

中心-外围理论对我国区域发展和城市发展有一定的指导作用。首先，区域开发和区域城市发展具有阶段性，在不同的发展阶段政府应采取不同的区域发展政策。例如，在区域初级阶段，政府政策的重点应是培育增长中心，把有限的人财物集中起来，实现较高的整体经济效率。但当增长中心发展到最优规模后，政策的重点应调整为通过政府干预，促进扩散效应的增强，从而带动外围地区的发展，缩小中心、外围之间的差距。其次，区域社会经济发展是一个从打破平衡到建立新的、更高层次平衡的过程，平衡发展的目标要通过不平衡的发展来实现；区域开发不能齐头并进。区域差异在一定限度内的增大是正常的。再次，由于极化效应通常比扩散效应大，并且扩散效应并非自动发生的，所以在区域发展过程中，政府必须适时地进行干预，调整区域发展政策，控制中心区的规模，避免人口和产业的过分集中和区域差异过大，以实现区域共同发展。

三、点轴理论

点轴开发理论是我国学者在20世纪80年代提出的一种区域发展理论。但其科学基础却是区域开发中的“增长极理论”、“生长轴理论”和早期区位论中的“中心地理论”(周茂权，1992)。

以松巴特(Sombart W)为代表提出的“生长轴理论”是点轴开发理论中关于“轴”的内涵功能的理论前提。生长轴理论的基本要点是：随着连结各中心地的重要交通干线的建立，形成了新的有利区位，方便了人口流动，降低了运输费用，从而降低了产品的成本;新的交通线对产业和劳动力具有新的吸引力,形成有利的投资环境,使产业和人口向交通线聚集并产生新的居民点。这种对区域开发有促进作用的交通线被称为“生长轴”。

德国地理学家克里斯泰勒(Christaller W)通过对德国南部聚落分布的调查研究,分析了市场区的形成过程,于1933年出版了《德国南部的中心地》一书,提出高效市场网络理论——中心地理论(central place theory),首次以城市为中心进行市场腹地的分析。其理论要点是:在一定的假设条件下,聚落在地域上呈三角形分布,市场区呈六边形;由于门槛人口的不同,经济活动中心有等级序列的区分;依照经济发展水平的不同,不同等级的中心地的组织可以主要用3种模式来描述,即$k=3$、$k=4$和$k=7$,三者分别体现市场最优原则、交通最优原则和行政最优原则。

克氏的中心地理论对现代地理学和区域规划产生了重大影响。其主要贡献在于:①运用演绎法研究中心地的空间分布模型,把地理学的区域性、综合性与区位理论相结合,使区位理论研究逐渐向地理学领域扩展,并成为现代理论地理学的重要组成部分,因而克氏被理论地理学家W·邦奇誉为“理论地理学之父”。

我国经济地理学工作者在吸收增长极理论、生长轴理论和中心地理论的有益成分的基础上,针对建国40多年来国土开发和生产力总体布局的变迁,借鉴美国、西德、日本、澳大利亚等国家的国土开发经验,经过反复比较研究,把“点”、“轴”要素组合在同一空间开发范型中,提出了“点轴开发理论”(陆大道,1985,1986,1987)。该理论从经济增长与平衡发展之间的倒U字型相关规律出发,认为我国目前处于不平衡发展阶段,而点轴开发是现阶段最有效的空间组织形式。

点轴开发理论的中心内容包括5个方面(陆大道,1987):① 在一定区域范围内,规定若干连接主要城镇、工矿区,附近又具有较好的资源、农业条件的交通干线所经过的地带,作为发展轴予以重点开发;② 在各个发展轴上确定重点发展的中心城市,规定各城市的发展方向和服务、吸引区域;③ 确定中心城市和发展轴的等级体系。较高级的中心城市和发展轴线影响较大的区域范围,应当集中国家和地方较大的力量进行集中开发,即重点开发轴线的等级与开发投资的大小及先后顺序相对应,并相应形成不同等级的点轴系统;④ 随着国家和区域经济实力的增强,开发重点逐步转移到较低级别的发展轴和中心城市上;⑤ 与此同时,发展轴线逐步向较不发达的地区延伸,包括发达地区的距发展轴和中心城市较远的地区,将以往不作为中心城市的点确定为低级别的中心城市。

点轴开发模式的意义包括5个方面:① 点轴开发可以顺应工业发展必须在空间上集聚成点,发挥集聚效益的要求;② 可以充分发挥各级中心城市的作用;③ 轴线重点开发可实现工业布局与线状基础设施之间的最佳组合;④ 点轴开发有利于城市之间、区域之间、城乡之间便捷的联系,客观上实现地区间、城市间的专业化分工与协作，形成具有较高整体效益、各具特色的地域经济系统；⑤ 各级区域内重点发展轴线的确定，可以使各区内各部门有明确统一的地域开发方向，有利于提高基本建设的投资效果和管理组织水平(陆大道，1986)。

上述"点轴渐进式扩散"模式重点论述了经济的空间移动和扩散是通过"点"对区域的作用和通过"轴"对经济发展的影响，重点采取小间距跳跃式的转移来实现的(周茂权，1992)。

在政策上，点轴理论提出我国20世纪内和21世纪初，国土开发和经济建设的战略重点是海岸地带和长江沿岸，两者构成"T"字型一级开发轴线，并认定珠江–南昆轴、北同浦–太焦–焦枝轴、哈大轴、胶济轴、黄河上中游地带、成渝–宝成轴等8条二级重点开发轴线。

我国学术界、理论界在20世纪80年代中期还相继提出"π"形和半"非"字型结构的战略构想。1987年出台的《全国国土规划纲要(初稿)》采用了"点–轴系统理论"和"T"字型结构战略构想，在我国各地引起了强烈反响。事实上，点轴开发模式已经成为全国各地国土规划和区域开发的主要模式。

四、地域分工理论

社会分工是人类社会发展到一定阶段的必然产物，其空间表现形式是劳动地域分工。劳动地域分工是社会分工的基本形式之一，有关它的理论便是劳动地域分工理论，简称地域分工理论或地域分工论。

合理的地域分工与协作可以使各地区合理地利用各种资源，最大限度地发挥各个地区的优势和节约社会劳动，因而是推动社会劳动生产率不断提高的有效途径(张小林，汤茂林，金其铭，1996：127～128)，还是推动世界经济一体化的巨大动力。可以说，地域分工与协作的发达程度是衡量一个地区经济发展的重要标志。发达国家许多跨国公司以强大的生产力及其产品国际化，组织全球化、专业化协作生产，大大促进了各个国家与地区之间的国际地理分工。

自亚当·斯密(Adam Smith)提出绝对成本说之后，地域分工理论经诸位学者补充①，已经形成了较为完善的理论体系。地域分工论的主体是比较优势原理(包括静态比较优势和动态比较优势)和地区主导产业理论(刘再兴，陈龙飞，连亦同等，1994)。

斯密认为，每一个国家都有其绝对有利的、适宜于某种特定产品生产的条件，如果每个国家都按照"绝对有利的生产条件"去进行专业化生产，然后彼此进行交

① 包括李嘉图(David Ricardo)的比较利益说、奥林(Bertil Ohlin)的生产要素禀赋论、H·H·巴朗斯基的地理分工论，等等。

换,这将使各国的资源、劳动力和资本得到最有效的利用,从而提高劳动生产率,增加社会财富,这对各国都有利(孙祥剑,1984)。该学说忽视了分工的历史性,把各国具有绝对优势的生产部门看作是永恒不变的。李嘉图(Ricardo D)的比较利益说则发展并修正了斯密的上述学说。其基本观点是:任何国家(地区)都有其相对有利的生产条件,如果各国(地区)都把劳动用在最有利于本国(地区)的用途上,生产和出口相对有利的产品,进口相对不利的商品,这将使各国资源得到最有效的利用,使贸易双方获得比较利益(张小林,汤茂林,金其铭,1996)。

奥林(Ohlin B,有人译为俄林)1933年出版了《Interregional and International Trade》一书,提出生产要素禀赋论(奥林,1986)。由于他的这一理论深受赫克谢尔的影响,所以人们又把这一理论称为赫克谢尔-奥林理论。该理论认为,地域分工产生的原因是各国各地区生产要素禀赋上的差异和地域之间生产要素的不均衡。这种差异决定了生产要素的相对价格差异,生产要素的相对价格差异又引起商品的相对价格差异,加上汇率因素,进而会引起商品的绝对价格差异,从而导致地域分工和区际贸易的产生。因此,绝对价格差异是贸易的直接原因。他把价格理论同一般均衡区位论结合起来研究地域分工,做出了重要贡献。其一是他以相对价格差异学说补充了斯密和李嘉图的地域分工论,成为近代国际贸易理论的权威;其二是他在以局部均衡为基础的特殊区位论基础上,引入区际价格差异理论,创立了以一般均衡为基础的一般区位论(杨吾扬,梁进社,1987:202)。

地区主导产业理论的基本要点是:在区域发展过程中,各个产业在区域产业系统中的地位、作用是不同的,其中有一个或几个产业处于主要的支配地位,构成地区的主导产业或主导产业群;"地区产业结构的优化应以其所处的发展阶段为基础,以充分发挥地区优势的同时又承担上一级区域分工为准则,构筑以主导产业(或支柱产业)为核心,以关联产业相配套,以基础产业为保障的产业体系"(王青云,1996)。在区域发展过程中,如何根据世界形势的变化、本区域的基础和优势适时地进行主导产业的确定和培育,对区域至关重要。

地域分工理论对区域(特别是城镇密集地区)的城市发展具有重要的指导作用。在城镇密集地区,进行各种形式的地域分工(包括城市之间、城乡之间、区域之间)是实现区域整体效益最大化的必由之路。日美大都市带内城市之间的合理分工与协作,荷兰兰斯塔德(Randstad)地区几大城市的合理分工,为长江三角洲特别是苏锡常地区的未来发展和城镇合理分工,提供了有益的启示。长江三角洲地区如果不进行合理的分工(特别是城市的分工),其整体优势就会因为过度竞争而削弱,势必影响区域整体实力的提高,因而也就很难提高其在环太平洋西海岸中的地位。

产业结构的差别是发达国家和发展中国家的一大差别,后者的产业结构较为低级，在国际竞争和贸易中处于极为不利的地位。因此，如何根据自身的条件和国际产业发展的趋势，适时确定区域主导产业（群），对这些产业进行扶持，是发展中国家和地区最为重要的任务之一。只有这样，才有可能逐步改变国际经济发展的不平衡状况，缩小与发达国家之间的发展差距。就江苏而言，苏南、苏中、苏北如何按照市场经济规律和各自的条件、基础，选择合适的主导产业是江苏省21世纪发展首先要解决的问题。因为世界经济越来越一体化，我国经济已经走过短缺经济的阶段，进入相对过剩经济和买方市场阶段，我国加入世界贸易组织（WTO）后将逐步对国外商品更加开放，国际竞争将日趋激烈，迫使我国企业进行相应的调整，只有质量好、价格低的商品才能进入国际市场，为国内外消费者所接受。

第三节　区域空间结构理论

和平与发展是当今世界的两大主题，备受关注。区域发展研究是地理学家最擅长的研究领域，空间结构研究——区域发展研究的七大方面之一（陆玉麒，1998）——是20世纪30年代以来的主要研究方向之一，有人称它为地理学的四大研究传统之一（Pattison，1964）。

一、区域空间结构的内涵

“空间结构”一词因W·邦奇的《理论地理学》（1962）一书而流行。他认为，在空间过程和空间结构之间存在二元性，也就是说，在“地球表面的运动”与“作为结果的现象在地球表面的安排”之间存在二元性。按照邦奇的观点，空间结构可以通过把“结构”解释为“几何”而予以最明确的定义。据此，“空间的科学（地理学）发现空间的逻辑，几何学是锐利的工具”。这一古典几何学传统的复活是地理学计量革命的主要特征。在计量革命年代，空间结构与空间格局（或称空间型式，spatial pattern）是同义语。在现代区位学派的大量著作中仍有这种用法（Haggett，1965）。

1. 广义的空间结构

格雷哥里（Gregory，1981：322）认为，空间结构指用来组织空间并涉及社会过程和（或）自然过程运行的模式。

广义的空间结构即为地域结构。国内比较有代表性的观点主要有以下几种：① 地域结构指某一地域范围之内自然、生态、经济、社会等结构的空间组合。地域结构是反映自然和人类活动作用于地球表面所形成的空间组织形式，一定地区地域结构的形成和变化取决于构成区域的各成分或要素及各种不同物质结构间的对应交换关系。具体地说，取决于两方面的相互作用：一方面是地球表面的性质，另一方面是人类活动本身（魏心镇，林亚真，1989：262～263）。② 地域结构指地域系统中物质实体的空间组织形式，它的形成和变化首先取决于两方面的相互作用。一方面是地球表面的性质，包括气候、水文、地貌和植被等；另一方面是人类活动本身，包括它所创造的技术经济体制和各种人文景观，这就是通常所说的"人地相互作用"（蔡渝平，1987：69）。③ 区域系统空间结构是区域系统结构的一个重要方面，它是区域系统组成要素的各种空间的总称，具体包括区域系统中各种自然要素、经济要素和社会要素在地域上的分布及其组合状态（秦耀辰，1994：106）。这种对空间结构的理解是理论地理学的研究主题。

2. 狭义的空间结构

对狭义的空间结构概念也有不同的理解。较有代表性的观点有：① 区域的空间结构通常是指以资源和人群活动场所为载荷的、以产业区位（带）为中心问题的空间分异与组织关系。从纯几何学或拓扑学关系来看，地理事物，如河流、城市、宗教区等，可以简单地视为点、线、面，我们可以仅从点、线、面构成的空间格局来把握空间结构的基本特征（王铮，1993：192）。② 社会经济的空间结构是指社会经济客体在空间中的相互作用和相互关系，以及反映这种关系的客体和现象的空间集聚规模和集聚形态（陆大道，1995：19）。③ 经济空间结构也称经济地域结构，指人类经济活动的地域（空间）组合关系，即经济地域的主要物质内容在地域空间上的相互关系和组合形式（陈才，1991：189）。

综上所述，空间结构的最基本含义是指人类社会经济活动和自然过程的空间组织形式，它包括空间分异和组织关系、等级规模结构、空间相互作用及空间格局。空间结构不仅是社会经济活动的"容器"，而且体现了活动的空间属性和相互关系；是社会经济活动在空间上的投影，是区域发展状态的指示器。

二、区域空间结构研究及理论透视

1. 空间结构研究的基本内容

空间结构研究始于20世纪30、40年代的德国。自50年代起，该项研究在美国、瑞典、联邦德国得到了进一步发展。空间结构研究把位于一定地域范围内的有关事物看成是具有一定功能的有机整体，并且要考虑其时间上的先后变化，因此，可以将空间结构理论视为动态的、总体的区位理论。空间结构研究涉及农业与土地利用、工业区位、服务业、城镇居民点、基础设施的区位、运输网的布局、信息的区际流动等内容。

一般说来，空间结构研究的基本内容包括以下几个方面(陆大道，1987)：① 以城镇居民点(市场)为中心的土地利用空间结构。这是对杜能理论模型和位置级差地租理论的发展。它利用生产和消费函数的概念，推导出郊区农业每一种经营方式的纯收益函数，并由此进行经营地带的划分。② 最佳的企业规模、居民点规模、城市规模和中心地等级体系。其理论推导的基础是农业区位论和集聚经济论。将最佳企业规模的推导与城镇居民点合理规模的推导相结合，将城市视为企业一样，理解为生产过程；应用"门槛"理论，将中心地等级体系应用于区域规划的实际。③ 社会经济发展各阶段上的空间结构特点及其演变。通过一般作用机制的分析，揭示出空间结构演化的动力机制、演变的一般趋势和类型。④ 社会经济客体空间集中的合理程度。在实践中表现为如何处理过疏和过密问题，对区域开发整治和区域规划有实践意义。⑤ 空间相互作用。包括地区间的货物流、人流、资金流，各级中心城市的吸引范围，革新、信息、技术知识的扩散过程等，它们是空间结构特征的重要反映。

2. 空间相互作用

空间相互作用(spatial interaction)一词是由美国地理学家乌尔曼(Ullman，1956)在论文《交通的作用和相互作用的基础》中引入地理学的，该文至今仍是有关空间相互作用的主要论述。

乌尔曼认为空间相互作用指地理区域之间的相互依赖。这种相互依赖是某一地理区域内人-地相互依赖的补充。因此，他把它看作是地理研究的主要中心。空间相互作用包括地理区域之间商品、人员、移民、金钱、信息、观念等的运动(Hay，1981)。阿布勒、亚当斯和古尔德(Abler，Adams and Gould，1971)认为，空间相互作用指不同各类的商品和信息从一地向另一地的流动。杰克勒(Jakle J A)、布鲁恩和罗斯曼 1976 年在《人类行为：社会地理》一书中把空间相互作用定义为"基于空间特征定义的人类相互作用"。

乌尔曼在探讨空间相互作用的基础时引入了 3 个词汇，即互补性(complementarity)、干扰机会(intervening opportunity)和可转移性(transferability)。① 互补性。互补性是指两地之间如果要发生相互作用就必须存在的供需状况。只有当一地有某种要素而另一地需要该要素时，两地间的相互作用才会发生。我们很容易理解互补性概念对理解区际和国际商品流动的重要作用。② 干扰机会。当存在特定互补性的替代物和更相近的源地时就存在干扰机会。例如，芝加哥有多余的牛肉，而纽约和克利夫兰都缺少牛肉，那么，克利夫兰就成为芝加哥牛肉的更近的、替代性的目的地，因此克利夫兰将是芝加哥和纽约之间的干扰机会。正如阿布勒、亚当斯和古尔德所言，"从一定程度上讲，干扰机会是吸收具有互补性的两地间潜在相互作用的空间'海绵'"(Alber，Adams and Gould，1971：194)。③ 可转移性。可转移性是指以金钱或时间来衡量的把货物或其他事物从一地移到另一地的成本。因此,即使纽约需要芝加哥的牛肉(即互补性存在),但如果把牛肉运到纽约的成本太高,那么这种流动就不会发生。在这种状况下,纽约人在餐桌上可能会用南部的火鸡或中西部的猪肉取代牛肉。显然,随着时间的推移,由于交通、通讯网络的改进,可转移性已经发生了相当大的变化。

那么,只有当存在互补性、干扰机会和可转移性方面的必要条件时,才会产生空间相互作用。乌尔曼认为可以把区域差异看作是空间相互作用的一个子概念。

自乌尔曼提出空间相互作用概念后,许多学者对此进行了探讨。阿克曼强调指出,系统的重要特征是"连接性"(connectivity),因此就支持了空间相互作用在地理学中具有重要性的观点(Ackerman,1963)。尼斯图恩则把"连接性"看作是地理学的三大基本概念之一,其他两个基本概念是距离和方向(Nystuen,1963)。奥尔森(Olsson, 1965)对空间相互作用进行了全面的评述,在3个主要部分,他探讨了以下问题:① 区位论中的距离因素;② 经济迁移理论和扩散模型中的距离因素;③ 重力模型和潜力模型。他得出结论:"似乎极为重要的是,未来的对空间问题感兴趣的学者要透过表象,更深入地从总体上了解人们(非理性)行为及其动力。这样我们不仅能够解答'怎么样'和'在哪里'的问题,而且也能够获得人们为什么会遵循本研究和其他研究中提到的那些行为'规则'的线索。"

奥尔森的书出版10年后,劳维等(Lowe and Moryadas,1975)提出了一个基于4个概念的分析构架。这4个概念是:① 空间和时间有用性(space and time utility);② 互补性;③ 干扰机会;④ 可转移性。他们增加了"空间和时间有用性"。威尔孙(Wilson,1954)把地点有用性定义为:一种商品从几乎没有或根本没有用处(价值)的一地或地区运输到它较有用或具有更大有用性的另一地或多个地方而增加的经济价值。他把时间有用性定义为:交通通过使物品不仅可在需要的地方而且在需要的时间获得,就扩大了物品满足人类需求的能力,其结果是时间有用性。

3. 空间结构研究的理论透视

空间结构理论就是关于区域空间结构五大要素(结点、通道、流、网络和等级体系)在地域上的组合特征及其演变规律的理论(万家佩,涂人猛,1992),实际上就是关于农业、工业、第三产业、城乡居民点区位的综合区位理论;其目的是要揭示各种客体在空间中的相互关系和相互作用,以及反映这种关系的客体和现象的空间集聚规模和集聚程度,在此基础上构建合理的区域空间结构,使区域内各要素组合成为一个有机而协调的地域系统。

在空间结构理论中,区域发展通常被看作是一种空间过程,并认为区域发展总是先从一些点开始,然后沿着一定的轴线在空间上延伸。点与点之间相互联系和相互作用的结果是在空间上通常沿着交通线联成轴线,点线的经纬交织形成区域网络。因而区域发展是一个动态过程，具有阶段性。在区域发展的不同阶段，区域具有不同的空间组织结构。

一般认为，区域发展包括区域经济开发和区域经济增长两个方面。在区域经济发展过程中，除了政治、经济、社会结构的相应变化外，最明显的是空间结构的变化。区域经济开发理论长期以来受均衡增长和不均衡增长发展战略的影响，其基本理论有增长极理论、大推进理论、大宗商品出口理论、区域比较利益理论、货运中转理论、自由入口理论等，详见表 2-1。

表 2-1 区域经济开发理论

区域开发型式	基础理论	理论核心
均衡开发	增长极理论 大推进理论	极化效应与扩散效应 资本投入是经济增长、发展的动力
不平衡开发	大宗商品出口理论 “外部经济”理论 区域比较利益理论	发展外向型经济 发展优势产业和产品
随机开发	货运中转理论 自由入口理论	区域经济集聚源于网络 市场区再分配

资料来源：宋家泰，顾朝林. 论地理学现代区位论研究. 地域研究与开发，1987，6(2)：6［经修改］.

区域经济增长只涉及区内生产和消费的增加，包括不发达地区的区域经济和发达地区的区域经济增长两种情况。区域经济增长理论详见表 2-2。

表 2-2 区域经济增长理论

区域类型	区域经济增长理论	理论的核心内容
不发达地区	经济“起飞”理论	区域经济增长的关键在于重建良性循环的区域经济结构。在发展中地区，经济增长的制约因素是资本供给；在经济已经“起飞”的发展地区，扩大资本需求是保持持续稳定经济增长的主要途径。
	二元结构理论	不发达地区的典型特征是现代化部门和传统部门的并存；用现代化部门吸收传统部门的过剩劳动力，工农业就可以协调发展，进而使区域经济发展起来。
发达地区	地域生产综合体理论	利用经济区形式实现自然力和生产力是最有利的组合。
	协同发展理论	区域经济系统的整体效益的提高在于子系统协调同步发展。

资料来源：宋家泰，顾朝林. 论地理学现代区位论研究. 地域研究与开发，1987，6 (2)：7.

三、区域发展阶段及其空间结构特征

1. 一般模式

人类在一定地域范围内改造自然,发展经济,进行社会交往,推动着社会经济和生产力的发展,改变结点、轴线和网络的分布状态,从而引起区域空间结构的变化。可见,区域空间结构变化的最大动力是区域生产力的发展。从人类历史来看,由于生产力的发展具有明显的阶段性,因而区域空间结构也表现出明显的阶段性(刘再兴,陈龙飞,连亦同等,1994:136)。一般而言,区域社会经济发展和空间结构的演变可以分为以下5个阶段。

(1) 社会经济以农业占绝对优势、空间结构初始均衡的阶段

在产业革命以前的漫长历史时期中,生产力水平十分低下,绝大多数居民从事广义的农业和家庭手工业。农业生产活动构成广阔而相对均质的域面。居民点的职能主要是作为农民的居住地;随着社会经济的发展出现一些零星的城镇,但其规模一般不大,主要职能是作为商品交换场所,影响范围较小;交通运输设施水平低且未成网络;各节点间的人员、物资、信息的联系和交流较少。此时,空间结构具有较大的稳定性,呈现离散封闭的初始均衡状态。

(2) 过渡阶段

社会内部的变革和外部条件的变化导致社会经济的较快发展,主要表现在:社会分工明显,农业有了发展,剩余产品增多,出现了繁荣兴旺的手工业和矿业,以及规模不大的原材料工业和制造业,开辟了水上交通,铁路和公路运输开始出现。因而,商品交换的规模大大扩大,城乡交流频繁,农村人口大量涌入城市,城市日益扩大,在工矿业基地和港口附近出现新的城镇。区域经济的增长集中在城市,城市开始发挥政治、经济的领导和组织职能,出现空间集聚程度的不平衡和中心-外围结构,远离城市的边缘地区仍然落后,空间结构不稳定。

(3) 工业化和经济起飞及空间非均衡阶段

产业革命以后,社会生产力有了质的飞跃,工业化和城市化加速进行,工业逐渐取代农业,成为区域经济的主体。主要发展的部门是钢铁、机械、化工、动力、纺织等。由于它们在条件优越的城镇集中,使这些城镇成为区域的经济中心城市。同时,科学技术得到较快的发展,第三产业开始大量出现,建立起比较发达的交通、通讯网络,并深入到区域的各部分。由于中心城市的影响、经济的发展和资源的大规模开发,区域的中小城镇也发展起来,前一阶段的单中心结构逐渐变为多核心结构,出现了初步的城镇职能分工和等级体系。城市之间、城乡之间的联系和交流极为频繁。由于经济实力的限制,边缘地带没有得到充分的开发,空间结构表现为多

核极化结构，仍处在变化之中。

(4) 产业分散化和空间结构均衡化阶段

生产力进一步发展，区域经济实力大为增强；中心城市的扩散效应使城市出现郊区化的趋势，郊区卫星城镇大量涌现；中小城镇得到较快发展，规模增大。在区域内的落后地区，由于开发力度的加大，兴起一批城镇，与前一阶段形成的城镇一起，共同接受中心城市的产业和技术扩散，发展速度加快，成为区域发展的热点地区。交通、通讯等各种线状基础设施组成的网络在核心区进一步改善的同时，向整个区域铺开，中心区、外围区之间的经济技术联系加强，网络系统开始形成，区域空间结构均衡化已占据主导地位，区域之间的差距在逐步缩小。

(5) 技术工业和高消费及空间结构高级均衡阶段

区域社会生产力高度发达，经济基础雄厚，科学技术得到高度发展并得到广泛应用；社会成员的收入水平不断提高；有现代化的交通、通讯系统，计算机技术深入到工作、生活的各个领域；人才和信息的重要性大大提高。同时，过密和过疏问题得到较大程度的解决，区域之间的不平衡及就业、收入、消费水平和选择机会的差异趋于消失。其结果是使各地区资源得到充分合理的利用，空间组成要素融合为有机的整体，整个区域的城镇居民点、服务设施及其影响范围形成一个有机联系的城镇体系，城乡协调发展的特征明显，区域空间结构表现出高度发达的相对均衡状态。

需要指出的是，上述区域社会经济发展和空间结构的演变规律揭示的是总体的、一般的大趋势，并不排除一定时期个别区域或一定区域的个别时期出现异常情况的可能性。区域发展和空间结构的演变规律对区域研究意义重大，是人们制订区域规划的指导思想之一。在实际应用时，要借助深入的调查和对调查资料的分析，准确把握规划地区所处的发展阶段，进而确定区域空间结构的发展战略，包括地域开发的主要方向和重大建设布局(陆大道，1988：98)。

2. 区域空间结构的具体模式

(1) 罗斯托的经济成长阶段论

1960 年罗斯托(Rostow W W)出版了《经济成长的阶段——非共产党宣言》一书，系统提出了经济成长的五个阶段。1971 年该书再版，他对五阶段论做了补充，即增加了经济成长的第六个阶段“追求生活质量阶段”。罗斯托探讨了各个阶段的条件、特征、经济政策、增长的动力、出现的问题及发展前景(谭崇台，1989)。罗氏根据社会的经济规模将人类社会划分为 6 个阶段，即：① 传统社会(traditional society)：这是一个以农业为主体的自给自足阶段，城镇不发达；② 准备“起飞”阶段(the preconditions for take off)：其特征是工农业和运输业发展，引进高技术，第一产业专门化，对外贸易扩大；③ 起飞阶段(the take off)：传统方法在很大程度上已被现代方法所取代，投资规模较大，产业由资源加工业向制造业发展，工业化、城市化开始加速发展；④ 成熟阶段(the drive to maturity)：技术密集型工业兴起，交通网络迅速发展，城市化高度发展，人们生活水平大大提高；⑤ 高额大众消费阶段(the age of high mass consumption)：服务性行业成为经济的重要组成部分；家庭普遍拥有汽车、住宅、电视、电话、冰箱、洗衣机和空调器等，家庭耐用消费品制造业是主要的工业部门；向欠发达地区输出资金、人才和服务；⑥追求生活质量阶段(the age of persuing life quality)：开始注意提高生活环境质量，改善环境，防止污染；教育和卫生保健费用增加；主导部门是服务业；人们注重生活上的舒适和精神上的享受(吴传钧，刘建一，甘国辉等，1997：296～324；Larkin and Peters，1983：67～72)。

罗斯托认为，经济成长阶段依次更替的原因主要是主导部门的不断更替和人类需求的不断更替。前者是客观原因，主导部门[①]是经济增长中起主导作用的先导部门；在经济发展的6个阶段，区域经济的主导部门依次是仪器等基本消费品工业、轻纺工业、重工业、制造业、汽车工业、服务业(谭崇台，1989)。

尽管罗斯托的理论受到了尖锐的批评，但其中不乏值得各国各地区借鉴的内容。例如，他用经济标准划分经济增长阶段，考虑了经济增长的历史过程，据此预测经济增长的前景；他指出了各阶段的特点、条件和应采取的政策措施；他说明了经济增长的原因和动力，特别是论述了经济起飞阶段的重要性，强调主导部门的作用和资本积累的重要性。

(2) 弗里德曼区域发展和空间结构模式

弗里德曼在对委内瑞拉的研究(Friedmann，1966)中对中心-外围模型[②](core-periphery model)进行了总结；后来他(1973)又对这个模型进行了修改和提炼。他在最早的模型中指出，某种增长的空间影响范围是和国家发展的阶段相联系的，并且把城市化水平与经济增长联系起来。这一观点明显地受到缪尔达尔、赫希曼的极化发展思想和罗斯托的经济成长阶段论的影响，是他们思想的进一步发展。

弗里德曼认为，发展是通过一系列的创新过程来实现的，核心区是创新的主要中心，而核心区以外的地区则成了外围区。外围区的发展依赖于核心区，并且在很大程度上是由核心区的体制所决定的。核心区与外围区之间的相互作用主要表现为两种相互对立的过程。一是极化过程(缪尔达尔称为回流效应)，表现为人口、劳动力、资本等由外围区向核心区迁移，这一过程有利于增强核心区的经济实力，结果是核心区、外围区之间的差别增大。二是扩散过程(赫希曼称为涓滴效应)，通过从核心区向外围区的创新扩散，核心区的增长会促进整个有关地区地域空间系统

① 在罗斯托看来，所谓主导部门是指采用了新技术，具有很高的增长率和技术创新与应用能力对其他产业部门产生大影响的产业部门。

② 在国内有多种称呼，如中心—外围模型、中心—边缘模型、核心—边缘模型、中心—腹地理论等。

的发展。

弗里德曼在区域经济演化模型中认为，随着经济的不断发展，区域经济发展和空间结构将依次出现四个阶段，空间经济变得更加复杂并实现一体化。在**前工业阶段**，空间经济以规模小、分散分布的孤立城市中心为特征，系统增长潜力微不足道。空间结构表现为均衡分布结构。到第二阶段，即**初级工业化阶段**，出现了首位城市，并主宰周围地区或外围区；首位城市的发展在外围区产生回流效应（极化效应）。到**过渡阶段**，首位城市的工业走向成熟，其他城市的规模开始扩大且其重要性开始增加，城市体系正在形成，但是外围区仍然不发达。到最后一个阶段，即**空间组织全面成熟阶段**，出现国家或区域综合城市体系，空间经济一体化，最具增长潜力（图 2-1，Friedmann，1966）。

1973 年弗里德曼更详细地探讨了极化增长的过程，特别重视革新和空间扩散在现代城市空间系统发展过程中所起的重要作用。他把革新从核心向外围扩散看作是控制城市系统膨胀并影响社会经济特征的重要力量。

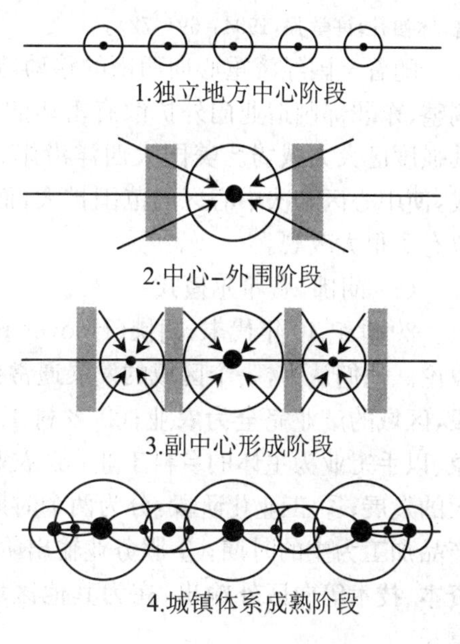

图 2-1　弗里德曼区域空间结构及发展模式图

弗里德曼在阐述了他的理论后，还以美国为例做了实证研究。图 2-2 简洁地表示了核心-外围模式。它反映了美国在经历了巨大的扩散效应后形成的核心-外围对比。19 世纪和 20 世纪初，随着原材料以及来自欧洲的劳动力和资本在美国东北部的集中，这一地区逐渐成为美国的重要制造业地带，推动了该区域经济的迅速发展，因而上升为中心区（核心区）。核心区形成以后，由于集聚经济和规模经济效应，美国的区域对比更为强烈。美国东北部沿海一带形成了若干大城市，继而又结成了一个庞大的城市化区域——巨大城市带。

加利福尼亚金矿的发现，使其迅速成为持续发展的资源型边远地区。随着移民的涌入，城市化迅速发展，因而在累积因果机制的作用下，使该地区成为美国的一个主要的次中心区。在该区域内，大小城市不断兴起和发展，目前正在向大城市带发展。加利福尼亚远离东北部的中心区，然而昂贵的运输成本在一定程度上减弱了来自中心区的竞争。此外，随着对亚洲贸易的开展，太平洋的区位确保了加利

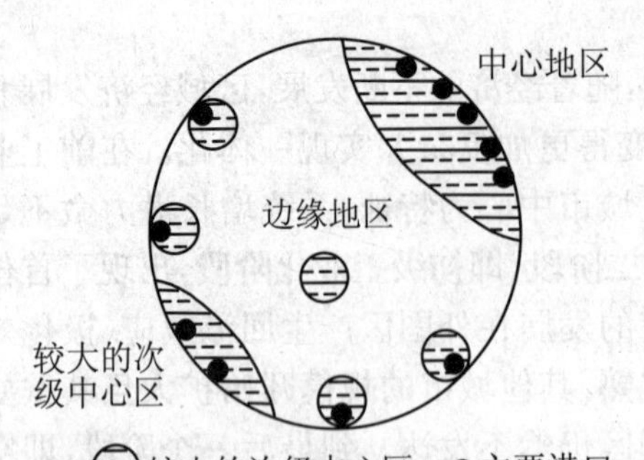

图 2-2 美国的中心-外围结构示意图

福尼亚的地位不断加强。因而，美国早期简单的中心-外围结构至此已转变为多核心结构。

在扩散效应的作用下，一些更小的次级中心（如西雅图、休斯敦、新奥尔良和亚特兰大）由于不同的原因（如地方资源的发掘，运输职能及区域行政的重要性增加等）也发展起来。而此时，城市化水平处于低水平的南方大部分地区经济都很落后，收入水平低，属于明显的外围区（阎小培，林初升，许学强，1994：69～72）。

随着美国经济重心向西南的移动，财富也向西向南扩散，这与国家产业结构的调整、东北部制造业向外扩散有密切的关系。尽管中心-外围的对比依然存在，但其强度已大大减弱。美国大西洋沿岸、五大湖南部、太平洋沿岸巨大城市带的形成，使中心区和次中心区的范围扩大，而外围区则大大缩小，从而使区域不平衡现象有了很大改观。

(3) 胡佛-费希尔模式

20 世纪 40 年代末，胡佛（Hoover E M）和费希尔（Fisher J）提出了区域发展阶段论。他们认为，一个区域的发展通常要经历 5 个阶段，即：① 自给自足的初始阶段，区域的产业完全为农业；② 乡村工业崛起阶段，产生了以农业人口为服务对象、以手工业为主体的乡村工业；③ 农业生产结构变迁阶段，各项副业生产有了较大的发展；④ 工业化阶段，分为两个时期，即以农副产品加工为主的时期和以非农产品加工为主的时期；⑤ 服务业输出阶段，这是经济发展成熟的阶段，主要是通过资本、技术等向区外输出，在为其他区域服务的同时进一步推动自身区域的经济增长。

第四节 全球化时代的区域发展及其策略

一、世纪之交世界社会经济发展趋势

1. 经济全球化

众所周知，城市是第二、第三产业的聚集地，是经济发展的主要推动力和先进

思想及科学技术的主要策源地，是人类现代文明的摇篮。早在1992年，当时的联合国秘书长加利在联合国日致辞中指出：第一个真正的全球性时代已经到来。经济全球化和知识化是一个时代的特征，也是人类进步的标志。全球化是以经济全球化为核心，以包括通讯、旅游及生态的全球化为基本内容，而以文化及社会、政治影响为直接后果的一种社会变化趋势。它提示的是全球不分贫富、不分种族、不分信仰、不分国界日益密切的相互依存状态。全球化的提出标志着地球上人类作为整体的相互依存已经达到前所未有的新水平(莱斯利·斯克莱尔)。

被称为全球化核心的经济全球化是生产力发展和以电子技术为中心的新科技革命的结果，是经济国际化进入成熟阶段的产物，其直接动力是追求利润、取得竞争优势和谋求经济发展。经济全球化的主要表现是生产活动的国际化，世界多边贸易体制形成，各国金融日益融合在一起，投资活动遍及全球，全球化投资规范框架开始形成，跨国公司的作用进一步增强，经贸文化和人才出现世界化，多媒体网正在向全球渗透(薛荣久，1998)。经济全球化引发了4种重要的转型，即生产体制的结构重组、企业性质的变化、国家作用的削弱和新国际劳动分工的出现(Bye and Mounier，1997)。

20世纪60年代以后，跨国公司(multinational corporation)迅速发展，已经成为国际生产体系的主要连接者和协调者，它们的相互作用形成了愈益复杂的生产网络(Dicken，1998)。跨国公司的发展促进了新国际劳动地域分工的进一步发展。新国际劳动地域分工的基础是大量工人在低成本的海外国家从事标准生产任务的直接就业。成熟的产业由传统的核心国家——发达国家向外围的欠发达国家转移，代之以高、新技术产业，出现技术的垂直分工；为适应消费品市场的变化，将生产管理中心分散到各个地方，成为生产的水平分工，包括产品型号的分工、零部件的分工和工艺流程的分工。水平分工成为国际分工的主要形式。此外，通过对外投资和离岸银行，形成资本(金融)网络。跨国公司新近发展的一个明显倾向是越来越强调组织的网络形式：组织机构层次较少、关系更灵活和协调。

联合国贸易发展会议在1994年估计，20世纪90年代初约有3.7万家母公司控制着20.6万家在国外的子公司。尽管它可能低估了跨国公司的真正规模(Dicken P)，但即使是这样的规模，跨国公司的活动已经不可避免地对民族国家的经济主权构成了威胁。因为大跨国公司事实上已经将民族国家经济的一部分纳入了自己的经营范围。目前，跨国公司控制着全球生产的40%左右、国际贸易的50%～60%、国际技术贸易的60%～70%、科技研究与开发的80%～90%、国际投资额的90%(郜红华，1996)。但是，如果因此而认为“将来不会再有民族的产品或技术，没有民族工业，也没有民族经济”(Reich，1991：3)，“跨国公司成了全球经济的主宰，而民族国家不过是跨国公司棋盘上的一只小卒了”，那就大错特错了。也许，将跨国公司和政府的关系看作是既合作又竞争、既互相支持又互相冲突的观点最为有益(Gordon,1988)。

经济全球化特别是跨国公司的发展,大大促进了大城市的发展和世界城市体系的形成,加快了发展中国家的工业化、城市化进程。在这一过程中,部分城市和城市的某些功能日益突出,加剧了区域发展和城市发展的不平衡,这是许多发展中国家区域发展的重要特征之一。

2. 社会信息化和信息社会

经济全球化和生产在国际范围内的重组之所以能够实现,正是由于信息技术的效率和越来越快的速度,信息高速公路能把海量信息以极低的成本在瞬间传遍全球。与此同时,整个世界经济已经被置于一种只能称为信息化的机制之下:要生产,便需要愈来愈多的信息,而这种信息的产生和交换本身已经成为一种产业活动(Castells,1989)。

20 世纪 80 年代以来,信息化的迅速发展主要表现在:① 信息产业资金投入大量增加。例如,日本为了加快柔性制造系统的管理,实现计算机联网,在 1981～1991 年间工厂的设备投资达到3 万亿美元。② 信息产业产品迅速扩大。1982 年、1988 年世界信息产业的销售额分别为 2 370 亿美元、4 700 亿美元,预计到 2000 年将达到 9 000 亿美元(韩世隆,1996)。③ 信息产业成为经济发展的主导产业。尽管对大部分发展中国家而言,传统的制造业仍然是经济增长的主要动力,但在发达国家,以金融、信息、管理、广告等生产性服务业为代表的知识产业正在迅速发展,并将成为这些国家长期经济增长的主要方式。信息资源的大量开发和信息产业的不断发展,成为发达国家与世界的主导产业,促成工业经济向知识经济的转变。根据美国商务部 1994 年的报告,自 1990 年以来,美国在计算机硬件、软件和通信业为主的高技术设备上的商业与消费支出,对美国经济增长的贡献率在 38%左右。④ 风靡全球的"信息高速公路"建设将全球信息化推向新的阶段。⑤ 全球信息化的重心正向亚太地区转移(韩世隆,1997)。

20 世纪 80 年代以来,计算机、网络和通讯技术及相关产业的快速发展,对人类社会带来了巨大变化,全球信息社会已初见端倪。首先,在人际交往方式中,电话、传真、电子邮件迅速普及,部分取代了传统的面对面交谈、信函等方式,同时增加了人际联系的频率,扩大了联系的范围。交流方式的改变促进了社会生活各个层面的新事物不断涌现,如电视教学、网络购物、远程医疗诊断、网上大学、GPS 和 GIS 支持下的自动交通导引系统等(Graham and Marvin,1996)。其次,社会经济格局发生了重大变化。以计算机、网络、通讯技术为核心的信息产业成为发展速度最快、最有潜力的产业(姚士谋,朱英明,陈振光,2001);同时,与此相关的金融、保险、信息、会计、管理、R&D、广告、法律、房地产、公关和管理咨询等生产性服务业(又称第四产业，与以简单服务为主、低技术含量为特征的第三产业有较大的区别）迅速崛起，创造了最多的高薪职位。第三，新技术和信息产业的发展极大地扩展了人们接触信息的范围，而信息本身不属于任何人独享的开放性特征，使得及时接触和获取信息的途径成为发展的玄机。类似于农业社会的土地和工业化早期的矿石，信息的富有与贫乏在一定程度上决定了经济的发展。发达国家与发展中国家在传统的经济差距不断扩大的情况下，又出现了数字和信息鸿沟，这反过来又加剧了原有的经济差距。由于大城市是信息的主要生产者和消费者，因而成为信息网络的主要节点，出现了 M. Castells 所称的信息化城市（informational city）。

3. 市场化

市场化是指随着生产力、商品经济的发展与世界经济的国际化、全球化，分散在全球各国的国内市场、区域市场都先后与世界市场接轨，世界市场的范围和容量不断扩大，结构层次不断增加与优化，分支体系越来越复杂，最后形成为统一的无所不包的全球市场体系的过程（韩世隆，1997）。如今，商品市场、劳务市场、金融市场、资本市场、技术市场、劳动力市场等都已经形成。

世界进出口贸易额的增长是商品市场化的一大表现。近半个世纪以来，世界贸易额的增长一般为世界 GDP 增长率的 2 倍以上。例如，1991～1994 年间世界经济年平均增长率 1.5%，而世界贸易额的增长率约为 4%。金融市场的扩大表现在短期资金流动量以惊人的速度增长，其规模要比商品贸易额大几十倍。资本市场特别是对外直接投资在加速增长，全世界每年对外直接投资额在 20 世纪 80 年代约为 1 000 亿美元，90 年代中期已经超过 2 000 亿美元。

上述世界市场的加速扩大，与世界科技的空前进步和生产力的突飞猛进，产业结构的多样化和高级化，国际劳动分工的深化，许多发展中国家加速工业化，世界上发展中国家人口的增长，等等，都有密切的关系，更与跨国公司的大发展直接相关，还与世界贸易和资金流动的限制逐步放宽、逐步实现自由化有关。关税及贸易总协定（GATT）和世界贸易组织（WTO）等国际经济组织也起了一定的积极作用。

4. 知识化和知识社会

知识化是当今世界发展的一大趋势。在世纪之交，一种新的经济形态（有人称之为新的革命：知识革命）——知识经济——已经出现，它以信息技术、知识产业的迅速发展为主要标志。按照联合国经济合作与发展组织（OECD）的看法，所谓知识经济是指直接依据知识进行生产、交换和分配的经济（经济合作及发展组织，1997）；并认为知识经济的主要特征有 4 个：科学和技术的研究、开发日益成为知识经济的重要基础；信息和通讯技术在知识经济发展过程中处于中心地位（OECD 成员国的经济比以往更加依赖于知识的生产、扩散和应用，在诸如计算机、电子和航天等高新技术产业中，产业和就业的增长是最快的）；服务业在知识经济中扮演着主要角色;人力的素质和技能成为知识经济实现的先决条件。沈清基(1999)将知识经济的特点概括为:高科技化、信息化、网络化、创新性、智力化、绿色化、可持续性和全球化。创新是知识经济的灵魂。从世界知识经济的发展情况看,知识经济具有明显的地域分异特征:从全球来看,知识经济将呈现明显的“南北差异”;从中观区域层次上看,将呈现出明显的区域分异;从微观地域层次看,城市将是知识经济的主要空间载体,知识经济的地域分异将形成新一轮的城乡二元地域结构。在知识经济时代,知识和信息将成为最重要的经济资源,经济发展对自然环境和自然资源的依赖性更小;信息网络将成为知识经济联系的主要空间载体。

知识经济的出现主要有两个原因。其一,人类的知识积累已经到了一定的数量级,知识积累的速度已经出现按几何级数增长的势头。20 世纪 70 年代以来,全世界每年出版图书 50 万种,每一分钟就有一种新书出版。80 年代全世界每年发表的科学论文达到 500 万篇左右,平均每天发表包含新知识的论文 1.3～1.4 万篇;登记的发明专利每年超过 30 万件,平均每天有 800～900 件专利问世。其二,计算机、信息技术和通信能力的发展(李廉水,1998:25～26)。第五代智能计算机已经问世,计算机的速度、功能、容量、稳定性和易用性在不断增强,价格在不断下降,计算机用户在不断增加。计算机互联网不断扩展,目前的用户已经超过 1 亿人。信息压缩、储存、传输等信息处理技术不断进步。信息技术的发展不仅推动了信息产业的发展,而且还全面渗透到社会的各行各业。通信技术突飞猛进,全球通信网正以几何级数增长,移动通信已使世界各地的人们能够非常方便地随时进行沟通和交流。

联合国科技促进发展委员会(UNCSTD)在其 1998 年出版的研究报告《知识社会:信息技术促进可持续发展》中以发展中国家为例,对知识社会的构建和评价指标等做了详尽的分析。面对知识经济时代的挑战,德国提出了建设“知识社会”。尽管对当前社会形态的争论很多[①],但新经济的曙光已经证明,知识、技术、创新和政策已经逐渐成为区域社会经济发展的主导因素。

5. 经济服务化

随着生产力的加速发展,全球产业结构不断发生变化,不断趋向多元化并逐步升级,主要表现在三大产业在经济中所占比重的消长。农业社会曾经持续了很长时间,始于 18 世纪的产业革命开始了工业化过程,从此,人类社会由农业社会向工业社会过渡,工业逐渐成为经济的主导部门。到 19 世纪末,许多资本主义国家先后完成了工业化。第二次世界大战特别是 20 世纪 60 年代以来,经济发达国家的

---

① 乐观的观点参见:程永来译. 宏工业时代:一个富足繁荣的新时代[J]. 国外科技动态,1998(4).
认为信息时代尚未到来的观点参见:张文,列沼编译. 悄然兴起的互动社会[J]. 国外科技动态,1998(7).

第三产业(服务业)得到迅速发展,其结果是制造业的比重下降并向外转移[①],第三产业的比重上升并成为主导经济部门。例如,目前在美国,第三产业已占GDP的70%以上,欧洲许多国家也在55%以上,在服务业就业的劳动力已经超过60%(霍尔,1997),出现了经济服务化(或称第三产业化)现象。事实上,C·克拉克早在20世纪40年代就推导出了产业结构演进这一规律。

经济服务化的主要原因就在于制造业生产率的提高快于服务业。由于制造业经历了由轻工业到重工业、由劳动密集向资金密集、技术密集的方向发展,其劳动生产率迅速提高,因而制造业对劳动力的需求量持续下降,出现了资本和技术排斥劳动力的现象。然而,许多服务业属于劳动密集型产业,需要大量劳动力;而且随着人类需求的变化,新的服务业部门不断出现。"与此相关的是,制造业离开了原来的工业化国家和地区,迁移到新近工业化的其他地区,以其行之有效的技术实现与较为低廉的劳动力相结合"(霍尔,1997:19)。

二、全球化时代的区域发展特征

1. 产业组织特征

众所周知,20世纪80年代以来,西方发达国家的产业结构和全球经济组织发生了巨大变化,例如,经济的全球化、管理的高层次集聚、生产的低层次扩散、控制和服务的等级扩散等。大量劳动密集型产业已经转移到新兴工业化国家和发展中国家,经济发展的全球化和国际化趋势日趋明显,跨国公司迅速崛起,并且出现了新的国际劳动地域分工。传统的中心-外围关系的内容已经发生变化,不再是外围地区供应原材料、中心区进行加工,而是外围地区从事生产和制造,中心地区从事研究、开发、管理等。在这种背景下,跨国公司总部集中的城市就成为世界城市(或称全球性城市,world city),它成为全球经济的控制中心。

我们发展中国家正处在工业化与城市化快速发展的新时代。世界经济的重心正在由北美、西欧地区转向环太平洋地区,美国西部、日本、韩国、东南亚及中国东部地区(含台湾省),经济的高速发展与工业化、城市化的不断推进,正是这种转移的一大表征。

2. 区域发展特征

(1) 网络化

在工业时代,福特主义(Fordism)盛行,标准化、专业化、同步化、集中化、好大狂和集权化是其典型特征(Toffler,1981)。在空间上就表现为生产要素在特定地域

① 这一过程被称为"deindustrialization"(即非工业化或去工业化)过程。

上的高度集中和大量工业城市的出现及各种层次的核心-外围结构的出现和发展。到20世纪80年代,生产方式及其组织发生变化,后福特主义盛行,其产业特征是柔性生产和非工业化(deindustrialization);国际分工是生产的北-北国际分散和劳动力的区际分工;后工业城市开始形成;福特主义时代的核心-外围结构消失于由发达区域、城市和地方组成的全球网络之中,表现为一方面是高技术区,另一方面是全球-地方垂直联系的标准化生产,商业生产已经与柔性生产、多区位生产和市场开拓紧密结合在一起(顾朝林,1994)。由于CAD、自动化控制等技术的进步,小批量生产变得经济可行,这就使产业的地理分散变得可能(Dicken and Lloyd,1990)。

到信息化时代,通讯技术等的发展使高级命令和控制功能的集中化变得容易起来,低级的生产功能的分散化也同样容易。资金、劳动力、市场、生产等的空间自由流动和转移以及网络技术的进步,使分散和面向顾客所需的个性化生产得到发展,加之政府发展政策和人们生活需求的变化,使区域空间结构得到重塑。

(2) 新区域空间

在信息时代,社会经济环境变化迅速,城市化和信息化不断推进,出现了新的空间形态,如赛伯空间(cyberspace)、信息空间(information space)、数字空间(digital space)、虚拟空间(virtual space)。它们的出现使传统区位论所依托的地理时间和空间概念发生变化,人们从事的活动已经不一定在某一具体的空间场所中进行了。我们的区位决策、生产和生活活动已经开始在地理空间与上述的新空间中同时进行。在传统时代,区域、腹地、空间等概念都是实实在在的、可以被认知的,到信息时代,这些概念都将被赋予新的内涵。在Internet、广域网和现代交通、通讯条件下,上班、购物和贸易等活动已经一定程度上摆脱了空间距离的束缚,原有的区域生产布局理论面临挑战。电子商务、远程教育和网络文化的出现与发展,重塑并丰富了区域构成要素间相互作用的方式和强度,从而出现了许多新的空间形态。西方学者将基于网络多媒体技术所形成的虚拟空间称为赛伯空间,并由此产生了“远程通勤者(cybercommuter)”(Graham,1998)。

(3) 新产业区(新产业空间①)

新产业区是世界上以柔性(弹性)生产方式为主的最发达经济区域的象征,它是由19世纪马歇尔研究的具有创新环境的小企业集聚区的概念演变出来的。20世纪70年代末和80年代初,一些学者发现,发达国家大部分地区陷入了经济衰退与停滞,与之相伴的是社会劳动条件的严重恶化。在这种情况下,少数地区(意大利北部的艾米利亚-罗马格纳区和美国的硅谷等)的经济却呈现出复苏甚至增长的势头(Park and Markusen,1995)。这些地区有多样化的产业,既有技术先进部门,也有

① 详细而经典的论述见:(美)M·卡斯泰尔. 信息化城市[M]. 崔保国,等译. 南京:江苏人民出版社,2001.

传统的劳动密集型部门。由于这类地区和历史上经济学家马歇尔所描述的产业区有惊人的相似之处，且多发现于过去没有完成工业化的地区，学者们将它们称为新产业区(new industrial district)。简言之，新产业区是生产系统或生产系统的一部分在地理上的集聚，是由服务于全国或国际市场的中小企业组成的、既竞争又合作的中小企业的综合体，为竞争优势产业提供了区域创新环境(Malecki，1991)。西方大量文献表明，新产业区为技术创新提供了特殊的本地社会文化环境，成为柔性生产综合体(Scott and Storper，1992)。

鉴定其是否为新产业区的重要标志是：区内小企业密集，企业间形成稳定的合作网络(包括正式的合同和非正式的信息交流)，以及企业扎根于本地文化的性质(王缉慈，1998)。朴杉沃根据地方性或非地方性产业联系的强弱，划分出9类新产业区，即马歇尔式产业区、中心辐射型产业区(2类)、卫星型产业区、高级中心辐射型产业区(2类)、高级卫星型产业区(2类)、首创高技术产业区(Park，1996)。

新产业区与区域经济发展关系密切。新产业区强调产业联系，因而区内经济增长容易形成扩散效益。一企业的增长，有可能带动区内相关企业的增长。新产业区的植根性和企业间合作的特点，有利于减少企业的交易成本，并发挥区域优势，促进区域经济发展。新产业区的柔性生产方式，可以更灵活地满足市场的需求，使生产组织积极适应外部环境的变化。

(4) 全球化与区域化

20世纪80年代和90年代，在国际经济领域表现出两种既相互联系又相互矛盾的趋势，即全球化与区域化。尽管经济全球化趋势自1980年以来迅速发展，但仍然没有真正意义上的全球化公司(Howells and Wood，1993)，大部分跨国公司仍集中在美国-西欧-日本这个全球经济发展“三角”等国家内的一些区域和大中城市，国际贸易和国际投资也主要发生在这些发达国家之间。在全球化过程中，国家——工业化浪潮的关键政治单元——正在受到跨国组织和国内区域力量的双重夹击，其作用趋于弱化。与此同时，经济活动的空间集聚和区域化的趋势也日益明显。例如，各国政府都致力于建立区域经济联盟。其中最重要的是欧洲联盟(EU)，这是全球经济区域化发展的一个重要表征。世界其他地区也同样受到这种世界经济区域化潮流的影响，例如北美自由贸易协定(NAFTA)和亚太经合组织(APEC)。该潮流，加上世界贸易保护主义的持续，主要在东亚和东南亚地区的一些学者，提出了区域化全球经济(regionalized global economy)的概念(Cohen，1993)。在这样的背景下，经济全球化非但没有消除区域和城市发展的意义，反而加强了其发展的重要性。这是由于国家的利益依然存在，国家竞争优势具有特别重要的意义。国家之间、区域之间的竞争，已经从依赖自然资源所赋予的比较优势转移到依靠社会所创造的竞争优势。非常规则的、与创新有关的生产活动，如R&D、中试生产和小批量生产却日益向特定地域上集中(Malecki,1990)。美国的R&D机构主要集中在某些地区,如加州的硅谷和洛杉矶、密歇根州的底特律、新泽西州的普林斯顿、北卡罗来纳州的研究三角园及麻省波士顿。标准化的批量生产的工厂以及一些"松脚型(foot-loose)"和高技术企业的生产环节,则向劳动生产成本低的地方集中。从这种意义上看,地理集中的区位条件对于创新和经济活动的重要性依然存在(盖文启,王缉慈,2000)。

3. 城市发展特征[①]

(1) 城市全球化(多极多层次世界城市体系的形成)

随着经济全球化的发展和新国际劳动地域分工的逐步形成,以及跨国公司在世界各地的普遍渗透,若干全球信息节点城市发展成为国际性城市乃至世界城市(全球城市),越来越成为全球经济的控制者和主宰者。世界城市的形成和发展使世界城市体系出现了新的等级结构,即世界城市(world city)、跨国城市、国家城市、区域城市和地方城市。此外,城市在全球经济中所扮演的角色也由于相互间联系的广泛性而日益重要。因此,随着信息社会的确立和全球城市化的普遍到来,城市间的经济网络开始主宰全球经济,全球城市体系格局逐步形成。在信息社会,城市的发展潜力取决于它与全球其他城市相互作用的强度,并不像工业社会那样,完全取决于其规模的大小。经济全球化还促成了边缘城市(edge city)、网络城市(network city)和边境城市系统的发育。

另外,这种城市体系是多极多层次的。信息革命一方面能促进经济全球化,使世界主要城市形成有机网络;另一方面,由于信息传播有可能摧毁原有城市的文化价值体系,引起城市文化的巨变和社会动荡。因此,在迈向世界经济一体化的过程中,区域集团化的趋势也同时显山露水,而且由于各级政治力量的介入和推动,促进了全球城市体系的多极化趋势。

(2) 网络化

信息化社会的内涵决定了社会结构的网络化配置。在信息时代,城市各种主要功能在发展过程中不断地以网络方式组织起来,包括城市经济活动、生产方式、沟通方式、娱乐方式等。网络化和信息化创造了新的城市形态——信息化城市(information city)。这种网络化结构首先体现在城市生产和管理向网络形式转变。这种转变有两个层次:在全球层次上,它是全球生产网络的节点,起着经济分

① 西方学者对当代城市有多种比喻性的称呼,如 virtual city (Martin,1978)、communities without boundaries (pool,1980)、electronic cottage (Toffler,1981)、wired city (Dutton et al.,1987)、information city (Hepworth,1987)、weak metropolis (Dematteis,1988)、informational city (Csatells,1989)、knowledge-based city (Knight,1989)、invisible city (Batty,1990)、teletopia (Piorunski,1991)、telecity (Fathy,1991)、flexicity (Hillman,1993)、cyberville (von Schuber,1994)、virtual community (Rheingold,1994)。参阅 Graham and Marvin (2001:9)。

工的作用;在地方层次上,城市企业趋向于以不同形态的网络组织起来,包括不同部门间的合作和同一部门内的分工。其次,体现在金融流动的网络化上,资本及时地在全球运转,通过网络实现城市资本的投资、积累和转移。第三,体现在城市物质空间结构的网络化上,网络的发展使城市空间从单个整体分化成多个不同的阶段,各阶段之间的关系是网络化的(孙世界,吴明伟,2002)。值得注意的是,城市空间结构的网络化并不等同于均质化,而是多元化。在每个城市内部,各部分在功能、组成、空间形态上各不相同;而且可能形成多重网络。

(3) 流的空间(space of flows)

在信息化社会,出现了一个新的空间结构。该结构以相互关联的地域集聚和分散运动为特征,其中的单元是网络,M. Castells 称之为流的空间。"流的空间仍是通过流动而运作的共享时间之社会实践的物质组织"(卡斯特,2001:505)。信息化社会是环绕着各种流动而建立的:资本流动、信息流动、技术流动、组织性互动的流动、影像、声音和象征的流动。各种流动不仅仅只是社会组织的要素而已,它们是支配我们的经济、政治和象征生活过程的表现。

流的空间,作为信息社会里支配性过程与功能之支撑的物质形式,可以用至少三个层次的物质支撑的整合来加以描述(Castells,2000)。第一个层次,流的空间的第一个物质支撑是由电子交换的回路所构成的。以微电子为基础的设计、电子通信、电脑处理、广播系统及高速运输,它们共同构成了信息社会的战略性关键过程的物质基础。它是一种空间形式,就好像工业社会组织里的"城市"或"区域"一样。流的空间的第二层次由其节点(node)和核心(hub)所组成。流的空间并非没有地方,虽然其结构性逻辑确实没有地方。流的空间奠基于电子网络,但这个网络连接了特定的地方,后者具有完整界定的社会、文化、实体环境与功能特性。有些地方是交换中心、通信中心,扮演了协调者的角色,使进入网络的一切元素顺利地整合和互动。其他地方则是网络的节点,即具有战略性重要功能的区位,围绕网络中的一项关键性功能,建立起一系列以地方性(locality)为基础的活动和组织。节点将地方性的区位与整个网络连接起来。节点和核心都根据其在网络中的相对重要性而形成有等级层次的组织。但是,这种等级会随着通过网络处理的活动的变化而改变。每个节点都需要适当的技术性基础设施、提供支撑性服务的辅助性公司系统、专门化的劳动力市场,以及专业劳动力所需的服务系统。流的空间的第三个重要层次是占支配地位的管理精英(而非阶级)的空间组织。流的空间理论所隐含的原始假设是,社会乃是围绕着每个社会结构所特有的支配性利益而不均衡地组织起来的。占有信息社会领导地位的技术官僚–金融–管理精英,就其利益与实践的物质–空间的支撑而言,也会有特殊的空间要求。一方面,精英形成了自己的社会,构成了象征隔绝的社区,躲藏在地产价格的物质障碍之后。他们将社区界定为有空间界限的、人际网络的亚文化。另一方面，他们企图营造一种生活方式与空间形式的设计，以便整合全世界精英的象征环境。从房间设计到毛巾的颜色，全世界国际旅馆的装饰都很类似，以便创造一种内部世界的熟悉感；机场贵宾室的设计要与高速公路上的社会保持距离；动态、个人、即时地使用电子通信网络，让旅客永远不会迷失；一个安排旅行、秘书服务的系统；还有互相做东款待，通过在所有国家里崇拜相同的仪式来维持一个企业精英的圈子。

(4) 巨型城市化

巨型城市化将是新世纪和新时代城市化发展的一大特征。正如 M. Castells 所说："新全球经济与浮现中的信息社会确实具有一种新的空间形式，在各式各样的社会与地区脉络中发展，这个空间形式就是巨型城市"。巨型城市人口巨大，在 1992 年，它们全部(据联合国的分类有 13 个)都超过 1 000 万人，其中 4 个预计在 2020 年将会超过 2 000 万人。但规模并非巨型城市的定义，巨型城市是世界经济的焦点，集中了全世界的指挥、生产与管理的上层功能，媒体的控制，真实的政治权力，以及创造和传播信息的象征能力。巨型城市从分布上看，大部分处在仍然占支配地位的欧洲-北美文化区之内：东京、圣保罗、纽约、墨西哥城、上海、孟买、洛杉矶、布宜诺斯艾利斯、首尔、北京、里约热内卢、加尔各答、大阪。此外，还有莫斯科、雅加达、开罗、新德里、伦敦、巴黎、拉各斯、达卡、卡拉奇、天津等(Borja and Castells, 1997)。巨型城市并非全都是全球经济的支配中心，如拉各斯和达卡，但它们确实有大量人口联接着全球系统。巨型城市也是其腹地的磁石，对其所在的国家或地区具有吸引力。考察巨型城市，不能仅看其规模大小，而在于它相对于世界主要区域的重要性。因此，香港就不仅是 760 万人，而广州也不仅是 560 万人口：浮现出来的是一个拥有 4 000 万～5 000万人口的巨型城市，融合了香港、深圳、广州、珠海、澳门及珠江三角洲的小城镇。

巨型城市连接着全球经济和信息网络，并且集中了世界的权力。但在巨型城市里，也有为生存而奋斗的人群，以及那些企图展示其被遗弃状态的群体。巨型城市集中了最好与最坏的事物，从创新者和有权势者，到与这个结构毫不相干的人群。但对巨型城市而言，最意味深长的是，它们在外部连接上全球网络和本国的某些部分，在内部则脱离了在功能上不必要而在社会上引起分裂的人口。正是在实质与社会方面全球连接和地方脱节的独特性，使得巨型城市称得上是个新的城市形态。这种形态的特征是，跨越了广大范围而建立起功能性连接，却在土地利用模式上有明显的不连续性。巨型城市的功能与社会分层在空间上既模糊又混杂，其组织是一个个有堡垒的营区，不均匀地点缀着出乎意料的非意欲用途(undesirable uses)的小块地区。巨型城市是空间片断、功能碎片和社会分离的不连续群族(Lo and Yeung, 1996)。

香港-深圳-广州-珠江三角洲-澳门-珠海区域(面积 3.5 万 km^2 以上)便是一个正在成型的巨型城市(带),M. Castells 认为它即将成为 21 世纪卓越的工业、商业和文化中心。其各单元散布在以乡村为主的地区,在日常运作的基础上形成功能性的连接,并且经由包括铁路、高速公路、乡道、气垫船、船与飞机的多模式运输系统来沟通。这个以出口为导向的工业化加速发展以及中国和全球经济的联系,导致了前所未有的都市爆炸。深圳特区人口在1982~1995 年间由几万人增长到 150 万人。尽管南中国的这个巨型都市尚未定型,但无疑它是一种新的空间形式。它不是 J·戈特曼在 1957 年所确认的美国东北海岸传统的巨型城市。与传统的巨型城市不同,香港-广东大都市区并非由连续的都市-郊区单元的物理性集合城市组成,这些单元还各有其相对独立的功能自主性。该大都市区在经济、功能与社会上迅速形成一个相互依赖的单元,该趋势因香港和澳门的回归而更为稳定。但这个地区有明显的空间不连续性,乡村聚落、农业用地和未开发地区隔开了都市中心,而工厂则遍布于整个区域。该地区的内部联系及其与全球经济的联系均经由多重通信来连接,成为这个新空间单元的真正骨干。淡水资源可能是该地区未来发展的唯一限制。

在 21 世纪初,已经成为一个功能单元的东京-横滨-名古屋走廊可能与大阪-神户-京都连在一起,成为人类历史上无论就人口或经济与技术能力而论都最大的巨型城市(带)。

由于以下三个原因,巨型城市会继续增长,尽管它们有种种社会和环境问题(如空气污染、巨大的生态足迹等)。第一,就所属国家和全球尺度而言,巨型城市都是经济、技术与社会变迁的中心,是真正的发展引擎。第二,巨型城市是文化与政治创新的中心。第三,巨型城市是连接各种全球网络的节点。当然,也存在减缓巨型城市增长步伐的因素。总之,巨型城市的规模与支配力将会增长,巨型城市是信息时代新空间形式——流的空间——的焦点与权力中心。

三、全球化时代的区域和城市发展策略

1. 区域全球竞争战略

在经济全球化条件下,区域而不是城市成为经济竞争的单元(Hershberg,1996),如波恩(Poon,1997)明确指出:"目前区域已经成为引导世界经济发展的有效地理经济空间单位"(河南大学环境与规划学院,1999)。由于人力资本是未来竞争的比较优势和竞争优势的源泉,所以要创造有竞争力的区域,首先要进行人力投资,开发人力资源;其次,还必须降低货物和服务成本;再次,必须更有效地利用稀缺的资本。

经济活动的全球化使区域为了进行全球竞争而主动采取区域合作战略。在我

国，由于资本不足，区域必须采取资本节约的发展模式。区域发展应以中心城市为核心，采用都市圈发展模式，加强中心城市与郊县、邻近地区之间在工业生产、社会服务、人力资源等方面的合作，从而形成完整的全球竞争单元。与此同时，还要加强R&D、高新技术领域的投资，着力培养知识型人才，培育创新区域，以主要大都市区为核心，融入全球产业分工体系和城市网络体系(甄峰，2001)。

2. 城市精明增长(smart growth)战略

众所周知，工业化成熟时代城市发展的一个明显特征是城市空间蔓延(urban sprawl)，它以城市用地的扩展，生产、居住和服务的分散为特征。需要复杂的交通、通讯网络将区域和大都市的各部分联系起来，增加了大都市区的经营成本，甚至影响城市乃至区域的竞争力，还使人们丧失地点感(sense of place)。基于对过度郊区化的反思，以及为了恢复地点感和社区精神，新城市主义于20世纪90年代初兴起，它主张借鉴二战前美国小城镇规划的优秀传统，塑造具有城镇生活氛围而紧凑的社区，取代蔓延发展模式。美国的一些城市，如圣地亚哥就提出了智能社区计划，出台了投资246亿美元的综合交通发展计划(张雯，2001)。新城市主义的核心人物之一P·卡尔索普在《下一代美国大都市：生态、社区和美国之梦》一书中提出了大都市的新发展模式——公交导向开发(transit-oriented development，简称TOD模式)：以区域性交通站点为中心，在适宜的步行距离为半径的范围内，包含中高密度住宅及配套的公共设施、就业、商业和服务等复合功能的社区。在邻里层面上，注重营造具有复合功能、适宜步行的社区，减少对小汽车的依赖，同时达成营造良好的城镇生活氛围和减少交通需求、实现大都市区可持续发展的目标。在区域层面上，采用TOD模式的空间开发沿区域性公交干线或换乘方便的公交支线，呈节点状布局，形成整体有序的网络结构；同时结合保护自然环境的要求，设置城市增长的空间边界，限止无节制的蔓延，平衡内城与郊区的发展要求(戴晓辉，2000)。

目前，我国八纵八横的骨干信息网络骨架已经形成，在重点地区正在进行大规模的信息基础设施建设，一批信息枢纽和节点城市开始出现。信息网络的建设已经使所在区域的经济发展、社会管理、日常生活和娱乐向数字化、知识化转型，知识型人才、知识产业开始集聚，进而使区域能立足于信息，创造竞争优势，赢得全球竞争。

3. 信息化和网络化战略

在信息时代，信息化与城市化密切相关，信息化正逐渐成为城市化发展的一个重要特征，同时也成为城市化发展的重要内容。目前，信息化已经形成社会关注的热点问题，许多城市开始建设数码港，甚至数字城市、数字区域。然而，信息化建设由于资金、技术、观念等方面的原因，存在明显的城乡差别，所以还只停留在城区信息化上。如此下去，城乡差别和区域差异还会因数字鸿沟而日益扩大，不利于区域的可持续发展。因此，我们提倡以区域为基础的信息化发展，协调城乡之间、城市之间在信息化的资源、网络、产业和人才等方面的合理利用。

信息时代的区域发展也是一个日益网络化的过程，同时达成空间结构的网络化也是区域发展的目标之一。在各种网络的支撑下，区域成为全球与地方层面上的一个高效运转的空间单元。推进区域网络化战略，就是要以信息枢纽和节点城市为核心，以其他各级网络节点为支撑，促使各级节点之间加强联系，这将在不同层面上推进区域城市化。

4. 富有弹性的规划理念

在信息时代，社会经济环境变化迅速，城市化和信息化不断推进。在出现了新的空间形态如赛伯空间（cyberspace）、信息空间（information space）、数字空间（digital space）、虚拟空间（virtual space）的情况下，规划尤其是区域如何实现转型，更有效地发挥其引导、协调区域发展的作用，是一个困扰规划界的一个问题。

传统的区域和城市规划在相当程度上是刚性的，在日益快速变化的市场经济和全球化背景下，它往往很难应付发展中出现的新问题，进而从战略上指导区域发展。而且，作为调控空间结构的重要手段和缩小区域差异的政策工具的区域规划，常常以土地资源等有形资源和物质的优化配置为核心，在一定程度上忽视了国际资本、知识、信息、技术等重要战略资源的空间配置。因此，有必要对传统的区域规划进行理念、内容上的反思，并寻找新的思路。规划思维要实现 3 种转变，由工业时代的线性思维向信息时代的网络思维转变，由静态局部思维向动态全局思维转变，由被动控制思维向主动创新思维转变。在规划内容上，要加强对市场要素的研究，编制弹性规划。

我国的经济体制正在实现由计划体制向市场体制的转变，经济增长方式正在实现由外延型向内涵型的转变。为了提高规划的应变能力和可操作性，传统的以计划经济为导向的计划型规划、刚性规划，应转向以价值规律和市场为导向的市场型规划、弹性规划。在编制弹性规划过程中，要注意近、中、远期的结合，又要注意总量、结构和效益等指标的结合，还需要编制基于不同目标的多种备择方案，提出建设性的发展思路，确保区域可持续发展（汤茂林，1999b）。

参考文献

Abler R，Adams J S，Gould P. Spatial Organization：the Geographer's View of the World[M]. Englewood Cliffs，New Jersey：Prentice-Hall，1971：74，191.

Ackerman E A. Where is a research frontier? [J]. Annals of the Association of American Geographers，1963，53(4)：429～440.

Borja J，Castells M. Local and Global：Managemant of cities in the Information Age[M]. London：Earthscan，1997.

Boudeville J R. Problems of Regional Development [M]. Edinburg: Edinburg University Press, 1966.

Brookfield H. Interdependent Development[M]. London: Methuen & Co., 1975.

Bye P, Mounier A. 增长模式与工业化的历史[J]. 国际社会科学杂志, 1997, 14 (4): 109.

Campbell J. A note on growth poles[J]. Growth and Change, 1974, 5(1): 43～48.

Castells M. The Informational City: Information, Technology, Economic Restructuring and the Urban-Regional Process[M]. London: Blackwell, 1989, 1991; [美]曼纽尔·卡斯泰尔. 信息化城市[M]. 崔保国等, 译. 南京:江苏人民出版社, 2001.

Castells M. The Rise of Network Society. London: Blackwell, 2000; 曼纽尔·卡斯特. 网络社会的崛起[M]. 夏铸九, 王志弘等, 译. 北京:社会科学文献出版社, 2001.

Cohen S. Geo-economics: lessons from America's mistakes[M]//Martin Carnoy *et al*., eds. The New Global Economy in the Information Age. University Park, PA: Penn State University Press, 1993: 97～147.

DeSouza A K, Foust J B. World Space-Economy [M]. Columbus, Ohio.: Charles E. Merrill, 1979.

Dicken P, Lloyd P E. Location in Space: Theoretical Perspectives in Economic Geography[M]. 3rd ed. New York: Harper and Row, 1990: 17～19.

Dicken P. 跨国公司和民族国家[J]. 国际社会科学杂志, 1998, 15(1): 82.

Friedmann J. Regional Development Policy: A Case Study of Venezuela[M]. Cambridge, Mass.: Massachusetts Institute Technology (MIT) Press, 1966.

Friedmann J. Urbanization, Planning, and Regional Development[M]. Beverly Hills, Calif.: Sage Publication, 1973.

Gordon D M. The global economy: New edifice or crumbling foundations? [J]. New Left Review, 1988, 168: 61.

Graham S, Marvin S. Telecommunication and the City: Electronics, Urban Places[M]. London: Routledge, 1996.

Graham S. The end of geography or the explosion of place? Conceptualizing space, place and information technology[J]. Progress in Human Geography, 1998, 22(2): 165～185.

Gregory D. Spatial structure[M]//Johnston R J, Gregory D, Haggett P, Smith D. Stoddart D R, eds. The Dictionary of Human Geography. Oxford: Basil Blackwell. 1981: 322～323.

Haggett P. Locational Analysis in Human Geography[M]. London: Edward Arnold, 1965.

Hansen N M, eds. Growth Centers in Regional Economic Development[M]. New York: Free Press, 1972.

Hay A M. Spatial Interaction[M]//Johnston R J, Derek Gregory, Peter Haggett, *et al*. The Dictionary of Human Geography. Oxford, England: Basil Blackwell, 1981.

Hermansen T. Development poles and development centers in national and regional development: Elements of a theoretical framework[M]//Kuklinski A, ed. Growth Poles and Growth Centers in Regional Planning. Paris: Monton, 1972.

Hershberg T. Regional cooperation：Strategies and incentives for global competitiveness and urban reform[J]. National Civic Review,1996,85 (2)：25～31.

Higgins B，Francois Perroux[M]//Higgins B,Savoie D J,eds. Regional Economic Development. Boston：Unwin Hyman,1988.

Hirschman A O. The Strategy of Economic Development[M]. New Haven,Conn.：Yale University Press,1958；[美]艾伯特·赫希曼著. 经济发展战略[M]. 曹征海,潘照东,译. 北京：经济科学出版社,1991.

Howells J，Wood M. The Globalisation of Production and Technology[M]. London：Bellhaven, 1993.

King A D. Global Cities：Post-Imperialism and the Internationalization of London[M]. London：Routledge,1989.

Larkin R P，Peters G L，eds. Dictionary of Concepts in Human Geography[M]. London：Greenwood Press,1983.

Lausen J R. On growth poles[J]. urban Studies，1969,6：137～161.

Lo F C，Yeung Y M，eds. Emerging World Cities in Pacific Asia[M]. Tokyo：United Nations University Press,1996.

Lowe J C,Moryadas S. The Geography of Movement[M]. Boston：Houghton Mifflin Company, 1975.

Malecki E. Technology and Economic Development：The Dynamics of Local,Regional and National Change[M]. Essex：Longman Scientific & Technical,1991：232～234.

Malecki E J. New firm formation in the USA：corporate structure and policy considerations. Entreprenurship and Regional，Development.

Myrdal G. Economic Theory and Underdeveloped Regions[M]. London：Duckworth，1957.

Nystuen J D. Identification of some fundamental spatial concepts[c]. Papers of the Michigan Academy of Science，Arts，and Letters，1963，48：373～384.

Olsson G. Distance and Human Interaction：A Review and Interaction[DB]. Bibliography Series No. 2. Philadelphia：Regional Science Research Institute,1965

Park S O，Markusen A. Generalizing new industrial districts：A theoretical agenda and an application from a non-Western economy[J]. Environment and Planning A,1995,27：81～104.

Park S O. Networks and embededness in the dynamic types of new industrial districts[J]. Progress in Human Geography,1996,20 (4)：476～493.

Pattison W D. The four traditions of geography[J]. Journal of Geography,1964,63：211～216.

Poon J P. The cosmopolitanization of trade regions：Global trends and implications,1965～1990. Economic Geography,1997,73 (4)：380～402.

Reich R. The Work of Nations：Preparing Ourselves for 21st Century Capitalism[M]. New York：Vintage Books，1991.

Rostow W W. The Stags of Economic Development：A Non-communist Manifesto[M]. 2nd ed. Cambridge：Cambridge University Press,1971.

Sassen S. The Global City: London, New York, Tokyo[M]. Princeton: Princeton University Press, 1991.

Scott A J, Storper M. Industrialization and regional development[M]//Storper M, Scott A J, eds. Pathways to Industrialization and Regional Development. London: Routledge, 1992:7.

Ullman E L. The role of transportation and the bases for interaction[M]//Thomas W L Man's Role in Changing the Face of the Earth. Chicago: University of Chicago Press, 1956: 862～880.

Willeim J. 导论：过渡时期的城市挑战[J]. 国际社会科学杂志，1997,14 (1)：11～17.

Wilson G L. Transportation and Communications [M]. New York: Appleton-Century-Crofts, 1954.

(瑞典)奥林. 地区间贸易和国际贸易[M]. 王继祖等译校. 北京：商务印书馆，1986 (译自哈佛大学出版社 1968 年英文版).

邦奇. 理论地理学[M]. 石高玉，石高俊译. 北京：商务印书馆，1991.

蔡渝平. 地域结构的演变和预测[J]. 地理学报，1987,42(1)：69～81.

曹勇. 增长核与增长中心理论综述[J]. 地理研究，1990,9 (3):87～93.

陈才. 区域经济地理学原理[M]. 北京：中国科学技术出版社，1991.

陈传康，邓忠泉. 行政区划掣肘经济发展的研究——以泰州及其港口高港为例[J]. 地理学报，1993,48(4)：329～336.

戴晓辉. 新城市主义的发展模式[J]. 城市规划汇刊，2000(5)：77～78.

盖文启，王缉慈. 全球化浪潮中的区域发展问题[J]. 北京大学学报(哲学社会科学版)，2000,37(6)：23～31.

郜红华. 浅谈世界跨国公司发展的特点和趋向[J]. 国际观察，1996(3)：14.

顾朝林. 战后西方城市研究的学派[J]. 地理学报，1994,49(4)：378～380.

韩世隆. 论跨世纪世界经济的四大趋势[J]. 世界经济，1996(11)：14.

韩世隆. 跨世纪世界经济的四大趋势[M]. 中国社会科学，1997(2)：67～80.

河南大学环境与规划学院. 区域发展新透视[M]. 开封：河南大学出版社，1999. 350.

胡兆量. 城市规模发展规律[M]//崔功豪. 中国城镇发展研究. 北京:中国建筑工业出版社，1992. 3～20.

霍尔. 全球性城市[J]. 国际社会科学杂志，1997,14 (1)：19～27.

经济合作及发展组织(OECD). 以知识为基础的经济[M]. 修订版. 杨宏进，薛澜，译. 北京：机械工业出版社，1997.

李廉水. 知识经济究竟是什么[M]. 南京：江苏人民出版社，1998.

列宁. 关于德国各政党的最新材料[M]//列宁全集，第 19 卷. 北京：人民出版社，1958.

刘再兴，陈龙飞，连亦同，等. 经济地理学:理论与实践[M]. 北京：中国物价出版社，1994.

陆大道. 工业的点轴开发模式与长江流域经济发展[J]. 学习与实践，1985(2)：37～39.

陆大道. 2000 年我国生产力布局总图的科学基础[J]. 地理科学，1986,6 (2)：110～118.

陆大道. 我国区域开发的宏观战略[J]. 地理学报，1987,42 (2)：94～95, 97～105.

陆大道. 区位论及区域研究方法[J]. 北京：科学出版社，1988.

陆大道. 区域发展及其空间结构[M]. 北京：科学出版社，1995.
陆玉麒. 区域发展中的空间结构研究[M]. 南京：南京师范大学出版社，1998.
马克思，恩格斯. 马克思恩格斯全集，第2卷[M]. 北京：人民出版社，1957.
(法)佩鲁. 增长极概念[J]. 经济学译丛，1988(9).
秦耀辰. 区域系统模型及其应用[M]. 开封：河南大学出版社，1994.
沈道齐，崔功豪. 中国城市地理学近期进展[J]. 地理学报，1990，45 (2)：163～171.
沈清基. 知识经济与城市发展[J]. 规划师，1999，15 (3)：113～118.
宋家泰. 城市-区域与城市区域调查研究——城市发展的区域经济基础调查研究[J]. 地理学报，1980，35 (4)：277～287.
宋家泰. 努力提高经济地理学科水平[J]. 城市规划，1982，6 (1)：24～27.
孙世界，吴明伟. 信息化城市的特征[J]. 城市规划汇刊，2002(1)：9～10.
孙祥剑. 斯密和俄林的地域分工理论[M]//李忠凡，谢文侠，宋廷明. 城市和经济区. 福州：福建人民出版社，1984.
孙宗文. 我国历史上的城市规划学说[G]//中国城市科学研究会. 中国城市科学研究. 贵阳：贵州人民出版社，1986：392～395.
谭崇台. 发展经济学[M]. 上海：上海人民出版社，1989.：97～101.
汤茂林. 可持续发展与可持续城市的生态学原则[G]//江苏省科学技术协会，江苏省建设委员会，中共江苏省委政策研究室等. 城市化进程与城市可持续发展. 南京：东南大学出版社，1997a：317～322.
汤茂林. 苏南地区小城镇规划中问题的思考[J]. 城市研究，1997b(4)：35～37.
汤茂林. 区域发展理论与江苏省域差异研究[J]. 江苏社会科学，1999a(2)：180～185.
汤茂林. 我国区域研究现状特征及革新方向[J]. 国土开发与整治，1999b，9(1)：6～9.
万家佩，涂人猛. 试论区域发展的空间结构理论[J]. 江汉论坛，1992(1)：19.
王缉慈. 简评关于新产业区的国际学术讨论[J]. 地理科学进展，1998，17 (3)：29～35.
王青云. 改革开放以来我国区域经济研究的理论与实践[J]. 经济纵横，1996(7)：45.
王铮. 地理科学导论[M]. 北京：高等教育出版社，1993.
魏心镇，林亚真. 国土规划的理论开拓——关于地域结构的研究[J]. 地理学报，1989，44 (3)：262～263.
吴传钧，刘建一，甘国辉，等. 现代经济地理学[J]. 南京：江苏教育出版社，1997. 296～324，341，347～348，368.
薛荣久. 经济全球化的影响与挑战[J]. 世界经济，1998(4)：6.
阎小培，林初升，许学强. 地理·区域·城市——永无止境的探索[M]. 广州：广东高等教育出版社，1994.
杨吾扬，梁进社. 地域分工与区位优势[M]. 地理学报，1987，42 (3)：202～210.
姚士谋. 试论中心城市与区域发展的关系[M]//李忠凡，谢文侠，宋廷明. 城市和经济区. 福州：福建人民出版社，1984：137～152.
姚士谋，陈爽，朱振国，等. 从信息网络到城市群区内数码城市的建立[J]. 人文地理，2001，16 (5)：20～23.

姚士谋，丁景熹，虞孝感，等．从区域角度探讨苏锡常地区城镇发展[J]．城市规划，1982，6（4）：7～12.
姚士谋，朱英明，陈振光．信息环境下城市群区的发展[J]．城市规划，2001，25（8）：16～18.
于洪俊，宁越敏．城市地理概论[M]．合肥：安徽科学技术出版社，1983.
曾艳红．区域开发中的增长极理论及其应用——以十堰二汽为例[J]．经济地理，1992，12（2）：4～6.
张俊芳，乔立新．西方“中心-腹地”理论的产生与发展[J]．地理新论，1988，3（2）：93.
张雯．美国的“精明增长”发展计划[J]．现代城市研究，2001(5)：19～22.
张小林，汤茂林，金其铭．人文地理学[M]．南京：江苏教育出版社，1996.
甄峰．信息时代区域发展战略及其规划探讨[J]．城市规划汇刊，2001(6)：61～64.
周茂权．点轴开发理论的渊源与发展[J]．经济地理，1992，12(2)：49～52.
姚士谋，陈爽等，我国城市化新特点及其地理空间建设策略[J].地球科学进展，2007(3)：190 ～193.
陆大道，姚士谋，刘慧等，中国区域发展报告(城镇化问题)[M].商务印书馆.2007.10:25～51.

第三章　区域发展中的城市化(1)
——概念与规律

第一节　城市化的有关概念

城市是人类社会发展到一定阶段的产物，是社会进步的标志和人类文明的结晶。城市是人类主要的聚居场所，也是工业、商业、交通、服务业、金融业、信息业等的集中地。城市化作为一种全球性的社会经济变化过程，引起了各学科学者们的广泛关注。由于人们对城市、城市化概念存在不同的理解，因而需要先对城市化的有关概念加以界定。

一、城市、乡村、镇

城市和乡村是人类聚落形式的两个极端，但对它们都很难下一个确切的定义。直到今天，仍找不到一个与当今世界相符合的令人信服的城市定义。一般说来，城市是相对于乡村而言的一种相对永久性的大型聚落，是非农业人口集中、以从事工商业等非农生产活动为主的居民点。各个时代的城市千差万别，同时代的城市还具有行政、职能、结构、景观等方面的差别。

在我国，“城”最早是一种大规模的防御设施，主要用于防御野兽侵袭，后来演变为防御敌方侵袭。“市”指商品交易的场所；最早的市没有固定的位置，后来常设在居民点的井旁，故有“市井”之称。人们在特定的时间相互交易，形成集市。随着商品经济的发展，为了经营上的方便，市逐渐转移到人口比较集中又是奴隶主贵族居住的城中，并有固定的位置，真正意义上的城市方才产生。到近现代，“市”引申为各级城镇聚落性质的行政建制单位。

“镇”与“市”原本有严格的区别，“有商贾贸易者谓之市，设官防者谓之镇”。到宋代，“镇”才摆脱军事色彩，以贸易镇市出现于经济领域；到近现代，镇也引申为一级政区单元。在许多国家，镇被划入乡村；世界银行也把镇归为乡村地区。

在许多情况下，城市和城镇有严格的区分，但也常常被人们混用。通常，只有那些经国家政府批准设有市建制的城镇才是城市，不够设市条件的建制镇称为镇，城市和镇的总称叫城镇或市镇。在不很严格的条件下，人们常把城市作广义的理解，指城镇型居民点。我国城市规划法规定：城市包括国家按行政建制设立的直辖市、市和镇。在我国，还有一类镇，即集镇，它没有镇的建制，多为乡政府的所在地。对这类镇的城乡归属存在着不同的看法：有人认为集镇是城镇型居民点，应属于城市范畴，有人认为集镇不属城市范畴。本文所指的城市与我国城市规划法的口径一致，把集镇看作乡村。

二、城市化和乡村城市化

1. 城市化

在英语中有两个词（urbanization，urbanism）都可以译为中文的"城市化"。"urbanism 一词不大使用，是指典型状况或城市特性。应特别注意不要把法语词'lurbanism'（指城市规划的科学或艺术）与英语词'urbanism'相混淆"。urbanization 在我国有多种称呼，如城市化、城镇化、都市化等。本来，urban（城镇）是 rural（乡村）的反义词，指除乡村聚落以外的各种人类聚落，如建制城市、建制镇、普通集镇等。因此，周一星认为，把 urbanization 直译为城镇化较为准确(1995)。也有人认为，中国要强调发展小城镇、控制大城市，所以应该称为城镇化。也有人认为古代城市才称为"城市"，发生了本质变化的现代城市应叫"都市"，因而主张用"都市化"一词。然而，在许多情况下，中国把"城市"和"镇"也统称为"城市"。这样，同一个词"urbanization"的不同翻译术语被赋予不同的含义。然而在我国，法定城市包括国家按行政建制设立的直辖市、市和镇，所以城市化包括了城镇化的主要内容；并且更多的学者在使用城镇化概念时仅限于建制城镇。因此，城镇化、城市化两概念中的城镇、城市的范围就一样了，城市化和城镇化只是名词的不同而已。为了避免混乱，如无特别说明，本文把城镇化、城市化中的城镇、城市理解为建制城镇。

尽管学术界对城市化已经进行了数十年的研究，但由于研究目标、角度和领域的不同，人们对城市化一词存在各种各样的理解，各学科的学者们都从本学科的角度定义城市化，以致至今还没有一个世界公认的城市化定义。但对城市化基本内涵的理解目前已较为一致，指由于工业革命引起的人口向城市地区集中的过程以及与此同时发生的地域和社会的变化(山鹿诚次，1986：106)。

西方传统的城市化理论认为，现代城市化包括 3 个相互联系的过程：其一是人口向城镇集聚的过程。其主要形式是大量乡村人口迁入城镇，特别是大城市。其二是经济发展的过程。主要通过工业化、社会化和专业化分工来实现。其三是社会变迁的过程。主要通过现代化、普及教育和破除封建等级，从而形成一种新的生活方式。

日本的高野史男认为，“所谓城市化就是由于近代工业的发展而发生的农村地域向城市地域的质变过程”。清水馨八郎和石水照雄认为，“城市化就是在聚落或者地域中城市因素逐渐增大的过程”，而且是城市影响在聚落和地域内部越来越明显的过程。山鹿诚次认为现代城市化包含四方面的含义，即原有城市用地的再组织、再开发，城市地域的扩大，城市关系圈的形成和变化及大城市地域的形成（山鹿诚次，1986）。“L. Wirth 认为城市化不仅仅是把人口吸引到城市居住，它也应该指城市生活方式的普及及其对人们的影响”。“Radfield 认为，城市化意味着个人主义。在城市化过程中，个人将更加以自我为中心，更加关注与自己有关的事，将以牺牲社会联系和义务为代价”。“城市化不仅指乡村社会、农业社会或民间社会的转变，而且也指工业城市本身的持续变化。城市化不会停止，它在继续改变着城市，使之呈现出更不同的形式”（Reissman，1964：114，135，155～156）。Carpenter 和 Queen 认为城市化是转变的过程，或者使乡村-城市连续体（continuum）上的社会心理状态的定位。根据这一定义，人口集聚的规模或密度是城市化的唯一度量指标，因为它们反映了社会联系的特性。他们还给出了一个基于人群规模的城市化（urbanism）指标。Smailes 认为城市化指变为城市居民或人口居住在城市的程度（1953）。Taylor 认为城市化指人们从乡村到城市的转移（Taylor，1951）。《社会科学百科全书》（1935：189）认为，“城市化的特征是人口从规模较小、以农业为主或完全的农业社区向其他社区的运动，后一类社区通常规模较大，社区活动以政府、贸易、制造业等为中心”[①]。实际上，城市化指越来越多的社区在城镇的集中，其结果是城镇范围的扩大；城市化既是指过程也是指该过程所达到的状态。

周一星（1995）认为城镇化过程是一种影响极为深广的社会经济变化的过程。它既有人口和非农业活动向城镇的转型、集中、强化和分异，以及城镇景观的地域推进等人们看得见的实体的变化过程，也包括了城市的经济、社会、技术变革在城镇等级体系中的扩散并进入乡村地区，甚至包括城市文化、生活方式、价值观念等向乡村地域扩散的较为抽象的精神上的变化过程。前者是直接的城镇化过程，后者是间接的城镇化过程。宁越敏认为，城市化一词有四种含义：一是城市对农村影响的传播过程；二是全社会人口接受城市化的过程；三是人口集中的过程，包括集中点的增加和集中点的扩大；四是城市人口占全社会人口比例提高的过程（许学强，周一星，宁越敏，1997：36）。高珮义（1991：3）将城市化定义为“一个变传统落后的乡村社会为现代先进的城市社会的自然历史过程”，并认为城市化的实质是乡村城市化。崔功豪（1992）认为，城市化是一个农业人口变为非农业人口、农村地域转化为

① 转引自：Stamp D，Clark A N，eds. A Glossary of Geographica Terms[M]. 3rd ed. London：Longman，1979. 502～503

城市地域、农业活动转化为非农业活动的过程，包括物质上和形态上的城市化及精神上和意识上的城市化两种含义；也可以说是农村人口和非农活动在不同规模的城市环境的地理集中过程和城市价值观、城市生活方式在农村的地理扩散过程。徐刚等认为，完整的城市化内涵包括以下几方面的内容：第一，城市中工业的集聚和高度发展的第三产业提供了大量的就业机会，引起城市人口的集聚，这是城市化的重要内容和基本动力。第二，城市人口的增长及乡村人口城市化，特别是人口由乡村向城镇的迁移和集中，引起城镇规模的扩大和城市人口比重的上升，这是城市化的主体内容；第三，城市中心功能的增强，城市在区域社会经济活动中的地位和影响不断增大；第四，地域景观的变化是城市化最直接的表现，城市景观的扩展，以人口、产业高度集聚为特征的城市地区范围不断扩大，居民点、建筑物等面貌向城市型转变(徐刚，吴楚材，1993；姚士谋，1998)。

经济学者的定义主要强调农村经济向城市经济转化的过程和机制，特别重视生产要素(资本、劳动力)等的流动在城市化过程中的作用，也注重从世界经济体系的角度探讨一国一地区的城市化问题。社会学者和人类学者的定义强调人们生活方式和行为方式的转变，即由乡村生活方式和行为方式转为城市生活方式和行为方式。人口学者的定义强调人口从乡村向城市的流动和集中。地理学者的定义强调地域空间过程，即乡村地域向城市地域的转化过程。

根据城市发展的历史进程和对城市成长影响因素的分析，笔者认为，城市化是指工业化过程中由于非农产业在城市的集聚而引起的城市数量的增加和城市规模的扩大，人口向城市(镇)集中和流动，城市基础设施不断完善，物质文化生活水平不断提高，农业用地逐步变为城市用地，城市文明日益向乡村渗透的发展过程。

城市化在数量上表现为城市人口与用地规模的扩大和新城镇的出现，在质量上主要表现为城市现代化水平的提高，特别是区域性基础设施的建设和城市老区的更新改造及新区投资环境的完善。因而，姚士谋等(张泉源，姚士谋，1997：7)认为"城市化最直接的表现形式是'牧歌'式的自然景观变为'方块'钢筋水泥堆砌的建筑景观，由平面的一维空间向立体的三维空间转化；从农业社会向工业社会发展的过程中，随着工业化的发展，各类运输工具不断进步，交通通讯方式发生改变；城市基础设施和开发区的建设引起工业和人口向城镇的集聚及产业结构的转换；标志城市文明、工业文明的物质文化生活方式向乡村的扩展……都是城市化的重要内涵，也是城市空间扩张的主要动力"。因此，工业文明的扩张、地域景观的变化和人口向城市的迁移和流动以及城市文明向乡村地区的渗透，是城市化最主要的特征。

由于各国各地区社会制度、经济基础、自然条件等的不同，城市化的类型和道路多种多样(Berry，1981)。例如，根据城市化动力可以将城市化分为大城市型、地域中心型、工业化型、乡村型 4 种；根据产业活动和人口转化关系可以将城市化分为农业基础型、工业外贸型和超载型3种类型；根据空间组合类型可以将城市化分为典型城市化、非典型城市化和分散型城市化。城市化的地域推进过程一般可分为3个阶段，即初期集中城市化阶段、中期分散城市化阶段（郊区化阶段）和后期的广域城市化阶段（逆城市化阶段），有些发达国家已经发展到再城市化阶段。发展中国家在城市化过程中出现了过度城市化、假城市化、滞后城市化等现象，引起了世界城市学者的广泛关注。

2. 乡村城市化

在我国，对乡村城市化或农村城市化的提法至今仍存在着争议。胡序威(1998)认为，乡村（农村）城市化的实质内涵不是指把农村都变为城市，而是指现今仍以农村和农业人口为主的广大乡村地区，应积极发展小城镇和中小城市，使城镇人口的比重逐步超过乡村人口，并将城市文明和城市生活方式，渗入到广大乡村地区。

有学者认为，乡村城市化即是小城镇成长和发育的过程（张小林，汤茂林，金其铭，1996：261）。作为两种不同社区形式的城市和乡村，从发展生产和人类生存来看各有利弊，两者均非人类最理想的居住区，要求城乡两极要吸收对方的优点。介于城乡之间的小城镇位置适中，兼有城乡两种职能，因此小城镇在城市化进程中自然成为城乡融合的交点。有的学者从中国的基本国情（人口多、城市化水平低、现有城市就业容量有限）出发，认为国家无力建设新的城市来容纳数量巨大的农村剩余劳动力（1～2亿），实现我国人口的城市化，唯一可行的办法是充分发挥各类城镇在城市化过程中的作用。在广大乡村地区，主要依靠农民自己建设小城镇，注重其质量，就地转化农村剩余劳动力，避免许多发展中国家出现农村人口大量涌入城市而带来的许多问题。

于洪俊和宁越敏(1983)认为，所有乡村地区都处于城市的吸引范围之内，中心城市腹地内的乡村地区如何分享到城市性的生活方式和工作方式及城市文明，是乡村城市化研究的中心问题。乡村城市化的方向不是所有人都住进城市，而主要是进行职能型城市化，即从劳动结构和经济形态上解决农工一体化问题，改变“农村农业，城市工业”的产业配置格局，从生产工艺上解决农业生产的企业化和产业化问题。农村城市化即是农业现代化和非农产业职能增长的过程，其主要目标是要消除城市和乡村产业的资格差距，而农村生活分散、城市生活集中的形式仍将保存下来。对乡村城市化的这种理解强调乡村职能的转换。王德在硕士论文(1986)中①以无锡和江阴两县为例（现均已改为县级市）详细探讨了乡村职能的转变。

江美球等在《城市学》一书中认为乡村城市化是乡村社区随着社会经济发展而沿着原始化传统化到现代化的过程，包括5个方面，即：① 经济结构的综合化；

① 王德. 经济发达地区乡村城镇化进程[D]. 南京：中国科学院南京地理与湖泊研究所，1986.

② 生产手段的现代化；③ 乡村布局的规范化；④ 生活方式的现代化；⑤ 乡村文明化。对乡村城市化的这种理解强调乡村现代化(江美球，刘荣芳，蔡渝平等，1988)。

英国的 M. Pacione 认为，乡村地区的城市化(the urbanization of the countryside)是城市思想、观念和生活方式向乡村地区扩散的社会变动过程，最明显和最直接的表现是人口从城市向乡村的自然流动。

综上所述，可以认为，乡村城市化是现代生产方式、生活方式、思想观念和行为方式向乡村地区扩散、渗透的过程，其最本质内涵是乡村地区人口及经济活动的非农化及其向城镇集聚的过程。其必然结果是：① 城乡差别的缩小和新型城乡关系的建立；② 乡村地区各级各类中心——小城镇——数量增长和地区分布合理化的过程；③ 乡村地区居民行为观念的逐步转变和更新。因此，从本质上看，乡村城市化的内涵与城市化的内涵是一致的，我们应该提“城市化”而不提“乡村城市化”。当然，中国城市化最有特色的部分正是这种自下而上的乡村地区的城市化。

三、城乡标准、城市人口、非农业人口

到目前为止，还没有一个举世公认的城镇标准。世界各国各地区根据各自社会经济特点制订了不同的城镇标准。有的国家有明确的数量标准，有的国家只有定性指标。世界上各国各地区所采用的标准很多(周一星，1995；崔功豪等，1992)，主要包括：① 用某级行政中心所在地为标准；② 以城镇特征为标准；③ 以居民点下限人口数量为标准；④ 以居民点的下限人口数量和密度指标为标准；⑤ 以人口规模和城镇特征两个指标划分城镇；⑥ 以人口规模和从业构成为标准；⑦ 以两个以上指标为标准；⑧ 其他标准。世界各国在定义城市人口时所用城市标准的频率见表 3-1。

表 3-1　世界各国所使用的城市标准情况

标　准	使用频率	
	单独使用	与其他标准一起使用
1 人口规模	23	26
2 人口或房屋密度	1	10
3 主导经济活动类型	1	7
4 除上述 1～3 以外的城市特征或未指定城市特征	3	13
5 行政管理功能或结构	3	
6 无特定标准	56	

资料来源：Harold Carter. The Study of Urban Geography[M]. London：Edward Arnold，1972. 18.

从理论上讲，根据各国各地区的城镇标准就可以把城镇和乡村区分开来，其实

不然。城镇作为行政单位，一般都有其管辖范围。从景观上看，有着密集人口和各种人工建筑物、构筑物和设施组成的建成区是城镇聚落的主体，与乡村景观的差别明显。但是城乡是一个连续体，社区类型可以从典型乡村到典型城市排成一个连续谱，城乡结合部和城市边缘区就处在连续体中间的位置。由于城乡发展的动态性、不整合性和相对性，在日益城市化的当代，要准确地界定城乡存在一定的困难。如果城镇辖区界线大体上就是景观地域上的分界线，那么城镇辖区内的人口应该就是城市人口（许多学者亦称为城镇人口，有时也称为市镇总人口），辖区以外的人口就是乡村人口。但这种情况是极少见的。这种不一致在我国主要表现为：城市的行政管辖范围比城镇的实际范围要大，包括了一定的乡村地域。城市人口与建制市镇的行政区域内的总人口（也常称为城市总人口，如南京市总人口）是两个不同的概念。前者指的是城镇及其附近主要参与城镇性经济活动、共同使用城镇基础设施的常住人口（周一星，史育龙，1990）。如果把建制市镇的行政区域内的人口都看作城市人口，由于各国城镇地区划分标准的不一致，会造成国际城市化比较研究的困难；有鉴于此，世界银行用 50 万人以上城市的城市人口作为统一标准来衡量各国的城市化状况（辜胜阻，1991：4）。

非农业人口原则上应该指依靠农业生产以外的职业（非农职业）维持生活的人口。但我国长期以来，把非农业人口局限于吃商品粮的人口，这种操作性定义明显偏窄。例如，从事非农产业的人如果没有吃商品粮则被看作农业人口。在我国，户籍城市人口是指按城镇户口登记的人口，城市常住人口系指实际居住在各级城镇的人口。把前者作为城镇人口的不足之处在于它没有反映长期生活在城镇、实际上从事各种非农产业的人口以及城市化了的农业人口；总人口中非农业人口以外的人口为农业人口，农业人口是乡村人口的主体。城市常住人口是理想的城市人口指标，但缺乏系统的统计资料，很难用来进行系统的城市化研究。非农业人口与农业人口是相对的一对人口概念，应以人们所从事的职业来区分。1986 年《国务院批转民政部关于调整设市标准和市领导县条件报告的通知》改变了以往的非农业人口统计口径，进一步明确了非农业人口[①]的职业性质。

我国城乡人口划分存在不少问题。从理论上讲，城市人口（或称城镇人口）指城镇建成区内的总人口，它以非农业人口为主体，也包含部分已城市化了的农业人口等。从我国目前的情况看，城镇暂住人口、城乡摆动人口等已经成为城市人口的一部分。我国曾长期以建制城镇的非农业人口作为城市人口，后改用市镇人口。但由于市镇人口是以市镇的行政管辖范围为基础所作的统计，包含过多的农业人

① 《通知》规定：非农业人口包括县属企事业单位聘用的农民合同工、长年临时工，经工商行政管理部门批准登记的有固定经营场所的镇、街、村和农民集资或独资兴办的第二、三产业人员，城镇中等以上学校招收的农村学生，以及驻镇部队等单位的人员。

口(特别是1984年以来),因而学者们在研究我国城市化等问题时不再使用它。

长期以来,我国没有恰当而稳定的城乡地域划分标准,既无法进行国际比较,也使对中国城市发展和城市化进程的分析遇到困难(冯立天,1988),其主要原因是我国一直以市镇的行政界线作为城乡划分的基础,没有建立城镇的实体地域概念,而市镇的行政管辖范围都大于其景观上的实体范围,包括了相当一部分乡村地域和农业人口。用行政地域概念来区分城乡,使我国城市人口统计始终不能摆脱口径过宽过窄、数据过高过低的困境。我国前后进行的5次人口普查所用人口统计口径不一(周一星,史育龙,1995)。1953年第一次普查采用市镇行政辖区的总人口(大口径),1964年第二次普查采用市镇辖区的非农业人口(小口径,前后持续了18年),1982年又改用1953年所使用的大口径。不久,我国市镇标准大幅度下降,城市和建制镇的数量迅速上升,加上普遍推行"撤县建市"、"县市合一"、"市管县"、"整乡改镇"、"镇管村"等行政措施,市、镇的辖区范围迅速膨胀,使全国的城镇人口统计出现了数量上的超常规增长,包含了大量的乡村人口。1989年我国城市人口比重上升到51.7%,其中农业人口占城镇总人口的63.5%。这样的城乡人口统计已经完全失去了实际意义。在这种情况下,1990年第四次人口普查制订了新的统计标准,为一折衷方案,设区的市用大口径、不设区的市和镇用小口径(周一星,孙樱,1992),并按新老口径公布我国的市镇人口,老口径(大口径)为53.2%、新口径为26.2%。显然,在表面上和总体上看,按新口径的统计是可以接受的,与第三次人口普查的城市人口基本上是可以衔接的;但深入分析表明,新标准是过去两种不科学标准的组合,其本质仍然是不科学的,据此标准的城市人口比重在不同市镇之间缺乏可比性,在省区间也缺乏可比性。

针对上述情况,中外学者提出了诸多不同的改进方案。有人认为,应大幅度压缩、调整现有的市、镇行政辖区,回到"切块设市"、"切块设镇"的模式(庄林德,1988;田雪原,1989);有人建议在现有的行政辖区调整统计口径(王维志,1990);有人主张仍用市镇辖区内的非农业人口(Ma and Cui,1987);有人建议完全以街道人口和居委会人口作为城镇人口;有人建议在我国建立起城市的实体地域概念和相应的统计标准(周一星,史育龙,1993)。2000年进行的第五次人口普查对城市人口统计口径又做了调整,在向周一星等提出的城市实体地域和相应的统计标准靠近。

目前,我国城市人口应包括三大部分,即城镇常住人口(包括非农业人口、农业人口)、城镇暂住人口、城乡间的摆动人口(包括城镇流动人口)。我们把建制市镇户籍上统计的非农业人口称为显性城市人口,它占对应的区域总人口的比重称为显性城市化水平。尽管城镇暂住人口(指暂住半年以上的)、城乡摆动人口是实际上的城市人口,但由于现行统计口径仍把他们统计为农业人口,在现行城镇规划中也较少给予考虑,因此我们暂时称之为隐性城市人口,对应的城市化水平可以称为隐性城市化水平。在小城镇人口构成中，摆动人口大多为亦工亦农人口，在经济实力较强、乡镇工业发达的地区，摆动人口规模常常远远大于常住人口规模，因而不容忽视。在乡村地区还存在另一类潜在城市人口，指已经实现职业转移、在集镇（目前为非建制镇）从事第二、三产业，但其居住地域在行政上仍为乡村的那部分人口，这类人口可以称为准城市人口或半城市人口。

四、工业化、非农化和乡村工业化

一般认为，工业化是指“产品的来源和资源的去处从农业活动转向非农业生产活动的过程”（库兹涅茨，1989：1），是大机器工业在国民经济中取得支配和主导地位的过程，是工业技术现代化的过程，是用现代技术武装整个国民经济的过程，是工业文明定型及其在全世界扩张的过程（彭聚先，杨荣俊，1993）。简言之，工业化是从产业革命开始，工业文明在各个国家或地区由低级向高级演进的经济社会发展过程。著名未来学家 A·托夫勒认为，工业化“包括 6 个相互联系的原则”，即标准化、专业化、同步化、集中化、好大狂和集权化（托夫勒，1983）。

工业化以英国 18 世纪中叶的产业革命为开始。根据世界上发达国家的工业化发展历史，可以把工业化分为三大阶段（彭聚先，杨荣俊，1993：33～39）：① 基本实现工业化的阶段（也可称为工业化前期阶段）。其主要特征是：由传统的农业经济向工业经济转化，由传统的农业社会向工业社会转化，由传统的农业文明向工业文明转化。其衡量标准主要有：产业结构（一、二、三产业分别占 20％、40％、40％）、劳动力就业结构（一、二、三产业分别占 45％、25％、30％）、人均 GNP（US＄1 000）。② 工业化成熟阶段（也可称为工业化中期阶段）。其主要标志是在国民经济的总量及其人均指标、产业结构和劳动力就业结构特征、社会发展指标都达到一定水平的条件下，以提供生产资料为主的重工业超过轻工业，占据主导地位。这一阶段的产业特征是资金密集型的重化工业占据主导地位。③ 工业化完成阶段（也可称为工业化的后期阶段）。其产业特征主要是从以资金密集型的重化工业为主，向以高技术产业为主演进，即以技术和知识密集型产业为主导。第三产业在国民经济中占绝对优势，这就是所谓的“经济服务化”现象。由于工业在国民经济中已不占主导地位，因而国外一些学者将这一阶段称为“后工业社会”阶段（贝尔，1986）。在这一阶段，人的智力开始取代机械力，成为经济发展的主要源泉；以科技专家为主的白领人员迅速增多，而以体力劳动为主的蓝领工人日益减少，在有些企业白领人员成为生产的主力军；信息产业迅速发展，其地位越来越重要（贝尔，1986）。

经济学家通常将社会生产部门分为三大类，即农业、工业和服务业。工业和服务业属于非农产业。非农化指产品的来源和资源的去向从农业生产活动转向非农业(第二、第三产业)生产活动的过程(辜胜阻,1991)。非农化通常可以用产值、劳动力等的结构指标来衡量。引起产业结构和就业结构非农化的原因很多,主要包括:① 农产品作为一种消费品,是满足人们生存所必需的。为了维持生存,人类除需要农产品外,还需要非农产品。随着生产力的发展和生活水平的提高,对非农产品需求的增长大大高于对农产品需求的增长。② 在技术进步条件下,作为生产原料的农产品相对于工业品来说,其需求弹性较小,而且还具有可替代性。③ 农业和工业的根本区别在于:农业受制于自然,受制于土地,而且农业生产过程同生物生长过程相联系,农业生产必须按特定生产阶段依次进行。工业生产主要同物理化学变化过程相联系,具有阶段性和连续性。相对于农业而言,工业可以更为广泛地采用新技术,因而工业具有相对优势。④ 随着国际劳动分工的深化、科学技术的发展、邮电通讯技术的发展及市场竞争的加剧,信息产业逐渐成为独立的产业,从第三产业中分离,成为第四产业的主体。1950 年美国仅有 11%的劳动力从事信息工作,而到 80 年代中期,已有近 60%的人涉及信息工作(杨治,1985)。信息、知识、技术、人才成为信息社会的主要资源,也成为劳动生产率、竞争力和经济成功的关键因素。⑤ 按照马斯洛的需要层次论,人类的需求是有层次的,当低层次需求(如生存、安全等)得到满足后,便会产生高层次的需求;相应地,对产品的需求也从农产品转向非农产品和服务产品。⑥ 在产业转换过程中,技术的发展和生产率的提高起着重要作用。农业革命(如绿色革命等)带来了农业生产率的提高,使农业所需劳动力减少。一般说来,第三产业是劳动密集型产业,在后工业社会,它是吸收劳动力的主要产业部门。⑦ 从产业比较利益来看,是“农不如工,工不如商”。这种产业间的利益差别必然会引起劳动力在社会各产业部门之间的流动和再分配(辜胜阻,1991)。

乡村非农化也有一定的必然性。首先,并非所有的非农产业都要走集中的道路,以获取集聚效益。在产业革命前,经济活动集中在粮食及其他生活必需资源富足的地方。产业革命以后,原料可以是决定生产区位的主要因素(如制造业),劳动力也可以是决定区位的主要因素(如制鞋工业)(张培刚,1984)。有些发展经济学家认为,传统的小型工业(如农产品加工业、农具制造等)分布在乡村比在城市要优越,更有利于乡村的长远发展。

农业与非农业之间的内在联系是乡村非农化的重要原因。中华人民共和国财政部(1984)有研究表明,农业与乡村非农产业之间最重要的联系可能是消费者的需求。在发展中国家,农民用其收入的 30%~40%来购置食品以外的物品。这种需求对乡村非农化的发展有重大影响。此外,许多非食品类物质的运输成本很高,使得地方性小规模生产成为比城市中大规模生产更有效的途径。

就业压力大和追求社会公平也是乡村非农化的重要依据。我国在实现工业化的过程中面临着巨大的就业和人口压力，要把数量庞大的乡村剩余劳动力转移到城镇，受到现有城镇就业容量和人口容量的限制，况且现有城市面临结构性失业和阶段性失业的困扰，在乡村发展非农产业、进行非农化过程可以部分解决剩余劳动力的就业问题，而且国家不需要多少投入。江苏省作为中国乡镇企业的发源地，它所创造的乡镇企业苏南模式曾备受赞誉。从我国的政策背景看，乡镇企业曾是中国农民进入非农产业唯一现实的选择。改革开放以前，我国一直实行"城市-工业、农村-农业"的产业政策，以及严格限制人口流动的户籍制度，形成了发展中国家典型的城乡二元结构。在这种条件下，农民要改变身份成为市民的途径和数量极为有限，主要包括考入高校读书、参军、与城市人联姻等。

改革开放以后，农民获得了对自身的自由支配。非农产业高收入的巨大诱惑成为乡村发展非农产业的最大动力。国家的大力提倡和支持也给乡村非农产业的发展注入了巨大的动力。发展非农产业(包括乡镇工业等)也是农民在传统的社会分配不公的条件下，追求社会公平、提高自身收入、缩小工农差别的一大尝试和创举。20世纪80年代以来，乡镇企业的大发展曾对城市相关产业的企业提出挑战，在一定程度上促进了后者的改革和进步。

第二节　城市化的指标、测度和质量

一、城市化的指标和测度

由于城市化是一个非常复杂的社会过程，所以反映城市化的指标有很多，如人口、土地利用、就业结构等。因而，要科学地测度城市化程度和水平存在着不少困难，主要表现在两个方面：一是要反映城市化内涵的复杂性，如城乡关系的变化、居民生活方式的变化、就业结构的变化等，为了便于大家使用又不能太复杂。二是城市化的内涵及其表现等，是随着时间而变化的，因而要求用统一的测度标准，来科学地反映城市化不同阶段的特征。

目前，学术界已就城市化的测度提出了多种方法，主要有两类，即主要指标法和复合指标法(于洪俊，宁越敏，1983)。

1. 主要指标法

该类方法就是选择对城市化表征意义最强又便于统计的个别指标，来测度区域城市化水平或程度。这类指标主要有两个，即人口比重指标和土地利用指标。

反映城市化程度和水平的人口指标有：城市人口占总人口的比重，大城市人口占总人口的比重，城镇的平均人口数和平均增长率，城镇密度和人口密度，人口的就业结构等（崔功豪，王本炎，查彦玉，1992）。其中城市人口占总人口的百分比是反映城市化的最主要的指标，通称为城市化水平（我们通常所讲的城市化水平指的就是这种概念）；该指标既反映了人口在城镇的集聚程度，又在相当大的程度上反映了劳动力的转移程度，因而该指标在世界上得到广泛采用。由于对城市人口的不同理解，实际上又有多种城市人口统计口径①。

土地利用指标是从土地性质和地域范围上来说明城市化水平的指标。测度指标主要有：城市用地占可用地的比重和一定时间内非城市用地（如农田、草原、山地、森林、海滩等）转变为城市用地（如工厂、住宅、文教等）的比率。土地利用指标因为统计上的困难，未被广泛使用；随着今后航空遥感技术的普及，这个测度指标将会显示出一些新的应用前景。

从产业发展演变来看，城市化是第二、第三产业在城市集中和扩大的过程。在这一过程中，GDP 的产业结构和劳动力的就业结构都将发生相应的变化，如第一产业比重不断减少，第二、第三产业比重不断增加。因此，产业结构指标也是衡量城市化发展的重要指标之一。

主要指标法简单明了，通用性强，容易进行城市化的比较研究，是目前测度城市化程度的主要方法。

2. 复合指标法

复合指标法选用与城市化有关的多种指标进行分析，来进行城市化发展的综合测度。国外学者提出了多个复合指标，如城市成长力系数、城市度、城市魅力度、民力度等（于洪俊，宁越敏，1983）。复合指标法对城市内涵做了较为全面的概括，可以弥补单一指标在反映区域城市化发展方面存在的不足；但由于很难给出一套大家普遍接受的指标体系，因而通用性较差，其计算原先比较繁杂，不过随着计算机的普及和商业化统计分析软件的推出，其计算变得比较简单。

（1）城市成长力系数

1971 年日本“东洋经济新报社”在《地域经济总览》中提出“城市成长力系数”这一复合指标，它由 10 项分指标复合而成，包括：总人口，地方财政年度支出额，制造业从员人数，商业从员人数，工业产品生产额，批发业销售额，零售业销售额，住宅建筑面积，储蓄额和电话普及率。

具体计算方法是：选择两个时间标准，分别计算某城市上述 10 个分指标在其

---

① 我国 4 次人口普查采用了 3 种不同的城市人口统计口径：1953 年第一次人口普查时采用的是市镇辖区内的全部常住人口，包括农业人口；1964 年第二次人口普查时城市人口指市镇辖区内有非农业户口的常住人口；1982 年第三次人口普查时以市镇辖区内的常住人口为城市人口，包括农业人口；1990 年第四次人口普查时城市人口包括两部分：市人口和镇人口。市人口指设区的市所辖的区人口和不设区的市所辖的街道人口；镇人口指不设区的市所辖的居委会人口和县辖镇的居委会人口。

间的增减值;然后再按这10项分指标各自的全国平均值为100,将各项分指标增减值换算成标准值;最后把这10项标准值进行算术平均,所得数值即为该城市的成长力系数(于洪俊,宁越敏,1983:41~42)。

(2) 城市度

1960年日本城市地理学家稻永幸男、服部圭二郎、加贺谷一郎在研究东京郊区地域结构时曾提出"城市度"这一复合指标,用来考察东京郊区化的进展情况。他们所提出的城市度由5类16个指标复合而成:第一类是表示地域规模的指标,包括面积和人口总数;第二类是表示位置的指标:离东京市中心的时间距离;第三类是表示经济活动的指标,包括年度财政收入、工业产品率、商店销售额、耕地面积、电话普及率;第四类是表示静态人口结构的指标,包括第一、第二、第三产业人口、管理人口率、雇佣人口率;第五类是表示动态人口结构的指标,包括人口增长率、通勤率、就业率。

在计算时采用数理统计中的因子分析法(factor analysis),如何计算可参阅有关书籍①和论文②,具体可以用SPSS软件来完成。帅江平和姚士谋等(1998)采用17个指标对江苏省城市度进行了综合分析,对江苏省城市发展和设市工作有一定的指导意义。

二、城市化的质和量

如果我们要深入而科学地研究城市化,并用研究成果来指导城市化实践与城乡建设,就必须科学地理解城市化的"质"和"量"两者之间的关系,必须扭转各地在各类相关规划和政府文件中对城市化量的过分重视和质的部分忽视(汤茂林,2001b)。因为对城市化量的过分重视可能导致其他发展中国家普遍出现的过度城市化问题。在我国,人们向往的居住地点和工作场所是大中城市,而不是县城以下的建制镇(尽管改革开放以来建制镇已经有了相当大的发展,如数量、规模和镇容镇貌),其关键就在于大中城市建设的高质量和建制镇建设的低质量,或者说在于城市化的质量。今后,要想使小城镇在我国的城市化中起相当的作用,就必须大大

---

① Kendall M. Multivariate Analysis[M]. London: Charles Griffin & Company, 1975.

Johnston R J. Multivariate Statistical Analysis in Geography[M]. London: Longman, 1978.

Shaw G, Wheeler D. Statistical Techniques in Geographical Analysis[M]. Chichester: John Wiley and Sons, 1985.

罗积玉,邢英,苏显康等. 微机用多元统计分析软件[M]. 成都:四川科学技术出版社,1986.

② 许学强,李胜学. 我国改革开放以来广东利用外资的时空差异研究[J]. 地理学报,1995,50(2):128~137.

Tang Maolin. The Regional Disparities of Socio-Economic Development in Rural Jiangsu Province, China [J]. The Journal of Chinese Geography, 1998, 8(3): 258~266.

提高小城镇建设的综合质量，只有这样，才能即使取消现行户籍制度也能避免像拉美国家所出现的过度城市化问题。

但是，也要防止对城市化质量的片面理解，它是一个综合的概念，包括适当的人口规模和用地规模、商业设施、文化娱乐设施、道路网络、生态环境、建筑景观等，提高小城镇的建设质量并不意味着普通建制镇也要建设 30 m 宽以上的街道和像城市一样的广场等。

所谓城市化的"量"就是城市化发展的数量方面，如城镇的数量、城镇的规模、人口和产业集聚的程度、人均 GDP，可以用各种指标来衡量，区域城市人口占总人口的百分比是一个最常用的指标。一般而言，人们把城市化理解为城乡关系和城乡格局的变动。然而，这种变动的起点和结果存在着巨大的地域差异，它往往对整个变动的过程、速度产生较大的影响。在城市化过程中，由于人们需求的不断变化和提高，随着城市化量的发展，也会伴随着一定质的提高，但城市化质的提高主要靠城市政府和市民的长期不懈的努力。因此，必须把整个城市化过程看作是"质"和"量"相互统一的过程。但城市化的"质"常常容易被人们所忽视。

城市化的"质"，从区域角度看主要表现在城市化发展的速度是否与区域经济发展的速度同步，如果两者基本同步，则城市化发展较为协调，质量较高；从城市内部来看主要表现在城市基础设施的完善程度、城市居民素质的高低、城市景观是否丰富而协调、城市文化是否多样[①]、城市环境是否优美、有无较严重的社会隔离和两极分化、具有历史和文化价值的景观和地段是否得到有效保护等方面。如果城市的基础设施较完善、居民素质高、城市景观协调、城市文化多样、城市环境优美、没有严重的两极分化和社会隔离，则城市化的质量就高。此外，随着城市的发展和完善，城市化的质量将更多地依赖于城市的"软件"而不是硬件，如居民的素质、城市的文化底蕴[②]、社会文化氛围、社会治安状况等。比较而言，软件建设比硬件建设更困难，有时硬件条件可以很快得到改善，软件建设则需要花更长的时间、做更大的努力。一个城市如果要想建设成为国际化大都市，必须在软件和硬件两方面齐头并进，特别是软件方面的建设不容忽视。城市发展如果完全"屈从于商业目的，追求的是通俗、刺激和时髦，考虑的是市场规模效益和重复盈利机会，发展文化

---

① 国际著名城市学者刘易斯·芒福德(Lewis Mumford，1895～1990)在《城市发展史》(The City in History，1961)这一巨著中使用了许多插图，最后一张(第 64 张)是"清明上河图"的一部分，并解释说：如果生命要持续，未来的城市应有这张中国画"清明上河图"所显示的那种质量：各种各样的景观，各种各样的职业，各种各样的文化活动，各种各样人物的特有属性——所有这些能组成无穷的组合、排列和变化，不是完善的蜂窝而是充满生气的城市；目前具有这种质量的城市凤毛麟角。

② 刘易斯·芒福德在《国际社会科学百科全书》(1972)第一卷"城市的形式与功能"条目中指出："如果说，在过去许多世纪中，一些名都大邑如巴比伦、罗马、雅典、巴格达、北京、巴黎和伦敦等成功地支配了各自国家的历史的话，那只是因为这些城市始终能够代表他们民族的文化，并把其绝大部分留传给后代。"【见：宋俊岭，陈占祥译. 国外城市科学文选[M]. 贵阳：贵州人民出版社，1984. 51】

成了一本‘生意经’，所谓主流文化只能与清贫相伴，经受着销蚀与冲击，有着被‘蚕食’甚至根本毁灭之虞”（姜圣国，武廷海，1998）。正因为如此，1986 年 12 月联合国大会通过的《世界文化发展十年规划》明确指出：“要在经济和技术发展中，将文化和人的价值恢复到中心的位置上来”。城市要以人为本，“城市最好的模式是关心人，陶冶人”（Mumford，1961：575）。

如果我们只注重城市化量的变化而忽视其质的变化，将会无法理解一些新的城市化现象。例如，最早美国于 20 世纪 30 年代开始，继而西欧等国于 60、70 年代出现的大量人口从大城市倒流向郊区中小城镇甚至于乡村的现象，从量的角度很难解释。有些学者称之为“逆城市化”、“反城市化”；有学者认为这是对城市化过度的纠正；甚至还有的学者以此推翻人类社会城市化的发展趋势，认为社会的发展是城市乡村化而不是乡村城市化。如果从城市化的质的方面来分析，逆城市化是生活方式进一步休闲化，人口的活动空间、选择性的扩大化的必然结果。这象征着城市化质的提高，是城市化发展的一个新阶段。

在进行城市化的比较研究时，也必须注意质和量的关系问题。数量上的比较，无论是空间上还是时间序列上的两点，只有处于同质的条件下才有意义，也才能说明问题。因此，在进行城市化比较研究时，应更多地注重区域城市化的动力机制、城市化的途径及采取的手段、城市化“质”的提高过程等方面。

三、中国城市现代化的指标体系

1. 城市现代化的基本概念

工业、人口、现代化要素向城市地区集聚，由城市化到城市现代化、国际化，这是当今世界的总体发展趋势。马克思在 100 多年前曾预言，“现代的历史是城市关系渗透到乡村，而不像在古代那样，是乡村关系渗透到城市”（汤正刚，1990），这在当代成为现实。在现代化进程中，城市起着地区经济发展的枢纽和主导作用；城市还是建立社会主义市场经济体制和运行机制的关键所在，农村进一步改革要由城市改革来推动，农村的现代化要依赖城市提供的物质技术基础、辐射功能、协调功能、集聚功能。国家和区域现代化的主要表现形式就是城市现代化和城市化，它们也是经济建设现代化的集中表现。

西方发达国家城市现代化建设已有近 200 年的历史；我国城市建设长期以来受到半殖民地半封建社会的桎梏，城市现代化建设从 20 世纪 50 年代才开始，其间历经曲折，步履艰难并一直处于落后状态。实际上，我国城市大规模的现代化建设是改革开放之后才进行的，仅有 20 多年的历史。进入 90 年代后，我国城市规划与建设进入了一个新的历史时期，许多大中城市不仅大规模改造老城区、建设新区，而且按照国际标准进行现代化城市建设。关于城市现代化内涵，国内有些学者最近十多年来做了一些探索，但还没有形成统一的认识，也未能提出一个比较完整的指标体系，距离实际操作应用还有相当的差距，对城市建设的指导作用不明显。

实际上，城市现代化是一个复杂而综合的概念，不仅包括了城市空间(含建筑空间)和城市区域总体布局的高水平，而且也包括建筑艺术和科学管理的高水平及高素质的居民等①。城市现代化主要应当包括以下6个方面(姚士谋，吴楚材，徐桂卿，1982；姚士谋，汤茂林，1999)：

(1) 科学合理的城市规划

城市规划是城市建设的"龙头"，它研究城市未来发展，探索城市合理布局，统筹安排城市空间布局和结构，是一定时期城市发展的总蓝图，是城市建设与管理的重要依据和基本手段，它为城市的长远发展和居民生活服务。

城市总体规划是根据国民经济发展和社会发展计划，依据城市的历史和自然条件而制定的，其主要任务是：合理确定规划期内经济社会发展目标；确定城市的性质、布局和规模；进行城市土地的统一规划；综合安排经济、文化、公用事业和各项建设的总体布局，保证城市有序、合理、协调地发展。因此，现代化的城市规划应当具有远见性、科学性、权威性和可操作性，确保城市的可持续发展。

(2) 现代化的城市基础设施

经济建设与城市发展是硬道理，在当前的社会主义初级阶段，城市建设是个核心问题。城市基础设施的现代化是城市现代化的主要表现之一。城市基础设施是保证城市高效、通畅、有序运转的关键，也是城市社会、经济、技术、文化发展和繁荣的基础，是城市存在和发展的最基本的人工物质载体。一个城市如果没有一个功能完善、设施齐全、高效率的现代化市政和基础设施系统，城市现代化就是一句空话。现代城市具有工业、商贸、金融、交通运输、旅游、科学文化等多种功能，要实现人流、物流、资金流与信息流等等进出的畅通自由，必须有现代化的基础设施作为支撑。现代城市的发展目标是要建成以经济中心功能为主，开放度高、吸引力大、辐射力强、功能齐全、适于人类居住和生活的城市。有条件的当代城市更应面向国际并与国际接轨，这就要求城市建设必须是高度现代化特别是城市交通现代化，才

① 佘之祥等认为城市现代化主要体现在7个方面，即资源有效利用，人口素质良好，经济、文化、科技、教育发达，基础设施、社会服务完善，消费品市场丰富，生态环境优美，政治昌明、法制健全、治安稳定【佘之祥，吴楚材，崔功豪，1997：20】。

张开济认为，城市现代化应当包括5个方面的内容：高效能的城市基础设施，高质量的生态环境，高水平的城市管理，高度社会化的分工协作，高度的物质文明和精神文明【详见：城市现代化建设离不开精神文明建设[J]. 城市开发，1997，(1)：9～10】。

邓卫认为，城市现代化包括政治的现代化、经济的现代化、社会的现代化、文化的现代化、教育的现代化、科学技术的现代化、居住方式的现代化、基础设施的现代化、环境的现代化和人的现代化【邓卫. 论城市的现代性与国际性[J]. 城市规划，1994，18 (3)：18～21】。

能适应其城市国际化的要求。

城市建设主要指城市基础设施建设、公共设施建设、住宅建设和环境建设。城市基础设施建设不仅要注重数量，更要关心其质量。

(3) 园林化的城市生态环境

现代化城市是人口集聚、工业集中与第三产业发达的区域经济中心。现代化的城市不仅要保障城市经济发展和市民生活，具有充足的供电、供水、供热等能源与水源设施；而且在供电、供热过程中应保证城市环境的清洁与城市居民的安全，具有优美的工作、生活环境。这是城市现代化的重要标志之一，也是对外开放，创造良好投资环境，吸引外资的重要条件。

从20世纪50年代起，世界上一些大城市先后开始重视治理环境污染，如1956年伦敦通过了《清洁空气法》，要求改变燃料结构(用电、煤气代替煤)，大大减少了伦敦烟雾发生的次数。

要创造优美舒适的城市环境，在城市保留开敞空间(open space)和加强公园、绿地建设，具有极为重要的意义。开敞空间和公园、绿地不仅为城市居民提供了游憩的场所，而且还能有效地减轻环境污染的影响。北美、西欧地区的许多城市在这方面做得比较好，而许多发展中国家(包括我国在内)对城市环境问题没有引起足够的重视，仍存在不少问题，与现代化城市标准的差距较大。

(4) 高层次化的城市科学技术(姚士谋，汤茂林，1999)

城市现代化建设要坚定不移地走依靠科学技术的道路。邓小平同志说过，四个现代化的关键是科学技术现代化。城市现代化亦然，科学技术已经成为城市发展和变化的主要力量，不仅使城市的经济结构和经济能力不断发生重大变革，而且使城市的空间结构、建筑高度、交通能力、信息系统与通讯功能，乃至城市的生活方式等都发生巨大的变化。

在知识经济时代，科学技术和信息成为第一生产力。科学技术对社会经济发展的贡献率不断提高。城市现代化不仅表现在城市生产和生活的高效运转、优美的环境、合理的空间结构和人民生活的舒适等目标的实现，也表现在城市社会经济活动及政治活动、文化娱乐活动等的有机结合上。这一切都离不开现代科学技术，尤其是高新技术产业(如信息产业)的发展。

(5) 高度社会化的城市居民生活

城市居民生活的高度社会化也是城市现代化的重要内容与标志。现代化城市应当为居民创造舒适、卫生、安全、安静、环境优美、设施配套的人居环境，提供良好的社区管理与社区服务，能满足人们交通、交往、休闲、购物等多种多样的精神文化需求。

在城市发展的初级阶段，城市生活处处表现在以封闭式的个体家庭内活动为主，社会化、专业化、协作化的城市生活方式不多见。只有在现代化城市中，人民生活才能逐步走向高度社会化。特别是第三产业在整个城市生产结构所占的比重不断提高，城市生活的社会化水平才不断提高。这样，人们可以在同等条件下节约大量的人力、物力、资源，减少能耗、物耗，提高劳动生产率和城市生活的质量，改善城市生态环境，并推动城市现代化水平的提高。

(6) 资源利用的高度集约化

城市的形成与发展依靠丰富的多种可利用的资源，包括人力、物力、矿物、生物和土地等资源，这些资源利用得愈充分愈合理，则城市现代化水平愈高。这也是社会进步的重要标志(姚士谋，朱英明，汤茂林等，1999)。

现代化城市要依靠具有现代化素质的人力资源。美国现代化研究专家A·英格尔斯在《人的现代化》(1985:3,8)一书中指出："国家落后也是一种国民的心理状态"。因而社会的现代化首先是人的现代化。他指出："人的现代化是国家现代化必不可少的因素。它并不是现代化过程结束后的副产品，而是现代化制度与经济赖以长期发展并取得成功的先决条件。"

近代城市的第一个结构体系是建筑在工业革命中首先形成的蒸汽技术基础上的。与这个时代相对应的基本上是穿上工人服装的农民，从事简单的手工操作。马克思在参观一家工厂时曾说过：在这里需要的不是头脑的思维，而是肌肉的机械运动。随着史称第二次动力革命，即以电力革命为代表的机电时代的来临，城市开始拥有了汽车、电车、电话、电灯、钢结构建筑物、地下铁道等等，与之相对应的是操作机器的工人。自20世纪60年代以来，世界进入信息时代，近几年美国明确提出并正在实施的"信息高速公路"计划则是这个时代的主要特征。在发达国家工业劳动力占社会总劳动力的比例高达20%～30%，而农业劳动力仅占3%～6%；发展中国家则相反。

城市及其郊区各种资源的充分利用、合理利用，是城市现代化的重要表现。然而最重要的是人口素质的提高，整个民族和全社会人口的高素质化，这才是城市现代化的关键和保证。

2. 城市现代化的指标体系

世界各国有不同的现代化标准，一个国家在不同的历史时期，其现代化标准亦会有所不同。由于对现代化指标存在着认识上和统计上的困难，各国政府和学者无法确定一个能为全世界广泛接受的量化指标体系。目前，我国还没有一套较完整的指标体系。在国际上，目前一般采用美国斯坦福大学A·英格尔斯提出的现代化标准。对照英格尔斯的指标体系，江苏省制定了全省基本实现现代化的量化指标(2010年，见表3-2)。参照国内外的有关标准和指标，笔者给出中国城市现代化的指标体系，以抛砖引玉。该指标体系包括6个方面，即：① 规划管理；② 人口素质；③ 生活质量；④ 基础设施；⑤ 生态环境；⑥ 社会经济结构等。每一方面包括若干具体指标（详见表 3-3）。其中基础设施部分包括立体交通网络、现代化通讯网络、能源供应、供水排水、环卫设施等。

表 3-2　现代化指标体系

序号	指标名称	单位	英格尔斯标准	江苏省目标	江苏省现值
1	人均 GDP	美元	3 000	2 100	1 085
2	农业占 GDP 的比重	%	＜12～15	6	15.1
3	第三产业占 GDP 的比重	%	＞45	38	33.8
4	非农业就业人口占总就业人口的比重	%	＞70	65	57.5
5	识字人口占总人口的比重	%	80	扫除文盲	
6	适龄青年受高等教育的比重	%	12～15	14	
7	城镇人口占总人口的比重	%	＞50	60	33
8	平均每个医生服务的人口数	人	＜1 000	178	617
9	平均预期寿命	岁	＞70	74	72.7
10	人口自然增长率	%	＜1	0.4	0.46
11	婴儿死亡率	%	＜3		

注：江苏省现值为 1997 年末数据。

资料来源：社会学教程. 北京大学出版社，1987. 302.

表 3-3　中国城市现代化指标体系

序号	类别	指标名称	指标值
1	规划管理	1 城市规划科学、合理具有权威性、远见性和弹性	
		2 城市管理规范化、法制化	
		3 具有健全的立法、监督机构	
		4 拥有供决策的地理信息系统	
2	人口素质	1 识字人口比例	＞95%
		2 适龄青年受高等教育比重	＞20%
		3 平均预期寿命	77 岁
		4 平均每个医生服务的人口数	＜200 人
		5 人口自然增长率	3‰～5‰
		6 婴儿死亡率	＜1‰

续表 3-3

序号	类别	指标名称	指标值
3	生活质量	1 恩格尔指数	＜30％
		2 人均居住建筑面积	＞15m^2
		3 人均生活用水量	＞350m^3
		4 饮用水质达标率	100％
		5 电话普及率	50％
4	基础设施	1 具有快速、便捷的对外交通	
		2 城市人均道路面积	
		3 形成立体交通网络	12 m^2
		4 快速大容量通讯网络	
		5 能源供应保证率	
		6 燃气普及率	100％
		7 自来水普及率	100％
		8 排水管道成网、雨污分流	100％
		9 环卫设施齐全	
5	生态环境	1 城市工业污水处理率	90％
		2 城市生活污水处理率	60％
		3 城市工业固体废物综合利用率	＞70％
		4 城市绿化覆盖率	＞35％
		5 人均公共绿地面积	＞9 m^2
		6 大气中 SO_2 年日平均浓度	＜0.02 mg/m^3
		7 大气中总悬浮物年日平均浓度	＜0.09 mg/m^3
		8 城市环境噪声平均值	＜56 dB (A)
		9 城市人文景观和自然得到有效保护	
6	社会经济结构	1 行政辖区内城市化水平	＞60％
		2 非农业就业人口占总就业人口比重	＞90％
		3 人均 GDP	＞6 000 美元
		4 GDP 中第三产业所占的比重	＞50％
		5 科技进步对经济发展的贡献率	＞50％
		6 外贸总额相当于 GDP 的比重	＞30％
		7 城镇待业率	＜1％

资料来源：姚士谋，汤茂林. 中国城市现代化概念及指标体系. 城市规划，1999,23 (1)：60～61.

在城市现代化指标体系中，城市规划管理、基础设施和生态环境特别重要。城市规划要有预见性和一定的弹性，至少要保证10～20年不落后，城市规划才能产生应有的效益，否则有限的城市建设资金便难以发挥作用，造成不必要的损失和浪费。我国城市建设中因不合理布局造成较大损失的例子很多。城市管理要逐步步入法制化的轨道，确保城市的有序和畅通。目前，城市中存在的问题在一定程度上与管理落后、执法不严有关。

城市基础设施的现代化是城市活动得以顺利进行的保障，各职能部门要避免各自为政，加强沟通和配合，有关建设要统一规划、统一实施，避免不必要的损失。在主要道路交叉口附近应把交通功能作为首要功能，其他功能要服从于交通功能的发挥，这对缓解我国大中城市目前交通不畅的状况有一定的作用。

建设良好的生态环境是以人为中心的发展战略的基本要求，因为人及其需要的满足是社会经济发展的终极目标；否则人类的生产效率就会下降，人类的生活质量就难以提高，甚至威胁人类的生存和城市的进一步发展。现代城市建设还有意无意地破坏了城市人文景观和自然景观，使城市景观缺乏特色，没有文化底蕴。所有这些都值得重视并有赖于城市居民素质的不断提高。

第三节　世界城市化的规律性

城市化是人类社会发展到一定阶段出现的一种社会经济变化过程，随着社会生产力的不断发展和人类文明的不断进步，城市化不断发展并逐步完善。

一、世界城市化的起源之争

对到底是先有城市还是先有乡村，存在不同的看法。它们对城市的起源和城市化的发端做出完全不同的解释。一种观点认为先有乡村后有城市。持这种观点的学者认为城市化最初是从农村生活慢慢地演变过来的。农业的兴起取代了新石器时代那种狩猎游牧的生活方式，不能不要求建立更为永久而固定的居民点。进而就出现了劳动的进一步分工和公社经济事业的扩大——这种趋势由于乡村规模的增大与专业化的更大经济性成为可能而愈益加速。一旦城市化进程开始，市场力量势必把更多的人口与工业吸引到城市里来。工业之所以被吸引过来，是因为城市能够以大规模占有本地市场、提供熟练和非熟练的劳动力、便于利用辅助工业等各种形式显示出集聚经济的优越性。对个人而言，城市可以提供各种服务，而且一般说来，城市还能提供安全保障和待遇较高的工作。从许多方面来看，一旦城市化过程开始，它就形成自行增长的市场力量，这些力量促使各种要素和人口不断流入城市(Button，1976：15)。人们常常认为：如果起初没有能养活城市居民的农业剩余产品，城市生活是不可能出现的，并认为城市的特点是它留居着许多非农业专家(Sjoberg，1967)。

上述传统观点遭到J·雅各布斯(Jacobs,1971)的批评,她提出另一种观点,即城市和城市生活先于农村的发展。她认为,城市是从集市中心发展起来的,在那里,过着游牧生活的猎人碰到当地的居民,后者乐于把本地区发现的矿产和其他原料同食物及兽皮进行交换。这种交易发生在矿区或者猎人认为其他有价值的自然财富产地。过了一个时期,商人被吸引到集市中心,当地的一些生产者也从事买卖活动。这些集团终于结成一个商人阶级。下一个阶段包括在这个地区建立工业。最初,当地居民对原材料进行加工,用从贸易中得来的资源制造商品。显然,这种说法提出了城市生活必然先于农业的观点,而且认为城市生活是农业发展不可缺少的先决条件。

上述两种解释把城市的起源与城市化的发端混为一谈,实际上它们是有重大区别的(高珮义,1991)。我们倾向于第一种观点,认为城市的起源是乡村。也就是说,人类定居下来的原始聚落形式是乡村。"远在城市产生以前就已经有了小村落、圣祠和村镇"(芒福德,1989:2)。

对于城市化发端于何时也存在不同的看法。一种观点认为,城市的出现便是城市化的开始。"随着第一批市镇的出现,被称为城市化的社会过程就开始了。'城市化'是指人口由农村流入城市的运动"(波普诺,1999:566)。"考古资料证明,世界最早的城市是位于死海北岸的古里乔,距今已 9 000 年左右"(刘铮,1985:251)。"有充分证据可以支持那些主张在公元前 6 000 年已经开始城市化的学派"(巴顿,1985:14)。很显然,这种观点把城市发展史等同于城市化史。

另一种观点认为,城市化发端于产业革命。笔者同意这种说法。因为工业化是城市化的真正推动力,产业革命以前的城市微不足道,城市化是工业化之后的一个现代用语,而且我们现在研究的城市化正是产业革命以后的城乡变动格局及其社会影响。尽管城市已有 9 000 年或 8 000 年(Clark,1998)的发展史,但到 1800 年,居住在城市地区的人口仍不足世界总人口的 3%①。到 1996 年,世界城市人口比重可能已达 50%,城市成为世界聚落的主导。这至少可以说明,城市化世界只是最近才出现的现象,人类正是在最近不到 200 年的时间内实现城市化的。因此,城市化史只有 200 多年。

之所以认为城市化发端于产业革命就在于:只有产业革命冲破了自给自足的自然经济的束缚,促进了社会生产力的高速发展,才以集中的现代化大生产逐渐代替以手工业为主要形式的、分散的小商品生产,并建立起规模巨大、工人成千上万的大工厂(邹农俭,1998:28)。产业革命以后,城市的规模、数量、布局、内部结构和外部形态都发生了根本性的变化,并以空前的速度发展。产业革命以前,古代城市尽

① 有人认为,1800 年世界城市人口比例不过 1%【邬沧萍. 世界人口[M]. 北京:中国人民大学出版社,1983. 265】。

管遍布全球，并且也曾兴盛过，然而在本质上不能与产业革命以后的城市规模相提并论，城市的结构和功能也与现代意义上的城市大相径庭。马克思和恩格斯在《共产党宣言》(1964：28～29)中对产业革命以来的生产力发展做了生动的描述："资产阶级在它不到一百年的阶段统治中创造的生产力，比过去一切世代所创造的全部生产力还多，还要大。自然力的征服，机器的采用，化学在工业和农业中的应用，轮船的行驶，铁路的通行，电报的使用，整个大陆的开垦，河川的通航，仿佛用法术从地下呼唤出来的人口，等等。过去哪一个世纪能够想到有这样的生产力潜伏在社会里？"

我国人口学家邬沧萍认为："城市大体上和阶级、国家同时出现，是奴隶社会的产物。但是，人口城市化决非始自奴隶社会，而是始自欧洲产业革命，这是因为，人口城市化是现代概念，反映工业化及工业化的产物——现代城市生活方式的出现。18世纪产业革命促使机器工业出现并发展……随着工业化的发展，也必然促使人口愈益从分散走向集中，从农村走向拥有工业以及为工业服务的各行各业的现代城市。从此，一个人口城市化的历程首先在西欧兴起，接着扩及一切开始工业化的国度，最后，到20世纪下半叶又扩展到亚非拉发展中地区。今天，人口城市化成了全球现象，一个蓬蓬勃勃的人口城市化活动正在全世界范围向广度和纵深发展"(邬沧萍，侯文若，1987：203)。

二、城市化发展的世界透视

20世纪90年代被D·克拉克称为人类聚落演化的分水岭，因为此间世界人口更加城市化了(他认为1996年全球城市人口已占世界总人口的50%，Clark，1996)。尽管这种估计因各国统计数据质量和城市地区定义方式的不同而不一定很准确。也就是说，就全人类而言，城市不再是特殊的聚落型式了，世界聚落已经是城市占主导了。但目前，世界各地的城市化水平差异较大。美洲、欧洲大部分、西亚的部分地区和澳大利亚等国家和地区的城市化水平较高。在南美洲，除圭亚那外所有国家的人口都主要集中在城市，是城市化程度最高的一个洲。在委内瑞拉、乌拉圭、智利和阿根廷，80%以上的人口居住在城镇。非洲、南亚和东南亚的绝大部分地区，城市化水平较低。在非洲撒哈拉地区，只有1/3的居民是城市居民。据估计，埃塞俄比亚(16%)、马拉维(14%)、乌干达(13%)、布基纳法索(17%)和布隆迪(8%)等国的城市化水平(1997年)在20%以下。在南亚和东南亚地区，尽管出现了一些大城市，但城市化水平仍较低。1997年中国12.27亿人口的32%、印度9.61亿人口的27%居住在城镇。不丹王国和卢旺达可能是世界上最乡村化的主权国家，其城市化水平在6%左右(世界银行，1999)。

城市世界只是最近才出现的现象。尽管城镇已经存在了几千年，但到 1800 年，居住在城市地区的人口仍不足世界人口的 3%；到 1950 年该比例在 27%左右，目前所谓的发达国家绝大部分在那时已经是城市占主导了。

发展中国家的城市化发展出现了与发达国家（特别是英国）不同的现象，即城市化发展并不是主要通过工业化来带动的。A·F·韦伯在经典著作《19 世纪的城市增长》(Weber，1899)中分析 19 世纪欧洲城市化时指出：人口在城市中的日益集中是经济增长和差异化发展的“自然结果”。农业机械的应用使农业的劳动生产率大大提高，促使农业剩余劳动力为寻找就业机会而流入城市。按照这种观点，城市化是由工业化所产生的劳动力分工在空间上的反映。以新古典经济学为基础的城市地理学研究进一步论证了经济发展对城市化进程的决定性作用。[①]

1. 结构主义解释

要理解当今发展中国家的城市化发展，从全球来看可以用全球城市发展的相互依赖理论来解释。众所周知，从历史上来看，城市发展必须有两个独立的前提：维持人们从事非农业活动的剩余农产品的出现(Childe，1950；Harvey，1973)，以及使大规模社区得以运转和稳定的社会发展水平的实现(Lampard，1965)。城市史学家认为，当城市最初出现在新石器时代的中东时，上述变化就同时发生了。更有学者认为在前工业社会，剩余产品的数量成为城市发展的最高极限。经济变迁和社会变迁的第二次汇合与 19 世纪末期工业资本主义的上升紧密联系在一起，强有力的城市增长和城市化过程导致大不列颠、西北欧和北美城市社会的出现。

发展中国家城市化的近今发展的绝对规模和变化的幅度都较大，表明有强有力的非地方因素在普遍起作用。由 I. Wallerstein 和 Goldfrank 提出，由 C. Chase-Dunn、P. Dicken 和 P. J. Taylor[②] 完善的结构主义解释把发展中国家经济地位和经济组织的近今变化同资本主义的增长和扩张联系起来。类似地，发展中国家的城市化被看作是这些国家融入全球一体化经济的一种内部区位响应。资本主义通过把生产和消费集中于某地区位而产生城市化；在这些区位，企业能最大限度地实现规模经济、集聚经济和多种联系，也能以最小的成本最高效地实现对资源和供给的控制(Johnston，1980)。这种结构主义解释的一个重要特征是强调历史的连续性。1950 年以来发展中国家的城市化以及此前发达国家的城市化，其基本原因相同，

---

① 本部分以下内容主要编译自 clark (1998)。

② Wallerstein I. The Capitalist World-Economy[M]. New York：Cambridge University Press，1979.
Goldfrank. The World-System of Capitalist Past and Present[M]. Beverley Hills，Calif.：SAGE，1979.
Chase-Dunn C. Global Formation：Structures of the World-Economy[M]. London：Blackwell，1989.
Dicken P. Global Shift：the Internationalization of Economic Activity[M]. London：Paul Chapman，1992.
Taylor P J. Political Geography：World-Economy，Nation-State and Locality[M]. London：Longman，1993.

即是资本主义增长和扩张相互依赖的结果。

结构主义者把资本主义向发展中国家的扩张看作是世界经济体系中资本主义发展的最新阶段。这是财富集聚方式变化的结果,也是国家世界体系演变的结果(表 3-4)。前者是主导经济形式从重商主义,经工业资本主义、垄断资本主义,到跨国合作资本主义不断变化的产物。这种发展变化的动力在于,通过开发新的财源和生产单位,促进产量和利润水平的进一步提高;其特征是在不同阶段出现强有力的社会文化标准(如福特主义和后福特主义)(顾朝林,1994),它们充当集聚活动的管理者。后者即结构发展,与地缘政治有关,涉及把世界不断分为较大规模的经济联盟等。

表 3-4 世界城市发展的主要阶段

年份		1780～1880	1880～1950	1950～
集聚模式	经济形式	工业资本主义	垄断资本主义	合作资本主义
	财富来源	制造业	制造业	制造业、服务业
	生产的代表性单位	工厂	多国合作	跨国合作、全球工厂
世界体系特征	空间联系	大西洋盆地	国际	全球
	供应体系	殖民主义/帝国主义	国家帝国主义	合作帝国主义
	统治者	英国	英国、美国	美国
城市影响	阶段起始时的城市化水平	3%	5%	27%
	阶段内城市化地区	英国	西北欧、美洲、英帝国沿海	非洲、亚洲
	统治性城市	伦敦	伦敦、纽约	纽约、伦敦、东京

资料来源:Clark (1998: 89).

2. 相互依赖理论对世界城市化的解释

相互依赖理论对发达国家和发展中国家的城市化提供了统一的解释。这种解释在依附论中引起了共鸣。依附论探讨并试图解释核心区的发展与外围区的不发展之间的联系(Frank,1967)。该理论认为,资本主义的入侵使发展中国家(外围国家)即使在政治上独立之后,其经济仍然依附于发达国家(核心国家)。因为外围国家的生产基础是基于向发达国家提供原材料的需要而建立起来的,而来自发达国家的廉价制成品的进口使当地制造商破产。这种过程使外围国家在出口和进口两方面都依赖于核心国家的经济(宁越敏,1990)。也可以这样说,外围国家经济之所以不发展,就是由于核心国家对外围国家经济的掠夺和剥削。而相互依赖理论则认为,城市发展——无论它发生在什么地方——都是资本主义的一种空间产物。从发展中国家来看，近今城市化的绝大部分似乎是“依赖的”，从某种意义上讲它是由发达国家导入或强加的。然而，从全球来看，所有的城市化都可以看作是相互依赖的，即城市化起源于资本主义及其空间联系。但这并不意味着所有地区的城市化都会以同样的、确定的方式出现，因而所有国家都一样。在不同历史时期，资本主义所采取的形式和管理方式不同，因而在全球规模上产生了城市发展的不同空间格局。D·克拉克对全球城市发展的这种解释的有效性进行了质疑。

3. 发达国家的城市化

用历史分析方法就可以弄清，发达国家和发展中国家的城市化在多大程度上是资本主义及其空间关系演变的相互依存的后果。在1890年只有英国、西北欧和美国3个地区城市人口比重超过20%；在全球仅有不足3%的人口居住在城镇的条件下，其他绝大多数国家几乎没有城市发展。

发展中国家的城市化仅限于原料供应地附近的人口集聚。发达国家利用国内的煤矿、铁矿制造机器并提供动力，处理从殖民地附属国进口的棉花、糖、黄麻、橡胶、烟草、小麦、茶叶和稻谷。这些农产品的集聚引起发展中国家城市的有限发展，圣保罗因咖啡而成长，阿拉克因可可而增长，加尔各答因黄麻、棉花和纺织业而壮大，布宜诺斯艾利斯因羊肉、羊毛和谷物而发展(Gilbert and Gugler，1992)。

工业资本主义在19世纪通过垄断资本主义而获得成功，其标志是经济活动规模的极度扩大，以及在国家控制的帝国内每一个部门都由少数几个生产商主导新国际市场。垄断资本主义促进了制造商的分化，从重工业、初级产品加工到多种多样消费品和服务的大规模生产。产量增长有两个原因，其一是欧洲核心国生产力的提高，其二是19世纪英国、法国、德国和低地国家以及美国的工业带所获得的核心地位。

垄断资本主义涉嫌对外围地区残酷的剥削。工业活动的规模越大，所需要的原材料的国际来源越广、制成品市场就越大，因此，核心区域的成功依赖于其支配和控制海外殖民地的能力。尽管外围区的城市发展仍然很局限，但垄断资本主义在扩大了的核心区内进一步促进了城市发展和城市化。在20世纪前半叶，欧洲、美洲和澳洲城市化发展最快、最普遍，世界上其他地区大多没有受到影响。到1950年全球只有1/4的人生活在城市地区，发达国家的城市化周期已经或接近完成；在绝大多数发展中国家，城市化周期几乎尚未开始。

4. 新经济秩序与发展中国家的城市化

1950年以来，发展中国家的城市化在一定程度上可以看作是新经济秩序的一个结果。在过去的半个世纪中，在全球范围内组织的生产份额不断上升，生产已不再局限在狭隘的几个帝国范围内，大量生产已经转移到发展中国家。这种转移既是渗透市场的一种手段，又想利用廉价劳动力为核心国家生产商品(包括电子产品、医药、汽车、服装、机床和家庭用品)。其结果是,一部分发展中国家制造业的生产能力得以扩大,新兴工业化国家的企业开拓了其产品在发达世界的市场(Lo,1994)。在许多发展中国家,内需农业生产已经被出口导向型产品的生产所替代。

生产的跨国化涉及拥有全球性商标的全球性产品制造商。全球性产品是由许多国家制造的零部件组装而成的(Dicken,1992),它是通过核心国家的企业在发展中国家直接投资而实现的。这些企业可以利用当地大量而廉价的劳动力。目前,已经出现了一种新型的专业化,它更多地得益于工人在跨国合作企业中所从事的工作。新国际劳动地域分工的基础是大量工人在低成本的海外国家从事标准生产任务的直接就业[①]。新经济秩序不再是外围地区供应原材料,核心地区进行加工,而是外围地区从事生产和制造,核心地区从事研究、开发、设计、管理和控制。这种新的国际劳动地域分工之所以成为可能就在于一种新的国际金融型式。当然,生产组织形式的变化也相应地促进了新金融型式的发展。新体系是由发达国家通过为数不多的有实力的银行、金融机构和兑换机构(它们与跨国公司并列为全球性机构)进行指挥和控制。全球性机构所在的世界城市(如纽约、伦敦、东京等)成为全球经济的控制中心。

生产和金融的发展是由国际服务经济的增长所支撑的。曾经仅限于国内的服务活动已在国际范围内进行重组,以满足全球商业运作的需要。这表现在高级生产服务部门的崛起,包括保险、会计、房地产、法律、广告、研究与开发、公关和管理咨询公司。

在新经济秩序形成过程中,世界政治地图不断发生变化。最大的变化在于英国、法国、比利时和荷兰等国家帝国主义、殖民主义的结束,以及许多亚洲、非洲、拉丁美洲殖民地国家在1950～1980年间获得政治独立。这些国家热衷于参与世界经济,以便获得贸易利益和援助。这一新格局是在相对和平与繁荣的条件下创造的。

新经济秩序及由此而引起的全球经济结构的调整是外围地区发展中国家最近快速城市化的主要原因。跨国合作资本主义曾经并仍在以直接、间接方式引起外围地区的城市化。从直接方式看,外围地区的城市化是城市增长(这种城市增长是对区域性投资的响应)的结果;从间接方式看,表现在对传统生产和就业格局的影响。直接的增长是因为核心区和外围区之间的经济交换在空间上是集中的,因而导致与全球相关的经济活动在城市地区的集中。城市(特别是国家首都或拥有主

---

① Cohen R B. The new international division of labour: Multinational corporations and the urban hierarchy[M]//Dear M, Scott A J, eds. Urbanization and Urban Planning in a Capitalist Society. London: Methuen, 1981. 287～315.

Feagin J R, Smith M P. Cities and the new international division of labor: An overview[M]//Smith M P, Feagin J R, eds. The Capitalist City. Oxford: Blackwell, 1987. 1～37.

要港口或空港的城市)为投资提供了无与伦比的优越条件。在这些城市,可以获得廉价劳动力,并接近国内市场;这些城市是国内提供大规模工业、医院、大学、中介服务及体育艺术设施的主要中心;这类城市的对外联系也较为方便。

在大部分发展中国家,外资导向型的经济活动高度集中于城市。在印度尼西亚,大部分海外投资局限于雅加达周围地区,这里是所有主要外国公司的总部所在地。阿必加(象牙海岸的首都)仅拥有全国人口的15%,却实现国家经济和商业贸易的70%以上。曼谷完成全国银行、保险和房地产业国民生产总值(GNP)的86%,制造业GNP的74%,却仅拥有泰国人口的13%。拉各斯的人口仅占尼日利亚总人口的5%,却创造了制造业总增加值的57%,拥有全国高技术劳动力的40%(Kasarda and Parnell,1993)。在中国,珠江三角洲、长江三角洲、海南岛、胶东半岛、京津唐地区集中了全国利用外资的大部分。

由于发展中国家的经济逐步融入世界经济,以及价格竞争等原因,外围地区加快了经济结构的调整。这种调整使大量工人从传统职业中释放出来,聚集到城镇,因而促进了城市增长和城市化。在这一过程中,农民受害最深。由于商品农业的引入,许多农民已经放弃了传统的土地和谋生方式,已经开始为发达国家的消费者生产外国水果、花卉和反季节蔬菜。受到损害的人也包括没有其他就业途径、必须依靠城市谋生的大量穷人。干旱和战争(特别是在非洲的部分地区)进一步削弱了传统农业的生存能力,引发更多的人从乡村流入城市。所有这些因素结合在一起就形成了国家越穷,城市化浪潮来得越猛的怪现象,例如,1980~1990年间城市人口比重的年均增长率全世界为1.02%,发达国家为0.32%,发展中国家为1.99%;而位居最贫穷发展中国家之列的莫桑比克(7.13%)、坦桑尼亚(6.89%)、博茨瓦纳(6.00%)、斯威士兰(5.13%)却大大高于世界和发展中国家的平均水平(张善余,1992:25)。

在发展中国家,政府政策常常以牺牲乡村地区为代价,这进一步增加了城镇的吸引力,因而促进了城市的增长和城市化进程。其途径有三:一是政府在基础设施和服务设施的投入、税收、价格等方面表现出极强的城市偏向(Lipton,1977)。二是城市中存在较高的工资增长速度和较好的就业保护。这两条途径造成的城乡生活水平的差距是乡村人口向城市迁移的主要动力,是城市化快速发展的主要原因。三是随着城市消费者对进口食品偏好的形成,城市对当地生产的主要产品的需求量下降。这些政策的结果是乡村地区的活力被摧毁,城市化过度发展,城市社会经济环境状况恶化(Berry,1973)。发展中国家的许多城市因大量寻找工作和追求福利的移入者而步履艰难。正如S. Wellisz所说:过度的城市膨胀是堕落的移民流,不仅损害了乡村经济的活力,而且城市经济也没有相应受益。城市膨胀不是经济发展的标志,而是一种经济发展的病症。

目前已经完成的研究表明：在全球合作资本主义经济和城市增长之间存在一般关系，但各地之间差别极大。在新加坡、韩国和中国台湾等地存在明显的相关；在中国大陆，城市发展主要是与经济改革相连的乡村变化的结果。它们代表两个极端。在外围地区，区分南美（从历史上看城市化水平较高）和亚非（其城市化水平低）的经历也很重要。两类地区同样都受到与新经济秩序出现相关的各种调整的影响，但结果却不一样。在南美，其影响主要表现在通过已有中心的混合增长而强化已有的城市格局；在亚非地区，以前几乎没有城市发展，其影响表现在城市发展的出现和加速。

城市化发展的世界历史透视表明，探讨一国（地区）的城市化发展，必须联系整个世界社会经济发展的趋势，或者说必须把它放在全球背景下来进行，即具有全球观点。例如，新兴工业化国家（NICs）工业化及由此而来的城市化大发展便主要是全球（特别是发达国家）经济结构调整的结果。20 世纪 90 年代以来，我国沿海地区的工业化和城市化发展，与世界经济结构的调整和外资的涌入有密切的联系，外资已经成为中国大陆沿海地区城市化加速的最主要动力之一（薛凤旋，杨春，1995；宁越敏，1998）。

三、世界城市化发展的阶段性和趋势

1. 城市化发展阶段

纵观世界城市化发展的历史，可以看出城市化发展具有明显的阶段性。高珮义把 18 世纪以来的城市化进程分为 3 个阶段。① 城市化兴起、验证和示范阶段（1760～1851 年）。在这一阶段，世界上出现了第一个城市人口比重超过 50%以上的国家——英国，从 1760 年的产业革命开始到 1851 年花了 90 年时间。② 发达国家城市化普及和基本实现阶段（1852～1950 年）。到期末，发达国家城市人口比重达到 51.8%（发展中国家为 16.2%），花了近 100 年的时间；这一阶段的特征主要有：基本上是重复着英国的路子，以工业革命为动力，城市人口主要由乡村人口移入城市而来，城市病日趋严重。世界城市人口由 1850 年的 0.8 亿增加到 1950 年的 7.12 亿，占世界总人口的比重增至 28.4%。③ 世界基本实现城市化阶段（1950 年以来）。目前，世界城市人口比重已接近 50%，整个人类世界开始进入基本实现城市化阶段（高珮义，1990）。

包宗华根据英国等发达国家所走过的城市化道路的分析，把城市化发展分为早期、中期和成熟期 3 个阶段。3 个阶段划分的标志是城市人口比重 40%（或 30%）、40%～70%及 70%。在早期阶段，各国城市化发展速度不同（见表 3-5）。从表中可以看出：城市化起步越早的国家，城市化速度越慢；城市化起步越晚的国家，

表 3–5 7个国家城市化发展速度比较

国 家	英国	法国	德国	美国	苏联	日本	南斯拉夫
城市人口比重达到20%的年份	约1720	1800	1785	1860	1920	1925	1949
城市人口比重达到40%的年份	1840	1900	1865	1900	1950	1955	1974
经历的时间(年)	120	100	80	40	30	30	25

资料来源：包宗华. 中国城市化道路与城市建设. 北京：中国城市出版社，1995. 16.

城市化速度越快。尽管与产业革命以前的城市发展速度相比是空前的，但与其他后起的国家相比，英国城市化发展的速度要慢得多。其主要原因有四：一是生产技术水平低；二是与生产的低水平相适应，资金积累水平很低；三是要让长期在乡村中生活的农民离开自己的家园到城市里去，受到习惯势力的抵抗；四是缺乏经验，走了一些弯路。

城市化中期阶段出现了城市化加速发展的现象，其原因主要有三：一是生产力水平有了大幅度的提高，其代表是电气化的出现和普及；二是生产社会化大协作有了新的发展；三是有了早期阶段取得的大量经验教训①。

在二战后的重建时期，社会生产力发展速度是空前的，城市化发展也是空前的。世界银行曾于1979年对世界各国在二战后的城市化进程进行了调查，并对20世纪末的城市化水平做了预测(表3-6)。从表中可以看出，到1950年，发达国家的城市人口比重已经达到62.4%，其中约有一半以上的发达国家达到70%以上。到1975年发达国家平均城市人口比重已达74.4%。这一阶段城市化发展速度快

表 3–6 1950～2000城市化率和城市人口增长率(预测)

国家类型	城市人口占总人口的比重(%)			城市人口年平均增长率(%)		
	1950年	1975年	2000年	1950年	1975年	2000年
发展中国家	20.6	31.1	45.8	4.0	4.0	3.5
工业化国家	62.4	74.4	836	2.0	1.2	0.8
石油输出国家	16.0	55.5	77.9	7.9	7.1	3.1
中央计划经济国家	20.7	34.4	49.2	5.2	2.7	2.4
全世界合计	29.0	39.3	51.5	3.5	2.8	2.6

资料来源：包宗华. 中国城市化道路与城市建设. 北京：中国城市出版社，1995. 22.

的原因主要有三个：一是生产力的进一步发展。二是生产力的大发展促进了农业

① 曾长期指导世界城市发展和规划的第一个大纲《雅典宪章》是在1933年制定的。

的现代化和生产率的提高，为农业从业人员的减少提供了可能。目前，在许多发达国家农业从业人员只占总劳动力的 3%～6%。三是第三产业的发展，由于第三产业多为劳动密集型产业，其大发展促进了人口的集中。

崔功豪根据各国经济发展、产业结构的转换，城市化地域推进过程将城市化过程分为 3 个阶段，即初期集中城市化阶段、中期分散城市化阶段（郊区化阶段）、后期广域城市化阶段（逆城市化阶段）。20 世纪 80 年代以来，部分发达国家为了解决市中心因空洞化带来的社会经济问题，通过产业结构的调整、基础设施的改造和高质量公寓的建设，吸引了一部分青年专业工作者和老年家庭重新返回市区，市中心人口回升，被学者称为“再城市化”现象。在这一过程中，部分中产阶级由市郊迁住市中心，出现了所谓的绅士化(gentrification，也有人译为中产阶层化）现象①。这既可以看作是城市化质量进一步提高的过程，也可以看作是新城市化生命周期的开始，但新的周期与传统的城市化周期有质的不同。

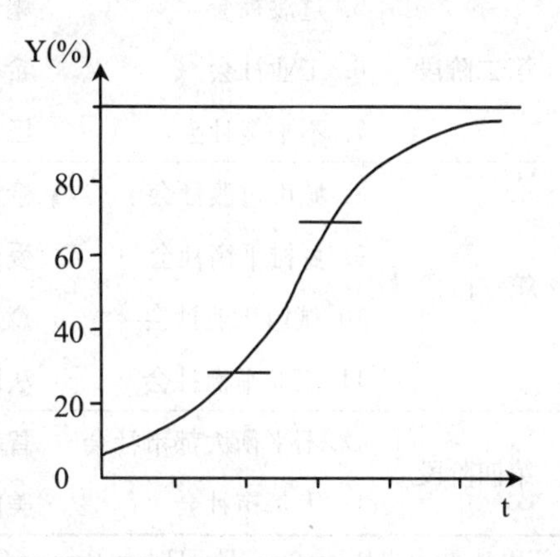

图 3–1　城市化发展过程的 S 型曲线

R. M. Northam(1979)将世界城市化的发展过程概括为一条被拉平的 S 型曲线（图3–1），并将城市化进程划分为 3 个阶段：① 初期阶段：城市化水平低，城市化发展速度慢；人口分布分散，经济以农业部门为主。② 中期阶段：人口和经济活动迅速向城市集聚，经济结构发生变化，第二、第三产业的重要性增加，投资更多地投向交通等部门；城市化加速发展，所以此阶段也可称为加速阶段。③ 后期阶段：城市化水平较高（超过 60%或 70%），城市人口比重的增长趋缓，甚至停滞不前。例如，英国和威尔士在 1900 年前后城市化水平达到 80%左右时，城市化水平曲线趋于平

① Smith N. Gentrification and uneven development[J]. Economic Geography, 1982, 58: 139～155.
Smith N, Williams P, eds. Gentrification of the City[M]. Boston, MA: Allen & Unwin, 1986.
Smith N. Gentrification and the rent gap[J]. Annals of the Association of American Geographers, 1987, 77(3): 462～465.
Badcock B. An Australian view of the rent gap hypothesis[J]. Annals of the Association of American Geographers, 1989, 79(3): 125～145.
Hamnett C. The blind man and the elephant: The explanation of gentrification[J]. Transactions of the Institute of British Geographers NS, 1991, 16: 173～189.
Ley D. Gentrification in recession: Social change in Six Canadian inner cities, 1981～1986[J]. Urban Geography, 1993, 13(3): 230～256.
Weesep J V. Gentrification as a research frontier[J]. Progress Human Geography, 1994, 18(1): 74～83.
孟延春. 旧城改造过程中的中产阶层化现象[J]. 城市规划汇刊, 2000(1): 48～52.

缓,甚至出现回落。

表 3–7 Reissman 划分的城市化阶段

阶 段	社会状态	典型国家
第一阶段	1. 不发达社会	刚果
	2. 国有化社会	土耳其
	3. 工业化社会	印度
	4. 城市化社会	埃及、韩国
第二阶段	5. 过渡社会	墨西哥
	6. 工业社会	希腊
	7. 不平衡社会	巴拿马
第三阶段	8. 城市过渡社会	泰国、保加利亚
	9. 乡村平衡社会	爱尔兰、越南
	10. 城市工业社会	意大利、奥地利
	11. 工业平衡社会	法国、德国
第四阶段	12. 不平衡大都市社会	智利、墨西哥
	13. 大都市社会	美国、英国、日本

资料来源:L. Reissman. The Urban Process-Cities in Industrial Societies. New York and London:The Free Press, Collier-Macmillan,1964,20. 8~209.

L. Ressman 在《城市化进程——工业社会中的城市》一书中根据世界不同国家城市化的进程,把世界城市进程划分为 4 个阶段 13 个时期(表 3–7)。

作为其城市化理论的一部分,他提出 4 个城市化变量。第一个变量是"城市增长"本身。它用 1 万人以上的城市中的人口所占的比重来衡量。第二个是工业化。指一个社会从农业经济到工业经济、从较小的乡村同质社会到较大的都市异质型社会的全过程及其后果。工业化用源于制造业的生产的比例来衡量。第三个变量指对社会权力关系调整进行评估。实际采用的标准是以人均收入来衡量的中产阶级的出现。第四个变量是国家主义的兴起。国家主义是"社会转型时期被分析的一个关键因素",因为它"提供了一种拥有忠诚、促进行动并使有关的变化合法化的意识形态"(Reissman,1964:207)。这第四个变量用 15 岁以上人口的识字率来衡量。这是对城市化进程的一种经济解释。

E. E. Lampard 从人口学(确切地说是生态学)的观点解释城市化进程。他假定城市化是人口集中的过程。城市被看作是"人口所获得的适应能力的组织性部分。这是在特定环境条件下人们获得一定程度生存和安全的有序方法"(1955:520~521)。在这里,特定的因素指技术水平(它本身是社会组织的一部分),因而可以通过 4 个变量,即人口、环境、技术和社会组织来解释城市化进程。其中 3 个变量与 Reissman 提出的变量存在相关,如人口与城市增长,技术与工业化,社会组织与中产阶级的出现。只是在强调环境控制时,Lampard 所提出的模式(scheme)才具有更明显的生态意义；但即使这样，我们也可能把它与政治控制的增加等同起来。政治控制的增加使之与 Reissman 的国家主义完全联系起来。然后，Lampard 进一步提出了城市化的 4 个主要阶段：原始阶段、有限阶段、经典阶段和工业阶段(1955：523)。

徐刚和吴楚材(1993：113)曾对城市化与城市体系发展的阶段性进行过总结(表3–8)。

表 3–8 城市化与城市体系发展的阶段性

城市化阶段	起始期	加速期	稳定期
社会经济形态与发展阶段	前工业化社会，农业经济；乡村景观；社会经济联系松散	工业化社会；经济起飞阶段；工业化进程加快；第二、第三产业劳动力容量扩展；规模经济、集聚经济作用明显，城市之间的交通、通讯网络发达	后工业化社会；第二产业地位相对下降；第三产业迅速发展；技术进步贡献率明显上升；区域交通、通讯网络全面完善，追求更高的生活质量
典型产业结构	Ⅰ＞Ⅱ＞Ⅲ	Ⅱ＞Ⅰ＞Ⅲ	Ⅲ＞Ⅱ＞Ⅰ
"推力"与"拉力"	较弱	迅速增加	相对减弱
人口分布与流动	分散，相对稳定	大量乡村人口向城市的空间迁移，人口向大城市集聚，城乡人口再分配	以城市→城市、城市→郊区、城市→乡村的人口流动为主体，出现通勤带
城市化进程	缓慢	加速	渐趋稳定
城市化水平		低————→高	
城市体系发育特征	城市数量少，城市规模小，城市间联系不强	大城市迅速发展，地位日益突出，城市数量增加，出现城市集聚区和组合城市群，城市间联系迅速加强	大城市的产业和人口向郊区和乡村迁移和扩散，城市地区的范围迅速扩展，中小城市地位上升，出现城市绵延带

何明俊(1993)把城市划分为 3 个阶段，即狭义的城市化(即集中城市化)阶段、郊区化阶段和逆城市化阶段。周一星(1984)则从城镇的吸力和乡村的推力的变化论证了城镇化过程的阶段性规律。焦秀琦(1987)对 Northam 的城市化进程 S 型曲线进行了数学模型推导，得出 S 型曲线的数学模型为：

$$Y=1/(1+Ce^{-kt})$$

式中，Y 为城市人口比重，C 为积分常数，t 为时间（通常以年计）。随着 k、C 取值的不同，就可获得代表各种发展水平和各种起点的 S 型曲线的数学模型。k 值越大，城市化发展速度越快，反之，则越慢；C 值越小，则城市化起步越早，反之，则起步越晚。

2. 第二次世界大战以来世界城市化发展特点

第二次世界大战以后，世界上发达国家经济持续发展，欧洲经历了短暂的恢复期，发展中国家工业化和城市化正式启动。纵观这几十年的城市化发展历史，可以看出具有如下特点：

(1) 城市化进程加快

是世界城市化水平不断提高。20 世纪初城市化水平仅为 13.6%，到 1950 年增加到 28.4%，此后一直上升（1970 年 37.1%、1980 年 39.6%、1990 年 42.6%，详见表 3-9），到 1996 年已达 50%[①]。联合国认为，到 2025 年这一比重将上升到 60%以上。二是城市数量迅速增加，城市规模迅速扩大。美国 2.5 万人以上的城市 1940 年仅仅 12 个，到 1970 年增加到 916 个。全世界 10 万人以上的城市 1900 年只有 38 个，1950 年增加到 484 个，1970 年为 844 个。100 万人以上的特大城市 1950 年有 71 个，1960 年 73 个，1970 年增加到 160 个。到 1980 年，100 万人以上的特大城市共有 234 个，其中发达国家、发展中国家分别有 110 个、124 个。预计到 2000 年，世界特大城市总数将达 458 个，其中发达国家、发展中国家将分别拥有 164 个、294 个（西川润，1984）。1950 年全球只有两个超级城市（人口 800 万以上），即美国的纽约（1 230 万人）和英国的伦敦（870 万人）。到 1995 年，世界超级城市增加到 22 个（表 3-10）。三是城市人口增长快于总人口的增长。在 1920～1990 年间，世界总人口从 18 亿增加到 40.76 亿（增加 1 倍多），同期城市人口却从 2.5 亿增至 15.64 亿（增加 5 倍多）。

二战之后城市化迅速发展的原因很多，但最重要的原因是战后作为城市化发动机的工业化（特别是制造业）在全世界的大发展。机器大工业导致生产的大规模集中，这必然引起人口的集中，产生规模较大的城市。工业的集中还能产生集聚效益和规模效益。反过来，城市化也推动了工业化和整个社会经济的发展。从全球来看，战后工业化的发展得益于新产品和新技术的大量涌现、国际贸易的自由化以及世界经济一体化程度的不断提高（世界银行，1987）。其次，因绿色革命等带来的农业生产率和农产品数量的大幅度增加，为城市化提供了所需的农产品和劳动力。

① 此乃 D. Clark 的观点。对目前世界城市化水平的估算存在不同的观点，例如联合国预计世界城市化水平 1995 年为 45%，2005 年达到 50%（见：联合国. 世界城市化前景. 修订版. 1995. 79）。这种预测比联合国在 20 世纪 70 年代末所作的预测要低得多. 美国社会学家 Kinsley Davis 认为，到 2000 年世界城市人口比重最高可达61.5%（见高珮义，1991：20）。

而工业化和城市化的发展为农业提供了现代化的物质技术基础，加快了农业现代化和农村现代化的进程。

表 3-9　世界人口、城市人口和城市人口比重变化表（1800～1990）

年份	总人口（百万人）	城市人口（百万人）	城市人口比重（%）
1800	978	50	5.1
1825	1 100	60	5.4
1850	1 262	80	6.3
1875	1 420	125	8.8
1900	1 650	220	13.3
1925	1 950	400	20.5
1950	2 501	724	29.0
1960	2 986	1 012	33.9
1970	3 693	1 371	37.1
1975	4 076	1 564	38.4
1980	4 450	1 764	39.6
1985	4 837	1 983	41.0
1990	5 246	2 234	42.6

资料来源：1890～1925 年数据：Grauman J V. Orders of magnitude of the world's urban population in history. United Nations Population Bulletin, No. 8, 1976. 32.

1950～1960 年数据：United Nations. Patterns of urban and rural population growth. New York, 1980. 11～16.

1970～1990 年数据：United Nations. The prospects of world urbanization-revised as of 1984～1985. New York, 1987. 8.

转引自：周一星. 城市地理学[M]. 北京：商务印书馆，1995. 78.

表 3-10　1995 年世界超大城市

序号	城市名称	城市人口（万人）	国　别	所属洲
1	东京	2 680	日本	亚洲
2	圣保罗	1 640	巴西	南美洲
3	纽约	1 630	美国	北美洲
4	墨西哥城	1 560	墨西哥	中美洲

续表 3-10

序号	城市名称	城市人口（万人）	国　别	所属洲
5	孟买	1 510	印度	亚洲
6	上海	1 510	中国	亚洲
7	洛杉矶	1 240	美国	北美洲
8	北京	1 240	中国	亚洲
9	加尔各答	1 170	印度	亚洲
10	汉城	1 160	韩国	亚洲
11	雅加达	1 150	印度尼西亚	亚洲
12	布宜诺斯艾利斯	1 100	阿根廷	南美洲
13	天津	1 070	中国	亚洲
14	大阪	1 060	日本	亚洲
15	拉各斯	1 030	尼日利亚	非洲
16	里约热内卢	990	巴西	南美洲
17	新德里	990	印度	亚洲
18	卡拉奇	990	巴基斯坦	亚洲
19	开罗	970	埃及	非洲
20	巴黎	950	法国	欧洲
21	马尼拉	930	菲律宾	亚洲
22	莫斯科	920	俄罗斯	欧洲

资料来源：建政．超级城市的喜与忧．扬子晚报，1996-08-06 (11)．

(2) 世界城市发展存在明显的地区差异

城市化发展的这种地区差异主要表现在三个方面。一是城市人口在总人口中所占比重的差别(表 3-11、表 3-12)。二是发达国家和发展中国家所处的城市化阶段不同，前者处在逆城市化和再城市化阶段，而后者主要处在集中城市化阶段。三是发展中国家城市化发展速度超过了发达国家。在 1950～1995 年间发达国家的城市人口由 4.47 亿增至 9.1 亿，增长了 1 倍多；而同期发展中国家城市人口由 2.87 亿增至 16.0 亿，增长了 4.5 倍(简新华、刘传江，1998：15)。在 1950～1980 年间，发达国家特大城市由 48 个增至 110 个，其城市人口从 1.3 亿增至 2.6 亿，分别增加 1.3 倍、1 倍；同期，发展中国家的特大城市由 23 个增至 124 个，其城市人口由

0.47 亿增至 2.44 亿，分别增长了 4.4 倍、4.6 倍。

表 3-11　1987 年世界城市人口比重

国家类型	市场经济工业国、高收入国家	非市场经济工业国	中等收入国家	低收入国家
城市人口比重（%）	77	66	57	30

表 3-12　世界发达国家和欠发达国家总人口、城市人口和城市化水平比较

年份	发达国家			发展中国家		
	总人口（100 万人）	城市人口（100 万人）	城市人口（%）	总人口（100 万人）	城市人口（100 万人）	城市人口（%）
1800	273	20	7.3	705	30	4.3
1825	305	25	8.2	805	35	4.3
1850	352	40	11.4	910	40	4.4
1875	435	75	17.2	985	50	5.0
1900	575	150	26.1	1 075	70	6.5
1925	715	285	39.9	1 235	115	9.3
1950	854	449	52.5	1 647	275	16.7
1960	975	572	58.7	2 011	439	21.9
1970	1 047	698	66.6	2 646	673	25.4
1975	1 095	753	68.6	2 981	811	27.2
1980	1 137	798	70.2	3 313	966	29.2
1990	1 210	877	72.5	4 036	1357	33.6
2000	1 277	950	74.4	4 845	1904	39.3

资料来源：同表 3-9. 转引自：周一星. 城市地理学[M]. 北京：商务印书馆，1995. 78.

二战以后，发展中国家工业进程加快，工业化的推进是促使城市化迅速发展的重要原因之一。另一个重要原因是城乡差别巨大，它促使许多生活在乡村的人口背井离乡进入城市，尽管他们不一定能在城市正规部门找到工作。由于城市化的发展速度快于工业化的速度，结果许多发展中国家在城市化过程中出现了许多病态（城市病）现象（亦称消极现象）。

（3）形成了大都市带（Megalopolis）

1957 年著名地理学家 Jean Gottmann 在《Economic Geography》杂志上发表了著名的论文“Megalopolis，or the Urbanization of the Northeastern Seaboard”，提出大都市带①的概念，并认为大都市带有两个特征：第一，空间形态上表现为大都

① 我国有的学者把 megalopolis 分别译成“特大城市区”、“巨大城市带”、“特大城市群”等，各种译法所指内容是一致的。

市带核心地区构成要素的高度密集性和整个地区多核心的星云状结构；第二，空间组织上表现为大都市带内部基本单元组成的多样性和宏观上的“马赛克”(mosaic)结构(史育龙，周一星，1996)。戈氏曾预言：大都市带是人类社会居住形式的最高阶段，具有无比的先进性，必然成为21世纪人类文明的标志。有些学者赞成他的观点(如希腊学者C. A. Doxiadis和J. P. Papaioannou、加拿大学者P. H. Nash和美国学者E. F. Murphy等)，将大都市带视为人类社会居住空间形态发展深化的必由之路；A. Toynbee (1967)和C. A. Doxiadis(1970)甚至提出最终将形成世界连绵城市(亦称普世城、世界大都市带，ecumenopolis)。另一些学者则从学术概念和社会现象两个层面上同时否定其理论和实践价值，以刘易斯·芒福德为代表，他对大都市带概念做了彻底的否定(史育龙，周一星，1997)。芒福德早在20世纪60年代初就认为大都市带并非一种新型的城市空间形态，而是一种“类城市混杂体”(urbanoid mishmash)，从而对其合理性提出质疑。他在《The City in History》(1961)一书中，以“特大城市的神话”为题彻底批判了工业革命以后大城市的发展。Berry也持类似的观点，他认为：我们美国社会正处在另一个根本变革的前夜，我断言，到2000年，60年代的空间格局将彻底改变(Berry，1970)；如果大都市化(metropolitanism)维持在60年代和70年代早期的发展水平上，那么城市场(urban field)的中心与外围之间的差别将消失，增长波和经济进步将会散播到较小的中心。

目前，通常认为世界上的大都市带有5个，即美国东北部大西洋沿岸自波士顿经纽约到华盛顿的大都市带(Boswash)、美国五大湖大都市带(Chippits)、日本东京至九州的太平洋沿岸大都市带、欧洲西北部大都市带、以伦敦为中心的英格兰大都市带。其中以美国东北部和日本的大都市带最为典型。另外，已经基本形成的大都市带还有4个，即中国长江三角洲沪宁杭大都市带、美国西部沿海加利福尼亚大都市带(Sansan)、巴西南部沿海大都市带、意大利北部波河平原大都市带；其中以我国的长江三角洲沪宁杭大都市带最为成熟(于洪俊，宁越敏，1983：323～324)。

(4) 人口迅速向大城市集中，中小城市增长相对较慢

这种趋势自50年代起已日渐明显。从表3-13中可以看出，在1920～1960年间，人口在50～250万人的城市和250～1 250万人的城市，其人口占总人口的比重都增加了1倍多，但2～10万人的小城市，其人口占总人口的比重只增加了40%。这种大城市、特大城市快速发展的状况在发展中国家表现得更为明显(表3-14)。超大城市(人口800万以上)的增长更为迅速，从1950年的2个增加到1995年的22个(表3-10)，其中发达国家从2个增至5个，发展中国家从无增至17个。

大城市增长如此迅速不外乎以下几个原因：① 大城市就业机会多，收入水平高；② 大城市服务设施齐全，各种文化生活丰富，这对年轻人特别有吸引力；③ 发展中国家巨大的城乡差别，政府政策常常以牺牲乡村地区的利益为代价，表现出极

强的城市偏向;④ 大城市对外交通方便。

表 3-13 世界城市化状况 单位:%

城市人口规模	1920年	1930年	1940年	1950年	1960年
A. 2万~10万	5.0	5.4	6.1	6.8	7.6
B. 10万~50万	3.5	4.0	4.9	5.4	5.8
C. 50万~250万	3.5	4.1	4.8	5.6	7.1
D. 250万~1250万	1.6	2.1	3.9	3.4	3.9
E. 1 250万以上				0.9	

资料来源:木内信藏. 都市地理学原理(日文). 东京:古今书院,1979. 68.

注:联合国1966年的分类:

A. 城市性人口(urban population);

B. 城市人口(city population);

C. 大城市人口(big city population);

D. 百万城市人口(multi-million city population);

E. 大都市地区人口(metropolitan region population)。

表 3-14 发达国家和发展中国家特大城市增长情况

国家类型	1950年		1975年		年平均增长速度	
	城市数量(座)	城市人口(百万)	城市数量(座)	城市人口(百万)	城市数量(座)	城市人口(百万)
发达国家	48	130	91	262	1.7	5.3
发展中国家	23	47	90	244	2.7	7.9

资料来源:魏津生. 世界的城市化与人口. 国外经济动态,1979(1)(内部刊物).

(5) 乡村地区发生重大变化

主要表现在三方面:一是地域结构的变化。城市化使工业用地、居住用地、基础设施用地等非农业用地不断扩大,农业用地不断减少。二是生产部门结构的变化。主要表现在:工业所占比重不断增大,农业所占比重不断减小;专业农户日益减少,兼业农户大量增加,农业生产成为业余劳动。据统计,1984年日本有433万农户,其中专业农户只占14.8%。亦工亦农等在我国长江三角洲、珠江三角洲等经济发达地区也极为普遍。三是劳动力结构的变化。表现为农业劳动力的老龄化、妇女化、业余化,甚至儿童化,因为大量青壮年劳动力因城市化而流入城市。

(6) 城市化发展也使人类面临挑战

城市化使越来越多的人享受到现代城市文明,但全球城市化的迅速发展也给人类带来了许多难题和困扰,特别是在发展中国家,突出表现在各种城市病。“无论是发达国家的西方世界还是在非洲、亚洲和南美洲的欠发达地区，城市化进程都给城市当局带来了巨大困难”(Button，1976：13)。据联合国统计，全球约有5亿人住房条件极差，1亿多人无家可归，亚非拉的部分大城市中半数人口居住在贫民窟，环境卫生恶化(简新华，刘传江，1998)，没有安全的饮用水，疾病流行，基础设施落后，每年造成1 000万人死亡。世界卫生组织也认为，城市化的效应正威胁着人类健康。

城市病在发展中国家有两种表现。其一是过度城市化(overurbanization)，这是一种消极型的城市化。它是指城市化发展水平明显超过工业化和经济发展水平的一种城市化状态，主要表现在过量的乡村人口盲目流入城市特别是大城市，超过了国家经济发展所能承受的能力，无法实现职业上的转换。当国家经济基础还相当薄弱时，城市化发展的失控会造成城市人口增加与就业机会不足，以及农村人口减少与农业生产集约化水平下降之间的不协调，从而影响经济发展，城市病也随之产生。城市化发展主要依靠传统的第三产业来推动，甚至是无工业化的城市化。在相当多的发展中国家，城市化发展基本上都属于这种情况。例如，墨西哥是一个发展中国家，其经济发展和工业化水平远不如瑞士、奥地利、芬兰、意大利等国家，但其城市化水平(74%，1993年)却明显高于瑞士(60%)、奥地利(55%)、芬兰(62%)、意大利(67%)(世界银行，1995)。其结果是既没有带来高度工业化和经济繁荣，反而使乡村凋敝，农业衰败。当然，这里所讲的过度城市化是相对的，即某些发展中国家的城市化水平比发达国家在相似的工业化水平时要高得多。但也有人认为不能用20世纪的发展中国家和19世纪的西欧国家作简单类比(周一星，1995)。《An Urbanizing World：A Report on the Human Settlements》(UNCHS，1996)对人类城市化持极为乐观的态度，甚至完全放弃了“过度城市化”这一概念。

其二是城市化不足(underurbanization)，即城市人口的实际增长速度低于城市工业生产发展所需的城市人口增长速度。判断的依据是G. S. Tolley模型。结果表明：中非地区和印度是过度城市化最集中的地方，而中国、苏联、东欧处于城市化不足状态。据研究者认为，这种城市化不足主要是人为政策的结果(Ran and Berry，1989；周一星，1995)。当地政府采取种种措施限制乡村人口迁入城市，结果工业化和农业现代化进程受阻，城市文明得不到应有的普及。1980年世界平均城市人口比重为42.2%，发达国家为70.2%，发展中国家为29.2%，而我国城市人口比重仅为19.39%，江苏为12.48%。

发展中国家产生城市病的主要原因有：一是城市化与工业化和经济发展相脱节，城市化过度发展；二是以私有制为主的经济制度和社会分配的不公，造成城市贫富两极分化和严重的社会隔离[①]；三是城市化过程完全由市场调节，人口大量流入期望收入高的城市；四是政府对城市化进程缺乏必要的宏观控制，只注重城市化的数量和经济发展，忽视城市基础设施建设和社会福利的公平分配。

发达国家的城市病主要表现在过度郊区化。郊区化(suburbanization)是指人口、工业和服务业从大城市中心向郊区迁移的一种分散化过程。这里的郊区是指中心城市行政边界以外的邻近地域，主要是城市化核心地区以外的城市边缘(周一星，1995)。在郊区化过程中，首先是人口，然后是工业、服务业乃至办公室从中心区向外迁移。例如，美国12个最大的城市(除洛杉矶外)，市区人口在1950～1975年间平均减少了9.6%，而郊区人口平均增加了207%，其结果是：12个城市的城市总人口中，市区人口所占的比重由61.3%下降为31.8%，而郊区人口比重则从38.7%上升到68.2%(胡焕庸，张善余，1982：165)。过度郊区化使城市的集聚效益难以发挥，还引起市中心的空洞化和基础设施的下降以及社会治安的恶化，增加了城市运营的社会成本。美国著名城市地理学者贝里(B.J.L. Berry)于1976年把这种过度郊区化称为反城市化(counterurbanization，deurbanization)。此外，城市人口出生率低和人口老龄化、居住隔离等也是发达国家城市面临的重要问题。

四、发达国家城市化发展模式及其启示

工业化和城市化是所有国家发展的必由之路。发达国家的工业化和城市化发展已经有了二三百年的历史，由于各国历史、资源、人口、经济发展模式和水平、地缘政治、文化等的差异，城市化发展模式和城镇群体结构存在一定的差别。发达国家城市化发展模式主要有两种：以大城市为主和以中小城市为主。

(一) 以大城市为主的城市化发展模式

在英国、美国、日本等国，大城市、特大城市和大城市带发展快，大城市化是其城市化的主流。大城市地区是工业、商业和服务业的主要聚集地，基础设施齐全，交通便利，信息灵通，人才济济，各种服务机构健全，进行社会经济活动的条件好，市场容量大，投资效益高(叶舜赞，1994)，加之政府和各种社会团体的首脑机关、各大企业的总部大都设在大城市，就业机会多，因而吸引了众多乡村人口进入城市。

---

① 在中国，改革开放以前，随着1957年的社会主义改造，城市规划与设计的平等思想和城市建成区的扩张，城市居住空间的隔离现象逐渐消失了【许学强等. 地理学报，1989，44 (4)：385～396；郑静等. 地理研究，1995，14(2)：15～25】；改革开放以后，由于社会、经济体制的转变，特别是市场机制的引入和房地产业的兴起，城市居住空间的隔离现象逐渐显现，在城市边缘区表现得最为明显【顾朝林等. 地理学报，1997，52 (5)：385～393；城市规划，1997，21 (4)：12～15；吴启焰等. 城市规划，1999，23 (12)：23～26，35】。

1. 英国

英国是世界上最早进入工业化和城市化时代的国家,也是迄今为止世界上城市化程度最高的国家之一。17 世纪末发轫的工业革命推动了英国从手工工场向大机器工厂的飞跃,使英国成为"世界工厂",吸引了大量人口向新兴工业城市集中。到 1851 年,英国城市人口已超过农村人口,19 世纪末城市人口比例已达到 72%,自 20 世纪中叶达到 80%,至今一直大体保持这一水平上(杜建人,1996)。英国属于大城市占主导的国家,1990 年 50 万人口以上的大城市有 5 座(伦敦 674 万、伯明翰 99 万、利兹 71 万、格拉斯哥 70 万、舍菲尔德 53 万),计 967 万人口,约占全国总人口的 17%。伦敦、曼彻斯特、伯明翰、利物浦等城市组成了英格兰大都市带,是世界上的大都市带之一,人口 1 900 万人,约占英格兰总人口的 45%,全国的 33%。

英国大城市发展的主要原因有三(徐强,1995):① 作为工业化最早的国家,大机器和交通运输业的发展带动了新的工业城市迅速发育成长,使城市规模不断扩大。② 城市从一开始就由市场力量推动发展,政府对城市发展的基本态度是"不干预"(杜建人,1996),仅通过法规和土地规划加以调控。③ 二战以前,英国长期依赖殖民地和落后国家输入的廉价农副产品,忽视本土的农业发展,城市扩展占用农用地几乎不受限制。1871 年至 1930 年农作物播种面积减少约 600 多万英亩(约 243 万 hm^2),相当于全部耕地的 1/8。二战期间,由于海运受到封锁,英国食品严重短缺。二战后吸取历史教训,开始重视农业。

作为第一个工业化国家,英国尽享工业文明的"先发性利益",城市却也因此饱受人类工业文明缺乏经验带来的"先发性损害"(徐强,1995)。城市膨胀带来的种种城市病在 19 世纪末开始加剧,如过分拥挤、贫困、不卫生、失业、疾病、住房紧张等。为解决城市病,20 世纪 40 年代起英国城市规划界提出了新城和绿带的设想,是英国城市规划中一对珠联璧合的创举,为其他国家所广泛接受。

新城运动就是在大城市规划中,在远郊农村地区建设新城或扩大原有的城镇,实际上是发展小城镇。这一举措对于缓解大城市过度集中的压力、改善居住环境、优化城镇体系和布局等方面具有突出的作用。但是,新城运动也招致了社会的批评和居民的反对。其原因有二:一是农业用地的丧失。二战后,英国已逐渐发展成为西欧农业最发达的国家,但英国人均占有耕地仅 0.093 hm^2,耕地资源并不宽裕。新城建设往往使当地农民失去他们赖以生存的土地。二是因新城所享有的特殊优惠政策使一些陷于困难中的工业城市处于不平等的竞争地位。良好的居住条件和环境,以及充足的就业机会使大量熟练技工从大城市迁入新城,导致大都市地区内城人口流失,财政陷入困境。随着大城市中心城区问题的日益突出,英国政府自 20 世纪 80 年代起不得不把注意力转向旧城更新。此外,全国性人口增长率趋于下降，以及新城建设单调、沉闷、千篇一律、缺乏想像力等也是使新城运动经过30多年的发展而不再受到特别关注的原因。

绿带是以公园和农田为不可侵占的自然带，以阻止城市无休止地向外蔓延，永久性地限制城市的范围。绿带一开始在英国实施也曾一度受挫，当局通过购置土地来实施绿带的代价太大。直到1947年，英国的《城市规划法》将开发权力"国有化"以后，绿带计划才得以大规模实施。与新城曾经辉煌不同，绿带则始终得到规划界的重视和保护。现在，绿带已成为英国大都市的重要组成部分，是英国城市发展规划的一项关键措施。世界许多大城市在发展规划中也较多地采用绿带来防止城市向外蔓延，但它也时常面临被侵占的危险。

2. 美国

美国是城市化起步较早和城市化程度很高的国家。南北战争(1812～1814)后开始工业革命，从此开始了工业化和城市化的历程。到20世纪70年代，城市化水平已超过70%并趋于稳定，进入了逆城市化阶段，从80年代起部分大城市进入再城市化阶段(崔功豪等，1992)，城乡人口迁移已不显著了。到1980年，全城市数量达到8 765个，平均每万平方千米8.94个。城市化水平高和大都市带发育是目前美国城市化的突出特点。

美国有3个大都市带(彼乌瓦洛夫，1985)：第一是Boswash，位于东北部大西洋沿岸，由波士顿、纽约、费城、巴尔的摩、华盛顿和其他中小城市(共40个)组成，长达970多km，宽50～200 km，总面积近14万km^2，拥有全国总人口的21%左右，创造了全国近1/4的工业产值。这是世界上最典型的大都市带。第二是Chipits，位于五大湖南部沿岸，由芝加哥、底特律、克利夫兰、匹兹堡及其他35个城市组成，面积为16万km^2，人口约3 500万。第三是Sansan，位于加利福尼亚州，从旧金山经加利福尼亚谷地中心至洛杉矶，一直延伸到圣地亚哥，人口约1 800万。

美国之所以形成如此规模巨大的大都市带，主要原因有三(张景哲，徐培玮，1988)：① 美国属于工业化较早的国家，也是一个移民国家。18世纪后期，大机器生产带来了大城市的优先发展，吸引大量移民迁入，东北部和五大湖地区的大城市首先崛起。以采矿业为先导、以军事工业和高科技产业为支柱的西部开发带动了西海岸城市的发展，西部大城市迅速成长，形成了美国年轻的大都市带。② 美国是典型的人少地多国家。人口占世界总数的6%，耕地占18%，人均耕地是世界平均数的3倍。耕地主要分布在密苏里河上游、五大湖西部平原、密西西比河下游平原和东南部地区，在地域上基本上不与城市化密集地区相冲突。因此，城市化发展没有明显地使腹地农业受到影响，农业发展也没有制约城市用地的扩展。③ 美国联邦政府对经济事务不过多干预，对大城市扩展较少控制。城市土地大部分属于私人所有。

从不同时期不同规模的城市增长来看(表 3-15),美国百万以上人口特大城市成长的黄金时期是在 1930 年以前。30 年代以后特大城市人口增长减缓。60 年代开始,1～10 万人的城市发展十分迅速。进入 70 年代,50 万以上人口的城市在总人口比重中有所下降。这是由于郊区化和人口向非大都市区迁移的“逆城市化”造成的。这种人口迁移的原因主要有:一是中心城市服务业的退化、高犯罪率、学校教育质量变差;二是政府政策,如为在郊区买房的青年人提供低息或无息贷款(Palen,1992);三是能源、地价和劳动力价格存在差价,使产业和人口向西部和南部阳光地带迁移;四是城郊地区最初生活开支较中心城市为低;五是农村和小城市设施和环境改善以及与日俱增的社会稳定和养老福利,吸引了大量退休工人前往定居,不少高收入家庭也前往建立第二家园或假期别墅(菲利普斯,勃朗,1986);六是交通通讯(如计算机等)系统日益发达,加强了各地的联系,削弱了中心城市原有的某些功能和地位;七是农村“魅力”的加强,因为许多美国人认为:城市拥挤、肮脏和危险,而农村和小城镇则开阔、干净和安全。这与 20 世纪初的观点截然相反;八是美国人偏爱郊区新型的单家独户式住房(Palen,1992)。

表 3-15　美国不同规模城市人口占全国总人口百分比之变化

人口规模	1880 年	1930 年	1960 年	1970 年	1980 年
>100 万	2.4	12.3	9.8	9.2	7.7
50～100 万	3.8	4.7	6.2	6.4	4.8
25～50 万	2.6	6.5	6.0	5.1	5.4
10～25 万	3.6	6.1	6.5	7.0	7.5
5～10 万	1.9	5.3	7.7	8.2	8.7
<10 万	13.9	21.2	28.2	28.2	33.9

资料来源:李兵第(1981:35).

3. 日本

日本也是以发展大城市为主的国家。日本的工业化始于明治维新。其工业化进程在战争刺激和政府推动下迅速发展,使日本作为后起工业化国家在战后短短十几年时间跻身于工业先进国家行列,并迅速完成了城市化进程。日本设市、町、村。设市的标准是人口在 3 万以上或不足 3 万但有意义的地方;町相当于我国的镇,村为最基层的社区组织。日本共有 663 座城市(1992 年 9 月),城市人口达 9 630万,占全国总人口的 77%,城市土地总面积为 10.4 万 km^2,约占国土总面积的 27% (杜建人,1996)。50 万人口以上的城市有 18 个,其人口约占全国总人口的 25%。其中,东京的人口近 800 万,是全国最大的城市;另有 11 个人口 90 万以上的大城市(表 3-16)。可见,日本是大城市特别集中和发达的国家。

从地域分布上看，大城市主要分布在太平洋沿岸的三大都市圈，即东京大都市圈、大阪大都市圈、名古屋大都市圈。东京大都市圈拥有东京、横滨、川崎、千叶四大城市和其他一些中型城市，总人口3 000多万；大阪大都市圈拥有大阪、京都和神户3个大城市，总人口540万；名古屋大都市圈只有名古屋一个大城市，但有相当多的几十万人口的中小城市，如丰桥、丰田等。这3个大都市圈一起构成了世界上人口最多的大都市带，集中了日本一半以上的人口和2/3的工业产值(彼乌瓦洛夫，1985)。

表3-16 日本13个大城市人口和面积一览表(1992年)

项目	人口(万)	面积(km^2)
东京	799	618
横滨	325	433
大阪	251	220
名古屋	211	326
扎幌	171	1 121
神户	147	545
京都	141	610
福冈	122	337
川崎	117	143
广岛	108	740
北九州	102	482
仙台	92	273
千叶	83	273

资料来源：全国市长会．日本都市年鉴．第一法规，1993，112～114．转引自：杜建人．日本城市研究．上海交通大学出版社，1996．61,47,215.

在日本所有城市中，东京具有凌驾其他城市之上的地位，集全国的政治、经济、商业、金融、文化等中心于一身。目前，日本的人口和经济活动仍不断向东京集聚，东京大都市圈(包括东京都、琦玉县、千叶县和神奈川县)的人口1950年约占全国15.5%，1992年达到25.7%。东京都1987年的国民生产总值(GNP)达4 331亿美元，比当时我国全国(约3 049亿美元)还要高出1 000多亿美元，比加拿大一国的GNP(4 025亿美元)还要高出300多亿美元(杜建人，1996)。

日本大城市发育的主要原因是：

(1) 人口密集、可利用土地少。据统计，日本1980年每100 hm^2可居住地有1 451人，西德为386人，美国为48人。日本的平原和低地只占全国13%，集中了80%的人口和工业活动以及全部的大城市，特别是关东平原、浓尾平原(名古屋所在地)、大阪平原等几个地区是人口最稠密的地区(张文奎，1984)。

(2) 发展大城市是单位面积可承载人口和经济活动最大化的用地方式，有利于日本最大程度地利用有限的可居住地。东京等13个“政令指定都市”面积只占国土总面积的1.7%，人口却达2 670万人，占城市总人口的28%，占全国总人口的1/5(杜建人，1996)。

(3) 与日本的经济体制有关。明治维新后的工业化，一开始就具有浓厚的官办和军事工业的特点。政商结合的工业化一开始主要从政客和商人集中的大城市开始，然后再逐步辐射到外围地区。这种官商一体、财阀控制一切经济活动(满颖之，1984)的影响至今仍未完全消失。目前，日本实行的是政府主导型的市场经济体制，中央集权的财经政策和国家对经济干预的传统仍是导致大城市特别是东京等大都市膨胀的重要原因。

(4) 日本大都市的土地所有权大部分掌握在法人和私人手中,在市政建设方面给占有国有土地不多的政府当局带来很大压力,造成政府对法人的依赖性过强,对城市的控制能力减弱(陈雯,朱晓明,孙军,1999)。

此外,大城市就业机会多、商品丰富、信息灵通、收入较高等也是年轻一代趋之若鹜的原因。

城市人口增加和农村人口减少给日本带来的严重问题是一些地区人口过疏。在日本农村,由于年轻人走空,高龄人口增加,导致地区纳税人口减少和财政恶化,各种服务设施因服务人口太少而效益下降,由此迫使农村地区减少或撤除服务设施,给当地居民带来极大的不便。从1962年至1982年日本町村数从2 955个减少到2 604个。

与人口过疏地区相对应的是大都市圈的人口过密。如果日本人口分布的这种城乡不平衡状况延续下去,不但会引起人口过疏地区社区的崩溃,大城市圈本身也将陷入负担过重而无法正常运行的状态。日本政府已经采取一些措施来解决这些问题(丛淑媛,1985)。国土厅1987年制订的《日本第四次全国综合开发计划》的基本目标是:"根据国土规划的三大基本课题(通过定居和交流搞活地区、国际化和重新确立世界城市机能、充实安全而又高质量的国土环境),在安全而有活力的国土上建立许多各有特定职能的极,形成多极分散型国土,即人口、经济职能、行政职能等各种职能不过度集中于特定的地区,地区间乃至在国际上相互补充,彼此刺激,同时进行交流。"

(二) 以中、小城市为主的城市化

西欧的荷兰和中欧的德国、奥地利、瑞士等发达国家,城市化程度很高,其城市体系结构多以中、小城市为主,大城市较少。形成这种城市化特点的主要原因是其特殊的政治经济体制、自然条件、历史条件及建设布局政策等。

1. 荷兰

荷兰是人口十分密集、城市化程度很高的国家,人口密度为413人/km^2,超过日本;城市人口比例达83%,绝大部分城市集中在南部和中部,其中西南沿海以阿姆斯特丹、鹿特丹、海牙、乌德勒支等为主的环形城市圈面积只占全国1.5%,却集中了全国人口的28.6%。荷兰人称之为"兰斯塔德"(Randstad),意为"环形城市"。20世纪90年代以前,最大城市阿姆斯特丹的人口历史最高记录也仅为82万(1970年)(P·霍尔,1982),鹿特丹、海牙、乌德勒支等城市人口均在20~60万之间(曾尊固等,1991)。

荷兰上述城市化特点的原因主要有(叶舜赞,1983):① 自然条件的限制。荷兰

国土大部分为沼泽低地,大部分城市是依靠围海造地而建成的,城市规模扩大受到相当的限制,难以建设特大城市。② 城市主要是依靠有利的交通地理位置发展海运兴起的。荷兰的近代工业起步较晚,但以运输业和商业为主的现代经济发展较快。国内大城市尚未形成时,社会经济就得到了较为充分的发展,具备了相当发达的交通通讯等经济和技术条件,为采取较分散的发展布局提供了支撑条件;同时大城市的人口自然增长亦已呈下降趋势。③ 历史原因。荷兰在历史上就形成国家职能分散化。首都阿姆斯特丹只设王宫和议会,不设政府,却是全国的商业、金融和文化中心;中央政府设在海牙,故而那里是各国使团驻地;王室家属和部分中央政府机构设在乌德勒支;鹿特丹是世界最大海港、批发市场和重工业基地(奥斯特罗夫斯基,1986)。同时,许多中小城市分担着具有全国意义的专门职能,如欧洲港城是石油化工中心,艾莫伊登是钢铁工业基地,德尔夫特和莱登是文教科研城市,哈勒姆是轻工业城市,希尔维萨姆是无线电工业城市,等等。④ 区域发展政策。国家采取地区平衡发展政策,限制大城市地区人口和产业的过分集中。20 世纪 70 年代以前,荷兰制定的几次国土发展规划都把发展北部、南部和东部的不发达地区作为重点,以建设 10 万、20 万左右人口规模的城市为主,或采取"集中性分散化"的布局,建设城镇集聚区,以防止各城市不断扩大而连接成片,规定在城市之间要保持 4 km 以上宽度的农业地带,等等。

由于土地征用机制和拥有土地的权力是实施城市规划和控制城市发展的最有力工具,荷兰等西欧国家广泛实行"土地银行"制度,由行政当局控制大量土地。20 世纪 70 年代早期,荷兰各城市纷纷大量购置地块以掌握控制权,新开发项目由开发商从政府手中购买或租借。

采取分散的区域均衡发展政策,以建设中小城市为主,有利于缩小地区差异,缓和地区间的矛盾,减轻社会及生态环境问题;同时实现区域空间的"虚"和"实"的和谐配置,在城镇高度密集地区创造了最优化的空间环境。经济增长与高质量的生态环境相互支撑,使其成为世界上最具魅力和发展前景的城镇群体(图 3-2)。但分散建设成本较高,基础投入很多,经济效益欠佳,国家不容易形成强有力的经济中心,进而有效带动全国经济发展,使国家在国际经济竞争中立于不败之地。所以,荷兰 1987 年颁布的第四次国土规划宣布,对既定的城市发展政策改弦更张(叶舜赞,1990;Priemus,Boelhouwer,Kruythoff,1997),根据国际政治、经济、交通和城市发展的形势,主张集中发展特大城市,把阿姆斯特丹、鹿特丹两市发展成为有国际竞争能力的国家经济中心。但该规划也认为,多中心的体系有利于适应未来交通和通讯网络化发展的趋势,具有发展成为智能化城镇群体空间的结构优势,绿心的存在则有利于创造一流的居住环境。

2. 德国

德国在工业化以前是个封建割据的国家,在各个狭小的诸侯领地上只能发展

图 3-2　荷兰兰斯塔德区域空间规划

资料来源：P・霍尔. 城市与区域规划. 邹德慈，金经元译. 北京：中国建筑工业出版社，1985. 227.

小规模的中心城市。1871 年统一后的帝国虽然集中了国家权力，但对各地的经济增长和城镇布局仍采取平衡发展政策。在工业化和农业现代化过程中，大批农业剩余劳动力首先向邻近城镇转移，使全国各地中小城镇的数量和规模不断扩大。第二次世界大战以后的"西德"对区域发展也采取较为分散的办法，所以一些具有地方行政管理和科学研究等专门职能的中、小城市发展较好。到 1996 年，德国城市化水平已达 94.6%，从事农林业生产的人只占总人口的 2.8%，是世界上高度城市化的国家之一(王章辉，黄柯可，周以光等，1999)。目前，德国的特大城市有柏林(339 万人，1999 年)、汉堡(170 万人)、慕尼黑(119 万人)、科隆(101 万人)，大城市主要有法兰克福(64 万人)、埃森(60 万人)、莱比锡(万人)、多特蒙德(59 万人)、杜塞尔多夫(57 万人)、斯图加特(58 万人)、不来梅(54 万人)等。

五、国际城市化发展的经验教训

从国际城市化发展的历史来看,对城市化发展必须进行适当的宏观控制,保证城市化与工业化同步发展(表 3-17),避免过度城市化和城市化不足带来的"城市病"和"农村病",避免过度郊区化带来的问题,促进农业的现代化和规模经营,实现城市发展质量的不断提高和城乡协调发展(汤茂林,2001a)。

表 3-17 国际城市化和工业化率发展模型

人均 GDP(1964 年美元)	城市人口占总人口比重(%)	制造业增加值占 GDP 比重(%)
<100	12.8	12.5
100	22.0	14.9
200	36.2	21.5
300	43.9	25.1
400	49.0	27.6
500	52.7	29.4
800	60.1	33.1
1 000	63.4	34.7
1 000 以上	65.8	37.9

资料来源:[美]霍利斯·钱纳里,莫利思·塞尔昆. 发展的型式 1950～1970. 李新华,徐公理,迟建平译. 北京:经济科学出版社,1988. 32.

注:有学者(张颖,赵民,2003)将 1964 年美元换算成 2001 年美元,结果为:1 美元(1964 年)=5 美元(2001 年)。据此,我国 2001 年人均 GDP 约为 900 美元。而人口城市化率为 37.7%(年鉴数),略高于根据钱纳里模型得出的数据。这纠正了许多人对这一模型的误用。

1. 政府对区域城市化进程要进行适当的调控

发展中国家和地区一般都存在巨大的城乡差别,城乡劳动力均过剩,尤以乡村剩余劳动力为多,农民进城的愿望极其强烈,一旦政府许可,他们便会涌向城市,特别是大城市,尽管他们不一定能在城市正规部门找到工作。政府对城市化要进行适当的调控,否则就会出现过度城市化引起的"城市病"。当然,这种调控要限定在一定的范围,即保证城市人口的增长与工业化的发展基本同步,不能再走没有城市化的工业化道路了,否则因城市化不足引起的"乡村病"便不能避免。因此,在我国目前城乡经济发展和就业面临重大转折和严峻挑战的条件下,绝不应过早地取消控制城市人口增长的户籍制度,何时取消要根据社会经济形势的发展而定。

2. 高度重视农业和乡村发展在城市化进程中的重要作用

人类社会发展的历史和城市化发展的历史均表明,稳定而持续发展的农业是城市化的前提和必要的保证。M. Lipton 认为发达的农业是工业化的一个必要前提。发展中国家过度城市化的发展就是由于国家政策的城市偏向,不重视农业和乡村发展,结果城乡差别太大,大量农民盲目地流向大城市。尽管这些人在城市生活可能很困难,但不幸的是他们在乡村地区境遇也并不好,在城市至少总是存在改善的希望。只有扭转不重视农业的状况,采取措施,加强乡村中心的建设,满足乡村人口的基本需求(吃、穿、住、教育、卫生、基本人权、就业质量),才可能在不断城市化的过程中仍保持农村的兴旺,城市化发展才有可靠的基础。因为发展的最终目的是在全体人民充分参与发展过程和公平分配收入的基础上,不断提高他们的福利;经济增长、生产性就业和社会平等都是发展的不可分割的根本因素(联合国第三个十年发展战略)。

3. 注意集中型城市化和分散型城市化的结合

集中型城市化的特点是以向心力为城市化的主要动力,在城市化过程中,人口、行政、金融、商业等向城市集中,还伴随着城市价值观和城市生活方式向乡村地区的扩散。传统意义上的城市化就是指这类集中型城市化。分散型城市化的特点是,在城市化过程中,只有城市生活方式的扩散,这可分为两种情况:在发达国家,城市化已发展到郊区化和逆城市化阶段,由于交通通讯条件的改进以及政府政策、住宅价格、中心城市环境质量下降,因而大城市的产业和人口分散到郊区和卫星城镇。在发展中国家,由于乡村工业化的发展,使一部分剩余劳动力就地向非农产业转移,这些人尽管没有向城市集中,但其职业和生活方式已经开始向城市型转化,这种分散型城市化又称为乡村地区的城市化。

在国际上,许多经济学家、社会学家、生态学家、社会心理学家、城市规划师的研究表明,尽管城市具有集聚效益和规模效益,但也不是越大越好,越集中越好。从理论上讲,城市存在合理规模[①]问题,当城市发展到超过其合理规模时,便会出现规模不经济。但各类城市的最佳规模不同,它们是由我们所探讨的经济所具有的自然特性和社会特性所决定(巴顿,1984:88)。正是在这种意义上,鲍温特(1973)认为:“城市体系各项参数取决于经济发展的速度,取决于社会经济的部门结构,取决于该国国际经济关系的数量和质量,取决于原材料产地的空间分布,取决于政治决策与规划程序,以及诸如此类的多方面因素”。但各学者给出的最佳城市规模相差悬殊(表 3-18)。建筑专家 H·B·巴朗诺夫院士、地理学家 R. L. Morrill、系统工程专家 J. E. Gibson 给出的城市合理规模分别为:5~30 万、20~200 万、

① 主要指人口规模和用地规模。国内对城市合理规模的探讨以南京大学出版社出版的《研究城镇合理规模的理论和方法》(宋家泰,吴友仁等,1986)最为全面、具体。

20～200 万，同样相差悬殊。

表 3–18 城市最佳行政管理人口规模的估算

学 者	最佳人口规模（万人）
贝克（Baker［1910］）	9
巴尼特住房调查委员会（Barnett［1938］）	10～25
洛马克斯（Lomax［1943］）	10～15
克拉克（Clark［1945］）	10～20
邓肯（Duncan［1956］）	50～100
赫希（Hirsch［1959］）	5～10
大伦敦地方政府皇家委员会［1960］	10～20
斯韦美兹（Svimez［1967］）	3～25
英国地方政府皇家委员会［1969］	25～100

资料来源：K. J. 巴顿（1984：89）。

城市规模过大，人口和产业过于集中，容易产生“城市病”；而城市规模过小，工业过于分散，难以发挥集聚效益和规模效益，会出现大量宝贵的耕地资源被占用、环境污染的大面积扩散等“乡村病”。因而，在城市化发展过程中，城市的宏观布局及其内部核心的安排必须集中与分散相结合，充分发挥城市在区域发展中的主导作用，建立合理的区域城镇体系，大城市内部要形成多中心结构，以缓和中心区的压力。

4. 重视市场机制在城市化中的作用，但要进行适当的引导

市场经济是城市化的推进器。许多发达国家的城市化基本上都是在市场机制的作用下自发实现的。市场机制可以在一定程度上实现区域资源和城市资源的最优配置，也可以促进产品质量的提高，进而实现经济的区域合理化。但市场机制不是万能的，存在失效的问题，因而在城市发展和城市化进程中，必须对市场行为的主体进行适当的引导，使城市发展在优先满足长远利益和大多数人利益的条件下，协调好各利益主体之间的矛盾。在市场经济条件下，城市利益主体日益多元化，它们之间存在一定的利益冲突，“如果未能建立制度化的沟通渠道，使城市社会中的各种力量，尤其是少数派和弱小派，有常规的参与城市发展决策的表达途径，相应政府的行为得不到规范，社会的矛盾冲突和不满情绪将由于得不到及时的缓解和疏导而寻找制度外的非规范的方式化解，甚至引发对管理权威地位的质疑，导致安定危机”（侯丽，1999：41）。

在世纪之交，要实现我国城市化的健康发展，必须利用市场机制在配置资源中的积极作用，引导乡镇企业向各级城镇的集中，向专业化、规模化、集团化、外向化的方向发展，在此基础上重视产品质量和技术创新，只有这样才能在日益激烈的国际竞争中争得自己的一席之地，城市化发展才会有坚实的基础。同时，要充分调动各方面的力量，参与当前的城市建设，解决城市建设资金不足的问题。

参考文献

Berry B J L. The geography of the United States in the year 2000[J]. Ekistics, 1970, 29(174): 348.

Berry B J L. The Human Consequences of Urbanization[M]. New York: St. Martin's Press, 1973.

Berry B J L. Comparative Urbanization: Divergent Paths in the Twentieth Century[M]. New York: St. Martin's Press, 1981.

Button K J. Urban Economics: Theory and Policy[M]. London: McMillan, 1976.

Chase-Dunn C. Global Formation: Structures of the World-Economy [M]. London: Blackwell, 1989.

Childe V G. The urban revolution[J]. Town Planning Review, 1950, 21(1): 3～17.

Clark D. Urban World: Global City[M]. London: Routledge, 1996.

Clark D. Interdependent urbanization in an urban world: an historical overview[J]. The Geographical Journal, 1998, 164 (1): 85.

Dicken P. Global Shift: the Internationalization of Economic Activity[M]. London: Paul Chapman, 1992.

Doxiadis C A. Man's movement and his settlements[J]. Ekistics, 1970, 29(174): 337～342.

Frank A G. Capitalism, and Underdevelopment in Latin America: Historical Studies of Chile and Brazil[M]. New York: Monthly Review Press, 1967.

Gilbert A, Gugler J. Cities, Poverty and Development [M]. Oxford: Oxford University Press, 1992.

Goldfrank. The World-System of Capitalist Past and Present[M]. Beverley Hills, Calif.: SAGE, 1979.

Harvey D W. Social Justice and the City[M]. London: Edward Arnold, 1973.

Jacobs J. The Economy of Cities[M]. Harmondsworth: Penguin, 1971.

Johnston R J. City and Society: An Outline for Urban Geography[M]. Harmondsworth: Penhuin, 1980. 90～91.

Kasarda J D, Parnell A M. Third World Cities[M]. London: Sage, 1993.

Lampard E E. Historical aspects of urbanization. In: Hauser P M, Schnore L F, The Study of Urbanization[M]//Chichester: John Wiley and Sons, 1965. 519～554.

Lipton M. Why Poor People Stay Poor: Urban Bias in World Development[M]. London: Maurice Temple Smith, 1977.

Lo F. The impacts of current global adjustment and shifting tech-economic paradigm in the world city system[M]//Fuchs R J, Brennan E, Chamie J, eds. Mega-City Growth and the Future. New York: United-Nations University Press, 1994: 103～130.

Ma L J C, Cui G H. Administrative Changes and Urban Population in China[J]. Annals of the Association of American Geographers, 1987, 77(3): 373～395.

Mumford L. The City in History: Its Origins, Its Transformations, and Its Prosperects[M]. New York and London: Harcourt Brace Jovanovich, 1961.

Northam R M. Urban Geography[M]. 2nd ed. New York: John Wiley & Sons, 1979

Pacione M. Rural Geography[M]. London: Harper & Row, 1984.

Palen J J. The Urban World[M]. 4th ed. New York: McGraw-Hill, 1992: 188～191.

Ran Maoxing, Berry B J L. Underurbanization policies assessed: China, 1949～1986[J]. Urban Geography, 1989, 10 (3-4): 111～119.

Reissman L. The Urban Process—Cities in Industrial Societies[M]. New York and London: The Free Press, Collier-Macmillan, 1964.

Sjoberg G. The origin and evolution of cities[M]//Cities: A Scientific American Book. Harmondsworth: Penguin, 1967.

Smailes A E. The Geography of Towns[M]. London: Hutchinson, 1953.

Taylor T G, eds. Geography in the Twentieth Century[M]. London: Methuen, 1951: 621.

Toynbee A, eds. Ecumenopolis: the coming world-city[M]//Cities of Density. New York: McGraw-Hill, 1967.

UNCHS (United Nations Centre for Human Settlements). An Urbanizing World: A Report on the Human Settlements[R]. Oxford: Oxford University Press, 1996.

Wallerstein I. The Capitalist World-Economy[M]. New York: Cambridge University Press, 1979.

Weber A F. The Growth of Cities in the Nineteenth Century[M]. New York: MacMillan. 1962 reprint. Ithaca: Cornell University Press, 1899.

(波)奥斯特罗夫斯基. 现代城市建设[M]. 冯文炯等, 译. 北京: 中国建筑工业出版社, 1986. 102～103.

(英)巴顿. 城市经济学: 理论和政策. 上海社会科学院部门经济研究所城市经济研究室译[M]. 北京: 商务印书馆, 1984.

彼乌瓦洛夫. 资本主义国家和发展中国家的城市化[J]. 地理译报, 1985, 4 (1): 28～31.

(美)波普诺. 社会学[M]. 10 版. 李强等, 译. 北京: 中国人民大学出版社, Prentice Hall 出版公司, 1999.

陈雯, 朱晓明, 孙军. 国外发达地区城市化形式与江苏城市化发展[G]//中国科学院南京地理与湖泊研究所集刊, 第 15 号. 合肥: 中国科学技术大学出版社, 1999: 93.

丛淑媛. 东京圈地域发展与国土整治[G]. 世界地理集刊, 第九集. 商务印书馆, 1985.

崔功豪, 王本炎, 查彦玉. 城市地理学[M]. 南京: 江苏教育出版社, 1992.

贝尔. 后工业社会的来临[M]. 北京: 商务印书馆, 1986.

杜建人. 日本城市研究[M]. 上海:上海交通大学出版社,1996.
菲利普斯,勃朗. 美国大城市体系发展的新动向[J]. 地理译报,1986,5 (2): 16～21,65.
冯立天. 中国城乡划分标准研讨会关于中国城乡划分标准及有关问题讨论意见书[J]. 人口与经济,1988(5): 3～6.
高珮义. 中外城市化比较研究[M]. 天津: 南开大学出版社,1991.
(日)国土厅. 日本第四次全国综合开发计划. 国家计委国土综合开发规划司译[R]. 北京: 中国计划出版社,1989:7.
顾朝林. 战后西方城市研究的学派[J]. 地理学报,1994,49 (4): 378～380.
辜胜阻. 非农化与城镇化研究[M]. 杭州:浙江人民出版社,1991.
何明俊. 关于城市进化的一般理论[J]. 城市问题,1993(1): 17～21.
侯丽. 权力·决策·发展——21世纪迈向民主公开的中国城市规划[J]. 城市规划,1999,23 (12): 40～43.
胡焕庸,张善余. 世界人口地理[M]. 上海: 华东师范大学出版社,1982.
胡序威. 沿海城镇密集地区空间集聚与扩散研究[J]. 城市规划,1998,22(6): 22～28.
(英)霍尔. 世界大城市[M]. 北京: 中国建筑工业出版社,1982:56.
简新华,刘传江. 世界城市化的发展模式[J]. 世界经济,1998(4): 15.
江美球,刘荣芳,蔡渝平. 城市学[M]. 北京:科学普及出版社,1988.
姜圣国,武廷海. 虚假的两维选择——城市经济与文化关系初论[J]. 南京社会科学,1998(1): 31～33.
焦秀琦. 世界城市化发展的S型曲线[J]. 城市规划,1987,11 (2): 34～38.
库兹涅茨. 现在经济增长[M]. 北京:北京经济学院出版社,1989.
李兵第. 美国城市人口发展过程中的若干特点[J]. 人口与经济,1981(4):34～40.
刘铮. 人口理论教程[M]. 北京:中国人民大学出版社,1985.
马克思,恩格斯. 共产党宣言[M]. 北京: 人民出版社,1964.
满颖之. 日本经济地理[M]. 北京:科学出版社,1984.
(美)芒福德(Lewis Mumford). 城市发展史: 起源、演变和前景[M]. 倪文彦,宋俊岭,译. 北京: 中国建筑工业出版社,1989.
宁越敏. 城市化研究的社会理论基础评述[J]. 城市问题,1990(1): 21.
宁越敏. 新城市化进程——90年代中国城市化动力机制和特点探讨[J]. 地理学报,1998,53 (5): 470～477.
彭聚先,杨荣俊. 农业工业化战略——兼论发展经济学研究的若干问题[M]. 北京: 经济管理出版社,1993.
(日)山鹿诚次. 城市地理学[M]. 朱德泽,译. 武汉: 湖北教育出版社,1986.
史育龙,周一星. 戈特曼关于大都市带的学术思想评介[J]. 经济地理. 1996,16(3):32～36.
史育龙,周一星. 关于大都市带(都市连绵区)研究的论争及近今进展述评[J]. 国外城市规划,1997(2):2～11.
世界银行. 1998/99年世界发展报告[R]. 蔡秋生等,译. 北京:中国财政经济出版社,1999.
世界银行. 1987年世界发展报告[R]. 北京: 中国财政经济出版社,1987: 43.

世界银行. 1995年世界发展报告[R]. 北京：中国财政经济出版社，1995：223.
帅江平，姚士谋，许刚，等. 江苏省综合城市度分析[J]. 经济地理，1996，16(1)：71～77.
汤茂林. 世界城市化发展的经验及其对江苏的启示[J]. 现代城市研究，2001a(4)：55～58.
汤茂林. 注重城市化的质[J]. 城乡建设，2001b(4)：33.
汤正刚. 中国城市化发展过程的比较研究[J]. 人文地理，1990，5 (2)：43.
田雪原. 中国城市人口划分标准问题研究[J]. 人口与经济，1989(1)：3～8.
托夫勒. 第三次浪潮[M]. 上海：三联书店，1983.
王维志. 关于城乡划分标准与城镇人口统计问题[J]. 人口与经济，1990(3)：44～45.
王章辉，黄柯可，周以光，等. 欧美农村劳动力的转移和城市化[M]. 北京：社会科学文献出版社，1999：170.
邬沧萍，侯文若.《世界人口》纲要[M]. 北京：中国人民大学出版社，1987.
西川润. 人口——21世纪的地球(日文版). 1984：39. 转引自：张文奎. 人文地理学概论[M]. 3版. 长春：东北师范大学出版社，1993：245.
徐刚，吴楚材. 经济较发达地区城市化与城市体系发展模式[M]//虞孝感，吴楚材. 长江三角洲地区国土与区域规划研究(理论·方法·实例). 科学出版社，1993：110～120.
徐强. 英国城市研究[M]. 上海：上海交通大学出版社，1995.
许学强，周一星，宁越敏，等. 城市地理学[M]. 北京：高等教育出版社，1997.
薛凤旋，杨春. 外资影响下的城市化——以珠江三角洲为例[J]. 城市规划，1995，19(6)：21～27.
杨治. 产业经济学导论[M]. 北京：中国人民大学出版社，1985.
姚士谋. 中国大都市的空间扩展[M]. 合肥：中国科学技术大学出版社，1998.
姚士谋，汤茂林. 中国城市现代化概念及指标体系[J]. 城市规划，1999，23 (1)：60～61.
姚士谋，吴楚材，徐桂卿. 现代城市发展若干问题的探讨[J]. 地理科学，1982，2 (2)：180～181.
姚士谋，朱英明，汤茂林，等. 城市现代化基本概念与指标体系[J]. 地域研究与开发，1999，18 (3)：57～60.
叶舜赞，马清裕，陈田，等. 城市化与城市体系[M]. 北京：科学出版社，1994.
叶舜赞. 国土规划适应国际经济竞争环境，城市发展政策以市场为导向[J]. 经济地理，1990，10 (2)：93～96；Priemus H，Boelhouwer P，Kruythoff H. Dutch Urban Policy：A Promising Perspective for the Big Cities[J]. International Journal of Urban and Regional Research，1997，21 (4)：677～690.
叶舜赞. 荷兰的城市化、城市建设和城市地理学[G]//世界地理集刊，第五集. 北京：商务印书馆，1983：73～81.
英格尔斯. 人的现代化[M]. 四川人民出版社，1985.
于洪俊，宁越敏. 城市地理概论[M]. 合肥：安徽科学技术出版社，1983.
曾尊固，庄仁兴，吴缚龙，等. 三角洲国土开发——长江三角洲与莱茵河三角洲比较研究[M]. 南京：南京大学出版社，1991.
张景哲，徐培玮. 美国城市化过程、最近趋势和区域差异[M]//中国城市化道路初探. 北京：中国展望出版社，1988：424～436.

张培刚. 农业与工业化(上册)[M]. 武汉：华中工学院出版社，1984.
张泉源，姚士谋. 江苏城市化问题及对策研究[M]. 北京：中国统计出版社，1997.
张善余. 世界城市化的新形势[J]. 人口学刊，1992(3)：24～28，64.
张小林，金其铭. 乡村城市化理论研究[M]//崔功豪. 中国城镇发展研究. 北京：中国建筑工业出版社，1992：68～86.
张小林，汤茂林，金其铭. 人文地理学[M]. 南京：江苏教育出版社，1996.
张颖，赵民. 论城市化与经济发展的相关性[J]. 城市规划汇刊，2003(4)：10～18.
中华人民共和国财政部. 亚洲的非农业发展：亚洲的经验与中国的前景[M]. 北京：气象出版社，1984：10～11.
周一星. 城市发展战略要有阶段论观点[J]. 地理学报，1984，39(4)：359～369.
周一星，史育龙. 城乡划分与城镇人口统计——中外对比研究[J]. 城市问题，1993(1)：22～26.
周一星，史育龙. 关于我国市镇人口的几个问题[J]. 人口与经济，1990(6)：9～13，39.
周一星，史育龙. 建立中国城市的实体地域概念[J]. 地理学报，1995，50 (4)：289～301.
周一星，孙樱. 对我国第四次人口普查市镇人口比重的分析[J]. 人口与经济，1992(1)：21～27.
周一星. 城市地理学[M]. 北京：商务印书馆，1995.
邹农俭. 中国农村城市化研究[M]. 南宁：广西人民出版社，1998.
庄林德. 关于我国城乡人口划分和城镇人口统计方面的问题与建议[J]. 人口与经济，1988(6)：34～35，38.

第四章　区域发展中的城市化(2)
——机制

城市化是一个涉及人口、经济、社会、文化等多方面的复杂的社会经济转变过程。尽管世界各国存在着历史基础、自然条件、生产力发展水平等方面的差异，但都在经历城市化这一过程，其中发达国家已经基本完成城市化的过程。20 世纪 50 年代以来，发展中国家随着政治上的独立和经济上的发展，也纷纷走上城市化之路，其城市化发展速度超过了发达国家在相似的经济发展水平时的发展速度。

改革开放以来，中国城市化发展步入正常的轨道，由于经济高速发展的带动作用，城市化发展速度较快，目前城市化水平已达 36.09%（第五次人口普查数据）。江苏省作为全国经济发展速度较快的省份之一，劳动力非农化和城市化进程迅速推进，特别是长江以南地区的苏锡常由于乡镇企业的高速发展，城市化水平迅速提高，乡村地区的城市化在全国居领先地位。在这一过程中，城市的人口规模和用地规模不断扩大，乡村工业化的发展促进了自下而上城市化的发展，走出了一条颇具中国特色的城市化之路，引起了国内外学者的广泛关注。究竟是什么力量和机制推动城市化发展的？这是城市化研究的一个重要侧面。

世界城市化的历史表明，城市化发展的宏观动力来源于社会经济的发展。普雷德曾用图 4-1 来说明城市增长的机制。“影响和制约城市发展的根本因素，总的来说，是社会物质生产方式。也就是说，历史上社会生产力的发展和衰替，生产关系的交替和变革，从根本上制约着城市的发展；而具体到每一个历史发展阶段，则是一个国家(或地区)在一定时期内政治形势与国民经济发展任务对城市发展的要求”(宋家泰，1980：277)。具体地讲，农业是城市化的前提和基础，工业化是城市化的原动力，第三产业是城市化发展的重要促进因素。

第一节　城市化与经济发展的关系

如前所述，城市化发展受诸多因素的影响，包括人口密度、历史基础、自然条件、经济结构、城乡划分标准等。城市化水平与经济发展水平的关系最为密切。一般说来，经济发展水平越高，城市化水平越高；经济发展水平越低，城市化水平越低。

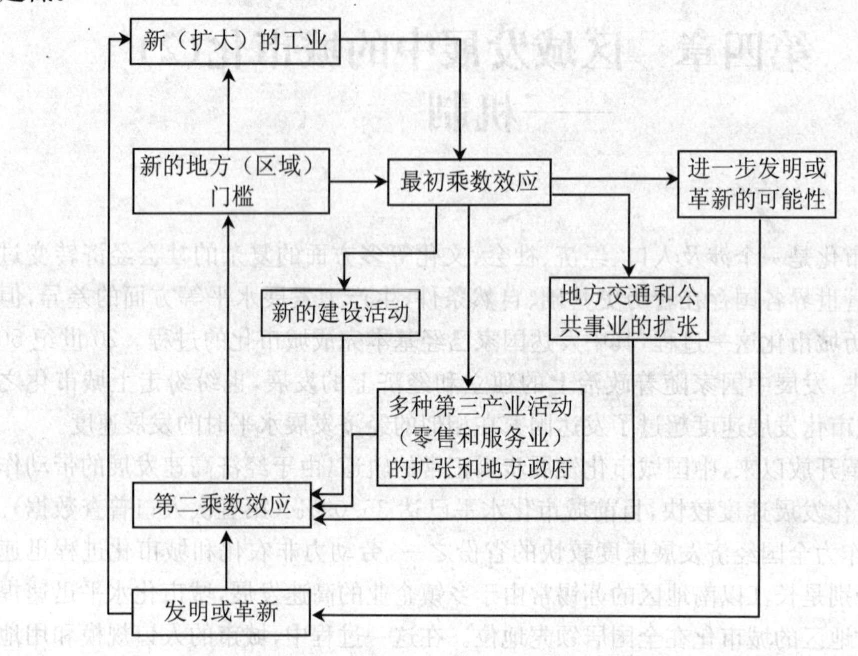

图 4-1　城市增长的循环和累积反馈过程

资料来源：Pred A R. City Systems in Advanced Economics. London：Hutchinton，1977. 90.

美国经济学家兰帕德(E. E. Lampard，1955)在《经济发达地区城市发展历史》一文中指出：近百年来，美国城市化发展与经济增长之间呈现出一种明显的正相关，经济发展程度与城市化阶段之间有很大的一致性。1965 年美国地理学家 B·J·L·贝里选用了 95 个国家的 43 个变量进行主成分分析，也证明了经济增长与城市化之间的这种关系。Northam (1979：68)认为，如果人均收入水平可以看作是经济发展的一个度量指标，那么城市化水平与人均收入水平之间存在着一种粗略的线性相关，即人均收入水平越高，城市化水平也越高；反之亦然。Renaud (1979) 根据 111 个国家的资料，得出一国的人均收入与城市人口比重之间存在显著的正相关。高珮义(1990)根据世界银行 1982～1989 年的《世界发展报告》提供的数据，进行分析研究后认为：城市化水平与国民生产总值的人均占有量呈正相关关系(详见表 4-1)。国外一项较权威的研究得出类似的结果(详见表 4-2)。周一星(1982)利用 1977 年 157 个国家和地区的资料进行统计分析，得出城市人口比重(%)与人均 GNP(美元)之间是一种十分明显的对数曲线关系。许学强(许学强，米剑如，1988)采用 151 个国家的资料，得出了完全一样的结论。

表 4-1　城市化水平与人均国民生产总值的相关关系

年　份		1980	1981	1982	1983	1984	1985	1986	1987	1986～1987 加权平均
低收入国家	城市化水平(%)	17	21	21	22	23	22	22	30	22.25
	人均 GNP(美元)	260	270	280	260	260	270	270	290	270
中等收入国家	城市化水平(%)	45	45	46	48	49	48	48	57	48.25
	人均 GNP(美元)	1 400	1 500	1 520	1 310	1 250	1 290	1 270	1 810	1 419
高收入的市场经济国家	城市化水平(%)	78	78	78	77	77	75	75	78	77
	人均 GNP(千美元)	10.32	11.12	11.07	11.06	11.43	11.81	12.96	14.43	11.775

资料来源：世界银行 1982～1989 年的《世界发展报告》。

表 4-2　城市化水平与国民生产总值的关系

城市人口占总人口的比重	国家(地区)数(个)	人均国民生产总值(美元)
60%以上	34	3 858
40%～59%	43	2 155
20%～39%	39	700
19%以下	42	310

资料来源：中国人口科学论集. 北京：中国学术出版社，1981. 101.

城市化水平与人均 GNP 之间存在的这种相关关系也表明，城市化是人类进入工业社会后的一种必然趋势；但也有学者认为，“城市化与工业化的平均水平之间的联系较弱”(Henderson, 1986)，而“与非制造业劳动力活动联系紧密”。在城市化过程中，农业从业人员的比重迅速下降；服务业活动从业人员则随之增加。由于经济发展具有明显的阶段性，因而城市化水平与经济发展水平之间的某种规律性，与城市化过程曲线的阶段性规律就统一了起来。

第二节　城市化发展的传统机制

如前所述，城市化发展的根本原因是社会经济的发展及相应的产业结构的变化。人口的多少和疏密对区域产业结构和城市化发展具有重要的影响。政策因素则是近 50 年特别是我国建国后 30 年间城市化进程的最重要的影响因素。改革开放以前,由于城乡二元结构的长期存在和固化,以及产品经济政策,极大地影响了我国及江苏省的城市化进程。这几方面因素结合在一起,就左右了改革开放以前的江苏省城市化的进程和发展水平。

一、经济因素

城市化的实质是实现国民经济和城市文化的现代化。从世界城市化发展的历史来看,经济因素是城市化发展的决定性因素,一般而言,区域经济发展水平越高,城市化水平就越高。城市化与经济发展同步的原因是经济结构和经济模式对城市发展有决定性影响。马克思说过:“现代的历史是城市关系渗透到乡村”(陈光庭,1987)。经济因素对城市化的影响又主要表现在三个方面:农业、工业化和第三产业。

1. 农业是城市化发展的基础

农业对城市化发展的基础作用主要表现在三方面:其一是为城市提供粮食、副食品和轻工业原料。其二是农业的发展和生产率的提高,养活人类所需的第一产业劳动力不断减少,为城市人口的增长提供了来源,也为工业化提供了所需的人力资源。其三是农业的发展促进了小城镇的发展和新城市的产生。

城市是社会经济发展到一定阶段的产物。城市作为区域的中心,其兴起和发展的前提条件不在城市的内部,而在于城市所在区域的经济发展水平,特别是农业生产力的发展水平及其产生的产品剩余。马克思(1972:22)曾指出:“从事加工工业而完全脱离农业的工人的数目,取决于农业劳动者所生产的超过自己消费的农产品的数量”。“一个国家城市化的界限,一般由该国家的农业生产力所决定,或是由该国通过交换、政治和军事力量从国外获得粮食的能力所决定”(Woytinsky, 1953)。就整个社会而言,由于农业生产力的发展而创造的剩余农产品(除第一产业从业者自己及其家属所需份额之外所多余的部分)是城市生存的必要前提条件。所以,从经济学的角度看,城市的兴起和发展是建立在农业发展基础上的。从全球来看,整个世界第一产业生产力超越除第一产业从业者自己及其家属所需份额而剩余的部分是全球城市化水平的最终决定因素。松巴特(Sombart W)指出:城市的大小取决于生活资料供给区域产品的分量和参加到剩余部分分量的程度;如果生活资料供给区域的大小和总产品的分量一定的话,则城市的大小取决于剩余产品的比率;如果生活资料供给区域的大小和剩余产品比率一定的话,则城市的大小受制于土地肥沃程度和农业技术水平;如果剩余产品比率和土地肥沃程度一定的话,则城市的大小受制于生活资料供给区域的广度，即国土愈大的国家拥有大城市的可能性越大。因此，农业生产力的发展被称为城市兴起和成长的第一前提（于洪俊，宁越敏，1983）。

但是，我们不应曲解上述观点，进而认为城市是消费农村产品的寄生虫。古代的一些城市可能属于这种情况。但在现代社会中，城市不单消费农村提供的农产品，而且也向农村提供大量的现代物质产品，是现代农业技术装备的主要提供者。

由于城市是非农业人口和第二、第三产业的集聚地，农产品剩余一方面作为最终产品供城市人口生活消费，另一方面作为轻工业的原料，促进城市工业化和城市人口的进一步集聚。此乃库兹涅茨所说的农业对工业的产品贡献[①]。

随着农业生产力的不断提高，农产品出现剩余，这是人类三次社会大分工的基础。随着农业的发展和新技术、新工具的应用，农业劳动生产率不断提高，供养人类所需的农业劳动力逐渐减少，农业部门就出现了剩余劳动力；而工业革命的发展创造了大量的非农就业机会，结果在经济规律和政府政策的作用下，农村的剩余劳动力流入城市，加入到第二、第三产业的行列中。因而，基于农业生产率不断提高带来的农业劳动力剩余是城市化发展的第二前提。正如国松久弥（1979）所指出的："如果农业部门除本身所需的劳动力外再没有能力提供非农业部门以剩余劳动力的话，那么非农业部门就不可能兴起。这样，如果非农业部门不能形成，城市化当然就不可能发展。因而，城市化的前提条件必须是随着农业生产力的提高而造就的农业剩余劳动力"。

农村社会经济的发展促进了城市化的发展。在商品经济条件下，随着农业向大农业的发展，农业生产的专业化将不断发展，迫切要求建立为之服务的服务行业，如商品贸易、生产资料和生产工具的销售、农机具的打造维修等。同时，随着农村经济的繁荣和农民收入水平的提高，农民产生了对文化、娱乐、体育等活动的需求，这将促使现代生活方式向农村的扩散。生产和生活的需要使大城市周围和区位条件优越的农村结节点向小城镇、中小城市发展。江苏省苏锡常地区小城镇的普遍发育是与其发达的农业基础紧密相关的（严重敏等，1964）。工业区位条件优越的农村地域随着乡村工业化的发展，逐步变为城市地域。

值得注意的是，二战以后，发展中国家的农业生产率虽然由于绿色革命等原因而有了相当大的提高，但农业现代化水平仍较低，加上农村人口的高速增长，人地矛盾日益尖锐，所产生的剩余劳动力问题远较发达国家严重。也就是说，对发展中国家而言，不必考虑农业剩余劳动力对城市化发展的制约作用。相反，倒是如何使

---

① 其他三方面的贡献分别是市场贡献、要素贡献（包括农业剩余资本和劳动力向非农产业的转移）、外汇贡献（农产品出口可以为工业发展换回外汇）. 见：（印度）苏布拉塔·加塔克，肯·英格林特. 农业与经济发展[M]. 北京：华夏出版社，1987. 27～75.

这部分剩余劳动力为城市所吸收，实现其就业和城市化，成为一国城市化发展的关键所在。我国是一个发展中的大国，存在近 1～2 亿农业剩余劳动力，如何使这部分人实现城市化是我国实现城市化的最大难题。江苏省也存在与全国类似的情况①。

2. 工业化

城市化与工业化之间存在密切关系，因为真正意义上的城市化始于产业革命。工业化推动了城市化，为城市化的发展提供了物质技术基础和其他条件。正因为如此，有的专家指出，工业化过去是，未来仍将是城市化的引擎(周凯来，1990)。

19 世纪工业革命席卷欧洲，在这一过程中涌现了大量的城市。A. F. Weber 在《19 世纪的城市增长》(1899)一书中分析欧洲城市化时认为，人口在城市内的日益集中是经济增长和差异化发展的"自然结果"。他认为，"经济发展，或孤立的社会与经济团体的结合，需要一部分人口在商业城市中集中。同样地，作为乡村经济向世界经济转变的工业社会成长过程的一个方面，市场的扩大促使制造业集中"。工业在城市的集聚和扩大必然极大地推动城市化的发展。

工业为什么会向城市集中②？主要原因之一是工业生产的特定要求。工业生产是与农业生产不同的、极为复杂的一个生产系统：其所需的原料和工具源于工业系统的外部；工业所需要的能源供应主要是煤炭、石油和电力；其产品是用于交换的商品。这就需要工业集中在某一区位，以便于原料的运输和产品的销售。同时，工业也是一种高度专业化的生产形式，工人必须在固定的工作时间内把自己的精力用于生产，而不是像农民那样有比较多的时间用于家务劳动(高珮义，1991)。因此，随着工业化的发展，城市基础设施不断完善，并出现了服务业，后来逐步演变为所谓的第三产业乃至第四产业。服务业已经成为西方发达国家城市的主导产业。由于服务业大多为劳动密集型产业，因而基于工业化的服务业的形成和发展也极大地推动了人口和劳动力向城市的流动和集聚③，促进了城市化的发展。

工业向城市集中的主要原因之二就是企业能够获得"集聚经济效益"(agglomeration economies)(Button，1976：19～20)。制造商在城市设厂有许多好处。城市人口集中可减少雇佣劳动力特别是工程技术人员和技术工人的成本。在市场经济条件下，城市职工通常自己寻找住所，而在农村或小市镇则厂商必须提供这种住所。同时，农村企业家要办企业，还必须提供其他的社会基础设施和对来自其他地区的工人进行基本教育培训的条件。城市之所以有吸引力，正是因为它具备这些条件。

---

① 姚士谋，汤茂林，陈爽等. 江苏省人口与城市化预测研究. 江苏省城镇体系规划项目专题报告，1999-09.

② 对于城市经济学家而言，工业集中就是工业在地理上集中于一个特定的地区或城市。

③ 有关农村劳动力向城市转移的理论很多，可参阅刘易斯、费景汉和拉尼斯、托达罗等学者的著名论述。

一般说来，在城市，基础设施（包括供电、供水、下水道、通讯、公交、公路、铁路和港口等）是由政府提供和维护的，其成本反映了巨大的规模经济；同时，城市的卫生和教育设施也较发达。在偏僻地区和乡村地区，此类设施有些可由企业提供，但不能全部提供，而且成本要高得多(高珮义,1991)。

每个企业可以从同一城市的其他企业获得许多好处。制造商如果与供应商邻近，可以降低运输成本、减少时间拖延，及时得到其他服务。金融与商业机构集中在城市，可以在资金筹措和投资管理方面为制造商提供很大的帮助。城市中有种类齐全的通讯设施，方便制造商同远处的供应商和市场（销售商）特别是国际市场保持联系。在一国首都或省会城市，制造商很容易接近政府官员，后者手中掌握着投资许可证、奖励手段、进出口配额及影响企业利润的其他政策和措施。城市经常能提供更为广泛的设施（如娱乐、社交、教育及其他设施）和舒适的环境，这对于资本家、高级管理和技术人员具有很大的吸引力。“一般说来，一个地区普遍的舒适程度，和高薪水一样，能够吸引高级管理者”(Button,1976:22)。所有这些因素结合在一起，使工业表现出明显的城市指向性。

20世纪50年代以来，发达国家产业结构不断调整，向着高级化、服务化、信息化的方向发展，工业则向自动化和标准化的方向发展，劳动密集型产业开始向发展中国家转移，工业部门大量吸收劳动力的时代宣告结束，城市发展对工业发展的依赖程度降低了，劳动力就业结构以第三产业为主，有的国家目前已经以第四产业为主了。但从世界范围来看，工业仍然是城市发展的主要推动力，工业化仍然是城市化的基本动力。因为世界上实现工业化的国家仍然占少数，而人口众多、范围广大的发展中国家距离完全实现工业化还有很长的一段路要走，有些国家的工业化才刚刚起步，产业的技术水平、自动化程度、管理水平和研究水平还比较低。在这些国家，工业化将创造非农就业机会，吸引乡村人口向城市的集聚，工业仍将是吸收社会剩余劳动力和推动经济增长的主要部门；工业的发展和人口的不断集中将促进城市第三产业的发展，进一步促进产品市场的扩大及人口和产业的集聚，因此，工业化仍是发展中国家城市化发展的主要动力，是城市化的基础和灵魂，第三产业只有建立在强大工业基础之上才能健康发展。

3. 第三产业

众所周知，现代城市是人口和非农产业集中之地。从发达国家的历史发展来看，随着工业化的完成，工业化对城市化的作用在减弱；与此同时，第三产业的作用却日益明显，成为人们就业和创造价值的主要部门。

随着经济国际化和全球化的发展以及市场竞争的日益加剧，跨国公司大量涌现，在一定程度上已经成为世界经济的主宰。由于发达国家劳动力价格的不断上涨，而发展中国家拥有大量的廉价劳动力，在追求利润最大化的动力作用下，发达国家的资本就流向新兴工业化国家和发展中国家，从而形成了新的国际劳动地域分工和经济秩序。伴随着制造业的国际化，服务业也出现了国际化的趋势，目前全球性的金融网络已经形成，进一步促进了城市第三产业的发展。许多非洲穷国的快速城市化只有放在这种国际背景下才能充分予以解释。

第三产业除了生产性服务业之外，还有为居民服务的消费性服务业，如休闲娱乐、体育卫生、文化教育、饮食服务等。随着城市社会经济的发展和居民生活水平的提高，将对消费性服务提出更高的要求。

我国城市目前正在进行经济结构的调整，面临大批工人下岗和再就业的问题。大力发展劳动密集的服务业将是一条解决问题的途径。但是我们也应当认识到，城市服务业能否大力发展主要取决于6个条件：消费性服务业需求的水平和格局，服务业进入交换经济的程度，生产过程的复杂性及服务业在其中的作用，服务业的组织，经济结构，提供服务的技术状况(Dunning，1989)。在我国，城市服务业的发展还需要工业化和人们较高的收入水平来支撑。当然，服务业也需要拓宽服务领域，提高服务水平。

此外，经济条件对城市化发展的影响还表现在经济发展水平对城市分布的影响上。区域间经济发展差异越大，城市分布就越不均衡。在发达国家和地区，随着区域间经济发展差异的缩小，城市分布走向相对均衡。在许多发展中国家，由于区域经济差异较大和殖民地历史的影响，城市分布很不平衡，主要表现在城市高度集中于沿海，特大城市(尤其是首都)人口和产业过分集中。中国沿海地区的大发展，与全球经济结构的调整和经济的国际化有相当大的关系。例如，地处我国沿海地区中部的江苏省，其经济发展和城市发展较多地得益于外资的大量涌入，这在苏南地区表现得特别明显。

二、体制和政策因素

城市化水平的提高和城市经济的发展都是在一定的经济体制和经济调节方式下实现的，因而经济体制对城市化发展特别是城市化的途径和方式有很重要的影响。1949年中华人民共和国建国后直到改革开放前的30年时间内，对我国城市化发展有较大影响的体制和政策主要是中央计划经济体制、工业管理体制和人口政策。这三者的作用过程如图4-2。在计划经济条件下，城市的空间扩展主要依靠政府投资建设工业项目，工业管理体制以条条和块块管理为主要特征，人口政策以严格限制人口的流动特别是农村人口向城市的迁移和流动为主要特征(侯晓虹，刘塔，1993)。计划经济条件下的城市化具有明显的自上而下的特点，国家通过行政手段进行物资的分配，支持大中城市的发展，“城市-工业，农村-农业”，以此来实现国家的工业化。

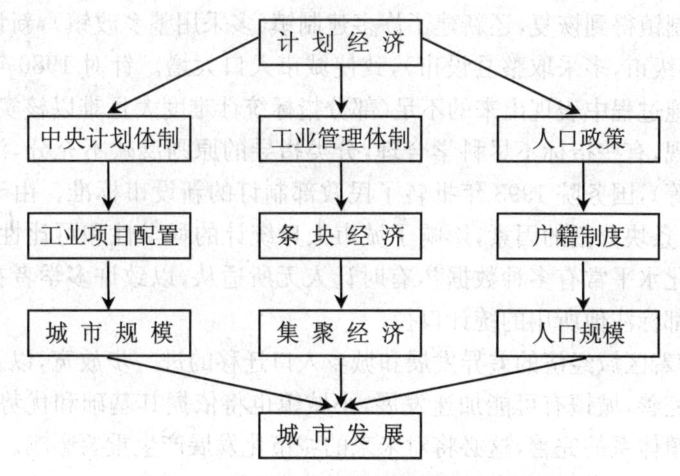

图 4-2　计划经济体制与政策的作用过程

人口迁移政策是影响城市发展和区域城市化水平提高的一个重要因素。20世纪50年代我国城乡之间人口自由流动,大量农村人口迁入城镇,对城市人口的增长和城市化水平的提高影响甚大。60年代初以来,由于经济困难和自然灾害及为了推行优先发展不具备比较优势的重工业的战略,我国实行严格的城乡人口迁移控制(主要指农村人口迁入城市),其间在60年代初对城市人口实行精简下放政策、"文革"中实行知识青年上山下乡和干部下放政策,在这一过程中大量城市人口流向农村,导致这一期间城市人口增长十分缓慢。改革开放以来,我国人口迁移政策放松,农民可以自理口粮进镇落户,加上市镇标准的变化,城市和建制镇数量不断增加,市镇人口迅速增加。人口迁移政策主要是通过户籍制度来实现的。户籍制度对我国城市化发展的影响是极其巨大的。甚至有的学者认为,我国城市化发展之所以严重滞后于经济发展,在于传统的户籍制度而不是其他因素(辜胜阻,朱农,1993;俞德鹏,1994)。

城市发展方针和市镇建制标准对中国城市化发展具有重大影响。长期以来,我国一直执行"控制大城市规模,合理发展中等城市,积极发展小城市"的城市发展方针,大城市的规模得到了一定的控制,小城镇发展迅速。江苏近50年的城镇发展(汤茂林,姚士谋,1999)充分地体现了国家的城市发展方针。到90年代,我国的小城镇已经有了长足的发展,因而在1989年公布、1990年执行的《城市规划法》将城市发展方针调整为:"严格控制大城市规模,合理发展中等城市和小城市"。

1949年中华人民共和国建国以来,先后颁布了4次市镇建制标准。最初的标准是1955年制定的。1964年国家对建镇标准和城市郊区范围做了调整,这次调整提高了建镇标准,许多建制镇被撤销,改为乡建制,加上郊区范围的缩小,使城市人口大量减少。1984 年和 1986 年国务院分别颁布了新的设镇标准和设市标准，被撤销的建制镇得到恢复，还新建了许多建制镇(多采用整乡改镇)，新设了许多城市(特别是县级市，多采取整县设市)，致使城市人口大增。针对 1986 年设市标准(试行)在实施过程中表现出来的不足(部分指标统计难度大且难以核实，一些重要条件未能体现，有些指标不尽科学合理，分类指导的原则反映不充分，没有规定地级市的标准等)，国务院 1993 年批转了民政部制订的新设市标准。由于市镇标准的多变，加上条块分割的因素，影响了城市人口统计的科学性和可比性，有关一个区域的城市化水平常有多种数据①，有时让人无所适从，以致许多学者在使用城市人口数据时都标注他所用的统计口径。

今后，随着区域经济的差异发展和城乡人口迁移的进一步放宽，以及市场经济体制的逐步完善，城镇有可能加速发展，小城镇也将依据其基础和优势发生分化，将有利于城镇体系的完善，这必将对未来的城市化发展产生重要影响。

三、城乡二元结构及其后果

众所周知，世界上的发展中国家普遍地存在着城乡二元结构(包括社会结构和经济结构)。它主要表现为国民经济由现代的城市工业部门和传统的乡村农业部门所组成。无论是在劳动生产率和生产技术还是在收入和储蓄水平方面，城市工业部门远较传统的乡村农业部门为高。但在许多发展中国家，城乡之间的生产要素可以自由流动。这种二元结构可能是发展中国家在实现工业化、城市化过程中自然出现的现象，这些国家如何实现二元结构向一元结构的转变，实现农村剩余劳动力的转移和工业化、城市化，是发展经济学、农业经济学、社会学、城市科学等学科探讨的一个重要主题。我国是一个发展中国家，也存在着明显的二元结构②，而且表现出与其他发展中国家不同的特殊性。具体表现在：

(1) 城乡分割

世界各国都存在城市与乡村、城市人口与乡村人口的区分，但在绝大部分国家，城乡人口可以自由流动和迁移，不存在人为的限制，城市人口和乡村人口只是

---

① 张义文等按 5 种城市人口统计口径(城市规划法、四普一、四普二、城镇建设、市区＋郊区)统计，1995 年河北省城市人口分别为：1 033.1 万人、3 491.2 万人、1 269.5 万人、1 789.5 万人、1 816.0 万人，相应的城市化水平分别为：16.05%、54.24%、19.72%、27.80%、28.21%【详见：张义文，张素娟，赵英良．对城市化“整县改市”模式的思考[J]．地理学与国土研究，1999，15 (1)：35～37】。由此可见，我国城市人口统计口径亟需完善和统一。

② 主要表现在：一部分较发达的现代工业与大量的传统农业并存，一部分现代城市与传统的农村并存，一部分现代工业企业与大量的落后的手工劳动或半机械化的企业并存，一部分经济发达地区与广大不发达的贫困地区并存【中国科学院国情分析研究小组．第 3 号国情报告《城市与乡村》[R]．北京：科学出版社，1994】。

由于居住地和职业的不同。我国的二元结构却通过严格限制城乡人口流动的户籍管理制度及相关的制度(如粮油供应制度、劳动用工制度、社会福利制度、人民公社制度[①]等)加以制度化,并且执行了20年左右,结果逐步形成了非农业人口与农业人口、市民与农民等非常独特的两种身份和待遇,以及城市-工业、农村-农业的国民经济格局。城市户口成为农民和农家子弟梦寐以求的东西。改革开放,特别是1984年以后,我国的户籍制度和相关的制度有所松动,农民可以自理口粮进镇落户,出现了一定规模的城乡人口迁移,但城乡居民仍存在巨大的身份和待遇差别及不平等。以民工潮形式表现出来的城乡人口迁移在20世纪80年代末期出现一次规模空前的高潮,使我国农村存在的数量巨大的剩余劳动力日益显性化,引发了严重的交通等问题,这一现象引起了政府部门和社会各界的广泛关注,学者们就民工潮和农村剩余劳动力转移发表了大量的论著。90年代后期的户籍制度改革向人口自由迁移迈出了重要的一步,但这种改革仍局限在小城镇这一层次上。

(2) 城市以国有经济为主,乡村以集体经济和个体经济为主,形成相对的两大经济板块

尽管城乡之间存在着各种经济联系,但城乡间在资源分配和利益分享方面的矛盾突出。直到1992年,包括个人投资在内的农村固定资产投资额仅占全社会固定资产额的1/4左右(吴楚材,陈雯,顾人和,1997)。在1952～1989年间,城市通过工农业产品价格剪刀差至少从农村剥削了7 140亿元(牛若峰,郭玮,陈凡,1991)。传统计划体制下的城乡经济关系极不平等。

直到党的十一届三中全会以后,乡镇企业在农村异军突起,才从一定程度上突破了城市-工业、农村-农业的传统经济格局,使我国经济结构由传统的二元结构变为双重二元结构或三元结构(刘小怡,1988)。事实上,乡镇企业仍然是传统体制下城乡分割的产物,是农民追求社会公平的产物,“乡镇企业”这个词本身就包含了城乡分割的内涵。

我国二元结构形成的原因是多方面的,除了历史原因外,还包括:① 建国30年所走的是一条以重工业为主的工业化道路。执行这样的工业化政策有诸多原因(如工业基础薄弱、国际环境严峻等),但由于重工业特有的属性(资金和技术密集,就业机会相对较少等),使农业部门得到的基本建设投资较少(刘小怡,1988),就业容量有限,结果是无法吸收大量农村劳动力,农村人口比重大,人口城市化水平低。② 长期以来我国实行城乡分割的社会经济体制。其目的是确保以重工业为主的工业化战略的实施。在以公有制为核心的意识形态支配下,在前苏联工业化模式的直接影响下,我国把具有多种经济成分、充满活力的经济强行纳入产品经济框架

---

① 共有14种制度,其他的制度还包括住房制度、教育制度、医疗制度等【详见:郭书田,刘纯彬. 失衡的中国[M]. 石家庄:河北人民出版社,1990. 29～80】。

中。通过户籍管理制度和劳动用工制度等实现城乡分割，严格限制乡村人口向城市流动。于是城乡壁垒出现了。我国独特的二元结构及其形成是我国传统的经济体制、政治体制所造成的，是我国政策的产物(孟令伟，1989)。

我国的城乡二元结构对我国经济发展和城市化进程产生了较大的负面影响，主要表现在：① 城市化发展严重滞后于经济发展，影响国民经济的健康发展，形成所谓的"工业国家，农业社会"的扭曲的社会结构。② 影响我国农业现代化的进程和资源的利用效率。大量的过剩劳动力长期滞留在农村，只好长期采用分散的小农经营方式，这使农业生产要素得不到优化组合，农业劳动生产率和农民的收入水平长期得不到提高，资源浪费严重、利用效率较低。③ 造成农村普遍贫困化。国家通过工业产品的"剪刀差"从农村拿走大量资金，对农村的投入较少，造成农村普遍贫困化，这进一步刺激了农村人口膨胀，使国民素质难以提高，不利于农村的计划生育和人口控制工作，结果陷入"越穷越生，越生越穷"的恶性循环之中。④ 人力资源利用不充分。由于城乡分割、限制人口自由流动的户籍制度使人力资源无法合理流动，大量的优秀人才不能选择最能发挥其所长的职业和环境，农村大量的优秀人才得不到施展才华的机会。⑤ 由于缺乏竞争，城市人口和乡村人口容易产生惰性，特别是使乡村人口缺乏进取精神，并产生一种听天由命的宿命论思想。久而久之，这种观念便会根深蒂固，较难改变，将成为区域发展的一大障碍。

第三节　改革开放以来的我国城市化机制

从宏观上讲，中国城市化的动力包括产业结构转换力、科技进步推动力、地区或国家间的经济作用力、制度和政策调控力(刘启明，1990)。蔡建明(1997)将城市化发展的基本动力概括为产业的空间集聚、产业的结构转换、城乡间及城市间的相互作用、技术进步，并认为我国城市化的发展除了上述几个基本动力外，还有几个独特的因素，如行政中心的辐合作用、政策因素、行政区划变动因素、大项目建设驱动因素、外资带动因素、人口密集地区的自发因素、国防等特殊因素。20 世纪 80 年代有关课题将中国城市化的动力概括为 5 个方面：国家大型建设项目的布局、大城市自身发展与扩散、乡村工业化、外资引进的促进、地方经济的发展。有的学者强调工业化和国家政策因素(周一星，1982；范力达，1988)，还有的学者强调沿海开放地区城市化动力是计划经济体制、乡镇企业和外向型经济(许学强，胡华颖，1988)。有人认为中国城市化是由国家计划投资和乡镇集体或个人投资发展乡镇企业的二元城市化动力机制(辜胜阻,1991;周一星,1993)①。

对我国城市化动力的机制可以简单地理解为二元理论模式,即自上而下型和自下而上型。前者指国家(主要由中央政府)有计划地投资建设新城或扩建旧城以实现人口集聚和乡村向城市的转型;后者是以乡村集体或个人投资为主体,通过发展乡镇企业实现乡村地区的城市化。自上而下型城市化是我国改革开放以前城市化的主导模式,至今仍在起作用。改革开放以来,由于乡镇企业发展而引发的自下而上型城市化②成为经济发达地区城市化的主导模式,这是具有中国特色的城市化道路。在这种模式中,农民和社区政府成为城市化的推进主体。

一、自上而下型城市化

在我国,改革开放以前的乡城人口迁移具有明显的计划性和政策性。1949 年建国以后特别是 60 年代以来,我国乡城人口迁移被纳入国家计划经济的轨道,制定了一系列的“农转非”政策。长期以来,招生、招工、土地征用、亲属投靠是乡城人口迁移的主要方式。国家通过计划,安排大中型建设项目,从农村招收一定数量的工人,促进了现有城市的扩大和新城市的出现。这种城市化方式可以以较快的速度实现人口的集中和城市化,城市化的基础也较为稳固;但也要注意城市经济结构的合理化和基础设施建设及区域农业基础建设。攀枝花市的发展是自上而下型城市化的典型(建新城市模式)。刘家强(1997)称之为城市化发展的攀枝花市模式。

改革开放以来,尽管这种国家计划安排的乡城人口迁移在乡城人口迁移中的地位已经明显下降,但仍具有重要意义,是国家自上而下型城市化的主要实现途径之一。例如,在江苏,国家大型项目的建设和扩建,如扬子乙烯、仪征化纤等,吸引大批劳动力和人才向项目所在城镇(如大厂镇、仪征市)集聚,促进了江苏工业化的发展和城镇的空间拓展,对江苏人口的乡城转移和城市化仍然具有重要作用。1992 年小平同志南方视察讲话发表以来,江苏省各地纷纷掀起兴办经济性特区③(以下简称“开发区”)的高潮。目前,全省共有国家级、省级开发区 80 个(其中国家级开发区 12 个,基本情况见表 4-3)。经过 10 来年的开发建设,开发区已经成为全省利用外资、引进国外先进科技和先进管理经验的重要载体,成为扩大对外开放的重要窗口和推动国民经济发展的新增长点,成为 90 年代江苏省自上而下型城市

---

① 但若用来这种二元城市化动力机制解释中国 80 年代以来的城市化进程则太简单(宁越敏,1998)。事实上外资已经成为一大主要动力,特别是沿海地区。

② 崔功豪和马润潮(1999)将自下而上型城市化定义为:发生在农村地域,由基层社区政府和农民自主推动的、以农村人口在农村内就地转移,建立小城镇为中心的城市化过程。详见:崔功豪,马润潮(1999)。

③ 在我国,经济性特区是经济特区、经济技术开发区、高新技术开发区、保税区、工业园区、边境经济合作区和旅游度假区等各类区域的统称。

化和外资型城市化的共同领域和主要场所。

表 4-3　江苏省国家级开发区一览表

开发区名称	开发区所在地	批准日期	批准规划面积（km^2）	起步面积（km^2）
南通经济技术开发区	南通市	1984.12	5.0	2.6
连云港经济技术开发区	连云港市	1984.12	3.0	3.0
昆山经济技术开发区	昆山市	1985.01	10.0	10.0
南京高新技术产业开发区	南京市	1988.04	16.7	3.2
常州高新技术产业开发区	常州市	1991.12	5.7	2.8
苏州高新技术产业开发区	苏州市	1991.03	6.8	6.8
无锡高新技术产业开发区	无锡市	1992.06	5.5	2.7
无锡高新宜兴环保工业园	宜兴市	1992.06	5.0	2.0
张家港保税区	张家港市	1992.10	4.1	2.0
太湖苏州旅游度假区	苏州市	1992.10	11.3	11.2
太湖无锡旅游度假区	无锡市	1992.10	13.5	13.5
苏州工业园区	苏州市	1994.02	70.0	8.0

资料来源：江苏省建设委员会. 江苏省城乡建设志·城市规划篇. 1999. 312～313.

由于90年代开发区的建设，我国城市的用地规模和人口规模有了不同程度的扩大，城市用地结构得到不同程度的优化配置，特别是那些拥有国家级开发区的城市，促进了城市产业结构的调整和升级及企业管理技术的改进，在一定程度上促进了现代企业制度的建设和区域城市化水平的提高，为区域城市化发展注入了新的活力。

由于亚洲金融危机的影响和国内需求不足，1998年国家实行积极的财政政策，扩大投资，拓展内需。基础设施的投入、高等教育的扩招等被作为扩大内需的方法提了出来。"九五"期间，江苏省投入了巨额资金用于改善苏中、苏北的基础设施建设，特别是新建铁路和高速公路。这对改善苏中、苏北地区的投资环境有重要的作用，还将在一定程度上促进沿线城市的发展。高等教育扩大招生对拉动消费、提高人的素质、带动区域经济发展，对人口控制、城市文明的扩散，进而对城市化的发展将起到积极作用。

二、自下而上型城市化

1. 乡镇企业的发展

党的十一届三中全会以来,以市场为导向的改革浪潮席卷中国大地并首先在我国农村生根,农村家庭联产承包责任制的建立和推广,极大地调动了农民的生产积极性,很快解决了大部分人的温饱问题,并积累了部分资金;与此同时,农民在获得生产经营自主权的同时也重新获得了对自身的自由支配和择业权,以前早就大量存在的农村剩余劳动力日益显性化①。农民对农村改革取得的成就并不满足,利益的比较和选择使他们逐渐将目光投向收益更高的非农产业。"高收入的吸引和现代生活方式的召唤,使农村剩余劳动力向非农产业的转移成为不可阻挡之势"(国务院研究室农村经济组等,1990)。

尽管农民向往现代的城市生活,但是城市就业的高门槛和城乡分割的经济体制,依然制约着农民进入城镇并获得从事非农产业的机会。在这种情况下,就地办企业,离土不离乡就成为农民进入非农产业的唯一选择。

改革开放后中国乡镇企业的迅速发展为农村剩余劳动力的非农转移和农民收入的提高②做出了重要贡献,也为乡村地区的城市化建设(如小城镇、道路等)提供了重要的资金来源,还在一定程度上改变了我国传统的城乡二元经济格局(农村—农业—农产品,城市—工业—工业品)。乡镇企业的崛起是在改革开放的新形势下城乡分割和传统经济体制的产物,确是中国农民的一大创造。

2. 江苏乡镇企业的发展历程

作为我国乡镇企业发源地的苏锡常地区,经济基础较好,是全国闻名的"鱼米之乡",历史上素有农工相辅的传统,手工业一向发达,有商品经济的传统基础。该地区城镇密度高,中心城市辐射能力强,人多地少,农村剩余劳动力较多。该地区不仅拥有苏州、无锡、常州这样长江三角洲地区的明星城市,而且东邻上海,南有浙江省府杭州,西有江苏省府南京。这种特殊的区位优势使之与以上海为中心的长江三角洲大中城市有着千丝万缕的社会经济联系,又有密不可分的地缘关系,为苏南乡镇企业的发展提供了极好的外部条件。改革开放以后,在原有的社队企业基

---

① 从乡村地区来看,苏南乡村工业化的促进因素有3个:大量的不断增长的农村人口、后备耕地资源的匮乏和农民以手工业和副业生产补充家庭收入的传统(费孝通,1986)【马昂主. 区域经济发展和城乡联系[J]. 城市问题,1993(5):6】。

② Veeck等人研究证明:人均收入与非农就业机会呈明显的正相关,工业就业机会是决定乡村收入的重要因素【详见:Veeck G, Pannell C W. Rural economic restructuring and farm household income in Jiangsu, People's Republic of China[J]. Annals of the Association of American Geographers, 1989, 79 (2): 275~292】。

础上，苏南地区逐步发展起以乡镇工业为主体的非农产业。乡镇企业的发展经历了“偷偷摸摸”、“求人讨饭”、“挨批挨骂”、“顽强生存”、“理直气壮”、“异军突起”的艰难曲折的道路(朱通华，孙彬，1994：1)。乡镇工业在全省工业中的地位经历“三分天下有其一”(1985年产值占全省工业总产值的37%)，成为“半壁江山”(1992年产值占全省工业总产值的53.9%)。苏南地区1992年乡村工业产值达全地区全部工业总产值(2 691.0亿元)的66.5%，已是“三分天下有其二”了(朱通华，孙彬，1994：36)。到1998年末，全省农村工业产值达8 438.69亿元，占全省工业总产值的64.0%，从业人员已达658.44万人，占全省非农业劳动力的30.8%，占乡村劳动力(2 735.91万人)的24.1%，农村工业不仅成为农村经济的主体力量，也成为全省国民经济的重要支柱。1998年末全省乡镇企业吸纳农村劳动力837.40万人，占乡村劳动力的30.6%。

苏南乡镇企业的迅速发展改变了农村的产业结构，提高了农民的收入水平，实现了区域性社会和经济的协调发展，以及物质文明与精神文明建设协调发展，兼顾了国家、集体和个人三者的利益，走出了一条逐步实现农村社区共同富裕的道路，这种发展方式被费孝通教授等学者总结为“苏南模式”①。从城市化的角度看，苏南地区起初走的是典型的“离土不离乡，进厂不进城”的道路；90年代以来，虽然也提了要“离土不离乡，进厂不进城”与“离土又离乡，进厂又进城”相结合，强调乡镇企业与小城镇建设相结合，但由于乡镇企业的特性，企业向小城镇集中的趋势并不明显。

到90年代中期以来，全国的宏观经济形势发展发生了重大变化，乡镇企业的生存环境日趋恶劣。与此同时，乡镇企业只重视外延发展的弊端日益明显，主要表现在：土地资源(特别是耕地资源)的浪费，环境污染由点向面扩散，生态环境日益恶化，因资金密集和技术进步等原因造成吸纳劳动力的能力不断下降，以及经济效益的滑坡。以“三为主一共同”(张义，周虎城，1998)为主要特征的苏南模式，其经济发展是典型的社区政府推动型。在市场经济条件下，社区政府对乡镇企业的过分干预和不按经济规律办事，扩大了乡镇企业的亏损面，而产权模糊又减弱了企业的

① “苏南模式”概念最初是由费孝通1983年在对苏州、无锡、常州、南通四地市小城镇发展进行调查的基础上提出来的。他在当时的总结会上指出：“我感觉到苏南这个地区在农村经济发展上自成一格，可以称为一个‘模式’”。后来他在《对中国城乡关系问题的新认识——四年思路回顾》(朱通华，宇野重昭主编. 农村振兴和小城镇问题——中日学者共同研究. 南京：江苏人民出版社，1991.4)一文中做了进一步的阐述：“我所说的‘模式’是指在一定地区一定的历史条件下具有特色的经济发展过程”。朱通华曾较早地提出系统的看法，他在《论“苏南模式”》(南京：江苏人民出版社，1987)一书中认为，苏南模式是以集体经济为主体，以乡村工业为主导，以中心城市为依托，市场调节是主要手段，县乡干部是实际决策人的一种农村社会经济发展模式。他在《苏南模式发展研究》(南京：江苏人民出版社，1994. 64)一书中对苏南模式的内涵做了进一步的总结：是由苏锡常地区的广大干部群众率先实践的，以集体经济为主体，乡村工业为主导，中心城市为依托，在县乡政权直接领导下，运用市场机制，实现农村经济全面发展，实现城乡一体化，实现共同富裕，实现农村社会全面进步的一种农村社会经济发展模式。

凝聚力和发展后劲，江苏乡镇企业亟需并且正在进行制度的创新和布局的调整。

3. 乡镇企业对城市化的作用

众所周知，城市化是社会经济发展的产物，工业化是我国乡村地区城市化的主导力量。苏南地区乡镇企业的迅速发展使大量农业人口实现向非农产业的转移，同时在空间上形成非农产业的集聚，使农村聚落景观逐步向城镇景观转化(图4-3)。

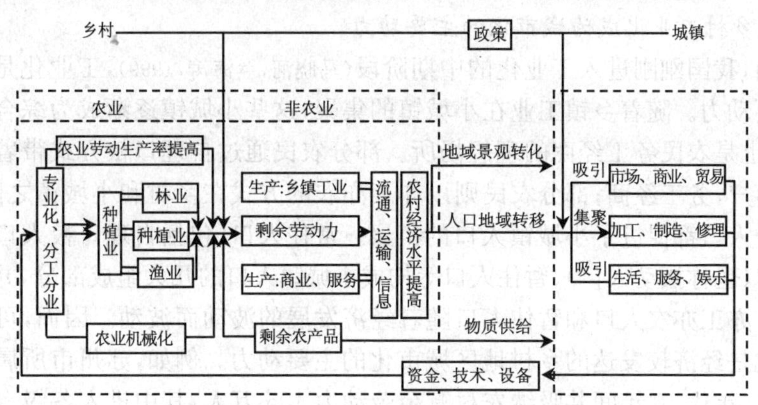

图 4-3 乡村地区城市化动力学示意图

资料来源：孙胤社，杜雅贞. 农村城镇化的过程及其类型. 经济地理，1988，8 (1)：32.

在广泛的产业非农化基础上苏南地区的城市化发展较快，乡镇企业对城市化的作用主要表现在建制镇数量的迅速增加和人口的集聚以及区域城市化水平的提高等方面。1980 年苏锡常地区共有建制镇 32 个，1989 年增加到 148 个，1992 年、1997 年末分别增至 237 个、334 个。到 1991 年，昆山、江阴成为苏南地区的“无乡市”，而 1989 年它们还分别下辖 13 个镇 7 个乡、17 个镇13 个乡。从城镇密度看，该地区 1997 年平均城镇密度达到 1.92 个/10^2 km^2，是全省平均水平（0.99 个/$10^2 km^2$）的 1.9 倍。至 1997 年末，苏州市建制镇人口比 1990 年净增 38.8 万人，而乡集镇和村庄人口分别减少 18.29 万人、47.51 万人。苏南地区的显性城市化水平由 1980 年的 20.97％增加到 1987 年的 22.47％、1997 年的 35.11％，1981～1997年 17 年间每年提高 0.83 个百分点。

此外，乡镇企业对城市化的推动作用还表现在两个方面：其一是增加了农民收入，使农民的生活条件特别是居住水平和住房质量，以及生活方式和行为方式的城市化；其二是促使小城镇和乡村地区基础设施的完善及小城镇综合功能的明显增强，村镇建设开始步入有规划和依法管理的轨道(张小林，1996)。1998 年常州市域范围内已实现乡乡通公路、黑色化、村村(指行政村)通电话、有线电视覆盖所有小城镇、村镇自来水普及率65%、农民人均居住面积28 m^2[①]。1997年苏州市域范围内的建制镇人均住房面积34.8 m^2，比1990年净增约10 m^2，农民住公寓正成为一种潮流[②]。在苏南地区，部分富裕起来的农民住上了别墅式的独院住宅。所有这些都标志着苏南地区的城市化发展已经达到一个新的阶段。

4. 自下而上型城市化的动力机制

(1) 乡村工业化成为城市化的主要动力

目前，我国刚刚进入工业化的中期阶段(马晓河，兰海涛，1999)，工业化是城市化的最主要动力。随着乡镇工业在小城镇的集聚，这些小城镇逐渐成为综合性的社区中心，也是农民务工经商的理想场所。部分农民通过自理口粮方式带着资金到小城镇落户，务工经商；部分农民则以亦工亦农的方式在乡村和小城镇之间摆动。这两部分人口都促进了小城镇人口的集聚。常住人口(包括自理口粮人口)、亦工亦农人口(也称摆动人口)、暂住人口等构成小城镇人口的几大组成部分，并以前两类为主。亦工亦农人口和暂住人口随着经济发展的波动而波动。因而，可以说乡村工业化是经济较发达的乡村地区城市化的主要动力。例如，苏州市所属的乡镇企业在80年代10年间共吸纳农村剩余劳动力105万人，其中进入各级乡镇工业的有50万人[③]。无锡县(1995年撤县改市，称锡山市[④])1985年35个集镇建成区面积13.87 km^2，建成区平均规模仅0.4 km^2；到1993年集镇建成区面积达到59.60 km^2，平均规模达到1.7 km^2/个，年均递增20.0%[⑤]。同期，无锡市区建成区面积增加29 km^2，年均递增仅5%左右。

(2) 大中城市的经济辐射成为乡镇企业和小城镇发展的重要动力

大中城市的辐射和支持是乡镇企业发展的重要外部条件和动力。如乡镇工业发达的苏南地区发展，离不开上海、苏州、无锡、常州等大中城市的经济辐射和支持。在乡镇企业发展初期，大批知识青年下乡运动为乡村地区社队企业送来了一批宝贵的技术骨干，带来了知识、技术、信息和各种社会关系。日益便利的交通条件为人、财、物的广泛交流和顺利流通提供了可能，也促进了城乡之间的联系。

改革开放特别是1984年开始的城市经济体制改革，城市企业的自主权大了，加上中央提倡企业间的横向联合，促进了城市企业与乡镇企业的横向联合。此时的城乡经济联合按经济规律办事，平等互利。乡镇工业甘当城市工业企业的配角，

---

① 张瀚，邹建萍. 常州市农村城镇化发展的思考. 长江三角洲第十一次城市科学研讨会论文. 浙江湖州，1999-04.

② 苏州市建设委员会. 努力实施两个规划，全面提高城市化水平. 长江三角洲第十一次城市科学研讨会论文. 浙江湖州，1999-04.

③ 国家自然科学基金重点项目49331010报告. 长江三角洲地区空间集聚与扩散研究. 南京大学，中国科学院南京地理与湖泊研究所，华东师范大学，杭州大学，1997.

④ 2000年撤销锡山市，设立无锡市锡山区。

⑤ 清华大学建筑学院建筑与城市研究所. 无锡县县域规划. 1995.

拾遗补阙，城乡协作，建立多种形式的联合体。如吴县、吴江等地的乡镇企业为“长城”电扇生产扇罩、叶片，为上海缝纫机厂生产铸件等。

(3) 第三产业的发展是实现小城镇人口增长和经济集聚的重要手段

根据世界产业结构演进的一般规律，随着工业化的不断推进，国民经济的产值结构和就业结构发生有规律的变化：第一产业的比重不断下降，第二产业的比重不断上升，第三产业的比重呈上升趋势；到工业化基本实现后，工业在国民经济中的主导地位让位于第三产业，也成为就业的最重要部门，第三产业成为满足人们生产和生活需要的重要部门。乡村地区在基本实现工业化以后，为了适应市场竞争的需要，乡村工业开始从数量扩张的粗放型向数量和质量并重的集约型方向发展。在这一过程中出现了资本、技术排斥劳动力的现象，乡镇企业吸纳农村剩余劳动力的能力减弱了。但另一方面，乡村工业的发展带动了小城镇商业、服务业的繁荣，进而促进了小城镇的繁荣，与此同时，第三产业吸纳的劳动力增加了。小城镇在经济实力增强的同时对周边乡村的辐射能力也加强了。从苏南地区 80 年代末以来劳动力就业结构的变化(详见表 4-4)可以明显看出这一点。

表 4-4　1989～1997 年苏南劳动力就业结构的变化　　单位：万人

年份(时段)	地　域	社会劳动者人数	其中：第一产业	第二产业	第三产业
1989	苏　南	781.75	225.71	408.87	147.17
	县(市)域	628.19	219.90	306.19	102.10
1993	苏　南	785.21	206.29	408.71	170.21
	县(市)域	629.92	200.69	308.51	120.51
1997	苏　南	757.29	166.38	376.58	214.33
	县(市)域	585.46	156.30	279.46	149.70
1989 年比 1993 年增减速度(%)	苏　南	+0.44	−8.60	−0.04	+15.66
	县(市)域	+0.28	−8.74	+0.76	+18.03
1993 年比 1997 年增减速度(%)	苏　南	−3.56	−19.35	−7.86	+25.92
	县(市)域	−7.06	−22.12	−9.42	+24.22

资料来源：江苏省统计局. 江苏省市县经济年报(1989,1993,1997).

(4) 工业小区建设成为推动乡镇企业向城镇集聚的一大手段

由于“三就地”原则和“离土不离乡，进厂不进城”的分散工业化、城市化政策所引发的问题日益突出，如大量高质量的耕地转变为非农业用地，乡村环境因工业的分散而污染严重，企业因规模小而无法实现规模效益等，如果这种状况任其下去，将无法实现区域的可持续发展，城市化质量也难以提高，人们的生活质量将难以提高，这与发展乡镇企业的宗旨背道而驰，因而对乡镇工业进行空间布局的调整成为乡村可持续发展的内在要求，已经成为各地干部和群众的共识。尽管实现乡镇企业向城镇的集聚有多种途径（如向现有的大中城市集中即是其一，但这种大规模迁移目前还面临许多制约而难以大面积推广），而依托现有的小城镇，建立工业小区作为乡镇企业适当集中的场所，成为较为现实的选择。

工业小区的建设，已经在一定程度上促进了乡村地区人口和产业向小城镇的集聚，有利于加快小城镇建设，提高其综合功能和基础设施的改善；有利于投资环境的改善；有利于乡村地区生产要素的优化组合和企业素质的提高；有利于更经济地配置基础设施，降低能源消耗，节约用地；有利于企业的专业化和企业间的横向联合和协作，进而提高经济效益；有利于三废的统一治理和乡村环境质量的改善。总之，乡镇工业小区的建设有利于苏南地区的可持续发展和乡村地区城市化质量的提高。不容否认的是，苏南地区在乡镇工业小区和开发区建设过程中也出现了一定的盲目性。如何实事求是地根据当地的条件合理地确定开发区和工业小区的空间布局和规模，避免一哄而上，是我们必须切记的深刻教训。全国许多开发区投入了相当的资金却没有项目进驻，结果又很快被国家取消，由此造成的投资浪费是惊人的。

三、市镇建制标准和城市发展政策与城市化

众所周知，城市人口的增长及城市化水平的提高主要通过 3 种途径来实现，即城市人口的自然增长、乡城人口迁移、城乡行政区划的变更。当城市化水平超过25%以后，城市人口的增长则主要以乡城人口迁移为主。目前，我国人口城市化已进入加速时期，乡村至城镇的人口迁移成为城市人口增长的主要方式，也是实现人口城市化的主要途径。由于建制镇一般是从规模较小的集镇演变而来的，加上因70 年代初以来计划生育政策的实施使人口生育率大幅度下降，因而小城镇人口自然增长量较小，因此乡村地区的城市化主要受乡城人口迁移和城乡行政区划变动的影响，乡城人口迁移的重要性日益增加（Pannell, 1986），至少在一些经济发达地区是这样，如珠江三角洲地区（许学强，胡华颖，1988；Lo,1989）等。市镇建制标准与城乡行政区划的变更密切相关，乡城人口迁移与城市发展政策及城乡人口迁移政策紧密相连。

1. 市镇建制标准

关于市镇建制标准的变化对城市人口和城市化水平的影响已有不少论述。对城市化发展影响最大的市镇标准当数国务院 1984 年颁布的设镇标准和 1986 年颁

布的设市标准。

1984 年 11 月国务院批准了民政部《关于调整建制镇标准的报告》，新的设镇标准降低了有关指标[①]，这使全国建制镇的数量和人口规模骤增。1964 年被撤销的建制镇得到恢复，还新设立了许多建制镇。1982 年江苏全省只有建制镇 114 个，其非农业人口230.70万人（总人口 282.71 万人），建制镇非农业人口的平均规模2.02万人（2.11 万人，低于全国平均水平的 2.32 万人）。1985～1986 年两年内全省建制镇增加 121 个，平均每年增加 60 个；1987～1997 年 11 年间建制镇增加 720 个，平均每年增加 65 个。1993 年全省有 807 个建制镇，建制镇（不包括省辖市市区内的 58 个镇，下同）非农业人口 644.18 万人，其非农业人口平均规模0.86 万人；到 1997 年末全省建制镇总数达到 991 个，其非农业人口总数达到 793.36 万人，平均规模为 0.80 万人。1982～1997 年间，江苏省建制镇数量平均每年增加 58 个，年平均递增率15.5%；同期非农业人口平均每年增加 37.51 万人，年平均递增率8.6%。由此可见，80 年代特别 1984 年以来，随着建制镇标准的降低，我国建制镇在数量迅速增加的同时，其平均规模在不断降低。

2. 城市发展政策及城乡人口迁移政策

1984 年中央 1 号文件《关于 1984 年农村工作的通知》（该通知提出：延长土地承包期一般应在 15 年以上）和 4 号文件关于《开创社队企业新局面的报告》[②]使农村广大干部和群众明确了国家的农村政策，乡镇企业的发展受到了肯定和支持。1985 年 1 号文件《中共中央、国务院关于进一步活跃农村经济的十项政策》为乡镇企业的发展提供了宽松的宏观政策环境，也为小城镇的建设指定了一笔可靠的资金来源；还鼓励城市劳动密集型产业向小城镇和农村扩散。这几个文件的出台和执行，为乡镇企业的发展创造了较好的政策条件，促进了小城镇的发展以及区域城市化水平的提高。

如前所述，改革开放以前我国的乡城人口迁移具有明显的计划性和政策性。改革开放以后，长期被压抑的市场机制开始启动并逐步发育成长。这一机制在城市化过程中也显示出自己的影响。在市场机制的作用下，乡村人口向城镇的迁移成为不可遏制的浪潮。乡城人口迁移开始出现计划与自发[③]（流动人口）的二元结构，受到学术界的关注。

---

① 人口在 2 万人以下的乡，乡政府驻地非农业人口超过 2 000 的，可以建镇；人口在 2 万人以上的乡，其乡政府驻地非农业人口超过总人口 10%的，可以建镇。[尽管国务院在有关的通知中要求各地政府对已具备建镇条件的地方要积极做好建镇工作，成熟一个，建一个，不要一哄而起，但全国各地都存在一定的盲目性，江苏省也存在没有严格执行国家标准的情况。]

② 同意将社队企业改称乡镇企业，并指出：乡镇企业是农业生产的重要支柱，是广大农民群众走向共同富裕的重要途径。

③ 谢晋宇和于静将这两种人口称为计划城市化人口与自发城市化人口；辜胜阻将这两种人口称为永久性迁移人口与暂时性迁移人口；张再生将这两种人口称为乡城计划迁移人口和乡城自发迁移人口。

1984年国务院发布了《国务院关于农民进入集镇落户问题的通知》(国发[1984]141号文),允许农民自理口粮进入小城镇落户(统计为非农业户口),为小城镇的人口集聚创造了条件。自此,我国小城镇的发展步入了快车道,大大促进了城市化进程。

四、外资与城市化

在我国,外资推动城市化最早出现在珠江三角洲(薛凤旋,杨春,1997),20世纪90年代开始蔓延到长江三角洲等沿海开放地区。在新的历史条件下,国家对上海提出的历史性任务是:借助浦东开发开放,尽快形成较强的增长势头,成为具有国际性的经济中心、金融中心和贸易中心;同时,通过产业结构的调整和升级换代,带动长江三角洲乃至长江流域的社会经济发展。外资的进入给我国沿海地区的城市企业、乡镇企业和城市化的发展注入了新的活力,是90年代以来沿海地区城市化发展的一大动力。

外资的进入对区域城市化的直接影响主要表现在3个方面,即城镇基础设施的改善;加快了开发区和工业小区的建设,促使乡村地域向城镇地域的转变;创造了许多非农就业机会,一定程度上缓解了城市的就业压力和农村剩余劳动力的就业压力,加速人口的乡城转移。外资的进入和外向型经济发展的间接影响(侯晓虹,刘塔,1993)主要表现在:在为区域提供发展资金的同时,还带来了国外的先进技术和有益的管理经验,这将提高工业企业的竞争力,甚至改变市场结构,进而间接地影响区域城市化的发展。

以江苏省为例,到1992年末,全省乡镇企业累计批准兴办"三资"企业5 215家,累计开工"三资"企业2 500多家,实际利用外资7亿美元;1992年江苏乡镇一级共创办"三资"企业4 100家,合同利用外资29亿美元,分别是前9年(1983～1991年)总和的4倍和7倍,分别占全省新批"三资"企业数和合同利用外资额的52%、40%。苏南地区乡镇企业发展势头更猛,1992年该地区的乡镇共兴办"三资"企业2 841家,合同利用外资20.88亿美元,分别占全省乡镇级兴办"三资"企业数的69.3%、合同利用外资的72.0%(朱通华,孙彬,1994)。1997年全省利用外资合同项目2 108个,合同金额98.13亿美元,分别占1978～1997年间项目总数的5.7%和合同利用外资的15.4%,实际利用外资67.85亿美元(1990年仅为4.39亿美元),占1985～1997年实际利用外资总额的23.3%。

五、户籍制度改革

1998年召开的党的十五届三中全会提出:"发展小城镇是我国农村发展的一

大战略”，再一次把小城镇问题摆上了各级政府的议事日程。鉴于我国城市化滞后于经济发展、现行户籍制度的不公平性，现行城市人口统计脱离实际因而无法正确指导全国的城市建设和城市化发展，以及隐性城市人口两栖化带来的诸多问题，根据国家的总体部署，全国各地于1998年出台了户口迁移调整政策，进一步有条件地放松了乡城人口迁移，城乡分割问题将很快在小城镇层次上消失，这对城市化进程将起到积极的推动作用。这次户口迁移调整政策主要包括：婴儿落户随父随母自愿，放宽解决夫妻两地分居问题，投靠子女的老年人可以在城市落户，在城市投资、兴办实业、购买商品房的公民准予在城市落户(刘大颖，1998)。在江苏省，户籍制度改革1998～1999年在部分小城镇展开，2000年在全省小城镇全面推开。据江苏省公安厅(1998)估计，近两年内户籍制度改革将有可能使几百万人实现农转非，进入各级城镇；但到1999年底，全省仅有80～90万人进入小城镇落户。因此，想在较短的时间内通过行政手段，较大幅度地提高区域城市化水平是不现实的。这也说明，行政因素对城市化发展的作用在减小，城市化要更多地靠经济发展和制度创新来推动。过度依靠行政手段推进城市化有为城市化而城市化之嫌，可能有违城市化的初衷。户籍制度改革将根据社会经济的发展逐步推进，在不远的将来有望实现大中城市人口的自由进入。在改革户籍制度的同时，还要推进就业就学、社会保障等制度的改革，减少农民进城的制度性障碍，给进城农民以市民待遇。

此外，全国城镇化战略的实施和高校扩大招生，对于缓解当前巨大的就业压力、吸纳农村剩余劳动力、扩大内需、增加消费，进而对城市化进程会起一定的促进作用。

第四节　信息化、全球化与城市化

全球化是一柄双刃剑，对人类社会发展的影响是二元性[①]的，既有正面影响也有负面影响。其正面影响可能包括：促进了区域和世界范围内的交流，扩大区域创新网络的连接范围并提高创新能力，增加地方税收(盖文启，王缉慈，2000)，为发展中国家带来经济发展所需的资金、技术、管理，创造就业机会，促进发展中国家沿海和首都地区的城市化，促使人们观念发生变革，等等；其负面影响可能包括：南北差距增大，两极分化扩大，网络犯罪泛滥，民族国家安全面临新危险，文化多样性丧失，商务风险增大等。乌尔里克·贝克甚至认为，全球化是国家的掘墓人。

① 一般说来，发达国家是经济全球化的主要受益者，而发展中国家虽然也能从经济全球化中获益，但现阶段是弊大于利。

一、信息化与城市化

1. 信息化对城市发展的 4 种效应

在世纪之交，信息化已经成为许多地区推进城市化的一种重要力量。Graham 和 Marvin(1996:327～333)将信息化(信息技术和信息产业)对城市发展和城市化的作用概括为 4 种效应，即协作效应、替代效应、衍生效应和增强效应(姚士谋，陈爽，朱振国等，2001)。

协作效应，指信息化的发展与城市发展呈现一种协同并进的趋势，在空间上表现为信息空间的扩展与城市空间扩展的复合。通讯网络总是以主要城市为节点，光缆等信息通道也与公路、铁路、运河等交通线相伴，连接着各个城市，这样，信息的流动仍旧集中在交通发达的城市和连接各城市的交通走廊。而在城市内部，自来水、煤气、下水线路则往往为通信线路所利用。因此信息服务的主要空间还是城市地区，特别是大都市区。

替代效应，指通讯技术的发展可以克服原本存在于人际效应中的一些时间和空间障碍，利用信息传递取代或减少人的来回通勤。人们期待着在家办公、通过网络购物、利用多媒体技术召集身处不同地点的职员商讨事务。有了方便快捷的通讯和联络方式，公司总部不必设在地价昂贵的商务中心区(CBD)，可以分散在环境良好的“任意”地点。推而广之，人们为未来勾勒出乌托邦式的前景：随着信息化的发展和完善，人类活动将摆脱距离的束缚，而城市将消失。如 Mcluhan(1964:366)提出的“地球村”设想，Webber(1968)认为世界将进入“后城市时代(post-city age)”，而 Pelton(1992)、Pascal(1987)等则认为，城市将不再以地理空间来定义，将通过信息技术而广为融合。

衍生效应表现为信息技术的发展可以促进城市经济的发展。以交通业为例，电讯的发展在替代部分交通行为的同时，衍生出新的交通需求，通过改变原有的交通管理模式来扩大其系统容量，从而满足新的需求。例如，我们所熟悉的电话、传真、电子邮件等并没有完全取代人们的出行，而是使出行更为方便和高效。而电子数据交换和即时生产加快了产品出厂的速度。移动通讯的发展使旅途时间可以被充分利用，成为工作时间的延伸，从而使被电讯服务所覆盖的城市地区及城市与城市之间的交通走廊地带变得更有吸引力，吸引人口和产业向这些地区集聚，即城市化的发展；而这又反过来维持了城市存在的必要性。通讯技术的发展也引发了一些新兴产业的出现，如电话理财服务、自动提款机(ATM)等。而全球通电话及电子邮件则构建了一种前所未有的更为宽广的人际关系网。

增强效应，指信息化的发展可以扩大原有的物质形态网络(如路网、电网、水网等)的容量,提高它们的绩效,使其更具有吸引力。例如,道路交通信息引导系统可以使道路系统管理智能化,通过对交通的疏导和控制,提高道路的利用效率。同理,随着城市信息化的发展及信息技术在城市管理中的应用,将可以创造智能化的城市,使城市的功能表现得更为完美,城市向国际化方向发展。在美国,芝加哥大学城市规划与信息技术研究中心的专家们认为,因特网广泛应用之后,赛伯空间(cyberspace)效应更具有独特性。在那里,物理距离、地理距离已无意义,因特网用一种新的方法来表达距离,即有效距离。这是一种功能距离,就如用时间或成本来表示的距离,第二是心理上的距离,即人们从认知上感到与对象多么靠近的主观度量,如在可视电话、电视电话、网上聊天等时所感受到的距离。

2. 集中与分散

18 世纪的产业革命使人口和资本向城市集中,开始了近代城市化过程。这时的城市化是以集中化为主要特征。这种集中是以制造业的规模经济和集聚经济为基础,以交通技术的改进为条件的。但是,信息化的发展和计算机技术、信息高速公路的发展和普及,极大地改变了信息交流和传递的方式,使人们能跨越时空的限制,在广域范围内实现信息的随时获取和交流。因而,空间距离在约束城市发展的诸多门槛中逐步降为次要因素,这也弱化了使生产要素集聚的规模效应,城市人口及城市的部分职能出现由城市中心向外围或者说在城市区域内分散化的趋势。

办公自动化的普及、信息技术的改进和通信设施的完善,使办公分散化甚至于在家工作成为可能。信息化的发展为城市的发展提供了新的可能,城市职能的发挥受空间的限制减少,可以根据城市职能发展的需要进行区位选择。市中心的拥挤和高成本,使分散化成为经济而宜人的选择。因此,信息化的发展大大拓宽了城市的活动空间,使城市得以延伸其各种功能的地域分布(詹运洲,1998)。也就是说,信息化促进了城市布局的分散化和区域城市化的发展。当然,城市作为信息网络的节点,拥有海量信息,靠少数人较难做出决策,因而又需要将城市的某些功能在城市中心区集聚。

城市空间布局的这种两重性——扩散和集聚,有利于城市功能结构的调整和合理化。特大城市和大城市产业和人口的分散化趋势将使城市生产职能外迁,在城市外围形成制造业中心(副中心),可以用转换出来的土地建造住宅,修建绿地、广场和停车场,拓宽道路,从而使城市的功能结构更加合理,为城市的可持续发展创造了条件。城市发展的集聚化趋势则促使部分职能在中心区的发展和繁荣,城市作为区域中心的功能(管理、信息、流通、服务等)进一步强化,城市的产业结构得到优化并创造新的非农就业机会,同时避免了西方国家城市在郊区化后出现的中心区衰退问题，有利于从一定程度上解决我国城市就业空间较狭小的问题[1]。

3. 信息化与城市体系

全球城市体系之所以能够形成，在很大程度上是由于微电子学的迅速发展及由此推动的信息产业的蓬勃发展。微电子技术和现代通讯技术相结合，加强了世界各地、各城市之间的联系；以电话、电视、电脑、人造卫星等现代化信息手段为主体的信息网络已将全世界变成一个紧密联系的整体，特别是全球最大的互联网Internet的迅速崛起，将推动人类社会的通讯化、计算机化和自动化进程，使人类有了空前的活动范围。与此同时，信息向城市各行各业渗透，信息产业在城市经济中的比重不断提高，这必然促进城市产业结构的调整，使之高级化。可以这样说，发达国家城市在20世纪80年代和90年代的持续繁荣，与全球的信息化和信息产业是分不开的。

二、经济全球化与城市化

1. 经济全球化与世界城市

全球化是当代社会的一大特征，它已经影响了世界各地区的城市化发展和区域发展，经济全球化是其核心。经济全球化的发展，使"全球村"经济得以形成。要维持全球化生产，需要有一个涵盖面广而组织严密的控制系统，以协调不同地区不同企业之间的矛盾，并且及时解决所遇到的各种问题。经济全球化和新国际劳动分工(NIDL)既为一些发展中国家和地区带来了工业化和城市化发展的机遇，也使一些国家的大城市发展成为全球城市(Lo and Yeung，1996)。市场经济已经席卷全球，各国各地区、各大城市之间，经济、金融和贸易越来越相互渗透、相互依存，特别是国际贸易的迅速扩大和跨国公司的全球扩展大大促进了全球(特别是发展中国家)的城市化进程。经济全球化可以整合、改造、重塑全球的生产、经营、流通和消费模式，并促使一部分大城市向国际化大都市或世界城市转变(文军，贺修铭，1997)。由经济中心城市组成的网络正在管理着一体化的全球经济。这些城市在世界城市体系中的重要性，并不是以其人口规模的大小来决定的，而是按其对所属地区的控制能力、投资额和生产量等来定位的(胡序威等，1997：7)。Sassen(1991)关于全球城市的经典研究揭示了纽约、伦敦和东京在国际金融和大部分国际性顾问与企业服务等方面共同占有支配地位。但其他中心也很重要，在某些特殊的贸易部门里甚至更为突出，例如期货交易方面的芝加哥和新加坡。香港、大阪、法兰克福、苏黎世、巴黎、洛杉矶、旧金山、阿姆斯特丹以及米兰，在金融与国际企业服务方面也是

---

① 汤茂林. 区域发展中的城市化进程探讨——以江苏省为例[D]. 南京：中国科学院南京地理与湖泊研究所，2000：142.

主要的中心(Daniels,1993)。

2. 城市的等级制和非等级制

尽管有许多学者认为城市网络的重要性在增加,但城市的网络结构并没有完全取代传统的金字塔型的等级结构。在当代国际城市体系中既可以观察到等级制的成分,也可以观察到非等级的成分(霍尔, 1997)。等级系统中最上层的是几个全球城市,如纽约、东京和伦敦,这是学者们公认的(King,1989; Sassen,1991)。这几个城市集中了远超乎比例的银行和金融机构,特别是外国银行,以及其他从事金融交易的公司;同时,它们也是世界各国大公司总部的最大集中地(表 4-5、表 4-6)。位于这 3 个城市下一层次的是大约 20 个地区性的中心城市,其中位置排列最前的有巴黎、旧金山、洛杉矶和墨西哥城,这几个城市都承担着某些全球性功能。P·霍尔

表 4-5 纽约、东京和伦敦在世界最大的百家银行和 25 家证券公司全球性机构中所占数量的百分比

银行或公司	资产	资本	总收入
百家最大银行			
东京	36.5	45.6	29.0
纽约	8.6	8.8	20.8
伦敦	4.2	5.7	13.2
三处合计	49.3	60.1	62.3
25 家证券最大公司			
东京	29.6	42.9	72.6
纽约	58.6	50.0	22.0
伦敦	11.1	4.9	2.8
三处合计	99.3	97.8	97.5

资料来源:Sassen (1991: 178～179).

表 4-6 世界最大跨国公司总部位置

城　市	公司数	城　市	公司数
纽约	59	匹兹堡	10
伦敦	37	汉堡	10
东京	34	达拉斯	9
巴黎	26	圣路易斯	8
芝加哥	18	底特律	7
埃森	18	多伦多	7
大阪	15	法兰克福	7
洛杉矶	14	明尼阿波利斯	7
休斯顿	11		

资源来源:Feagin and Smith (1987: 6).

认为这些中心的分布位置在很大程度上是出于地理的和历史的偶然。在欧洲、北美洲和日本三大城市集中地区,还有一个或多个大城市都在争取发展地区性的和全球性的职能,如欧洲的巴黎、阿姆斯特丹、法兰克福、米兰和马德里,北美洲的芝加哥、多伦多、旧金山和洛杉矶,日本的大阪(霍尔,1997)。

3. 城市和区域发展面临的挑战

在部分城市成为世界城市和信息化城市的同时,将会有更多的城市和区域成为被遗弃的城市和区域,既包括过去的一些工业重镇,也包括仍处于前工业化阶段的一些城市和地区。在非工业化过程中,原有的制造业企业被迁走,居民失业,彷徨无助。但也有少数原先的工业城市和地区,能够利用原有的优势,重新创造条件,吸引投资,实现再工业化(Estall and Bennett, 1991);当然,这些城市和地区的工业将是具备了后工业社会特征的工业生产,其竞争力不在于价格低廉,而在于先进的企业管理和产品的独特性。

由于亚洲的快速发展,在东亚、东南亚出现了一批新兴的国际化大都市,如东京(为公认的三大世界城市之一)、首尔、台北、香港、北京、上海、天津、马尼拉、曼谷、吉隆坡、新加坡和雅加达,从而打破了国际化大都市只限于欧美的格局。

4. 城市的新功能

经济活动的空间分散化和全球经济的一体化使大都市有了新的战略性角色。大都市除了具有传统的国际金融和贸易中心的作用外,现在又增加了四方面的新功能:① 全球经济组织的司令部;② 金融及各项专业服务机构的主要经营场所;③ 包括新兴服务产业在内的生产及创新的策源地;④ 产品和创新技术的市场地(Sassen, 1991)。尽管大量信息可以通过电缆或太空在瞬间实现成本低廉的传播,但有许多活动仍需要工作人员面对面交流,其结果是出现若干个越来越硕大无比的城市中心,集聚着越来越多的人口和信息以进行生产和活动。于是,在宏观尺度上便出现人口和设施更加集中于不断增长的大都市地区或超级都市区[①],迫使人们急急忙忙乘车上下班,在上班工作时也四处奔波。

具有国际影响的大城市也成为一个国家或地区维持和取得国际竞争优势的主要场所,对国家和地区的发展起着至关重要的作用。与全球城市网络的关系将在很大程度上决定一个城市的命运。这也正是大城市在世界各国和地区受到普遍重视的重要原因之一(叶舜赞,1990;魏后凯,1994;王野霏,1999)。

5. 知识经济对城市的影响

世界经济的知识化将对城市的发展条件、产业结构、空间布局、功能和相互关

---

① 有不少学者认为,这种城市发展趋势,是与城市可持续发展的要求背道而驰的。要实现城市可持续发展,最根本的一条是把人和工作岗位集合在自给自足的单元之内,特别是要能够在微观层次上设法把住宅和工作地点混合起来。城市开发的TOD(Transit-oriented development)模式便是一种新的模式。

系等多方面产生重要影响。从城市发展条件来看，营造高等要素所需的创新机制和空间环境是城市乃至区域发展的基础和依据，也是取得竞争优势的主要一环；知识经济将对城市的基础设施提出更高的要求。从产业结构来看，经济中心城市的基础将由工业经济时代的制造业变为知识经济时代的现代金融、贸易、交通、信息等第三、第四产业。从城市功能来看，城市除了继续保持生产、生活功能以外，还应具有强大的还原功能和陶冶功能。从城市空间布局来看，城市的功能分区从总体上将进一步弱化，高新产业区将日益显现并对城市空间格局产生深刻的影响。从城市的相互关系来看，城市间的竞争依然存在并日趋复杂，但城市间的分工、合作将越来越重要和必要。从城市生态环境来看，由于能源和资源消耗更少，污染物将减少，客观上有利于生态环境的改善和生态城市的建设。

参考文献

Button K J. Urban Economics：Theory and Policy[M]. London：The MacMillan Press，1976.

Daniels P W. Service Industries in the World Economy[M]. Oxford：Blackwell，1993.

Dunning J H. Multinational enterprises and growth of services：some conceptual and theoretical issues[J]. The Service Industries Journal，1989，9(1)：5～39.

Estall R，Bennett R. Case studies of economic change in advanced regions[M]//Bennett R，Estall R，eds. Global Change and Challenge，Geography for the 1990s. London：Routledge，1991：139～159.

Feagin J R，Smith M P. Cities and the new international division of labour：an overview[M]//Smith M P，Feagin J R，eds. The Capitalist City：Global Restructuring and Community Politics. Oxford：Blackwell，1987.

Graham S，Marvin S. Telecommunication and the City：Electronics，Urban Places[M]. London：Routledge，1996.

Henderson J V. International Experience in Urbanization and its Relevance for China[C]//World Bank. World Bank Staff working papers（Number 758）. 1986 [A Background Study for China：Long-Term Development Issues and Options]

King A D. Global Cities：Post-Imperialism and the Internationalization of London[M]. London：Routledge，1989.

Lampard E E. The history of cities in economically advanced areas[J]. Economic Development and Cultural Change，1955，3：81～136.

Lo C P. Recent spatial restructuring in Zhujiang Delta，South China：A study of socialist regional development strategy[J]. Annals of the Association of American Geographers，1989，79(2)：293～308.

Lo F C，Yeung Y M，eds. Emerging World Cities in Pacific Asia[M]. Tokyo：United Nations University Press，1996.

McLuhan H M. Understanding Meia：The Extensions of Man [M]. London：Sphere

books, 1964.
Northam R M. Urban Geography[M]. New York: John Wiley & Sons, 1979.
Pannell C W. Recent increase in Chinese urbanization[J]. Urban Geography, 1986, 7(4): 291～310.
Pascal A. The Vanishing City[J]. Urban Studies, 1987, 24:597～603.
Pelton J. Future View: Communications, Technology and Society in the 21st Century[M]. New York: Johnson Press, 1992. 58～65.
Renaud B. National Urbanization Policies in Developing Countries[C]. World Bank Staff working paper(No. 347),1979.
Sassen S. The Global City: London, New York, Tokyo[M]. Princeton: Princeton University Press, 1991.
Scott A J. Metropolis[M]. Berkeley, CA: University of California Press, 1988: 260.
Webber M. The Post-city age. Daedalus, Fau 1968
Weber A F. The Growth of Cities in the Nineteenth Century[M]. New York: MacMillan. 1962 reprint. Ithaca: Cornell University Press, 1899.
蔡建明. 中国城市化发展动力及发展战略研究[J]. 地理科学进展, 1997, 16(2): 9～14.
陈光庭. 马克思著作中的“城市化”一词是误译[J]. 城市问题,1987(1): 32～33.
崔功豪, 马润潮. 中国自下而上城市化的发展及其机制[J]. 地理学报, 1999, 54 (2): 106 ～115.
范力达. 城市化与经济发展水平的相关分析[J]. 人口学刊, 1988(3): 27～33.
盖文启,王缉慈. 全球化浪潮中的区域发展问题[J]. 北京大学学报(哲学社会科学版),2000(6): 23～31.
高珮义. 世界城市化的一般规律与中国的城市化[J]. 中国社会科学, 1990(5): 127～139.
高珮义. 中外城市化比较研究[M]. 天津: 南开大学出版社, 1991.
辜胜阻, 朱农. 中国城镇化的发展研究[J]. 中国社会科学, 1993(5): 45～58.
辜胜阻. 非农化与城镇化研究[M]. 杭州: 浙江人民出版社,1991.
(日)国松久弥. 城市化过程[G]//中国城市科学研究会, 中国城市规划设计研究院情报所. 国外城市化译文集. 1987: 91～100.
国务院研究室农村经济组, 中国社会科学院农村发展研究所(郭庆,黄守宏,李岩东执笔). 中国乡镇企业发展及其与国民经济的宏观协调(上)[J]. 中国农村经济, 1990(5): 8.
侯晓虹, 刘塔. 沿海开放地区城市化过程的影响因素及作用机制——以福建沿海城市为例[J]. 热带地理, 1993, 13(1): 29～34.
胡序威, 陈佳源, 杨汝万. 闽东南地区经济和人口空间集聚与扩散研究[G]. 香港: 香港中文大学亚太研究所, 1997.
霍尔. 全球性城市[J]. 国际社会科学杂志,1997, 14 (1): 19～27.
刘大颖. 户籍制度改革将给我们带来什么[N]. 扬子晚报, 1998-08-20(2A).
刘家强. 中国人口城市化——道路、模式及战略选择[M]. 重庆: 西南财经大学出版社, 1997.
刘启明. 城市化的空间过程、动力机制及调控方略[J]. 人口与经济, 1990(2): 50～54, 64.

刘小怡. 三元结构结构：一种新的发展模式[J]. 经济研究参考资料，1988(149)：36～45.
马昂主. 区域经济发展与城乡联系[J]. 城市问题，1993(5)：6～13.
马克思，恩格斯. 马克思恩格斯全集:第26卷[M]. 北京：人民出版社，1972.
马晓河，兰海涛. 工业化中期阶段的农业发展政策研究——国际经验与中国的选择[J]. 农业经济问题，1999(8)：15～16.
孟令伟. 二元结构和农村城市化问题[J]. 农业经济问题，1989(1)：47.
宁越敏. 新城市化进程——90年代中国城市化动力机制和特点探讨[J]. 地理学报，1998，53(5)：470～477.
牛若峰，郭玮，陈凡. 中国经济偏斜循环与农业曲折发展[M]. 北京：中国人民大学出版社，1991：92.
宋家泰. 城市-区域与城市区域调查研究——城市发展的区域经济基础调查研究[J]. 地理学报，1980，35(4)：277～287.
汤茂林，姚士谋. 江苏省城市化进程与现状特征研究[J]. 经济地理，1999，19(4)：117～122，128.
汤茂林. 区域发展中的城市化进程探讨——以江苏省为例[D]. 南京：中国科学院南京地理与湖泊研究所，2000.
魏后凯. 荷兰国土规划与规划政策[J]. 地理学与国土研究，1994，10(3)：54～60.
文军，贺修铭. 面向全球化时代的国际都市化进程[J]. 城市问题，1997(4)：33.
乌尔里克·贝克. 超越单一民族国家[N]. 参考消息，2000-01-05(10)[原载：新政治家(英)，1999-12-06]
吴楚材，陈雯，顾人和，等. 中国城乡二元结构及其协调对策[J]. 城市规划，1997，21(5)：38～41.
谢晋宇，于静. 中国计划城市化人口与自发城市化人口对比研究——从第四次人口普查资料看"流动人口"和迁移人口在中国人口城市化研究中的不同地位[J]. 中国人口科学，1992(3)：6～12.
许学强，胡华颖. 对外开放加速珠江三角洲市镇发展[J]. 地理学报，1988，43(3)：201～212.
许学强，朱剑如. 现代城市地理学[M]. 北京：中国建筑工业出版社，1988.
薛凤旋，杨春. 外资：发展中国家城市化的新动力——珠江三角洲个案研究[J]. 地理学报，1997，52(3)：193～206.
严重敏，刘君德，孙大文，等. 试论苏锡地区农业发展与中小城镇的关系[J]. 地理学报，1964，30(3)：234～247.
姚士谋，陈爽. 我国城市化道路及其对策研究[J]. 海峡城市，1998(3)：60～62.
姚士谋，陈爽，朱振国，等. 从信息网络到城市群区内数码城市的建立[J]. 人文地理，2001，16(5)：20～23.
姚士谋，陈振光，朱英明，等. 中国城市群[M]. 2版. 合肥：中国科学技术大学出版社，2001.
叶舜赞. 国土规划适应国际经济竞争环境，城市发展政策以市场为导向[J]. 经济地理，1990，10(2)：93～96.
王野霏. 面向新世纪的选择——当前国外大城市发展战略趋向[N]. 北京日报，1999-02-15(7).
于洪俊，宁越敏. 城市地理概论[M]. 合肥：安徽科学技术出版社，1983.

俞德鹏. 户籍制度与城市化[J]. 城市问题，1994(1)：46～48.
詹运洲. 信息化进程中的城市发展[J]. 城市问题，1998(2)：7～10.
张小林. 苏南乡村城市化发展研究[J]. 经济地理，1996，16(3)：21～26.
张义，周虎城. 苏浙两省乡镇企业发展比较[J]. 江苏经济，1998(4)：45.
周凯来. 现代化论、城市偏向论和经济依赖论——当代西方的三种人口城市化与经济发展理论[J]. 人口与经济，1990(5)：57～59.
周一星. 八十年代中国城市化的若干新动向：兼论中国第四次人口普查的市镇人口比重[G]//杨汝万. 中国城市与区域发展：展望廿一世纪. 香港：香港中文大学香港亚太研究所，1993：105～133.
周一星. 城市化与国民生产总值关系的规律性探讨[J]. 人口与经济，1982(1)：28～33.
朱通华，孙彬. 苏南模式发展研究[M]. 南京：南京大学出版社，1994.

第五章　城市发展类型及其职能分类

城市类型是由于不同的功能而区分的,城市功能的定位是指根据城市发展的历史现状基础与区域条件等确定的城市成长期的主要职能。特别和城市在工业化过程中形成某些特定的职能、特性有关。[1,2]城市功能定位是研究城市发展战略的前提,也是当代城市规划设计的重要依据。

城市形成发展过程中,由于产业经济和各种社会文化职能不断分化,城市的个性发展越来越明显,各个城市的地理分工愈来愈专门化,城市里的工业、行政、交通、商业、物流和文化科学等等功能都关系到城市居民的工作、生活和娱乐,其活动空间与城市功能密切相关。由此形成了不同功能作用的城市,也反映在城市用地结构的比重与城市风貌的不同(姚士谋等,2004)。[3]所谓城市功能,从理论上讲,是指城市在国家或地区的政治、经济、文化生活中所承担的重要任务和作用。在一个国家或一个地区,不同的城市在发展过程中承担着不同的任务,各种变化中的城市职能与性质对国家或地区经济的发展起着不同的历史性作用。

第一节　城市类型差异和职能特点

城市类型差异是在城市区域的自然要素基础上,随着工业化的进程及其伴随而来的社会分工的不断扩大,通过人们的经济、政治和文化科技的实践活动,同时也通过人们对城市的规划、建设与管治而形成发展起来的。[4]因此,城市的功能,一般表现为城市经济结构和用地结构的各部分相互联系所构成的统一体的主要社会功效和城市功能特征。历史悠久的大都市一般具有多种城市功能特征,表现出明显的城市功能的叠加性发展(孙志刚,1998)。[5]特别是现代化城市,其生产功能、流动功能、科研功能、交通功能、文化功能、娱乐功能等等,都是城市必不可少的功能,城市规模越大,功能的作用要求也就越多(周一星,1995)。[6]

城市功能特征主要反映在城市类型方面,使城市类型分为海港城市、交通城市、工矿城市、旅游城市(园林城市)、历名文化名城等等。城市的地理区位、自然要素、历史条件对它的功能来讲，虽然是不可缺少的重要条件，甚至是起决定作用的条件，但仍然需通过有社会分工的不断扩大和人的实践活动，才能促使其城市功能的形成和发展。例如上海，如果仅有它的优越的地理区位和建港条件，而没有社会分工的不断扩大和人们的经济、政治和文化的实践活动，特别是改革开放后浦东开发，使它的国际地位与国际交往作用越来越突显，那么，上海也就无法成为我国和亚太地区的国际性大都市。

从历史演化过程分析，城市可以根据规模大小分类，也可以根据城市职能不同进行分类。根据人口规模大小，2005 年我国城市可分为特大城市（人口大于 100 万人）49 个；大城市（人口在 50～100 万人之间）78 个；中等城市（人口在 20～50 万人之间）213 个；小城市（人口在 20 万人以下）331 个；2006 年全国还有 2.1 万个建制镇，人口规模不等，大的镇有几万人，小的镇仅有几千人，甚至在千人以下主要在（边远地区）。除此之外，全国还有 2 万个左右的乡集镇（Township）。

城市职能类型则比较复杂，在历史发展过程中也会有较大的变化，尤其是经济职能，如在工业、制造业方面的职能(Berry,1958)。[7]从地理空间分析，城市职能是指一个城市在区域经济社会发展中所起的作用和所处的地位。由于城市区域间自然资源、经济和社会条件的差异，形成了许多具有不同职能的城市。城市间的职能分工和协作形成了城市职能结构。因此，城市的主导职能不是一成不变的，而是不断发生变化的，所谓变化，就是指已有的主导功能被新的主导功能所取代，使整个城市功能的结构发生质的变化，从而也使城市的性质发生显著的变化(储传言，王长升，1987)。[8]也正是在这种新形势下，城市职能的变异、升华，促使了城市功能的进化，城市得到了创新发展。

在城市职能分类方法与数据处理方面，近十多年来有了新的发展，特别是在特大城市、大城市的职能分类方法上有了新的思路。因其城市现代化水平和城市化水平相对较高，所以主要采用市区非农业人口指标来反映城市的规模，突出了非农业人口这一城市人口的主体。可采用陈忠暖等（2002）提出的人口规模修正公式，尽可能对不同性质的行业予以保留，适当对内涵相近的行业进行归并(田文祝，周一星，1991)：[9]批发零售贸易业与租赁和商业服务业两项并成为商业服务业，教育与文化体育和娱乐业两项合并为教育与文体娱乐业，住宿餐饮业、居民服务和其他服务业、社会保险和社会福利业、水利环境和公共设施管理业和卫生四项合并为其他服务业。合并归纳后一共形成 14 个职能部门。

首先确定城市的优势职能，即以城市基本职工构成比例最大的部门来确定；其次确定城市的突出职能，即以城市某部门基本职工构成比重大于该部门的平均值和标准差之和来确定，其中标准差(δ)按公式计算。使用这两个统计量表明，如果某一城市在某特定部门中的基本活动职工百分比，超过所在城市在此部门中的平均值达到一定标准差的话，那么就认为这个就业部门是该城市的主导职能部门。从城市各部门中将基本活动的职工比重分离出来后，得到一个反映各城市职能性质的部门结构，把这个比重还原为部门基本活动的职工人数，又得到一个反映各城市职能性质的部门结构，把这个比重还原为部门基本活动的职工人数，又反映了部门基本活动的规模(张文奎，王力，1990)。[10]对这个既反映职能规模又反映职能性质的数据结构运用 SPSS 统计软件标准化，采用按最长距离法进行相似性聚类方法对城市进行聚类，将城市划分为不同的城市类型。通过聚类结果的职能特征分析、度量和解析各类型的特征。

我国经济体制改革之后，举国上下从计划经济逐步过度到市场经济，城市职能也经历了一个演化过程，特别是我国加入 WTO 之后，跨入了全球经济一体化，工业化与城市化迅速发展，各种城市的功能越来越复杂，城市职能特征表现如下几个突出的特点：

(1) 城市经济社会职能出现外向型和国际化的趋势

全球经济一体化是 21 世纪初世界经济发展的趋势。目前，发达国家的跨国公司控制着世界生产、贸易、专利与技术转让以及直接投资，各国间经济社会的联系程度日益紧密，这就必将引起我国城镇职能的转变。自改革开放以来，中国沿海地区城市外向型经济迅速发展，海外投资成为城市发展的主要动力，出口创汇、外商独资和合资企业在经济结构中占有重要地位，城市职能中的外向型地位在加强。同时出现城市部分功能国际化的趋势，如：北京、上海、天津、广州、沈阳、武汉、西安、深圳、大连、重庆、广州、南京、厦门、青岛等城市的国际化趋势特别明显。从今后相当一段时间分析，将我国的北京、上海、广州等城市建设成为一个区域(例如亚太地区)的国际化城市条件已经基本具备(而香港目前已经进入第二等级的国际城市)(姚士谋等，2006)。[11]

(2) 城市之间横向与竖向交织的信息网状联系加强，政治职能的地位开始弱化

随着现代信息传送处理技术的发展，城市可通过信息基础设施的建设，成为高度信息化和网络化的城市——“智能城市”(许学强，朱剑如，1988)[12]，使城市功能发展得更加完美，沿海部分大城市、超大城市向国际化方面发展的功能更加现代化。一些城市的政治职能明显地被城市新的管理功能所代替。

中国经济的改革开放，使市场机制在城市发展中的作用日益突出，沿海城市的外向化、国际化趋势日益明显，知名度越来越高。在沿海地区一批大中城市中，经济职能的地位迅速上升，经济规模增长很快，经济总量和产业规模已超过了上一级政治中心城市。如，青岛比之济南、宁波比之杭州、厦门比之福州，这些副省级城市的经济实力与国际地位均比省会城市强。城市政治职能和经济职能开始由过去集

中在统一体走向分散，省、市政府的政治功能开始弱化。

(3) 城市老工业职能发生退化、衰变的趋势

20世纪90年代中后期，仅具有冶金、煤炭、建材、农药、纺织和机械等单一结构的老工业城市，开始产业发展不景气，生产规模萎缩，工业经济在全国和区域中的影响力下降。特别是我国的老工业基地城市，如：沈阳、长春、齐齐哈尔、重庆、兰州、太原等等。以电子信息、医药、生物工程、汽车等工业为城市新职能的城市高速发展，新的工业职能的地位上升。如西安、成都、苏州、青岛、大连、宁波等城市，新兴产业和现代服务行业发展很快(陆大道，1998)。[13]

(4) 第三产业成为大中城市发展中的重要职能

伴随着城市信息化的发展，使城市产业结构表现出一种软化的趋势，表现为：产业结构开始由传统的以物质生产为主的经济模式向新兴的以信息产业为主的经济增长模式转变，“由硬变软”的发展趋势越来越明显。信息技术在工业社会往往成为第二、三产业发展的现代化手段，但当它渗透到并服务于整个经济社会达到一定程度时就会促进产业结构的升级演化(曾菊新，2001)，[14]使工业经济向信息产业经济转移，石油大王、汽车大王正渐渐为电脑大王、软件大王所取代。

城市人口规模的扩大，暂住人口、流动人口的集中，以及城市的集聚效应和持续扩大的消费市场，使第三产业和信息产业高速增长。2004年城市就业结构第三产业比重，大于250万人的超大城市接近或超过50.5%，大于100万人的特大城市占45.0%，大城市占38%～40%。产业结构高度化发展，使城市已从过去单一的生产中心、商业流通中心，开始依据国际惯例以及自身的条件，形成高级旅游服务中心、金融商贸中心、信息中心、国际文化会展中心和以高速公路与航空港组成的现代交通中心，许多具有国际城市的都市区，形成了综合交通枢纽。

第二节　城市功能与城市性质相关研究

城市功能是在长期历史条件作用下形成的，也具有城市现代化与时代的特征。自近代产业革命及高新技术工业革新以来，城市的功能发生了划时代的变化，城市的经济功能与流动功能以及文化功能大大加强。人们在大力发展城市经济、发展新技术的同时，为了发展经济而大力发展城市文化，其中包括改造、新建大批城市，并且城市的分工与信息流动也越来越明显，这样一来，城市经济功能中的某种功能常常上升为某一城市的主导功能。

一、国内外学者对城市功能的划分

1921年，英国学者奥隆索(M. Auronsseau)将城市功能分成六大类，即行政、防务、文化、生产、交通和娱乐。其划分的主要根据在于对城市形象的定性描述，缺乏定量分析的例证。1943年，美国著名的学者哈里斯教授(C. D. Harris)发表了美国城市功能分类，共划分了十大类，即制造类M′亚类，交通运输T类，制造业M亚类，零售商业R类，批发商业W类，娱乐休养X类，政治中心P类等。划分的根据是两部分指标，即主导功能行业职工比重应达到的最低临界值，以及主导功能行业具有的比较优势(许学强等，2003)。[15]城市功能类型在理论上应该是城市客观具有的条件和地理分工的需要相结合的产物，因此类型应多种多样，各有不同。国际学者奥隆索、哈里斯和纳尔逊的功能分类方法可供参考。

1. 奥隆索的城市功能分类(一般描述方法)

它由研究者首先确定一个城市类别的体系，以描述性的名称加以命名，然后研究者根据自己对每个城市的了解，分别把城市归入各个类别。在1921年发表的英国奥隆索的分类是这一方法的著名代表。

表5–1　奥隆索的城市职能分类体系

类别	职能	
第一类	行政	首都、税收城镇
第二类	防务	要塞城镇、驻军城镇、海军基地
第三类	文化	大学城、大教堂城镇、艺术中心、朝圣中心、宗教中心
第四类	生产	制造业城镇
第五类	交通	① 汇集：采矿业城镇、捕鱼业 ② 转运：集市城镇、瀑布线城镇、中转城镇、桥头城镇、潮限城镇、航运起点城镇 ③ 分配：出口城镇、进口城镇、补给城镇
第六类	娱乐	疗养胜地、旅游胜地、度假胜地

这种方法的致命弱点是任意性和主观性较大。分类的好坏完全取决于研究者对每个城市职能特点的了解深度。确定一个描述性的城市职能分类的系统相对说来并不困难，每一类里选取几个典型城市做例子也是容易的。难的是要使大量的城镇在分类表中得各得其所。

2. 哈里斯的城市功能分类(统计描述方法)

哈里斯运用美国1930年的人口调查的职业资料数据，在1943年，发表了美国城市功能分类(崔功豪等,1991)。[16]

他把美国605个10 000人以上的城镇分成10类,给其中8类规定了明确的数量指标。指标一般包括两部分,第一是主导职能行业的职工比重应该达到的最低临界值;第二是主导职能行业职工比重和其他行业相比所具有的某种程度的优势。例如,重要制造业城市(M′亚类)其制造业职工必须至少占从业职工的45%,同时,制造业在制造、零售、批发三业的总就业人数中占74%以上。运输业城市的交通运输业职工至少占城市从业职工的11%,同时,不少于制造业职工的1/3,不少于商业职工的2/3,等等。那些主导职能不明显的城市则归为综合性城市。作者没有为娱乐休养城市和政治中心城市找到合适的指标,这两类城市是凭印象分出来的。

表5-2 哈里斯的美国城市功能分类标准

类别 \ 标准	主导行业在制造业、零售业和批发业三业总就业职工中的百分比	主导行业在全部行业职工中的百分比
制造业城市M′亚类	+74	+45
制造业城市M亚类	+60	+30～45
零售商业城市R类	+50(并至少是批发业的2.2倍)	
批发商业城市W类	+20(并至少是零售业的45%)	
运输业城市T类	至少是制造业的1/3,零售和批发业的2/3	+11
矿业城市S类		+15
大学城市E类		在大学一年级学校的注册人数至少等于该城市人口的25%
综合性城市D类	−60(制造业不足三业的60%) −50(零售业不足三业的50%) −20(批发业不足三业的20%)	
娱乐休养城市X类	没有找到满意的统计标准,就业率低的城市被归入这类	
政治中心城市P类	各州首府及首都华盛顿	

哈里斯把美国城市功能分类的结果用分布图表示,并给予了合理的解释。制造业城市(包括M′和M类型)分布最多,占都市圈(中心城市的人口为5万以上)的44%,小城市(人口1～4.9万)的43%。城市分布又集中于古老的工业地带,在密西西比河以东,俄亥俄河以北大多是制造业城市。

哈里斯的分类方法是最早尝试定量评价城市功能分类的,但是,定量指标的使用尚不充分，例如，城市分类标准（按产业就业比率）中的74%、45%、60%、2.2倍、1/3等等只有作者自己知道其含义，是凭经验做出的主观决定。另外，还存在着一个城市只能是预告分类类型中的一个这样的缺点，因而，只能反映一个城市的主要功能，不能反映城市功能的复杂性。例如，纽约和芝加哥是美国批发商业中心地，同时，也是重要的工业、交通、教育的中心地。然而，在哈里斯城市分类法只能简单地分类为综合城市，因此，不能准确地把握城市的性质。

3. 纳尔逊的城市功能分类（统计分析方法）

1955年纳尔逊（H. J. Nelson）的美国城市功能分类弥补哈里斯城市功能分类的不足。他基于更加客观的统计标准对城市功能进行分类。根据这一方法来确定城市所承担的足以高出常态的主导功能，更能够表示那些主导功能的强度。

纳尔逊运用美国1950年人口普查数据，按产业劳动力结构进行城市功能分类，他不以城市范围作为行政界线，而使用1950年城市化地区（Urbanized Area）的新概念。为了进一步考察许多城市，人口1～5万的城市依旧使用了行政区划上的城市地区，其结果以897个城市为对象。把人口普查中的24个行业归纳为9种城市功能类型作为划分城市功能类型的基础，考察各个城市符合其中哪种类型。哪种类型都不属于的归为综合类型。

表5–3　纳尔逊城市分类的城市功能类型

Mi	矿业
Mf	制造业
T	运输、通信业
W	批发商业
R	零售商业
F	金融、保险、不动产业
Ps	私人服务业
Pf	专业性的服务业
Pb	行政
D	综合

工业化、城市化迅速发展后，特别是在改革开放后的三十多年中，我国不少学者（如孙志刚、王长升、许学强、崔功豪、周一星等）将城市功能划分为基本功能与特殊功能、主要功能与辅助功能；还有对城市性质、个性与共性问题也作了大量研究。近30年来有关城市规划、城市地理方面的著作已出版了近百种。

(一) 城市空间的基本功能

城市的基本功能是指任何城市都有的功能,它包括城市的承载体功能、经济功能和社会功能。

1. 具有综合性的承载体功能

大城市具有复杂的综合功能,城市也是一个巨大的载体,它为人类在城市进行各种经济、社会和文化活动提供最基本的物质条件。人类之所以把城市作为进行各种活动的基地,城市之所以成为人类活动的最佳场所,完全依赖于城市的载体功能。例如上海今天发展成为具有1 200多万人口集聚的国际性城市,城市居民对内对外各种生产、生活、贸易、文化、体育活动都依靠上海这一个巨大的功能载体的完善建设(姚士谋等,1998)。[17]城市这个巨大的载体,包括自然物质与人工物质两个方面。前者的内容主要是土地、水源、山林、河流、矿藏、自然环境及其他自然资源等,后者包括城市的基础设施和生活设施。例如城市道路、桥梁、供水、排水、供热、供气、供电、交通、通讯、人工环境,以及文化、娱乐、教育、卫生、体育设施等。这两部分的有机结合,构成城市存在、发展的物质基础。

城市载体功能的实质是生产与生活的基本服务,即为城市自身的存在与发展服务,为人类进行政治、经济、文化活动服务,为城市的社会生产、社会生活服务。正确发挥城市载体功能,可以为城市创造一个优美、净化、安全的生存条件,为城市的物质生产、精神生产的正常发展创造必要的基础条件,为城市居民创造良好的劳动、生活、休息的条件(储传亨、王长升,1987)。[18]

一个城市的载体功能不是无限的,而是具有一定限度的,承载功能是巨大的,但也是相对的,有一定条件的。任何一个城市的人口以及人的政治、经济、文化活动超出了它的承载能力,城市就会出现紊乱,载体的服务功能就会遭到破坏。可见,城市是不能处于超载状态或超负荷运转状态的。

2. 具有空间拓展的经济功能

城市的经济功能是城市的核心功能,也是城市形成与发展的主导力量,潜能性的作用。它主要包括生产功能、工业功能、交换功能、商业功能、分配功能、消费功能、运输功能等。经济功能是城市的基本功能中最重要的功能。

在现代社会,城市的主要功能是以生产、商业、市场为主要内容的经济中心和信息技术为主要内容的科技文化中心,因此,城市功能作用的形成也就是相互渗透与辐射的过程。工业社会时期城市功能的作用形式——集聚和扩散——虽然还保存下来并继续发挥着重要作用,但其重要地位逐步让位于渗透和辐射(周一星等,1988)。[19]渗透与辐射与集聚与扩散比较,主要的差别在于,前者是一种无形的作用,后者是一种有形的作用;前者是以信息传输手段输出高科技产品,后者是以实物转运手段输出物资型商品。

3. 具有多层面发展的社会功能

人是城市的主体，人的活动是社会最活跃、最基本的活动，而城市是人们从事社会活动和学习、工作与休闲娱乐的集中场所。社会的各种实体，特别是它们的首脑机关都在城市。例如政权、政党、军队、警察、法院、工厂、商店、银行、社会团体、福利、慈善组织以及宗教组织等都设在城市，城市中还集中了大量的旅馆、饭店、酒吧和艺术电影文化活动中心、体育中心、医疗中心和科技创新中心等等。这些社会功能都与公众密切关联，也反映了城市功能的多层次性与综合性。这些实体以城市为依托，将其本身的巨大能量传到广大地区甚至全国。

4. 行政功能

国家及省、市政府机关和党政团体、工会、妇联、共青团以及各大公司、企业（含外资企业）的办公场所都设在城市，为居民健康、安全生活提供各种行政服务，都在城市中建设各种办公大楼与写字楼。大城市的行政功能对城市发展改造影响很大，公务员的数量、作用也很重要。

（二）城市空间的特殊功能

城市的特殊功能，不是所有城市都有的，是某一城市或某一类城市所特有的。它与城市的地理位置、自然资源和历史条件有重要关系。例如海滨城市、港口城市、边防城市，主要是由地理位置决定的。只有位于海岸的城市，位于大的江河入海口的城市，才能成为海滨城市、港口城市。只有位于一个国家边境的城市才能成为边防城市。又如石油城市、煤矿城市、钢铁城市、林业城市等，主要是由城市及其附近的自然资源决定的。如石油城市大庆、煤矿城市阜新、林业城市伊春等，不言自明，都是因为附近地区有丰富的石油、煤炭、森林资源而形成的。

再如旅游城市、历史名城等主要是由自然环境和历史条件决定的。旅游城市杭州、桂林，历史名城北京、西安等都是如此。

（三）城市发展的主要功能

城市在形成与发展过程中，一些主要功能构成了城市基本活动。城市功能有主次之分，分别称为主要功能与辅助功能。所谓主要功能，是指在城市的多种功能中，对城市发展起决定作用、能够反映城市个性和特征的功能，使这个城市能够区别于其他城市。所谓辅助功能是指主要功能以外的其他功能。

一个城市的主要功能，不是凭人们主观臆断的，而是客观存在的。诚然，一个城市的主要功能需要人们去加以明确。自从近代产业革命以来，城市的功能发生了划时代的变化，城市的经济功能大大增强，并且分工也越来越明显。于是，城市经济功能中的某种功能常常就上升为某一城市的主要功能(储传亨、王传升,1987)。[20]这是人们多以某种经济功能作为城市的主要功能,并以这一主要功能来确定城市性质的根本原因所在。正因如此,城市的主要功能常常用该城市某一生产专业化部门的名称来体现。

城市的主要功能决定着城市的性质。城市在一定时期的发展方向,城市在国家或地区中的地位,对城市的发展有重要意义。

城市的主要功能不是固定不变的。例如一个煤炭城市,煤炭将要采尽的时候,煤炭功能将失去主要功能地位,而另一种功能则上升为主要功能。

(四) 城市的辅助功能

城市的辅助功能包括许多内容。辅助功能并不是不重要或是可有可无的功能,而是必不可少的,有的甚至是十分重要的。城市的教育功能就是如此。城市是否繁荣,主要靠经济,经济的发展靠科学技术,而科学技术的发展靠教育。教育是这一切的基础,是相当重要的。当然重要不等于主要,两者不是同一概念,更不能互换。

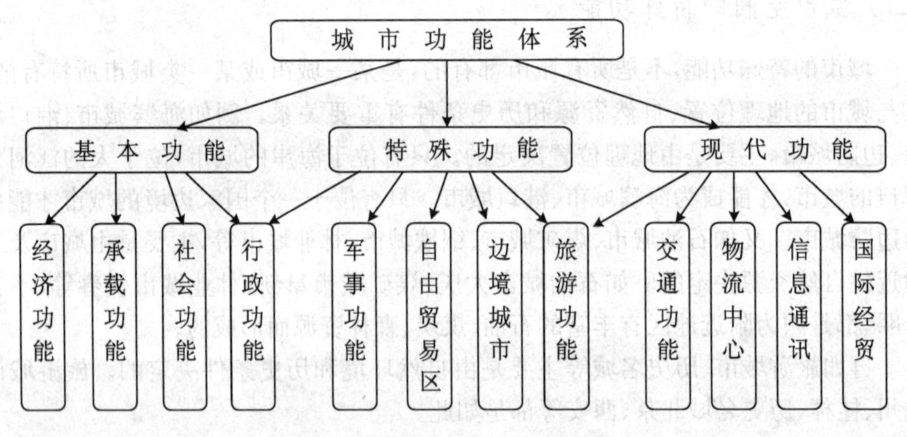

图 5-1 城市功能系统基本图解

二、城市功能的发展变化

城市不是孤立封闭的系统,处于一定的区域范围内或在特定的城市群区域内(宋家泰,1985;姚士谋,1992)[21,22]。城市的各种中心功能,都是相对于一定的外围区域而言的,但也与城市的外部地区有着密切联系。离开了外部地区,城市就不可能成为地区的发展中心。在区域开发过程中,城市地区内的各种物质流、人才流、资金流、信息流等等通过各种方式汇集于城市,经过城市市场的优化组合而产生能量集聚效应和规模效应，释放出更大的能量流向整个区域甚至全国，使各种生产要素在流动中达到合理的配置。这种流动不仅仅是城乡之间的流动，而且也是城市之间，甚至是国际之间的流动。

城市功能不是一成不变的，而是不断发展变化的，特别是在城市化、信息化时代。从城市诞生到现在，城市功能经历了简单功能到复杂功能，由单一功能到多种功能，由低功能到高功能的变化过程。城市功能不断发展变化的基本原因是社会分工的不断扩大。

1. 由简单功能到复杂功能的变化

原始城市的功能非常简单，承载体功能和负荷能力都很低。随着城市的发展和社会分工的扩大，城市的功能也有了发展。到了近代，随着社会化大生产的需要，工业化、城市化、信息化社会的到来，城市功能大为复杂起来。由此可见，城市功能不是各种功能的简单相加，而是这些功能相互联系和相互作用而形成的有机结合的整体，具有系统整体、复杂功能的特殊规定性和作用，即"系统质"。各种功能作为整体的一部分，按整体功能的目的发挥着各自的作用，它们的性质和作用是由它们在整体中的地位和规定性所决定的，它们的活动是受整体和部分之间的关系制约的(孙志刚，1989)。[23]

2. 由单一功能到多种功能的变化

原始城市的功能有的只有简单的物资交换功能，有的只有防御功能，有的同时具有上述两种功能。随着人类社会的发展，城市的功能逐渐增多。首先增加的是城市的文化功能、娱乐功能，然后增加了生产功能。到了近代，城市的功能越来越多。至今，城市功能之多几乎包罗了全社会所有的功能，城市成了社会的缩影。例如北京，是我们国家的首都，也是全国的经济、文化、交通中心，城市功能日趋国际化。

3. 由低功能到高功能的变化

城市功能由低到高的变化，主要是指功能能量的增加。以城市的流通功能为例，在原始集镇阶段，市场的交易主要是以物换物，交换的范围很小，交换的数量不多。随着城市的发展，城市流通功能逐渐提高。在传统城市阶段，城市的商业有了一定的发展，市场扩大了，商品增多了。近代产业革命以后，城市商品经济空前发展，城市一跃而成为贸易中心。现代的城市流通功能又比产业革命开始时提高了千百倍。在生产领域、科技领域、教育领域、文化领域等等，其功能都经历了由低到高的发展过程。

总之，城市功能是一个城市发展定位与发展方向的综合导向，任何一个城市，特别是我国的大中城市，其功能定位比较复杂，不仅是一个区域的经济中心，也同时是政治、交通、文化科技与信息的中心，包括了城市发展的许多层面。因此，对任

何一个城市来说，首先重要的是合理地选择自己的功能发展方向，突出表现城市个性或城市特色，亦即城市功能定位(表5-4)

表5-4 我国沿海若干大城市的功能定位演变

城市	发展时期 20世纪50～60年代	改革开放后 1978～1996年	城市快速发展 1996～2008年
上海	全国最大的工商业中心、经济中心	全国最大的工业城市，华东地区交通枢纽	国际性城市，国际航运中心，旅游城市，全国最大的经济中心与外贸港
沈阳	全国的重工业基地	东北地区交通枢纽，全国重工业基地，省会	全国装备制造业工业基地，省会，历史文化名城，东北亚地区性国际城市
广州	省会、经济与文化中心，华南地区工业基地	南方最大的工商业中心，交通枢纽，历史名城	南方最大的工商业城市与贸易港口，历史文化名城，亚太地区国际城市之一
南京	全国历史文化名城，华东地区交通枢纽	全国基础工业城之一，省会，华东地区交通枢纽，最大河港，历史文化名城	全国历史文化名城，省会，华东地区交通枢纽，全国四大基础工业基地
大连	东北最大港口工业城市	东北最大的商贸港，重要的旅游城市	东北亚地区国际性城市之一，重要的国际航运港口，旅游名城(国际服装节)
深圳	一个小县城	经济特区，广东省重要的加工工业城市，旅游城市	经济特区，华南地区重要的工商业都市，旅游名城
厦门	福建省的商贸港，旅游城市	经济特区，海峡两岸重要的商贸港与旅游胜地	经济特区，海峡两岸重要的商贸港口，全国著名的旅游胜地

三、城市性质的概述

所谓城市性质是指城市所特有的内部矛盾决定的规定性，是指一个城市在国家和地区所担负的主要职能。当代的城市都是多功能的，但是在众多的功能中必有其主要功能。而城市的主导功能是确定城市性质的依据。城市性质有共性与个性之分。城市的共性是一切城市都具有的性质，通常所说的城市是一个国家或一个地区的政治、文化中心，即是就城市的共性而言的，它是区分城市与非城市的重要标志之一。城市的个性是某一城市或某类城市所特有的性质，它是区分此城市与彼城市，这类城市与那类城市的重要标志之一，本部分主要论述城市个性及其有关问题。

（一）确定城市性质的重要意义

确定城市性质是一个涉及城市发展目标、发展重点、如何保持城市独特风格以及什么因素在城市发展中起支配作用的重要问题。研究城市性质的实际意义在于，认真分析主导功能决定城市总体功能的性质，并进而决定城市性质的客观事实，突出主导功能，形成城市特色，依据功能互补配合的原理，在一定范围内的经济区域内按社会化大生产要求和专业化协作的要求，在功能分工上相辅相成，相得益彰，取得最佳的整体组合的经济效益。科学地确定城市性质，无论是对城市领导机关在一定时期内指导城市各项工作，还是对规划、建设、管理好城市，都是一件根本性的大事。它对城市经济社会发展与城市建设有着极其重要的意义。

1. 确定城市性质可以明确城市发展方向，充分发挥城市的优势

没有产业经济和市场交换就没有城市。从这个意义上讲，城市性质问题实质也是个经济与市场问题。城市发展方向与城市经济发展方向总是相重合的。因此，确定城市性质就是要明确这个城市在一定时期内城市产业结构的重点问题。一个城市经济的发展，由于资源、地理、社会、历史等自然与社会条件的制约，必然有别于其他城市。然而，一个城市往往拥有多种工业，也不都只有一种优势。有的大城市除工业外，还有港口、外贸、旅游、海防等重要功能(郑弘毅，1994)[24]。因此，准确确定一个城市的性质并非易事。在一定区域内有许多城市存在的情况下，城市之间是有分工的，这种分工的形成既有自然历史的原因，也有人为分工、管理政策方面的原因。特别是在改革开放下，沿海城市对外开放，引进了许多大中型项目，每年产值占的比重很大，往往对城市功能性质产生较大变化，例如苏锡常一些城市，珠江三角洲地区一些中小城市，其城市性质、功能作用有明显的不同。只有城市性质确定得符合客观实际，城市发展才会有明确方向，城市的优势才能真正发挥出来，潜在的优势才能转变为经济实力。反之，要是城市性质不明确，城市经济各部门竞相发展，那么往往会形成“大而全”、“小而全”的局面，甚至扬短避长，造成资金、资源、人力的浪费。

2. 确定城市性质是搞好城市总体规划，建设好城市的前提

从本质上讲，城市是人类为着自己的生存和发展的需要，经过创造性的劳动，根据客观规律对自然加以利用和改造的物质环境，只有按照科学的城市规划来建设城市，才能把城市建设好。但是，纵观我国城市发展的历程，许多城市由于性质不明确,而导致了建设上的失误(周干峙,1994)[25]。实践证明,正确地确定城市的性质,对搞好城市的总体规划,进而把城市建设纳入科学的轨道,有着重要作用,是搞好城市建设总体规划的前提(顾朝林,1992)。[26]这是因为不同性质的城市,应有不同的总体规划。有不同的总体规划,才能建设好不同性质的城市。因此,确定城市性质也成为城市总体规划的一项根本任务。

3. 确定城市性质有利于城市经济结构合理化,有利于城市的协调发展

一个城市工业门类很多,有些人误以为只有列为"性质"的门类才有发展前途,于是常常出现争当主角的情况。其实不然,确定城市性质旨在明确城市发展方向和优势的同时,使城市经济结构合理化和各部门协调发展。因为,任何一个城市都是多功能的,但它们不会是同等的、等量的,而是有主有次的,同时并存的。例如,已经确定为"全国政治文化中心"的北京和"风景旅游城市"的杭州,也不是不要其他方面的功能,更不是不要发展经济。不过经济发展与工业生产的集聚及其高度化,要服从和服务于政治、文化中心作用的发挥,或风景旅游事业的发展。

一般说来,一个城市总是有优势和劣势,要扬长避短,统筹安排,重视生产与生活功能的协调发展,各行业应分工协作,更重要的是应加强城市基础设施的建设,具有长远的观点、现代化的思想观念。在计划经济体制下,片面强调城市的生产功能,忽视城市的消费(生活居住)功能,从而导致作为城市综合功能的物质基础的城市基础设施长期不受重视,投资过少、欠账过多、交通不便、绿地缺乏,成为制约城市特别是大城市功能发挥的重要因素。交通拥挤、供电供水不足、供气供热紧张,排水不畅是我国20世纪60～80年代城市的"通病",严重影响了城市功能的发挥和城市的现代化建设,使得我国大多数城市不能与世界先进国家接轨。

(二)确定城市性质的理论基础及方法

1. 确定城市性质的理论基础

确定城市性质的理论基础是马克思主义的劳动地域分工理论。什么是劳动地域分工,列宁曾经指出,同一般分工有直接联系的地区分工,即各地区专门生产某种产品,有时是某一类产品甚至是产品的某一部分。也就是说,劳动地域分工是社会分工的空间表现。这种劳动地域分工是指一个城市为另一个城市、另一个地区和国家专门生产某类产品。所生产的产品由此城销往它城,互相协作,互通有无。一般说来,一个城市的专业化生产门类,就是该城市的主要功能所在。由于各个城市专业化生产门类的不同,城市主要功能的不同,因而也就形成了各种不同性质的城市。

社会分工是城市发展的推动力。近代产业革命以来,伴随着社会化大生产的出现,社会分工越来越细,专业化程度越来越高,对协作生产的依赖性越来越大,而一个城市无论其功能怎样齐全，也不可能包罗万象，生产所有的产品，只能走分工协作的道路。我们应按照马克思主义劳动地域分工的理论，认真分析研究，准确地确定城市性质，发挥所有城市的优势，进而形成全国或一个较大地区的优势，以推动整个国民经济和社会的发展。

2. 确定城市性质的方法

新建城市的性质比较容易确定，因为建城的目的是明确的。例如，为了开发煤田，就要建设以采煤为主要经济活动的城市，其主要功能是生产煤炭，因此它的性质是煤炭工业城市。

现有城市性质的确定则比较难。因为这些城市都有一定的历史，并已形成了多种功能。而且多数是在性质不明的情况下发展起来的，情况比较复杂。使用较多的都是运用归纳分析方法，剖析城市空间分布及其职能特征，一般可分为两种类型：一种是随机型分析，即在一定区域内城市呈分散性分布；另一种是聚集型分布，即在一定区域内城市相对集中地分布在几个点状地区。我国城市地理学家在20世纪80～90年代曾经借鉴西方城市地理学方格分析法，确认我国万人以上的市镇分布不属随机型，而属于聚集型（许学强，1988；周一星，1995；叶舜赞，1996）[27]。但只要采取科学的方法，城市性质也是可以确定的。通常采用的方法有以下四个：

一是定性分析法。即从定性入手，从城市的众多功能中首先找出哪个是主要功能。特别是从城市的经济职能、文化历史以及城市发展趋势，进行综合分析。

二是定量分析法。在定性的基础上，进一步做定量分析。对主要功能的认定，要用现代科学手段，对其有关的指标进行定量论证；根据城市产业规模、职工比重和占地的大小等因素进行定量分析比较。

三是区域对比法。就是与不同地区的同类城市作比较。如果甲城与乙城的主要工业相同，那么，两个城市的性质也可以相同。

四是综合分析法。就是将定性、定量和区域比较的方法综合起来加以分析，最后将城市的性质确定下来。

确定城市性质，在同一时期不应罗列过多的内容。内容多了，反而不能突出城市特点，不利于优势的发挥。

第三节　城市职能分类与调整趋势

在现代化社会中，城市的功能性质反映了一个城市在国家与地区经济社会发展中的重要作用及其历史地位。现代城市职能是复杂的、多样化的动态变化过程，所以城市职能不是完全固定的、一成不变的。不仅一个城市在区域经济发展过程中,城市内部的职能是复杂的、多样化的,而且各个城市之间在职能上也是复杂的、多样化的(许学强,1995;孙志刚,1998)。[28]要研究城市职能的分类,必需研究其城市的主导功能和重要的地位作用,才能依据这一特性进行城市职能分类。在许多学者的系统研究中,城市职能可以归纳为政治、经济和文化职能三大类,这种归纳主要综合分析了一个城市在历史发展过程中城市职能在政治、经济、文化生活中的地位与作用。一个区域内各个城市的职能分异,才能形成协作互补、分工合理的城市体系或城市群体。这也就是系统科学所讲的差异协同律。一般说来,城市职能中的主导功能,中小城市的主要功能(即城市起重要作用的职能)比较突出,城市的职能性质比较容易确定;大城市或特大城市(人口百万以上)的职能繁多,地位作用也很突出,其城市的主导功能也很复杂,不是一种而是多种,城市越大,城市所具有的职能作用、职能性质也就越多。例如上海市,不仅仅是我国最大的经济中心、港口贸易中心,也是我国未来的国际航运中心和金融中心之一。就是南京这样一个省级(或省际)城市,其主要职能也有四个方面:一是华东地区铁路、公路与内河航运中心,具有交通枢纽的性质;二是江苏省的政治、经济和文化中心(省会城市);三是全国著名的历史文化名城;四是全国重要的石油化工、钢铁、建材、机械电子工业基地之一(陆大道等,2001)。[29]

在一个城市存在着多种功能的情况下,城市的总体功能性质是由职能中起重要作用的城市主导功能所决定的。但每一个城市主导功能辐射的区域范围强度是不同的,而且除了主导功能的对外辐射外,非主导功能也起到对外辐射的作用。因此,综合考察城市的职能,可将其分为两种类型体系,即综合型的和专业型的。

城市职能综合型,是在一个特定的区域范围内,城市的多种主导功能在城市经济、社会与文化活动中起到支配作用,起到重要辐射作用,从而使该城市成为地区空间发展的综合性中心城市。在一个国家或一个大的地域范围内,综合性的中心城市不可能有很多,一般在省一级以上的城市或者相当于我国行政区划中定为副省级城市(如武汉、南京、西安、大连、济南、青岛、杭州、宁波、深圳、厦门等)。综合性的中心城市的多少,还取决于国家或区域范围的大小,一般说来,国家或区域的面积越大,经济综合实力越强,人口集聚规模越大,综合性的中心城市可能越多(例如:长江三角洲地区或京津唐地区等)。在我国,由于地域辽阔广大,自然条件也千差万别,其城市密度与经济实力也有巨大差异,因此任何一个城市即使综合功能再强大,也难以在经济上支配全国,这便是在我国能够存在多个全国性综合性经济中心城市的客观基础。从实例分析,北京是全国性的首都,仅有政治上的中枢功能可以支配全国;上海是全国性的最大经济中心,其经济辐射强度也或多或少可以影响全国,但这两个综合性的中心城市,其他城市功能不一定能影响或直接支配全国,还有各大经济协作区的综合性中心城市可以传递北京、上海的政治、经济和文化方面的辐射力，也有本身大协作区综合性中心城市自身的作用辐射力。

城市职能专业型，是指某一个城市的某一种功能在区域内具有突出的地位与作用，这种特有的城市功能构成了本城市的专业特色，成为这个城市职能中的个性。往往这种专业型城市，在该专业内的职工、产值或城市用地比例上形成了较大的比重，影响到城市发展的方向。例如我国辽宁省的鞍山（钢都）、抚顺（煤都）、本溪（煤都）；黑龙江省的大庆（石油城）、伊春（森林工业城）、齐齐哈尔（重型机械工业城）；新疆的石河子（石油城）、奎屯（石油城）；云南省个旧（锡都）；湖北省的十堰（汽车城）、宜昌（水电城）等等。由此可见，在一个国家或一定的地区内，由于专业性中心城市主要受制于资源和产业状况，而不取决于城市面积大小、人口多少，可以是多个专业型的城市（姚士谋、陈振光，2003）。[30] 而且正是由于存在着多个专业性能的中心城市，可以优势互补，以城市群的分布发挥整体的功能效应。

我们还可以全面分析一个城市各种功能在政治、经济、文化生活中的地位、作用，从中规定其城市的主导功能，并按此进行职能分类。一般说来，城市职能定性分类系统可以分为政治、经济、文化三大类，还可以细分为若干亚类或再分为若干小类。例如，城市的经济中心功能可以分为工业中心、商业中心、交通中心、金融贸易中心等等。其中工业中心又可以分成钢铁工业中心、机械工业中心、石油化工中心和轻纺工业城市等。交通中心又可分为水运中心、铁路枢纽、航空中心和公路枢纽城市等，（具体见表 5-5）。

表 5-5　城市职能分类表

<table>
<tr><th>大类</th><th>政治中心</th><th>经济中心</th><th>文化中心</th></tr>
<tr><td>亚类</td><td>① 行政管理中心（省、市、县）
② 军事中心（重镇边防）</td><td>① 工业中心
② 商业中心
③ 交通中心
④ 金融中心
⑤ 科技中心
⑥ 信息中心</td><td>① 教育中心
② 影视中心
③ 新闻出版中心
④ 历史文物中心
⑤ 宗教活动中心</td></tr>
<tr><td>小类</td><td colspan="3">（以经济职能为例）
工业中心：钢铁工业城市、机械电子工业城、轻纺工业城、汽车工业城、食品工业城、化学工业城、建材工业城、石油工业城、煤炭工业城等等；
商业中心：零售业中心、批发业中心、货物储运中心、旅游业中心；
交通中心：航运中心、铁路公路枢纽、航空中心、通讯中心；
科技中心：科研中心、技术开发中心、高科技产业中心等</td></tr>
</table>

资料来源：孙志刚. 城市功能论. 北京：经济管理出版社，1998：73～75.

表 5-6　我国主要的特大城市职能划分表

城　市	主导职能	次要职能表述
北京	国家首都、国际性城市	① 历史文化名城 ② 全国经济与科技文化中心 ③ 全国性交通枢纽
上海	全国最大经济中心、国际性城市	① 国际航运中心 ② 金融商易中心 ③ 全国性交通枢纽之一
天津	华北地区港口城市、国际性城市	① 金融商业文化中心 ② 交通枢纽
重庆	西南区最大经济中心	① 交通枢纽 ② 旅游胜地 ③ 西南地区文化中心
沈阳	东北区最大工业城市	① 交通枢纽 ② 历史文化名城 ③ 装备制造业基地
广州	中南区最大工商业中心	① 历史文化名城 ② 全国性交通枢纽 ③ 南方最大的港口与经济中心
西安	西北区最大工商业中心、教育科研城	① 国际历史文化名城 ② 交通枢纽 ③ 西北地区最大的经济贸易城
成都	西南区重要工商业城市、教育科研城	① 历史文化名城 ② 交通枢纽 ③ 西南地区最大的经济贸易城
哈尔滨	东北区重要工商业城市	① 国际文化名城 ② 交通枢纽 ③ 东北亚地区重要的国际贸易城
武汉	华中区最大工商业中心、教育基地	① 交通枢纽 ② 历史文化名城与旅游胜地
南京	华东地区重要工商业城市、教育科研城	① 历史文化名城 ② 交通枢纽 ③ 旅游胜地 ④ 全国四大基础工业基地
长春	我国最大的汽车城	① 旅游胜地 ② 交通枢纽与文化名城
兰州	西北区重要中心城市	① 交通枢纽与商贸中心 ② 石油化工基地
大连	东北最大的港口城市	① 商贸中心 ② 国际文化旅游名城

注：划分职能的主要依据：① 定性分析城市的地位作用，历史上建都年代、朝代；② 定量分析 2005 年 GDP 产值、交通流量、旅游收入与人数、外资企业、外向度等等。

当代经济全球化成为一种客观的、不以人的意志为转移的历史发展趋势。其主要表现是世界统一大市场的加速形成，生产全球化日益加强，生产要素全球化迅速扩张和经济规则的全球化。我国加入 WTO 后，我国的经济和城市发展将很快融入世界的新格局，大大缩小了世界空间，跨国公司和国际资本高度集中，由发达国家流向亚太地区，流向不发达地区。面对世界经济全球化和技术进步的浪潮，我国要提升在世界上的竞争力，必需加快城市职能结构的调整，打破传统格局，注入新的城市职能，改造旧的城市职能，逐步完善和增强城市新的功能，才能适应国际和国内市场的新变化，不断增强城市综合实力和提升城市的知名度及其国际地位。

从我国特大城市（人口大于 100 万）的城市职能定性定量分析（表 5-2）看，近二十多年来，我国改革开放后，许多重要的大都市、沿海港口城市以及西南、西北地区一些大城市，其城市职能发生了较大变化，增强了新的城市功能，并逐步地和国际城市体系接轨。但与发达国家相比，我国许多大中城市还有较大差距，今后我国的城市职能结构还需作较大的调整。要逐步发展外向型经济和完善国际化城市的职能，重点做好以下几点：

(1) 进一步提升我国国际化城市的地位，增强城市的国际竞争力，培育发展一批城市职能外向型和国际化的城市

例如，我国的北京、上海、香港和广州这四大城市，具有发展成为区域性的国际性大城市的基本条件。上海的发展潜力更大，其人口规模、经济实力与城市基础设施的建设水准已经接近国际性大城市的标准，再经过 20～30 年的现代化建设，上海与香港一样，很快成为亚太地区仅次于东京的国际化大都市，其现代化城市建设水平将超过新加坡、大阪与首尔。以上四大城市将逐步成为我国第一流的外向度很高的国际城市。

(2) 培育国际化城市需要有完善的市场经济制度、发育良好的城市密集区或城市密集带、较大的城市人口规模和发达的城市经济

可培育发展具有高新技术产业职能的城市，形成一批高新技术的发展中心和人才基地。例如我国沿海与内地一些特大城市天津、深圳、大连、武汉、南京、成都、哈尔滨、青岛、杭州与苏州等城市，重点发展高新技术产业与电子信息产业基础，大力培养高精尖技术人才与工程师，完善市场机制，建设良好的城市生态环境，使这些新兴产业高度集中的城市成为全国高效率、高收益、高贡献的中心。

(3) 改造老工业城市，调整城市职能，完善现代化的城市功能地位，恢复城市经济社会中心的地位

这类城市需要利用高新技术改造传统工业，根据市场需求延长产业链，发展后续工业和新兴工业，同时，在有条件的情况下，发展旅游业和商贸业。特别是要大力发展现代第三产业和信息产业。例如重庆、沈阳、长春、西安、兰州、济南、长沙、

太原、郑州、贵阳等大城市，需要相当一段时间进行改造、提高。

第四节 沈阳城市功能定位个案分析

一、沈阳城市职能阐述

沈阳属于以制造业为优势职能的综合性城市，是省会城市中的主要类型，并且沈阳的第二产业和第三产业处在大多数省会城市所处的发展阶段，对其进行分析具有典型性。按照职能指数计算公式①，沈阳城市职能指数呈正值的有下列几个行业：电力、煤气和水生产供应业；交通运输、仓储及邮政业；金融业；科研、技术服务和地质勘查业；教育和文化娱乐业；公共管理和社会组织；其他服务业；旅游业。结合沈阳在历次城市总体规划、城镇体系规划、国民经济和社会发展计划及历年政府工作报告中对职能的表述，可以将城市职能指数为正值的行业表述成以下 15 种类型：(1) 全国重工业基地之一；(2) 辽宁省省会城市；(3) 东北地区交通枢纽；(4) 东北地区最大的中心城市；(5) 国家级历史文化名城和旅游城市；(6) 高新技术产业基地；(7) 农业现代化示范基地；(8) 全国装备制造中心；(9) 区域性商贸物流中心；(10) 区域性金融中心；(11) 东北亚地区重要的经济中心；(12) 辽中城市群中心城市；(13) 东北综合经济区中心城市；(14) 清初文化特色的旅游城市；(15) 东北亚区域性国际城市。

二、决策结构层次模型与指标描述

根据对以制造业为优势职能的综合性城市的战略思路和沈阳自身的城市特点构建决策结构层次模型(图 5-2，表 5-6)。

1. 模型计算与排序

根据该模型层次结构，通过构造 26 个判断矩阵、层次单排序、层次总排序及一致性检验，最终得出各个职能的权重值。在实现战略目标的过程中，应该首先考虑实施权重值较大的职能。

(1) 构造判断矩阵，进行层次单排序。根据上述模型结构，在专家咨询的基础

---

① 职能指数的计算公式如下：$L_{ij}=(X_{ij}-X_i)/S_d$，式中：L_{ij} 为 j 城市 i 部门的职能指数，x_{ij} 为 j 城市 i 部门基本部分职工人数的比重，X_i 为所有城市 i 部门基本部分职工人数比重的平均值，S_d 为标准差。

表 5–6　决策结构层次模型指标体系

战略目标	特定战略	制约因素	城市职能
O_1 经济效益提高	C_1 迎接国际制造业的转移，特别是东北亚制造业的转移	S_1 制度创新滞后，国有比重较高	P_1 全国重工业基地之一
O_2 科学技术进步	C_2 产业结构优化升级，发展生产性服务业	S_2 人才流出明显，工资收入低，人的积极性不高	P_2 辽宁省省会
O_3 全球可达性加强	C_3 贯彻实施东北老工业基地振兴计划	S_3 技术装备落后，缺乏核心技术	P_3 东北地区交通枢纽
O_4 区域协调发展	C_4 技术核心化，提高自主创新能力	S_4 企业的生产组织方式落后	P_4 国家级历史文化名城和清初文化特色旅游城市
	C_5 完善综合交通网络	S_5 环境污染严重，水资源短缺	P_5 高新技术产业基地
	C_6 完善通信服务网络	S_6 缺乏大型的海港和航空港	P_6 全国装备制造中心
	C_7 增大教育投入力度、加快国际性人才培养	S_7 城市失业人口多，政府财政负担重	P_7 区域性金融中心
	C_8 改善城市生态环境和人居环境	S_8 思想观念陈旧，特有文化日益薄弱	P_8 东北亚区域性国际城市
	C_9 加强国际化社会文化交流，保持本土文化特色	S_9 国外资本流入渠道不畅	P_9 东北地区最大的中心城市
			P_{10} 辽中城市群中心城市

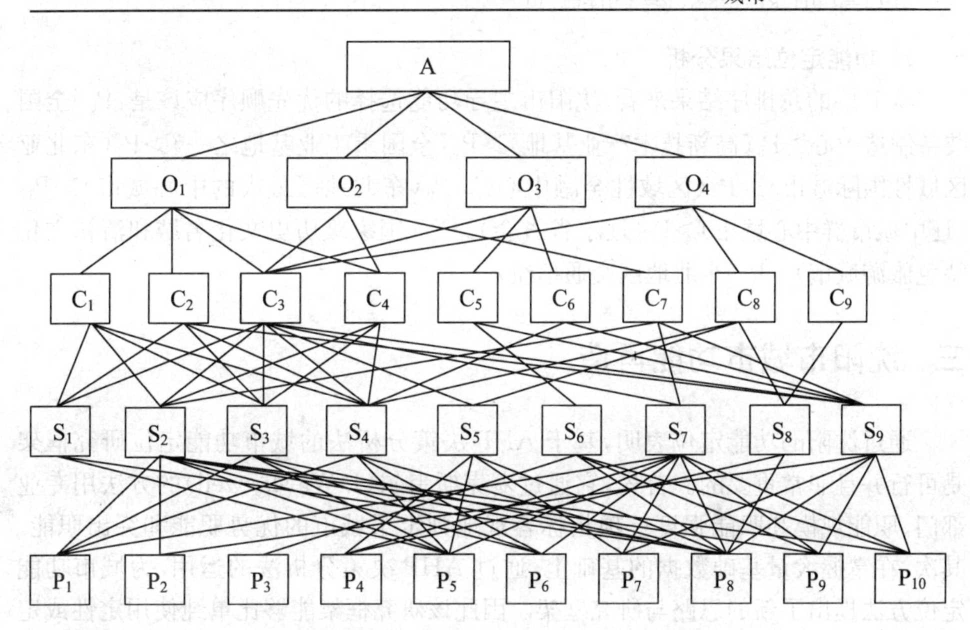

图 5–2　沈阳城市功能定位决策分析层次结构模型

上构造了 A–O 判断矩阵、O–C 判断矩阵、C–S 判断矩阵、S–P 判断矩阵，并进行了层次单排序计算。(2)层次总排序，一致性检验。根据以上层次单排序的结果，经过计算，可得对象层(P)的层次总排序(表 5–7)。

表 5–7　层次总排序结果

	S_1	S_2	S_3	S_4	S_5	S_6	S_7	S_8	S_9		
	0.143	0.078	0.374	0.248	0.028	0.002	0.016	0.002	0.107		
P_1	—	0.179	0.162	0.162	—	—	0.161	—	—	0.117	3
P_2		0.023	—	—	—	—	—	—	0.062	0.008	8
P_3	—	—	—	—	—	0.069	—	—	—	0.000	10
P_4	—	—	—	—	0.041	—	0.018	0.1	—	0.002	9
P_5	0.8	0.266	0.288	0.288	0.564	—	0.236	—	—	0.334	2
P_6	—	0.372	0.489	0.489	—	—	0.318	—	—	0.338	1
P_7	—	—	—	—	0.253	—	0.110	—	0.429	0.055	5
P_8	0.2	0.078	0.060	0.060	0.142	0.466	0.072	0.9	0.258	0.107	4
P_9	—	0.048	—	—	—	0.293	0.049	—	0.158	0.022	6
P_{10}	—	0.033	—	—	—	0.168	0.036	—	0.093	0.013	7

注 CI=0.011，RI=0.83，CR=0.014<0.10

2. 功能定位结果分析

从 P 层的总排序结果来看，沈阳市主导功能选择的优先顺序应该是：P_6(全国装备制造中心>P_5(高新技术产业基地)>P_1(全国重工业基地之一)>P_8(东北亚区域性国际城市)>P_7(区域性金融中心)>P_9(东北地区最大的中心城市)>P_{10}(辽中城市群中心城市)>P_2(辽宁省省会)>P_4(国家级历史文化名城和清初文化特色旅游城市)>P_3(东北地区交通枢纽)

三、沈阳市城市功能再造

通过沈阳的功能定位表明，基于 AHP 决策分析法的城市功能定位研究框架是可行并且非常重要的。首先，它通过麦克斯韦尔(J. W. Maxwell)的方法用专业部门、职能规模和职能强度三项指标客观地判定了城市的优势职能和突出职能。其次，在掌握大量基础数据的基础上，通过 AHP 决策分析法的运用，为城市功能定位方法提出了新的思路与研究框架。因此该研究框架能够比单纯使用定性或定量的方法更好地确定城市功能定位问题，确定出对城市未来发展更加具有指导意义的城市功能。

在以上职能分类与功能排序的基础上，本文通过归纳总结，将沈阳的城市性质表述如下：

1. 东北亚区域性国际城市

沈阳位于东北亚经济圈的中部，2003 年沈阳实际利用外资额达到 22.7 亿美元，2004 年沈阳实际到位外资达到 24 亿美元，在全国排第三。沈阳交通便利，高速公路和铁路、航空网络发达，靠近大连港和丹东港，拥有多条至日本、韩国、朝鲜、俄罗斯等国的空中航线，并拥有至中俄、中朝边境的高速公路，与日、韩、朝、俄、蒙有着密切的经济联系。沈阳将以发展生产性服务业、高新技术产业为重点、以桃仙国际机场扩建为契机，在大浑南地区建设商务中心区、信息港、航空港及配套的文化博览中心、科学城、国际旅游综合服务中心等，结合抚顺的西进发展方向，营造国际城市的空间发展平台。

表 5-8　2004 年沈阳生产与服务要素指标一览表

金融、资本要素市场			
金融机构及网点(个)	1 155	银行年末贷款余额(亿元)	1 440.9
银行年末存款余额(亿元)	1 721.3	证券成交量(亿元)	1 365.3
贸易环境			
商品交易市场(个)	352	展馆展览总面积(万平方米)	17.3
商品成交量(亿元)	810	会展次数(次/年)	143
外贸进出口总额(亿美元)	52.5	星级宾馆(个)	113
交通运输			
航线城市数量(个)	64	国内航运进出港人数(万人次)	285.8
进出港旅客数量(万人次)	410	国际航线进出港人数(万人次)	65
铁路货运量(万吨)	822	国际旅游入境人次(万人次)	28.3
公路货运量(亿吨)	1.4	国内旅游接待人次(万人次)	2 818
基础设施			
水厂生产能力(万立方米/日)	169.1	污水管道长度(公里)	2 189
供水管道长度(公里)	2 861	污水处理能力(万立方米/日)	104
天然气管道长度(公里)	2 200	国际互联网用户(万)	72
城市道路长度(公里)	3 073	宽带接入用户(万)	37
城市道路面积(平方公里)	4 448		
科研教育			
科技技术机构(个)	122	专利授权量(件)	2 176
专利申请量(件)	3 898	研发经费支出(亿元)	3.3

资料来源：沈阳市规划设计研究院，2005.

2. 中国重要的装备制造业基地

装备制造产业是沈阳五大优势产业之一，有着深厚的产业基础。沈阳的装备制造业产品主要有77种，有44种产品在技术水平方面居全国前列，居亚洲前5名的产品达29种，居国际前10名的产品有18种。在通用设备制造业、交通运输设备制造业、电子机械及器材制造业和通讯电子设备及计算机制造的装备制造业行业中，沈阳均形成了产业集群。鞍山在今后5年计划投资30亿元，主动接受沈阳的辐射，形成与沈阳的汽车和工程机床制造的协作与配套，融入沈阳的汽车、机床制造的产业链中。沈阳经济区的其他城市在原材料、金属加工业上的优势也将为沈阳装备制造业的发展提供坚实的基础。

2002年中央提出振兴老工业基地的战略计划，目标是把东北建成中国乃至世界的装备制造业和原材料工业基地，使东北成为继中国珠江三角洲、长江三角洲和京津唐地区之后中国内地经济第四增长极，并由此确立中国在世界制造业的重要地位。

3. 东北综合经济区中心城市

最近国务院发展研究中心提出将我国内地划分为东部、中部、西部、东北四大板块、八大综合经济区的国家地域经济区新设想。沈阳是东北综合经济区综合实力最强的城市，沈阳“十一五”规划中提出初步形成辽宁中部城市群一体化，基本建成全国重要的装备制造、区域商贸物流和金融三大中心，建设东北地区的中心城市。沈阳将建成沈康、沈彰等5条高速公路和京哈、沈营等5条放射状干线公路，实现沈阳市区到达辽宁中部城市群其他城市不超过1小时，到达省内地级市不超过3小时。沈阳也是东北地区的现代服务业中心。2003年引进商业项目投资总额超过百亿，资金到位额达到70亿元。沈阳金融商贸开发区是原国家计委批准的除上海浦东以外中国唯一的金融开发区，沈阳的金融机构密度和资金总量在全国15个副省级城市中名列第六位。沈阳集中了辽宁省绝大部分的高等院校与科研机构，形成了东北老工业基地科学技术研究的核心。

4. 辽宁省省会

沈阳市位于我国东北地区南部，辽宁省中北部，它不仅是全省经济文化中心，也是全省的政治中心，是全省党政领导机关所在地。从辽宁省各个城市的经济实力来看，沈阳发挥着经济龙头的作用，与省内另一个副省级城市大连形成优势互补、各施所长的互利互助关系。另外，作为辽宁省的政治中心，沈阳承担了主要党政机关办公用地的建设，是全省政治、社会、文化活动的核心地。

5. 以清初文化为特色的历史文化名城和生态旅游城市

沈阳历史悠久，是清王朝的发祥地，清初史迹是本区凸显的垄断性资源。著名的“一宫（沈阳故宫）两陵（福陵、昭陵）”体现了清朝皇帝陵体系，浓缩了清朝的历史。2004年,沈阳"一宫两陵"被正式列入世界文化遗产名录,以清初文化为特色开展特色旅游是沈阳打造城市特色的有效途径。从2000年到2010年期间,沈阳旅游业将开发建设项目108个,总投资401亿元。沈阳是首批被列为全国优秀的旅游城市,2003年沈阳国际旅游收入排名第23位,低于大连,但高于东北其他副省级城市,依托上述优势并整合沈阳经济区的旅游资源,沈阳旅游业的发展潜力巨大。

参考文献

[1] Friedmam J. Regional development policy: a case study of Venezucza[M]. Cambrige: Mass, MI Press, 1966:128～135.

[2] Harris C D. A functional classification of cities in the united states[J]. Geographical Review, 1943, 33, 88～99.

[3] 姚士谋,汤茂林,陈爽,等. 区域与城市发展论[M]. 合肥:中国科学技术大学出版社, 2004. 223～225.

[4] Gottmann J. Megalopolis or the urbanization of the Northeastern Seaborad[J]. Economic Geography. 1957,33: 189～200.

[5] 孙志刚. 城市功能论[M]. 北京:经济管理出版社,1998.

[6] 周一星. 城市地理学[M]. 北京:商务印书馆, 1995: 125～130.

[7] Berry B. Functional bases of the central place hierarchy[J]. Economic Geography, 1958, 34: 58～62.

[8] 储传亨,王长升. 城市科学概论[M]. 北京:中共中央党校出版社,1987:767～78.

[9] 田文祝,周一星. 中国城市体系的工业职能结构[J]. 地理研究,1991,10(1):12～23.

[10] 张文奎,王力. 论中国城市职能分类[J]. 人文地理,1990(3):1～8.

[11] 姚士谋,陈振光,朱英明. 中国城市群[M]. 3版. 合肥:中国科学技术大学出版社,2006.

[12] 许学强,朱剑如. 现代城市地理学[M]. 北京:中国建筑工业出版社,1988.

[13] 陆大道. 区域发展及其空间结构[M]. 北京:科学出版社,1998.

[14] 曾菊新. 现代城乡网络化发展模式[M]. 北京:科学出版社,2001.

[15] 许学强,周一星,宁越敏. 城市地理学[M]. 北京:高等教育出版社,2003.

[16] 崔功豪,等. 城市规划原理[M]. 北京:中国建筑工业出版社,1991.

[17] 姚士谋,王兴中,等. 中国大都市的空间扩展[M]. 合肥:中国科学技术大学出版社, 1998:318～323.

[18] 储传亨,王长升. 城市科学概论[M]. 北京:中共中央党校出版社, 1987:201～215.

[19] 周一星,R·布雷德肖. 中国城市(包括辖县)的工业职能分类—理论、方法和结果[J]. 地理学报, 1988,43(4):287～298.

[20] 宁越敏,张务栋. 中国城市发展史[M]. 合肥:安徽省科学技术出版社,1995.

[21] 姚士谋,帅江平. 城市用地与城市生长[M]. 合肥:中国科学技术大学出版社,1995.

[22] 宋家泰. 城市—区域与区域调查研究[M]. 地理学报,1980,35(4):277～279.

[23] 姚士谋,等.城市经济区[M].福州:福建人民出版社,1988:125～130.
[24] 孙志刚.城市功能论[M].北京:经济管理出版社.1989:95～98.
[25] 顾朝林.城市体系规划——理论、方法、实例[M].北京:中国建工出版社,2005:65～74.
[26] 于涛方.从功能溢出到制度平衡:长三角区域整合辨析[J].城市规划 2006,30(1):55～60.
[27] 顾朝林.中国城镇体系—历史、现状、展望[M].北京:商务印书馆,1992.
[28] Martin B. Geographical Economics and Urban Competitiveness: A Critique[J]. Urban Studies, 2000,36:811～842, 2000.
[29] 徐建华.现代地理学中的数学方法[M].北京:高等教育出版社.2002.
[30] 陆大道,姚士谋,等.中国区域发展报告[M].北京:商务印书馆,2007.10:15～43.
[31] 姚士谋,陈振光.上海与香港大都市定位发展的比较研究[J].城市规划汇刊.2003(2):28～31.
[32] 陆大道,姚士谋,等.中国区域发展报告(2006 年)[M].北京:商务印书馆,2007:41～55。
[33] 姚士谋,陈爽,等.我国大城市用地空间扩展若干规律的探索[M].地理科学,2008(4):215～231.

第六章 区域持续发展与城市现代化趋势

第一节 区域可持续发展的概念

21世纪被称为“城市时代”(吴良镛,2002)。今天居住在城镇地区的总人口大约与农村持平,当然有很多发达国家的城市人口比重超过70%~80%。不发达国家的城市人口比重在35%~45%之间。我国在2015年城市化水平将接近50%。随着人口和产业向城市地区的快速集聚,人类社会进一步面临水土资源、能源交通和人居环境等方面的巨大压力,生态危机不断发生。自20世纪50年代以来,世界上许多学者与官方机构等陆续提出了富有时代意义的观点、思想与对策,这就是可持续发展的新概念,对世界各国产生了重大影响。

一、可持续发展的定义表述

可持续发展概念的提出,不断地改变着人们的传统观念和思维方式,是对时代的一种推动力量。作为一种崭新的提法,可持续发展(Sustainable Development)最早出现在1980年发表的《世界自然资源保护战略》里(王宏,1996)[1]。随着一些国际组织相继发表了不少报告,对可持续发展概念的形成产生了极为重要的影响。如1987年以前挪威首相布伦特兰夫人为首的世界环境与发展委员会(WCED)发表了《我们共同的未来》[2]。这一著名长篇报告,系统地阐明了可持续发展的概念。现在许多文献引用的可持续发展定义均出自这份报告。又如1991年IUCN－UNEP－WWF推出了另一部具有国际影响的文件《保护地球——可持续生存战略》[3],进一步阐述了可持续发展概念;特别值得提出的是,1992年在巴西里约热内卢召开的联合国环境与发展大会(UNCED),制订和通过了《21世纪议程》[4],不仅对可持续发展的定义给予了进一步的肯定,而且第一次把可持续发展的理论和概念推向实践和行动。

关于可持续发展并没有一个统一的定义。我国不少学者(如牛文元、王如松)

也作了广泛而深入的研究，发表了不少论著。目前就有数十种不同的表达，但归纳起来大致有以下四个方面[5]：(1) 侧重自然属性定义，如：可持续发展是“保护和加强环境系统的生产和更新能力”；是“寻求一种最佳的生态系统以支持生态的完整性和人类愿望的实现，使人类的生存环境得以持续”[6]。(2) 侧重社会属性定义，如认为它是“在生存于不超出维持生态系统涵容能力的情况下，改善人类的生活质量(或品质)”，并且提出了人类可持续生存的 9 条基本原则，强调人类的生产方式与生活方式要与地球承载能力保持平衡，保护地球的生命力和生物多样性；同时还提出了人类可持续发展的价值观和 130 个行动方案，论述了可持续发展的最终落脚点是人类社会，即改善生活品质，创造美好的生活环境。(3) 侧重经济属性定义，如“在保持自然资源的质量和其所提供服务的前提下，使经济发展的净利益增加到最大限度”[7]；“今天的资源使用不应减少未来的实际收入”；“不降低环境质量和不破坏世界自然资源基础的经济发展”[8]。(4) 侧重科技属性定义(主要在技术方面)，如：“转向更清洁、更有效的技术——尽可能接近‘零排放’或‘密闭式’工艺方法——尽可能减少能源和其他自然资源的消耗”；“建立极少产生废料和污染物的工艺或技术系统”[9]。循环经济与新型工业化道路也属于这一范畴。

总之，区域可持续发展所包含的内容十分广泛，涉及到社会、经济、政治、技术与生态环境等方面的内容(图 6-1)。

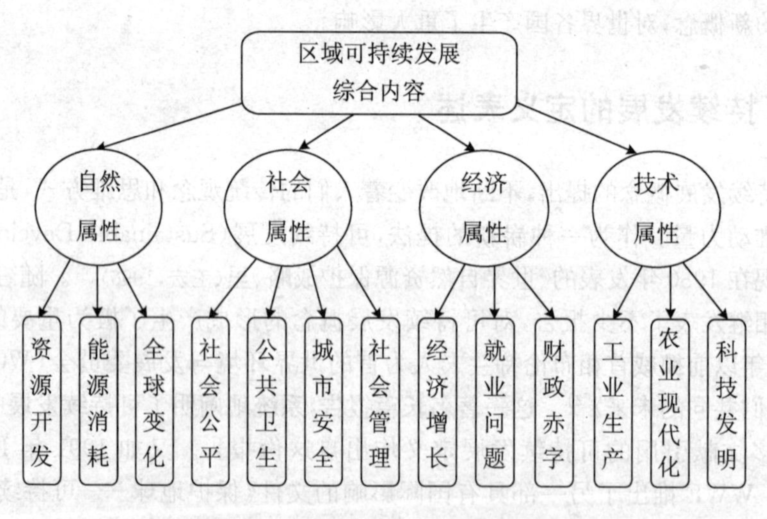

图 6-1　区域可持续发展的综合系统图

上述定义都是从某一个视角来表述的，不可能很全面。实际上，对于可持续发展这样一个内涵十分丰富的概念，用几句话来高度概括并使社会广泛认同是很困难的。当前最有影响的定义是布伦特兰报告中的说法：“可持续发展是既能满足当代人需要而又不对满足后代人需要之能力构成危害的发展。”但这一定义重点强调了可持续发展的时间维，而忽视了其空间维。

区域性的可持续发展在我国更加重要，由于我国人口多，基础薄弱，自然条件十分脆弱，可供给13亿人过“小康”生活的资源、环境与各种物质条件都是十分有限的。从我国国情分析看，我国是地球上人均资源比较贫乏的一个大国，人均耕地为世界的1/5，人均森林资源为1/6，人均水资源为1/4，人均矿产资源位居世界的第80位，而且贫矿多、富矿少。我国现有的矿产资源存量以及开采状况不容乐观。由于我国不少省市对一些稀缺而又具有迫切需要的矿种保护不力，有些地区出现乱采、过度开采的局面。2004年全国仅有40种矿产能够满足经济发展的最低需求；按照地矿部预测到2010年仅有20种；到2020年将下降到6种。主要矿种为：石油、铁矿将56％～58％依赖进口。同时人口增长过快，农村人口基数大，城乡二元结构明显、地区差异较大，城市化水平目前还比较低。这一切就决定了我国今后建立的国民经济体系必须是资源节约型的国民经济体系。每年我国广大农村向全国660个城市输入劳动力人口2 000万人，但城市就业岗位仅能提供900多万个，城市居民中每年还有620多万大专院校毕业生、复员退伍军人以及下岗人员仍需就业，这就是说我国的就业岗位远远不能满足城市人口的就业需求，供求关系严重失衡。对于人口众多，区域差异大、生产率低、资源环境承载能力有限的大国来说，正确认识自身环境特征和经济的脆弱性，是我国区域可持续发展与城市化健康发展的基本前提与策略。

二、可持续发展的丰富内涵

坚持以人为本，以人和自然和谐为主线，以发展社会经济为核心，使整个社会，整个人类得以永续发展，世代相传下去。因此，可持续发展是一个涉及经济、社会、文化、技术及自然环境的综合概念，主要包括自然资源与生态环境的可持续发展，经济的可持续发展和社会的可持续发展三个方面，特别是反映在城市区域最为重要。可持续发展不仅仅是经济问题（生存利益），而且是社会与生态的全局性问题，更重要的是，三者相互影响的综合体，以经济发展谋求人类生存权利为根本，同时又以谋求社会全面进步、追求现代化为总目标。可以说，可持续发展的丰富内涵，具体表现在：

1. 发展是人类共同的和普遍的权利

无论是哪个国家都享有平等的发展权利，同样，可持续发展也是世界各国所必要的。不过，对于发展中的国家中国来说，可持续发展的前提是发展，尤其经济发展是第一位的，只有发展才能为解决贫穷和人口压力以及生态环境恶化等问题提供必要的资金和技术，才能谈得上并逐步去实现可持续发展战略。

2. 发展既包括经济发展,也包括社会发展和生态发展

三者是相互依存,相互促进的,但在可持续发展战略实施过程中其表现形式是不同的,即经济发展是前途和中心,社会发展是保障和目的,生态发展是基础和条件。只有经济发展到一定水平,才能促进社会的发展,而经济发展和社会发展要想保持可持续性又必须有一个良好的生态环境。同时,实现可持续发展还必须依靠科技进步去努力提高社会、经济、生态三个方面的效益。

3. 强调发展的代际公平观念和体现发展的代内公平概念

在发展问题上,一定要用辩证唯物主义和历史唯物主义的观点去看待发展的历史性和时间上的一致性,即在发展经济时,决不能允许当代人以损害后代人的利益为代价去谋求一时的发展和利益。否则,可持续发展就成为一句空话。决不允许代内一部分人或一个地区的发展以损害另一部分人或另一些地区的发展为代价,也就是所谓的可持续发展的空间维观念。

4. 强调发展一定要充分认识和妥善解决好人口、资源和环境与发展之间的关系,并使它们协调一致

要将人类当作自然界中的普通一员,经济活动要遵循自然、生态规律,本着人与自然和谐共处协调发展的原则来进行。例如,我国土地的合理利用与否在相当程度上决定着城市经济、社会、环境效益的优劣;它影响城市的交易成本、社会成本、交通效率、居住环境质量、公共卫生、基础设施投入等,而且相互之间存在着互为因果的内在关系。这也是城乡统筹、和谐协调发展的根本所在。

5. 可持续发展存在一定的区域差异,这种差异具体表现在实现可持续发展的道路和发展模式等方面

不仅各国之间存在着这种差异,就连我国各地区之间亦存在着这种区域差异性。如中国具有资源与人口和经济之间逆向分布的地理特点,故在选择可持续发展道路和发展模式时,应针对具体区情,作出科学的抉择。对于我国人口密度很高、自然资源极度缺乏的东南沿海地区,应以“科教兴省(市)”的发展模式为主,不能完全依赖于资源的原始开发利用。

改革开放30年来,在全球化经济一体化的新形势下,中国城市化发展极为迅速,城市可持续发展总的势头甚好,建设成就很大。城镇人口比重已由1978年的18.6%提升到2005年的43.3%,预计到2010年将接近50%左右,接近中等发达国家的水平,尤其是在沿海地区的珠江三角洲、长江三角洲、京津唐等大城市群区域,工业化、城市化、信息化的迅速发展,集聚了中国大量的财富、劳力与科学技术,使沿海许多城市经济繁荣,市场活跃,生活水平提高。住房改善、基础设施建设与城市面貌的巨大变化,全国GDP的国民生产总值已高达20万亿人民币(2006年),在世界上仅次于美国、日本,占第三位。突显了中国日益成为世界经济大国的地位，这就是历史辩证法。但是，不断发展的中国，在有些地区城市化的“过度”发展(只求数量不求质量)带来许多负面影响，甚至不少严重的问题，值得深思与忧虑。中国城市化健康发展的问题是符合中国经济社会发展的客观要求，也是人类生存的理想。健康城市化可持续人居环境建设的最高追求就是以人为本，满足人类不断提高生存和发展的多种需求。我国近二十多年来，城镇化速度发展很快，2005年城镇人口已达5.6亿人，城镇化率达到43.3%。每年增加约1个百分点，沿海发达地区超过此数。但由于我国资源短缺，人口基数大，城镇化速度出现背离国情的冒进现象，远远超过了我国城镇的就业吸纳能力和基础设施的承载能力。成片成片地毁掉民居和优质耕地，形成了大量失地农民与城市边缘人群。据农业部统计，2004年全国已有5 600万农民失去土地，在2001～2004年间，全国净减少的耕地有1 694万亩，按劳均4亩耕地计算，相当于又增加了670万农业剩余劳力，加重了我国解决“三农”问题的难度，给我国广大农村地区的可持续发展增加了巨大压力。① 西方发达国家一些精明的规划师都意识到，世界各地大城市的迅猛发展，郊区不断地蔓延，吞食着肥沃的农田和菜地，毁灭了许多风景园林与草地。“如果按照现在的速度一直发展下去的话，到20世纪末期，在英国的土地上将会出现一个个视为珍宝孤立的绿洲，它们被点缀在一个由线网路、水泥路及精心规划的平房所组成的荒漠上”(伊恩·奈思，1955)。[10]

三、区域可持续发展的综合研究方向

目前在可持续发展研究方向上已逐渐被国际学术界所公认的主要有：

1. 经济学方向

是以区域开发、生产力布局、经济结构优化、实物供需平衡等作为基本内容。自1990年之后，美国城市规划学家出现了“精明增长”(Smart Growth)的研究，过去曾经形成的一种传统方式，以小汽车为导向的美国交通方式，低密度的城市扩张，即所谓“蔓延”方式是不可持续的，加大了环境成本、社会成本，缺乏一种经济学的观点。其集中点就是力图把“科技进步贡献率抵销或克服投资的边际效益递减率”，降低物质消耗，提高经济效益与社会效益，作为衡量可持续发展的重要指标和基本手段。该方向的研究尤以世界银行的《世界发展报告》(1990～1996)和莱·布朗在《未来学家》上的论文为代表[9]。

2. 社会学方向

是以社会发展、社会分配、利益衡量等作为基本内容。其集中点是力图把“经

---

① 陆大道，姚士谋，李国平等. 关于遏制“冒进式”城镇化和空间失控的建议(向国务院). 中国科学院，2006.12.

济效率与社会公平取得合理的平衡”，作为可持续发展的重要指标和基本手段。特别考虑城市公众利益和代际持续发展，该方向的研究尤以联合国开发计划署的《人类发展报告》(1990～1996)及其衡量指标“人文发展指数”为代表[11]。

3. 生态学方向

生态环境条件是城市产生、生存和发展的基本前提，这里的生态环境条件包括了土地资源、水资源、生物多样性以及其他的各种资源、能源等，也包括了生态环境容量。这一方向是以生态平衡、自然保护、资源环境的永续利用等作为基本内容。其集中点是力图把“环境保护与经济发展之间取得合理的平衡”，作为可持续发展的重要指标和基本手段。该方向的研究尤以布伦特兰夫人的研究报告为代表。

区域可持续发展是一项涉及到经济、社会、人口、科技、资源与环境等子系统组成的时空尺度高度耦合的复杂的动态开放巨系统。其研究内容涉及到地理学、生态学、环境科学、人口学、系统工程学、技术学、经济学、社会学、法律学、伦理道德学等许多相关领域。[12]其思想有着极为深刻的哲学背景、社会背景乃至心理背景。但我们开展各类研究的最终目的是一致的，即进行系统调控，具体有：以资源持续利用和改善生态环境质量为基础和条件，以培植可持续发展能力为先导和手段；从根本上转变传统发展战略，改变传统的发展模式和增长方式；人口由过快增长向控制人口数量、开发人力资源，提高人口的科技文化素质的方向转变；完善市场机制，通过资源价值化将资源消耗核算和生态环境损失测算纳入到国民经济核算体系，逐步建立起资源节约型的社会经济消费体系；开拓资源产业化市场来缓解资源供给和环境恶化的压力；采用政策宏观干预、公众理性参与和区域性法律、技术、行政、经济等手段，在时空耦合度上使经济和社会同人口、资源、生态环境之间保持和谐、高效、优化、有序地发展。最终在确保区域经济和社会获得稳定增长的同时，使区域经济发展、社会进步、资源环境支持和可持续发展能力之间达到一种理想的相互协调发展的优化组合状态，以便在空间结构、时间过程、整体效应、协同性等方面使区域的能流、物流、人流、技术流、信息流达到合理流动和分配，从而提高区域持续发展的能力。

四、城市可持续发展的重要方向与基本认识

城市可持续发展在理论上要求能够较为准确地理解可持续发展的内涵。可持续发展是对整个系统即对整个区域与城市可持续发展的相关系统而言的。

可持续发展城市化战略还要求坚持资源开发与节约并举，保护和合理使用资源，提高资源利用率，实现永续利用；要保护生物多样性与文化多样性，要把改善生态、保护环境作为经济发展和提高人民生活质量的重要内容，加大环境保护和治理力度，不断提高城乡人民生活质量，促进城乡共同进步，积极推进高新技术发展，实

现新技术产业化和城市现代化，促使城市呈现可持续发展的美好前景！城市可持续发展的重要方向可以总结为以下几个方面：

1. 空间集聚是城市可持续发展的本质要求

城市化是指在人类社会分工发展过程中，伴随着工业化进程而出现的非农产业及人口从农业中分离出来，逐渐集聚到城镇，从而使城镇在国民经济中的比重日益增大，城市人口迅速增长和城镇地域范围显著扩张的过程。城市化是伴随着工业化而出现的一种社会经济现象（姚士谋，1998）[13]，工业化的根本特征是生产的集中性、连续性和产品的商品性，所以要求经济过程在空间上有所集聚，以获得集聚经济效益和规模经济效益（周一星，1995）。[14]正是这种工业化的集聚要求，才促成了资金、人力、市场、资源和技术等生产要素在有限空间上的高度组合，从而促进城镇的形成与发展。空间集聚可以通过生产力的集中配置，减少公共投资和基础设施建设投资，降低空间运输成本，形成良好的专业化分工和社会化协作网络，提高产业发展的经济效益，从而促进经济的可持续发展。

2. 经济建设与城市化协调发展是城市化可持续发展的前提条件

至 2006 年，我国城镇化水平已达 44.0%，已有 5.6 亿人口集聚在全国大中小 601 座城市里以及 2.1 万个建制镇，其中包括近十多年形成的 1.2 亿农民工，暂住人口，但这些农民工仅仅是工作、居住在城里的基层人民，他们的居住、工作、教育、卫生条件较差，城市化质量尚未达到。

为了提高城镇人口比重，改善人民生活质量，贫困和落后是不行的，只有国民经济的持续协调发展，才能解放出越来越多的农村剩余劳动力，才能为剩余劳动力提供城镇就业岗位，才能为城镇的人居环境建设提供持续不断的资金支持，城市化才有可能持续发展，才能真正推动“农村城市化、城市现代化和城乡一体化”的最终实现。

3. 资源合理利用和环境可持续发展是城市化可持续发展的基础要素

资源与环境可持续发展的核心是节约资源、合理利用资源和保护生态环境。节约资源是促进经济可持续发展的必要条件，保护生态环境是提高人居环境质量的首要条件，而经济可持续发展和提高人居环境质量又分别是城市化可持续发展的前提条件和最终目标。但是，近二十多年来，由于城镇化发展速度过快，一些城市在发展中盲目扩大规模，开发区乱占耕地，造成我国的土地资源大量流失。如北京市总体规划预测：1994～2010 年，北京城乡建设总用地平均每年净增 21 km^2，实际情况是，仅 1996～2002 年 6 年中，北京居民点和工矿用地净增 367 km^2，近 3 年中又盲目增加 180 km^2，年均增加 60 km^2，超过规划控制指标 2 倍多。① 此种情况在我国许多大中城市都存在的建成区都扩大了 10～15 倍之多，使得很多城市造成

① 邹德慈. 在广州庆祝中国城市规划学会成立 50 周年大会上的讲话. 2006-09-22.

耕地失控的现象，由此造成了我国的水土资源严重失衡，城乡发展很不协调，动摇了城市可持续发展的根基。可见，资源的合理利用和环境可持续发展是城市化可持续发展的基础要求，也是各代人与同代人实现资源平等与公平分配、实现资源平等共享的基本要求。

第二节　区域可持续发展的评价原则

区域可持续发展的指标体系是描述、评价区域可持续发展的可量度参数的集合，是综合评价区域发展阶段、发展程度、发展质量等的重要依据。即用一些变量来刻画复杂的现象或系统，其目的是为了帮助人们科学地把握问题的本质。一般来说，一个成功的指标体系应具有规范的形成过程和较强的政策性，即选择的严格性、归纳的科学性、区域可交流性、聚合合理性、应用可操作性、时空耦合性等。

在国内外相关研究工作中，提出了很多可持续发展指标体系的设置原则，如科学性、系统性、动态性、可操作性、区域性、引导性、可评价性、可比性、空间性、敏感性、开放性、独立性、层次性、相关性、完备性、简易性、稳定性、实用性、非专业性，以及动态与静态相结合、定性与定量相结合、数量与质量相结合、适应区域发展需要等原则。本研究项目在筛选、设置指标时遵循下列几个主要设计原则：

1. 科学性与实用性原则

在设计指标体系时，一方面，既要考虑理论上的完备性、科学性和正确性，即指标概念必须明确，且具有一定的科学内涵。科学性原则还要求权重系数的确定、数据的选取、计算与合成等要以公认的科学理论为依托，从而使统计评价结果能在对区域可持续发展水平等有关方面的相关关系作出准确、全面分析和描述的同时，又可避免指标间的重叠和简单罗列；另一方面，也必须考虑资料的可取性、可操作性和统一可比性。如过于偏重前者，实际上就不可行；过于偏重后者，可能会造成认识上的偏颇和不合性，故两者之间的平衡与兼顾是应用的基础和前提。另外，在强调科学性的同时，尽可能地不采用深奥的专业术语，以便给公众一个了解、认识和参与区域/社区可持续发展建设的机会。

2. 主成分性与独立性原则

根据一般的复杂巨系统理论，必须从众多的变量中依其重要性和对系统行为贡献率的大小顺序，筛选出数目足够少的但却能表征该系统本质行为的最主要成分变量，既主成分性原则。但若所选指标变量过少，就有可能不足以或不充分表征系统的真实行为或真实的行为轨迹，其结果也极有可能扭曲甚至错误地代表对象系统的真实状况;若过多,资料难以获取,综合分析过程也很困难,同时不能很好地兼顾到决策者应用上的方便,而且又大大地增加了复杂性和冗余度,这就是我们要说的独立性原则,即指标体系中应避免相同或含义相近的变量重复出现。由于度量区域发展特征的变量往往存在着信息上的重叠,故要尽量选择那些具有相对独立性的变量作为度量指标。

3. 整体性与层次性原则

指标体系作为一个整体,要比较全面地反映区域的发展特征,即既要有反映出社会、经济、资源、环境等各子系统发展的主要特征和状态指标,又要有反映以上各子系统相互协调的动态变化和发展趋势指标。系统的一个重要特征是具有层次性。区域是由许多同一层次、不同作用和特点的功能团以及不同层次的复杂程度、作用程度不一的功能团所构成的,因此根据区域系统的层次性特点,选择指标也具有层次性,即高层次的指标包含低层次的描述不同方面的指标,高层次指标是低一层次指标的综合,并指导低一层次指标的建设;低层次指标是高一层次指标的分解,是高一层次指标建立的基础。

4. 定性与定量相结合原则

采取定性定量分析相结合的方法,提高分析的准确性和说服力,从社会、经济、文化、资源、人口、环境、空间等多重复合视角作定性定量分析,特别是城市化区域。衡量区域可持续发展水平的指标要尽可能地量化,正如马克思所说:"一门科学只有成功地运用数学时,才算达到了真正完善的地步"。任何事物都具有质的规定性和量的规定性,但对于一些在目前认识水平下难以量化且意义重大的指标,可以用定性指标来描述。

5. 时空耦合原则与可操作性原则

可持续发展评价研究总在一定的空间范围内进行,空间范围可以是某一个自然地理区域单元,但在实际应用研究中,考虑到社会经济等因子在统计上的方便,往往采用行政区域单元,并进一步再细分为若干个子单元。从发展的定义可知,可持续发展又是一个动态的时空耦合过程,指标体系中除了有反映区域可持续发展的静态指标,更要有动态指标;既要从时间序列上,又要从空间序列上来评价。

上述有关原则中已提到指标体系的可操作性问题,这里要强调的是指标的可取性(具有一定的现实统计基础)、可比性(各具特征的不同区域应该有一个基本统一的指标体系来衡量、对比、评价其协调发展度)、可测性(所选的指标变量必须在现实生活中是可以测量得到的,或可以通过科学的方法来聚合生成)、可控性(研究评价可持续发展的最终目的是来调控区域发展的方向、模式等,故其指标必须是人类能够根据可持续发展需要来理性地调控的)等。

下面是香港大学一可持续发展指标体系课题所遵循的几个原则,我们在开展研究时可采纳其合理部分：

- It deals with an important sustainability concern
- It is amenable and amiable to policy initiatives
- Data to measure it are available
- It is understandable to the non-specialist
- It generally represents a chronic and relatively widespread problem (rather than one which tends to be acute or highly localized)
- It is founded on valid scientific measurements
- It can be assigned meaningful reference or threshold values

但需要说明的是，在选择评价区域可持续发展水平的具体指标体系时，不可避免地要面临典型代表性和全面包容性这样一对矛盾。如果仅选择那些具有“代表性”的典型指标进行描述，就有可能会漏掉一些不能被所选指标完全描述的属性；如果尽可能全面地对目标进行描述，又会因为指标数量太多而在实践工作中行不通，不切实际。也就是说，任何一套指标体系都不可能成为区域可持续发展的完全的评价标准。

第三节　区域可持续发展的指标体系

对于可持续发展指标体系的设置，国内外专家学者提出了不同的见解，其原因有：一是可持续发展这个课题所涉及的研究领域与专业学科极其广泛，研究的侧重点各异，任何一位专家学者要研究透彻，都有很大的难度；二是目前对此项课题的研究和探索工作起步较晚，从认识角度来看还有待于深化；三是由于各国、各地区所处条件和发展背景等各异，可持续发展的模式和重点不可能完全相同，在此基础上所建立起来的指标体系当然就不可能一致。即使是权威机构（如联合国、世界银行、经济合作与发展组织等）所提出的指标体系，目前还有待于进一步完善，尤其要充分考虑广大发展中国家的实际情况。尽管至今尚无一个系统的、广泛接受且普遍适用的可持续发展指标体系，但不可否认，这项研究已取得了较大的进展。

综观不同研究组织和学者提出的各种可持续发展指标体系：(1) 货币评价指标体系和非货币评价指标体系；(2) 描述性指标体系和评估性指标体系；(3) 结构性指标体系和功能性指标体系；(4) 外延指标体系和内生指标体系等。也有学者将其指标类型分为：数量指标与质量指标、总量指标与均量指标、绝对指标与相对指标（又细分为结构相对指标、比例相对指标、比较相对指标、强度相对指标、动态相对指标等)、平均指标与变异指标等。无论何种类型的指标,在区域可持续发展研究中都必须具备区域发展现状描述功能、结果评价功能以及未来发展趋势的预警导向功能。

一、指标的选取

首先根据上述设计原则,可以列出下列 100 多个有关指标:

1. 社会进步指标

城镇化水平、各类案件发案率、万人公务人员数、城市人均拥有道路面积、万人拥有病床数、万人卫生技术人员数、每百人拥有电话机数、万人拥有标准公交运营车辆数、人均保险额、社会保险综合参保率、城镇失业率、人民群众上访数、财政支出占 GDP 的比例、货(客)运周转量、邮电业务总量、人均财政收入、人均财政支出、城市化率与工业化率之比。

2. 经济发展指标

国内生产总值 GDP、人均 GDP、经济持续增长率、GDP 年增长率、工业总产值、农业总产值、从业系数、各分区人均 GDP 变动系数、第三产业产值占 GDP 比重、三产从业人员比重、人均粮食产量、人均年末工业固定资产原值、人均年末工业固定资产净值、全社会固定资产投资总额,工业劳动生产率、工业资金利税率、经济外向度、社会消费品零售总额、地方财政收入、实际利用外资、经济密度、城乡居民储蓄存款余额、产业结构指数、产值利税率、资金利税率、经济效益系数、土地产出率、高新技术产业产值。

3. 科技与教育指标

科教投入及占 GDP 和财政支出的比例、文教卫生投入及占 GDP 和财政支出的比例、高等教育入学率、受高等教育人口数、平均受教育年数、万人中小学教师数、万人拥有科技人员数、科技贡献率、人均公共藏书量、文盲率、人均识字率。

4. 资源支撑条件指标

人均耕地面积、人均水资源量、人均林地面积、人均矿产资源、单位 GDP 能耗、单位 GDP 用水量、森林覆盖率、人均能耗、人均生活用水量、人均生活用电量、生物多样性指数、受灾面积占总面积的比重。

5. 生态环境指标

城市人均公共绿地面积、环境保护投资指数、城市污水处理率、城市汽化率、生活垃圾处理率、工业固废综合利用率、烟尘控制区覆盖率、自然保护区覆盖率、建成区绿化覆盖率、各类环境功能区达标率、万元工业产值废水排放系数、万元工业产值废气排放系数、万元工业产值固体废物排放系数、废气排放密度、废水排放密度、固体废物排放密度。

6. 人口与生活指标

总人口、人口自然增长率、人口密度、城镇居民人均居住面积、农村人均居住面积、人均社会消费品零售额、城镇居民恩格尔系数、城镇居民人均可支配收入、农民人均纯收入、农民恩格尔系数、年末人均储蓄款余额、万人拥有商业网点数、自来水普及率、城乡居民人均收入比、计划生育率、平均预期寿命、老龄化指数、流动人口比重。

在形成上述第一轮评价指标后，我们又分别征求了有关上述研究方面的近10位专家学者意见。首先由课题组介绍指标体系的框架和各级指标，以及指标的内涵和量测方法，要求专家根据自己的知识和经验对评价指标体系框架、各级指标的重要性进行描述，请他们对各指标按“赞成、基本合理、需修改、不恰当”四项填写咨询表(见表6-1)。而后，课题组通过专家咨询表统计分析，若半数以上专家赞成增补的，作为保留指标；否则，就予以淘汰。这样就构成第二轮评价指标体系。

表6-1　区域可持续发展评价指标体系咨询表

准则	具体指标	赞成	基本合理	需修改	不恰当
社会进步准则	城镇化水平				
	各类案件发案率				
	万人公务人员数				
	城市人均拥有道路面积				
	万人拥有病床数				
	万人卫生技术人员数				
	每百人拥有电话机数				
	万人拥有标准公交运营车辆数				
	人均保险额				
	社会保险综合参保率				
	城镇失业率				
	人民群众上访数				
	财政支出占GDP的比例				
	货(客)运周转量				
	邮电业务总量				
	人均财政收入				
	城市化率与工业化率之比				
	人均居住面积				
	城市人均绿地面积				

注：1. 请在选择栏内打“×”；　2. 可根据您的观点，另增加您所认为重要的指标。

二、可持续发展评价指标的体系结构

目前可持续发展主要用环境经济学和社会统计学方法来构造评价体系。自然资源和环境的货币化计量是困扰各国学者的一大难题,但环境经济学方法的基本思路已为人们所广泛接受。[16]在过去二十多年中,我国全面建设小康社会的工业化、城市化进程,基本上走的是高投入、高消耗、高污染、低效益的粗放型的发展道路。未来二十年,我国经济总量将在2000年的基础上翻两番,污染物排放量必然大幅度增加。如果继续沿用传统的经济发展模式和污染末端治理模式,我国有限的资源和环境承载力将不能支持未来经济的高速发展,也是不可持续发展的前景,因此在评价指标体系上,应当考虑生态环境与资源条件的各种要素。因此,要走健康城镇化道路与促进人与自然和谐发展、城乡统筹、共同富裕的道路。戴利(Daly)给出了将净国民生产总值扣除自然资产折旧和防御性支出,以得出可持续的社会净国民生产总值的修正方法。阿杰(Adger)给出了以虚拟资产、人力资产和自然资产三者之和为总资产衡量弱可持续性的概念性公式。[17]除此之外,许多国家都开展了绿色卫星账户的研究和实践,作为自然资源和环境连接现行国民收入账户的研究和实践,作为自然资源和环境连接现行国民收入账户体系的桥梁。尽管如此,环境经济学方法真正推向实践仍有赖于人们能在多大程度上对资源环境价值的货币化方法取得突破。而社会经济统计学方法由于具有良好的结构特性,信息丰富,易与现有统计系统相衔接,且计算不太复杂等优势,最有希望直接推向实际应用,目前已成为可持续发展评价指标体系研究的主攻方向。

在新的发展观指导下设置可持续发展指标体系,既不能照搬照抄已有的经济、社会、人口、资源和环境等各项统计的指标,又不可能完全抛弃、另行搜集统计数据。[18]因此,必须在充分利用已有统计的基础上,根据具体情况进行发展和创新。因而建立可持续发展指标时必须首先总结和回顾以往传统的统计指标体系。

三、联合国STAT可持续发展指标体系

STAT指标体系是在1994年联合国统计局(UNSTAT)的彼得·巴特尔穆茨对联合国的“建立环境统计的框架”加以修改,不用环境因素或环境成分作为划分指标依据,而是以《21世纪议程》中的主题章节作为可持续发展进程中应考虑的主要问题去对指标进行分类而形成的一个可持续发展指标体系的框架FISD(Framework for Indicators of SD),该指标体系部分指标反映在表6-6中。[19]

由于FISD是以加拿大的压力-状态体系为基础发展而来的,故FISD在指标

的分类上很像压力-状态-响应模式，即社会和经济活动对应于“压力”；影响、效果与储量、存量及背景条件对应于“状态”；对影响的响应对应于“响应”。同 CSD 可持续发展指标体系一样，FISD 给出的指标数目较多且混乱。[20] 为了减少指标数目并合理选取经济和社会指标，合适的可持续指标体系应仅对环境指标应用 PSR 模型，而对经济和社会指标则只需选取出能反映《21 世纪议程》中有关章节内容的表征指标，这样可以构造出一个指标数目较少、简单明了的可持续发展指标体系，以便更好地为决策者服务，为制定与可持续发展相关的政策服务。[21]

表 6-2　UNSTAT 统计局提出的可持续发展指标体系指标摘录

《21 世纪议程》的主题章节	社会经济活动，事件	效果和影响	对影响的响应	储量，存量和背景条件
经济问题 —可持续发展合作和相关的国内政策 —消费模式 —财政资源 —技术 —将环境纳入到决策中	—人均净 GDP 增长率 —生产和消费模式 —失业率 —在 GDP 中投资所占的份额	—人均 EDP/EVA	—环保支出占 GDP 的百分比 —政府税收中的环境税和补贴的份额 —自 1992 年以来所给出和收到的新的或附加的可持续发展	—人均 GDP —GDP 中制造业的贡献值 —出口 —生产资本存量
大气和气候 —大气层的保护	—SO_2、CO_2 和 NOx 的释放 —消耗臭氧物质的消费	—城市周围 CO_2、SO_2、NOx 和 O_3 浓度	—基金污染物削减支出	—天气和气候条件
固体废弃物 —固体废弃物和污染物 —剧毒和有害废弃物	—废弃物的处置 —工业和市政废弃物的产生 —有害废弃物的产生	—受剧毒废物污染的土地面积	—废物收集和处理费用支出 —废物再循环率 —市政废物处置 —单位 GDP 废物减少率	
机构支持 —科学 —能力建设 —决策结构			—与可持续发展有关的国际协定的批准 —EIA 的有无 —环境状态，指标和核算的有无 —可持续发展对策的有无	—国家可持续发展委员会 —每百人电话线数

四、SCOPE 可持续发展指标体系

为了克服指标数目过多的缺陷，环境问题科学委员会 SCOPE(the Scientific Committee on Problems of Environment)和 UNED 合作，提出了一套高度合并的可持续发展指标体系的构造方法(表 6-13)。[22]对于环境指标，SCOPE 认为必须和人类的活动相联系，所以提出了人类活动和环境相互作用的概念模型，即人类活动和环境存在着以下 4 个基本的相互作用：

① 环境为人类社会的经济活动提供如矿物、食品、木材等资源，在这一过程中，人们消耗着人类继续生产所依赖的资源和生物系统(如土壤)；

② 自然资源被用来转化产品和能量的服务，这些产品和能量使用后将被散逸和抛弃，并最终返回到自然环境，这里环境起着“纳污处”的作用；

③ 自然生态系统提供了必须的生命支持系统的服务功能，如分解有机废弃物、营养物质的循环、氧气的产生和支持着各种各样的生命；

④ 空气和水的污染所造成的环境条件直接影响着人类的福利。

表 6-3　联合国环境问题科学委员会提出的可持续发展指标体系的结构

经　济	社　会	环　境
经济增长(GNP)	失业指数	资源净消耗
存款率	贫困指数	混合污染
收支平衡	居住指数	生态系统风险/生命支持
国家债务	人力资本投资	对人类福利影响

SCOPE 对这 4 个方面提出了一套包含 25 个指标的指标体。如对于第二个方面，包括气候变化、臭氧层消耗、酸雨化、富营养化、有毒废物的扩散和需处置固体废弃物 6 个指标。对于每一个指标由其下一层次的数据计算而得。[23]

第四节　城市与区域发展的互动关系

全球经济一体化以及信息化、城市化迅速发展以来，城市与区域发展的互动关系是我国新形势下经济发展与空间布局应当鼎力研究的迫切问题，特别是在城市人口、工业较集中与交通较为繁忙的区域。由于人们认识水平的差别、实践经验的多少各不同，因此所提出的处理问题的方法与措施亦有差异。当前城市与区域发

展的问题较多，新旧矛盾交叉，布局也较为纷乱，行政分割，政出多门，处理的难度也较大。

半个世纪以来对城市问题的研究以及对规划与实践发展的相互关系的探索，说明必须从系统的观点和动态发展角度，分析城市与区域发展的互动关系，揭示其地区经济发展与中心城市本质的联系因子，掌握其内在的规律性，为制定我国城市建设与地区经济发展提供科学依据，合理地布局生产力，为社会主义现代化建设服务。

一、城市与区域发展的互相联系

现代化的城市，特别是大城市和超大城市，是一个国家或地区经济、文化和社会活动的空间存在形式，是由自然、社会、军事和经济等重要的因素组合而成的有机体，也是目前人类社会进步和科技文化发达最主要的标志。

"不同等级规模的城市具有不同层次的经济吸引力与辐射力，在城市与周围地区之间存在着这些联系的相互依存关系"。但过去一段时间以来，规划建筑方面的专家一直错误地认为区域规划是国民经济计划的一个组成部分，同时又总想通过区域规划结论，来确定城市的作用、性质和规模，为城市发展找到可靠的依据。这种把城市规划与区域规划截然分开的做法，导致了规划工作与经济区域研究的脱节，也脱离了每个城市依托于地理空间的重要作用。

不少国内外专家学者(例如宋家泰、胡序威教授等)认为，"城市是区域发展的中心，区域是城市成长的基础"，[24]两者是相互补充、相互促进、不可分割的有机整体。任何一个城市的形成都离不开一定的地域范围，城市的发展也都有它辐射的经济区域。中共中央关于经济体制改革的决定指出，"要充分发挥城市的中心作用。逐步形成以城市特别是大、中城市为依托的、不同规模的、开放式、网络型的经济区。"[25]这种网络型的经济区，主要以大中城市为枢纽、为节点，然后依托现代化的交通网络、信息网络组成的城市化区域，形成一个开放式的经济发达地区。

例如，长江三角洲地区中的大上海，其形成发展与长江三角洲地区的经济开发及其城市群成长密切相关。上海大都市区的发展必需顺应区域经济发展的内在规律，从沪宁杭地区城市群整体出发进行总体布局和组织，合理利用土地资源，切实保护生态环境，尤其是区域性的饮水水源保护(黄浦江上游即在江苏吴江市的大浦河等)以及太湖流域河网水质的保护；为了防止或减轻市区人口压力、交通压力与环境压力，还得大力加强郊区县城镇与重点镇的建设，适当疏散市区的工业企业与人口，促进现代化大都市的国际化建设与城乡一体化的协调发展，完善中心城市的综合服务功能与严格控制中心城区(浦西老城区)的人口与用地规模。虽然近10年来，由于上海市政府的重视和城市规划的龙头作用，浦西地区已经向浦东新区和闵行、嘉定、宝山等边缘区疏散了120多万人口，对大上海的国际化都市的建设起到了重要作用。[26]

上海是我国能够首批进入亚太地区的国际化城市之一，今后20～30年内，必需认真处理好城市与区域发展的相互关系，其关键性的战略措施有如下几点：

1. 加强上海核心区(中心城区)的现代化建设，发挥上海在长江三角洲地区乃至我国沿海地区龙头作用。

大上海的中心城区(即国际大都市的CBD)，主要包括浦西与浦东陆家嘴这一块弹丸之地，有如东京的银座、新宿副都心和纽约的曼哈顿岛金融贸易区。今后必须加强城市对外功能方面的作用，即把上海建成为亚太地区的国际一流城市、国际航运中心和国际金融贸易中心等高级职能，通过完善城市综合服务功能和城市数码信息港的通讯体系，使上海的经济、文化、科学和对外服务功能更加繁荣与发达，成为整个长江三角洲地区的人流、物流、资本流和信息港的集聚中心与辐射中心，充分发挥上海大城市对国内外各种交流与支援全国经济建设的巨大作用。

2. 逐步完善上海与郊区城乡一体化的建设，并将这一地区建设成为我国经济高度发达，城市现代化的示范区

2005年上海市总人口已经接近1 750万人，其中在600 km^2的市区范围内已有1 000万人居住、工作，过度集聚的人口、产业使市区交通拥挤、环境质量下降，给市政设施与各种物资供给造成巨大压力。为了缓解“大城市病”，减轻人口、资源与环境的压力，应逐步完善上海郊区的现代化建设，实现城乡一体化发展的新格局。今后市区600 km^2内，人口应控制在900万左右，适当疏散人口与产业；同时在外环线外，距离市区中心半径30 km的范围内约1 600 km^2，规划人口500万(宁越敏称之为通勤区)，集中力量发展松江、嘉定、宝山等新城市的建设(人口规模50～80万人)，使这一地区成为上海城乡一体化地区的示范区。[27]

3. 协调大上海与长江三角洲地区发展的相互关系

我国在20世纪50～60年代建设城市与地区的方针是以“苏联模式”为主的，“重生产、轻生活、丢环境”的方式缺少以人为本的精神，给我们国家的城市与地区的发展带来了巨大损失(崔功豪，2006)。城市发展与建设的目标是为广大民众在发展经济的前提下创造良好的工作与生活环境，尤其是21世纪城市化时代，这种理念更加重要了。

在大上海与长江三角洲地区的发展中应当协调好这两者关系，两者不应当有所偏废。众所周知：长江三角洲地区(特别是江南与苏杭)有优美的自然山水，有着丰富多彩的海滨河岸，还有悠久的历史文化(有一批国家级、省级的历史文化名城——南京、杭州、苏州、无锡、宁波、南通等)以及许多世界不可多得的名胜古迹与旅游胜地，因此，本地区的各项规划与建设都要重视历史文化的保护与发掘，重视城市特色的创造，重视生态环境的保护和建设(崔功豪、董雅文，2005)。

协调大上海与长江三角洲地区发展的相互关系时，也要注重各地区的相互利益，应做到资源共享、设施共用、效益公平，保护弱势群体的根本利益，争取本地区永续发展、可持续发展。

城市与区域发展的相互关系主要表现在三个方面的相互作用：① 区域经济活动的展开往往只依托中心城市的功能作用的集中、强化与扩散；② 经济活动中心的长期形成以及城镇的空间结构发展与交通线布局的扩散密切相关；③ 区域内外社会物质交流活动中心连同这种活动形式表现出来的企业之间与人和地的关系的集聚性。[28]因此，开展城市与区域发展研究时，就要全面地研究城市区域的经济关系、产业关联度及其城乡一体化的协调关系。认识规律、因势利导，把城市作为一个区域的生产、交通、流通、信息与消费的市场中心，进行全面规划，才能收到综合性的效能。以上三方面的作用，表现在城市有机体日日夜夜流通的物质与建筑的拓展形式上，并依赖区域空间作用基础，使城市不断形成扩大，同时又促进了地区资源与社会人力资源的开发和利用，形成了城市与区域发展相互融合的地域生产综合体，这也是人类有史以来空间结构特征上表现出来的最复杂的有生命力的有机体。正如有的学者所指出：在现代化发展过程中，有一个城市与区域先后发展、空间扩散(依赖城市体系和交通网)的步骤。城市与区域开发过程的“循环及累积因果作用”，也是人力、物力与财力投入产生集聚效应的结果。

二、中心城市的辐射作用与建成区的扩展

城市无论其规模与综合实力的大小，在任何一个国家或地区经济发展中都起着十分重要的主导作用。就城市与经济关系而言，经济是城市的实体，承载着城市的主要功能。城市是经济活动的舞台，也是经济发展水平的重要表现形式和现代化、城市化的指示牌。

城市是多功能的，有着多种的中心作用，有政治中心、经济中心、文化中心和对外活动中心等，其中最重要的是经济中心及城市的辐射带动。可以说，城市社会中，许多活动都是围绕着经济活动而进行的。城市的经济中心地位，首先是指城市对组织经济、管理经济(国外称之为“城市管治”)和发展经济的核心作用。由于现代化经济发展是一个复杂的过程，城市的经济功能也是多元化的，主要表现在生产、流动、金融、外贸、信息、消费与娱乐等活动环节中。1944 年英国学者阿伯克隆(P. Abercrombie)主持编制过大伦敦地区规划，这是一种称为大城市圈规划，是指不局限于大城市的行政区域。包括其影响范围内的广泛的区域整体规划，其主要的规划思路是把伦敦郊区“田园城市”的理想与“中心地理论”的思想结合在一起，

反映了城市与区域发展的互动关系。实质上城市也是区域发展的生产中心、信息中心、流动中心、金融贸易中心、文化科技活动中心等。

一般说来,城市愈大,影响的区域范围就越大,城市的辐射作用越大,各种物质流向和经济活动也更为浩繁。例如,我国的上海市和广州市居于我国经济比较发达的两大三角洲的区域发展中心,也是具有全国意义的区域经济中心。2000 年上海全市人口 1 136.8 万人(其中市区 938 万人),占全国城市人口(非农业总人口)的 2.5%,GDP 国内产值 2 973 亿元,占全国城市工业总产值的 12.8%,外贸出口额占全国的 18.6%;广州市区人口 401 万人,GDP 国内产值 1 298 亿元,其中外贸出口额占全国的 16.5%,占广东全省的 35.1%。可见,上海、广州在全国经济发展中具有举足轻重的地位。

在工业革命后,特别是最近 50 年来,发达国家和发展中国家的城市都在急剧地发展,这主要是由城市中心作用(本质活动)所决定的。从 19 世纪初到 20 世纪 80 年代,城市人口特别是大城市人口增长很快(参见表 6-4)。

表 6-4　世界上若干大城市的人口增长　　单位:万人

城市 年份	巴黎	伦敦	纽约	东京	上海	加尔各答
1800	64.0	80.0	6.0	76.0	55.0 (1843 年)	45.0
1900	360.0	650.0	450.0	200.0	330.0 (1936 年)	195.0
1980	610.0	780.0	1 210.0	850.0	650.0	313.4
1998	650.0	790.0	1 250.0	1 240.8	953.0	650.0
2005	685.4	860.5	1 400.4	1 340.0	1 240.0	—

资料来源:① [英]汤姆逊. 城市布局与交通规划. 北京:中国建筑工业出版社,1982.

② 世界银行,2004 年、2005 年世界发展报告等有关资料

③ 建设部,城市人口资料,2005 年,2005 年上海为市区人口(含郊区)。

从表 6-5 分析中国的大城市,可以看出近半个世纪以来特别是解放以后,工业经济,以及社会团体、企事业的集聚,促进了城市人口的急剧增长。

表 6-5　中国沿海大城市的人口增长(1936~2005 年) 单位:万人

年份 城市	1936	1953	1970	1981	2004
上海	372.7	620.4	700.0	613.4	1 080.0
北京	155.1	276.8	500.0	543.0	831.3
天津	129.2	269.3	360.0	502.0	527.3

续表 6-5

城市\年份	1936	1953	1970	1981	2004
大连	44.5	76.6	165.0	145.2	275.1
沈阳	52.7	229.9	280.0	391.8	465.0
南京	101.9	109.1	175.0	208.7	380.5
广州	122.2	159.8	250.0	307.7	473.3
福州	35.9	55.3	68.0	109.3	150.5
杭州	58.9	69.9	96.0	115.6	256.4

资料来源:① 薛凤旋,沈道齐,姚士谋等.中国的大都市。北京:商务印书馆,1986.
② 《中国城市统计年鉴(1985)》、《中国城市统计年鉴(2005)》等(市区非农业人口)

注:1936～1981 年为城市市区人口。2004 年为非农业人口(相似于建成区人口)。

三、城市与区域合理发展的基本原则

我们在探索城市与区域合理发展的原则时,不能满足于某些仅对局部地方适合实用的原则。城市与区域是一个具有点、线、面"三维"空间的地区,也是生产力长期形成发展的经济实体,处于自然、经济和社会各种矛盾的统一体中。因此,为了促进区域经济的健康发展,必须探索城市与区域合理发展的基本原则。

根据我国城市地理学家与城市规划者长期的实践经验,城市与区域合理发展的原则一般可归纳成如下几点:

1. 集中布局的原则(即非均衡发展原则)

人们常说:"平衡发展是相对的,不平衡发展是绝对的。"在任何一个地区(或城市区域),人们常常可以见到在许多大中城市里出现地区生产力(工业企业)的集聚,人力、物力和资金的集中,由此造成区域发展的不平衡现象。而通过把主要中心城市的工业、技术、资金扩散和推广到整个地区,带动地区生产力发展,可以消除区域发展不平衡的现象。"发展城市和人口分布的城镇聚集体形式以及加强生产力的区域集中(物化劳动和积累也与此过程密切相关),这些都是完善社会生产(其中包括人口分布)的重要方针。区域生产要素的集中客观上引起积聚过程的质变"。[29] 根据我国经济建设经验,生产力的集中布局(尤其是同类企业、工业的成组布局)可以减少基础设施的投资,有利于提高交通和邮电项目的建设投资利用率和降低管理费用,有利于企业间、地区间的科技文化交流和形成城市社会。前苏联在 20 世纪 60～70 年代开发东部和南部区域,采取集中布局原则,确定区域内合理的结构体系成组地布局工业，取得了显著的经济效益。因此，“对新建企业来说，基建投资平均可节约8%～15%；对改建企业来说，可节约3%～5%；用地需要量可减少10%～12%；工业生产职工人数可减少4%～5%；交通运输和工程管线长度可减少5%”。当然这种集中布局的优势也是有一定限度的，如果超过某种范围（超过门槛）就会失掉自己的经济优势。因此，对我国一些经济发达区域，城市过分集中，工业企业过分饱和，土地负载量超过常规，往往会出现各种“城市病”，我们也应引以为戒。

2. 城市与区域相互协调的原则

城市总体规划是指导城市发展近、远期的战略决策与具体的思路，特别是现代经济的时代，区域规划是减少国家重大项目布局合理的重要前提；也是阻止各地区各自纷争、各自为攻的良好对策，总之，处理好城市与区域发展的关系，对于深化各地区土地利用规划、城市总体规划和各部门的规划行之有效的方法。

在城市规划与区域规划（包括国土规划等）的工作实践中，不少人都意识到相互协调的重要意义，但有时往往又很难处理好这些问题。城市与区域发展的矛盾很多，诸如用地、用水、企业布局、交通线路配置，生活区、工厂区、垃圾与工业污水要处理好、协调好并非易事，工业发达地区环境问题更加严重，例如苏州、无锡市郊的太湖水质问题，农村面源污染治理也很紧迫。

城市与区域发展的相互协调的原则，就是在城市与区域的规划和建设中应考虑近远期发展的协调性、局部与整体利益的统一性以及发展生产力与生态环境保护相关性等问题。例如，南京东郊风景区（中山陵）在前两年经济发展过程中，附近一些单位和个人为了追求经济利益，在中山陵2～3 km范围内设厂办企业，破坏了风景区的建设；某些单位借口发展生产，破坏了景观。21世纪初，南京市一些建设单位仍然在紫金山顶上建设一座巨大的圆型观光台建筑，破坏了风景区，一年后由于专家的反对又拆毁了，浪费资金4 500万元。今后必须保护闻名中外的东郊风景区的整体性，使之与城市发展、与区域经济发展相互协调起来。

3. 城市发展与区域经济发展有机结合的原则

按照经济地理学观点，任何一个城镇都是地域的中心，都拥有特定的经济吸引的地域范围，这正是“经济区”的理论基础，城市与经济区如影随形，是一个事物不可分割的两个方面。从这一点来说，城市-区域的概念实质上就是经济区的概念。比如说，任何一个大大小小的经济中心，都有其相应的经济地域范围，这样，从全国到地方、从上到下，形成了一套完整的多层次的城镇居民点体系。只有这样，城市与区域的发展才能有机地结合在一起，真正发挥中心城市的作用与区域基础的机能。

城市与区域发展的有机结合主要表现在三个方面：① 城市发展的方向、性质与规模的确定，主要依据城市所在地区（尤其是经济区）的自然经济基础和所承受的容量。自然资源的丰度（例如矿产有价值的开采储量等）在很大程度上决定了城市发展的主导职能。如大同市的煤矿、包头市附近的铁矿、茂名市的油页岩、景德镇市的陶土等等，这些工矿城镇均应围绕着地区的自然条件、自然资源，考虑城市的性质、发展方向与规模。当然，城市规模还要考虑城市的经济辐射强度、地区农业基础和农副食品基地的建设。② 城市对外交通干线的规划建设要与本区域经济开发方向相适应，有利于地区经济发展。例如：闽南金三角地区，城市交通线除了鹰厦铁路外，主要依靠公路运输和海上运输，公路运输目前很不适应对外开放的形势，除了提高现有的福厦公路级别（包括高速公路）、扩建漳汕公路之外，还要规划建设“三南公路”（由厦门经漳州、龙岩直通赣南、湘南地区的二级公路）和福厦快速干道（利用外资），适时适应闽南地区经济开放，加强与东南亚各国的贸易关系，加强对台贸易和经济文化的交流，有着十分重要的意义。③ 有机结合表现在有一个稳定合理发展的环境容量。由于城市的发展，受地区自然和社会多种因素的限制，因此，在规划城市发展时，就必须从区域发展的角度考虑城市合理的产业容量、用地容量、用水容量、大气容量、生物容量和区域环境容量等等。只有这些容量合理，才能为生产的发展和居民的活动创造良好的经济和环境条件。

4. 城市与区域经济发展的经济联系原则

城市形成发展过程是人与物在地域空间上不断集聚的过程，随着生产力的进一步发展，每个城市的有机体都在不断储存与辐射自己的“能量”，影响着自己与周围地区。由此可见，城市形成发展过程就是与周围地区不断加强经济联系的过程，尤其是特大城市，每天城市本身的吸引力与物质消耗都必须依托区域，才能促使城市有机体的运转与再生。例如：北京的人流趋势，北京铁路枢纽日旅客发送量从1970年的2.02万人、1982年的6万人、1987年的10.5万人，到1989年增至12万人左右，1998年达20万人；全年发送旅客超过2 800～3 600万人次；2004年春节期间北京车站日发送量达25.6万人。北京日发旅客列车160～225多对，其中148对由北京站发出；80对由北京新建的西客站发出；丰台西站日办理货车辆数约1.72万辆，为全国最大的编组站之一。每年春节前后一个月左右形成了春运高峰，如北京、上海、广州等城市形成了人流的高峰节点，为全国之最。

总之，城市与区域发展的相互关系，随着社会生产力的日益发展，随着工业化、城市化、现代化水平的提高，城市群之间和各城市之间的人流、物流、信息流、资金流等日益增强，城乡关系日益加强。我们在探索这些关系时，必须按照区域经济发展的内在规律，加强中心城市之间的相互协调、相互支援，使其相得益彰。

注　释

城市与区域发展的互动关系集中表现在城市群区域的发展过程中，因此我们要很好地研究城市群区域范围界定的方法问题，这样才能更好地处理城市与区域发展的相互关系。

城市群区域范围如城镇密集区、大都市连绵区的范围一样，目前很难界定。究竟范围如何划分，是很复杂的一个问题。从全球经济一体化的发展趋势分析，有人提出把全球城市体系，当作"世界级的城市体系"，其次为各大洲、大国或大地区的城市体系。当然任何一级的城市体系都有着密切的联系，相互依存、相互影响着；各类型城市群也是这样一种关系。

关于城市群区域范围的界定，我们始终认为是相对的，局部性地域的，不可能有明确的、绝对的界线。因此首先应探讨其界定的原则，然后才是界定的方法等。

一、城市群区域范围界定的导向性原则

(一) 客观性及可识别性原则

城市群实体客观存在于地表空间，城市的各项社会、经济活动占据着一定的地表空间，形成相应的城市功能分区的实体。城市活动与周围各城市、区域活动有一定的距离，形成城市场空间作用的强弱。这种城市场作用的大小，实际上就是城市群内部联系强弱的表现，是客观存在的，也是具有可识别性的。

(二) 城市的辐射与吸引作用的阶段性、模糊性

城市群中各个大中小城市，由于城市规模所决定的城市势能强弱，形成了城市的辐射与吸引作用的大小，影响着区域之间各个城市辐射与吸引作用的大小，影响着区域之间各个城市辐射与吸引范围的大小，城市作用是绝对的，而城市作用的大小则是相对的，这里有一定的地区界线(主要是经济区的界线，中心城市在区域内作用大小的地区界线等)，但是这里具有一定的数学上的模糊概念。

(三) 统一性及其空间相互联系的原则

城市群实体地域空间不是孤立存在的，它与周围地域的每一个城市都发生着空间相互联系的作用。城市吸引着周围地域的人口、资源分配与城镇联系，也为周围地域和各个中小城市提供城市服务、市场、就业机会等等。这一城市的互动机制是城市实现地域以现状用地的方式再扩展的动因。

二、城市群区域范围界定的方法问题

(1) 依据城市场引力公式，计算城市群内部各类城市的综合经济实力的辐射范围、主要客货流密度以及信息流强度，分直接辐射与间接辐射的区域范围进行界定。

(2) 按照经济区划分方法，界定城市群的区域范围，例如沪宁杭区域城市群

区，内部包括江、浙两省与上海市经济发达区，江苏省的苏锡常、宁镇扬两大经济区，可以作为城市群的内部分区。

(3) 按照行政区划的方法进行划分，但这种方法缺乏一定的客观经济规律的依据，方法上存在着不严密性与松散性。

(4) 按照城市群区的人流、物流、资金流、信息流的规模、流向、疏密程度进行划分，按照各中心城市经济联系的强度分析计算，这种方法比较复杂，资料难以取全、程度复杂，一时难以划分，我们还在进行研究探索之中。

第五节　中国城市的现代化建设

城市现代化是人类文明和社会进步最重要的标志。特别到了21世纪，现代化的城市是地球上人类生存与发展所追求的最本质的目标。影响城市现代化进程的因素很多，从现代社会角度出发，可分为基本因素和推进因素两个方面。基本因素是指城市的区位条件与地理环境，这是城市先天所拥有的。推进因素是指城市在发展过程中，通过经济发展水平带动城市的基础设施、文化设施和管理水平的提高，投入大量的人力、物力与资金，从而促进城市发展水平不断提高，促使城市更新，创造新的人居环境与工作、休憩旅游环境，形成城市现代化的基本素质。例如，世界性的国际顶级城市东京，她和纽约、伦敦、巴黎一样，半个世纪以来，城市现代化建设发展得非常之快，现在可以说是世界上最大、最现代化的城市之一，人口规模已达1 400多万，建成区面积达960 km^2，城市化区域(含开发区)有2 162 km^2，其城市基础设施、信息化程度和交通网络体系以及城市水环境等可以说是世界第一流水平的。东京如何走向21世纪？虽然已经完成了几个长远规划的宏伟蓝图，但日本政府、东京都城市规划委员会，仍然提出宏伟的城市现代化目标，他们称之为"打开21世纪大门的十项提案"，非常雄伟壮观，规划事业的主要工程项目有202个，工程总费用达31.179兆日元。包括住宅、交通、都市结构、人口就业、企业创新、老城改造、文化事业、卫生与环境等十大要点。上述十项重大计划实施成功后，使东京城市更加国际化、信息化、现代化和高度城市化，[30]今后东京附近地区的城镇布局、工业区、开发区、卫星城与旅游区景点将更加合理地发展，建设水平更加现代化，城市发展更具有充分的个性特征。

城市现代化建设水准要求很高，特别在信息化时代，主要依据城市的综合经济实力、社会经济发达程度、市政设施与规划布局、市民素质与管理水平及其城市生态环境等等，主要思路如下：

1. 城市形成发展过程中的综合经济实力，这是城市现代化建设的基本条件，这也是国家强盛的本质反映

从全球经济一体化角度分析，世界上大多数综合经济实力强的城市都位于发达国家的经济发达区内。城市具有雄厚的经济实力，人均国民生产总值(GDP)也是最高的(表 6-6)。

表 6-6　世界若干个国际性中心城市的经济发达水平比较

城　市	人口 (万人)	国内生产总值 (万亿美元)	人均国内生产总值 (万美元)
日本东京	1 340.6	4.81	3.65
英国伦敦	860.5	2.50	3.68
美国纽约	1 400.4	12.64	4.21
法国巴黎	685.4	2.15	3.31
中国香港	760.5	0.186	2.45
新加坡	310.1	0066	2.15

资料来源：① 引自《世界经济年鉴》2001、2005 年(北京)。
② 引自美国《幸福》杂志，1998、2004 年资料。
③ 我国的香港指香港地区的总值。

跨国公司是支配全球经济的一支重要力量，一国所拥有的大型跨国公司的数量在一定程度上反映了国家的综合经济实力。由于跨国公司总部、分部大多位于国际性的大都市，因而一国跨国公司的发展水平又在一定程度上影响到国际性大都市的成长、发展与壮大。我国的香港、上海与北京，近 20 年来也有一部分跨国公司驻人，开展了国际间的合作、贸易与文化交流，对于这些超级城市的国际地位日渐提高起到重要的推动作用。美国《福布斯》杂志 1998 年公布了美国以外 500 家最大的公司(集团)(包括制造业、各种服务、信息行业)的排名。除美国外，日本拥有的大公司最多，达 210 多家，其次是英国 80 家、法国 58 家、德国 45 家、瑞士 17 家、荷兰 15 家、意大利 16 家、韩国 15 家、澳大利亚 12 家，等等。大多数公司均集中在纽约、东京、伦敦、巴黎、法兰克福、首尔、米兰、悉尼、新加坡、香港等国际性的城市。可见，这些城市的现代化程度与强大的经济实力，吸引着世界上许多著名的财团、公司高度集中，同时，也对这些国际性城市的经济发展与现代化城市建设起到推动作用。

2. 大力加强城市化区域的综合交通运输体系的建设，促使各地区大中城市的集聚与扩散能力达到一个新的标准，完善城市交通体系现代化的规划建设

新世纪到来之际，全球经济一体化出现了新的格局、新的概貌，要求各大区域的经济中心、航运中心与交通枢纽有一个快捷、安全、高效的运行系统。在城市化地区,国际性城市和地区经济发展中心拥有系统、便捷的现代化运输方式,如航空、海运、铁路、公路和河运等。日本、法国、德国等的高速铁路已开始营运,日本的新干线每小时运行速度达 300 多公里,大大缩短了城市间的交通距离,节约了时间与人力。新近开通的英吉利海峡隧道,通过高速铁路把英、法、比利时三国的首都伦敦、巴黎、布鲁塞尔连接起来,变成了一小时内的交通圈。至于高速公路在各国更为普及,尤其是北美、西欧大陆的高速公路网将各大中城市连接在一起,客货运输十分便利。1980 年时美国拥有全世界高速公路里程的 50%强,达 6.8 万 km,后来的比重下降了。其次是德国、法国将近有 1 万 km,日本也有 8 700 km。我国自 20 世纪 90 年代以来,高速公路建设较快,目前已建成的有 3.5 万 km,至 2020 年中国全国要建成“六纵七横”及其主要城市连接线的高速公路网,约有 7.0 万 km 的高速公路(2004 年交通部已完成全国第二轮高速公路网的规划数字),同时拥有 160 万 km 的其他等级公路网,还有 50 个全国性的公路主枢纽。我国近几年也在规划建设上海至北京的高速铁路,上海至杭州、北京至沈阳等重要线路,预计在 10～15 年内完成。其他运输繁忙的地方如珠江三角洲、长三角、京津地区、沈大、成渝等快速铁路干线,也在规划建设之中。

由于现代化城市发展的需要,在新的世纪之中,国际国内间的航空运输对所有现代化大中城市的建设更为重要,因为航空是洲际联系(远距离)最迅速的运输手段。国际性的大都市一般都是国际航空枢纽,其中有些城市如纽约、东京、伦敦、芝加哥等拥有多个机场,年客流量达 6 000 万人次以上(表 6-7),其次像巴黎、香港、首尔、大阪、法兰克福、莫斯科、柏林等城市的航空港年客运输量也达到 2 500 万人次以上。我国目前航空事业迅猛发展,北京、上海、广州的机场为国内三大航空港,近几年来客运量人数超过 3 000～3 650 万人次。春节期间(20 天),首都机场每天客运飞机起降 360 架次,运送旅客超过 150 万人次。自 2005 年春节开始,开通了海峡两岸直飞台北的包机,有利于我国大陆与我国台湾省两岸同胞的血肉联系。

表 6-7　国际性大都市航空港(旅客运输人数)

重要城市	机场数	跑道数	年起落架次(万次)	年旅客人数(万人次)	年货运量(万吨)
纽约	3	10	98～106.5	7 480.0	176.02
伦敦	4	6	60～64.0	6 430.0	98.50
芝加哥	2	6	82～85.0	6 160.6	86.00
东京	2	4	35～38.0	6 210.0	190.90
巴黎	2	6	44～48.0	5 100.8	94.80
法兰克福	3	3	36～41.0	3 405.0	116.90

续表 6-7

重要城市	机场数	跑道数	年起落架次（万次）	年旅客人数（万人次）	年货运量（万吨）
大阪	1	2	21～25.0	3 880.8	55.70
洛杉矶	2	9	64～68.5	4 980.0	108.80
香港	1	3	45～46	4 445.0	358.1
新加坡	1	4	12～14.5	2 451.5	160.8
北京	2	3	25～26.5	4 450.6	380
上海	2	3	21～22.8	3 866.8	210
广州	1	2	18～21.5	3 650.9	180

资料来源：① 国际航空协会资料汇编，1995、1998。
② 关西航空港调查会：《世界都市和关西的构图》，表 8、10，1998。
③ 中国三大国际空港资料来源于《民航总局》2006 年资料。

3. 在全球经济一体化的形势下，积极营造优美、高效、舒适的城市环境，创建现代化的工作、生活与游憩的健康场所

城市生长发展过程中，由于生产力极为落后，人们对于生产建设、工业布局与环境生态的关系认识不足，在许多规划设计中，对于环境保护意识也不足，因此，常常造成工业布局（工厂生产）对市区环境产生很大干扰，甚至破坏作用。在环境保护方面，一些大城市曾有过惨痛教训。当代著名的大气污染四大事件有两件就分别发生于伦敦和洛杉矶。1952 年 12 月 5 日至 9 日，由于高压逆温层笼罩着伦敦市，发生了被称为“豌豆汤”的烟雾污染事件。在烟雾发生后的一个月内，因呼吸道疾病死亡的人数估计有 4 000 人。1946 年，洛杉矶开始出现光化学烟雾，其后又多次发生。1955 年的一次事件中，当地 65 岁以上的老人死亡近 400 人。另外，东京 1970 年 7 月 13 日发生的一次光化学烟雾，受害人数达 6 000 人。

从 20 世纪 50 年代起，各城市先后开始治理环境污染。如 1956 年伦敦通过了《清洁空气法》，要求改变燃料结构（用电、煤气等替代煤），有效制止烟雾的发生，大大减少了烟雾在伦敦发生的次数。至于泰晤士河，经过二十多年严格治理后，鲑鱼于 80 年代重返泰晤士河更为人所知，如今伦敦大都市的生态环境质量提高得很快，许多市区与郊区绿草茵茵、树木葱葱，基本上适宜于人类生存与居住，环境也比较优美，为世界旅游客人所喜闻乐见。我国的北京，为了迎接 2008 年奥运会的召开，大规模展开了治理环境的宏伟规划，不仅要消除或减弱北京的沙尘暴、减少风沙漫天的恶劣天气，在黄土高原、内蒙古一带大力营造千里防风林，改善黄土高原严重水土流失的状况；而且在市区努力改善生态环境，扩大绿地面积、涵养水土、治理河道、治理汽车尾气、建设优美的市区环境与人居环境；投入巨资，加强执法力度与现代化城市的管理水平。

现代化城市要求努力创建优美舒适的城市环境与居住小区，建设多元化用途的市民广场与绿化走廊，具有极为重要的现实意义与长远意义。它不仅为人们的工作、生活提供优美的办公用地与游憩的场所，还能有效地减轻环境污染带来的影响。现在，绿地面积、市民广场与草地已成为衡量一个现代化城市的生态环境的重要指标。在世界上许多发达国家的城市环境是十分优美的，被大多数旅游者所公认的环境优美的城市有：华盛顿、日内瓦、巴黎、首尔、西雅图、波士顿、悉尼、旧金山、科隆、柏林、京都、名古屋、新加坡和香港等大都市；中国的杭州、深圳、大连、苏州、厦门、珠海、桂林等城市，经过五十多年的改造与建设，城市环境得到了较大的改善，人居环境质量、环境治理（水、大气、垃圾等）的水平也有较大的提高。

1965 年制定的"巴黎地区战略规划"，采取了"保护旧市区，重建副中心，发展新城镇，爱护自然村"的方针。规划对巴黎未来的发展提出 3 项战略性措施：① 沿塞纳河下游形成巴黎、卢昂、勒哈佛 3 个城市；② 在巴黎城市南北两边 20 km 范围内，与塞纳河平行发展两条城市绿色走廊，走廊内建设 5 个环境幽美的新城；③ 在中心区周围建设 9 个副中心，各自服务几十万人。按照上述规划，巴黎将成为一个典型的带状发展、城市景色与自然风光相间的多中心城市群地区，也是世界上城市环境优美的现代化城市之一，现在不少专家学者称巴黎为"城市的皇后"，为世界各国人民所向往。

参考文献

[1] 王宏. 基础管理与功能开发并重—社区建设与管理的思考[J]. 社会，1996(5)：25～28.

[2] 申玉铭，毛汉英. 区域可持续发展的若干理论问题研究[J]. 地理科学进展，1999，18(4).

[3] IUCN. World Conservation Strategy：Living Resources Conservation for Sustainable Development，Morges，Switzerland，1980：65～74.

[4] WCED. Our Common Future[M]. Oxford：Oxford University Press，1987：45～60.

[5] IUCN，UNEP & WWF. Caring for the Earth：A Strategy for Sustainable Living. Gland，Switzerland，1991：92～98.

[6] The United Nations Conference on Environment and Development[C]. Earth Summit' 92. London：Regency Press，1992：38～45.

[7] 刘培哲. 可持续发展—通向未来的新发展[J]. 中国人口、资源与环境，1994(4)：125～130.

[8] R. T. T. Forman. Ecologically Sustainable Landscape. 1990：58～62.

[9] E. B. Barbier. Economics，Natural Resources，Scarcity and Development：Conventional and Alternative Views. 1985.

[10] 迈克詹·克斯，伊丽莎白. 紧缩城市——一种可持续发展的城市形态[M]. 周玉鹏，龙洋，等译. 北京：中国建筑工业出版社. 2004：121～125.

[11] Anil Markandya，David W. Pearce. 'Natural' Environments and the Social Rate of Discount.

1988:89～94.
[12] The World Resource Institute. World Resources. washington, D. C. :WRI, 1992－1993: 126～131.
[13] 姚士谋,王兴中,等. 中国大都市的空间扩展[M]. 合肥:中国科学技术大学出版社,1998:62～71.
[14] 周一星. 城市地理学[M]. 北京:商务印书馆,1995: 58～67.
[15] James Oustave Spath. The Environment: The Greening of Technology. 1989.
[16] World Bank. World Development Report[R]. Washington, D. C. World Bank, 1996.
[17] Brown L. We Can Build a Sustainble Economy[J]. Futurist, 1996,30:8～12.
[18]《可持续发展指标体系》课题组. 中国城市环境可持续发展指标体系研究手册——以三明市、烟台市为案例[G]. 北京:中国环境科学出版社,1997:1～2.
[19] United Nations. Indicators of Sustainable Development Framework and Methodology[R]. New York, 1996:121～132.
[20] 王海燕. 论世界银行衡量可持续发展的最新指标体系[J]. 中国人口、资源与环境,1996(1):39～43.
[21] Niu Wenyuan, Jonathan L. and Abdullah. Spatial Systems Approach to Sustainable Development[J]. A Conceptual Framework, Environmental Management, 1993, 17:179～186.
[22] The World Bank Indicators of Environmentally Sustainable Development. New York, 1997: 56～71.
[23] United Nations. Towards Indicators of Sustainable Development in Asia and the Pacific [R]. New York:United Nations,1997.
[24] 宋家泰. 城市—区域与区域调查研究[J],地理学报,1980,35(4): 277～279.
[25] 宋运肇. 亚洲金融角逐[M]. 北京:中国金融出版社,1992:84～91.
[26] 蔡来兴,张广生,等. 国际经济中心城市的崛起[M]. 上海:上海人民出版社,1995.
[27] 姚士谋,陈振光,朱英明,等. 中国城市群[M]. 2 版. 合肥:中国科学技术大学出版社,2006: 165～178.
[28] 姚士谋,汤茂林,陈爽. 区域与城市发展论[M]. 合肥:中国科学技术大学出版社,2005.
[29] 鲍世行. 城市规划新概念新方法[M]. 北京:商务印书馆,1993:78～81.
[30] 东京都规划委员会. 东京都 21 世纪发展设想.(日本国土规则纲要)2001. 2005.

第七章　城乡一体化与都市圈

"城乡一体化"是我国城市化战略的一个重要步骤。本章从我国城乡对立的经济社会背景出发，进一步分析"城乡一体化"的内涵，提出都市圈城乡一体化的路径。

第一节　城乡一体化的内涵

关于"城乡一体化"的含义众说纷纭。我国最早提出"城乡一体化"的概念，主要是针对我国城乡对立格局及种种制约。真正把握"城乡一体化"的内涵，必须了解城乡对立产生的社会经济背景。

一、城乡对立产生的社会经济背景

"城市-工业"和"农村-农业"的分工，是继人类历史上"商业与物质生产部门分离"的第三次大分工后，在近代工业革命后出现的又一次新的社会分工。在农业社会，城市作为农村的商品集散地、消费中心，是政治统治中心，城市手工业与农村农业之间的技术经济差别比较小，还没有出现极化的现象，城乡之间相互依存。近代工业发展过程中，城乡分工基础——工业和农业部门之间出现产业分工，这两个部门分别代表着最先进的生产力和生产关系、落后的生产力和生产关系，"城乡区别就是社会最现代部分和最传统部分的区别"，这样机器大生产的工业和小农经济的农业的生产方式和效率的差异，直接带来了城市生产者和农村生产者的技术水平和经济收入差距，从而引发了城乡之间经济、技术、社会、文化等全面的差别，城乡极化过程突出。特别是在帝国主义的垄断阶段，随着资本的高度集聚，生产力的高度发展，城乡分离和矛盾日益激烈和尖锐化。城市与乡村分离对立，"无论什么地方都没有例外地是城市通过它的垄断价格，它的赋税制度，它的行会，它的直接商业诈骗和它的高利贷在经济上剥削农村"(马克思，1975)。工农业产品在交换过程中，工业通过强有力的经济垄断和明显的不平等的“剪刀差”比价，使乡村屈服于城市的统治，屈服于城市的剥削，出现严重的城乡分化，从而在社会观念上形成了歧视乡村、轻视农业的做法。这种倚重工业化的发展战略，使城乡矛盾日益激化，形成城乡对立，结果是城市的畸形发展，恶性膨胀，乡村破产。

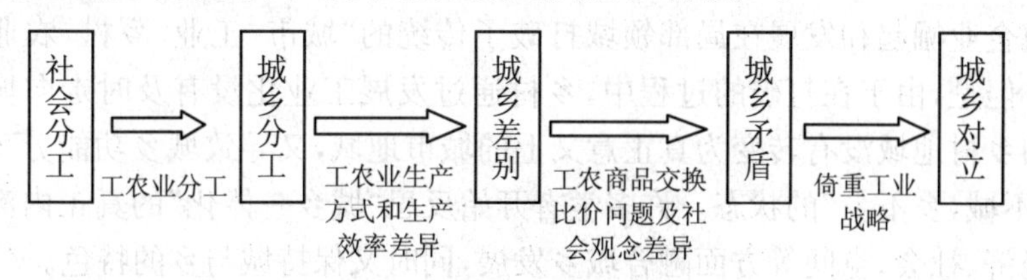

图 7-1　城乡对立产生的图解

参阅：王振亮. 城市一体化的误区. 城市规划，1998(2)：55.

旧中国作为一个半封建、半殖民地的国家，就是一个典型的城乡对立、城乡二元结构明显的国家。这种二元结构不但体现为工农关系，也体现在官民关系和阶级关系。新中国成立初始的过渡时期，城乡之间的经济联系，开始表现为规模化的社会主义全民工业与个体及集体形式的小农经济之间关系；城乡经济联系的本质，在于巩固工人阶级和农民的联盟。当两种形式、两种关系的矛盾日益尖锐时，农业是围绕支援社会主义大工业、供给日益增多的商品粮和农产原料的目的，进行社会主义改造，这就要求农民经济的一部分收入集中起来用于全国性的需要，国家帮助农民提高技术、特别是社会主义大工业以机器和其他生产资料供给农业、用新的完善的技术武装农业为主要形式，于是有了农产品采购问题、工农业产品比价问题和税收问题等等(曹平揆，1957)。

当这些矛盾难以协调时，工、农业这两个生产部门通过买卖的方式相互交换自己产品的市场商品联系，逐步被国家统购统销下的所谓“生产联系”所取代：在严格的户籍制度[①]下和相关的一系列城乡分割的政策体系下，城乡居民分属两种不同身份待遇的社会，构成不同社会利益集团，如划分为“非农业人口”与“农业人口”，并严格限制农业户口转为非农业户口的户籍制度；对农村人口实行“自然就业”，对城市人口实行“统包统配”的就业制度；对城市居民的粮食农副产品价格补贴的供应制度，限制城乡居民通婚后身份改变的婚姻制度等等。改革开放前 30 年，城乡矛盾和二元结构不但没有得到缓解，反而进一步强化。

改革开放以来，以上制度受到市场经济的强烈冲击，特别是乡镇企业的发展冲破了城乡牢笼的分割。但是城乡居民和企业之间的不平等地位、不公正待遇、不公平竞争的制度性特征并没有根本改变。从 20 世纪 80 年代开始，学者和社会各界

① 1955 年 6 月 9 日，国务院通过《国务院关于建立经常户口登记制度的指示》。

开始关注城乡分割的问题。基于对我国当时城乡人为分割状况以及危害的考虑，学术界提出了“城乡一体”的战略设想，并出现了城乡一体化的研究高潮。当时的“城乡一体”更多的是体制一体化的考虑，研究更关注城乡分割的制度、政策层面的问题。

乡镇企业崛起和发展在局部领域打破了传统的“城市-工业、乡村-农业”的产业分工。但是，由于在打破的过程中，乡村通过发展工业化没有及时走向城市化，非农化的乡村地域没有转变为真正意义上的城市地域，又导致城乡功能分工不清，形成“城不城，乡不乡”的状态。许多学者开始反思“城乡一体化”的真正内涵，思考如何从经济、社会、空间等方面融合城乡发展，同时又保持城与乡的特色。

二、城乡一体化的内涵

有些学者认为，在人类发展的历史长河中，城市与乡村要经历三个辩证发展的阶段：第一阶段，城市诞生于乡村，乡村是城市的摇篮，这是城乡依存的时代；第二阶段，工业革命作为催化剂加速了城市化进程，造成了城乡分离、对立，这是城市统治乡村的时代；第三阶段，随着城市化的发展，将会逐步地进入“城市和乡村的融合”，也就是城乡一体化的阶段(杨荣南，1997)。

城乡一体化是指城市与乡村的两个不同特质的经济社会单元和人类聚落空间，在一个相互依存的区域范围内谋求融合发展、协调共生的过程。融合是世界大趋势：自然科学与社会科学日趋融合；东西方文化日趋融合；经济、政治与文化日趋融合；人与自然日趋融合。从融合的角度来看城乡一体化，一方面指城市和乡村是一个整体，人口、资金、信息和物质等要素在城乡间自由流动，城乡经济、社会、文化相互渗透、相互融合、高度依存，便是这种相互联系和相互作用的具体表现，其空间效果构成城乡经济和社会的空间组织形式。

恩格斯曾首次提出了“城乡融合”的关系。他说：“城市和乡村的对立的消灭不仅是可能的。它已经成为工业生产本身的直接需要，正如它已经成为农业生产和公共卫生事业的需要一样。只有通过城市和乡村的融合，现在的空气、水和土地的污毒才能排除，只有通过这种融合，才能使现在城市中日以病弱的群众的粪便不致引起疾病，而是用来作为植物的肥料”(《马克思恩格斯选集》，第3卷，335页)，“通过消除旧的分工，进行生产教育，变换工种，共同享受大家创造出来的福利，以及城乡融合，使全体成员的才能得到全面的发展。”(《马克思恩格斯全集》第1卷，224页)。恩格斯还进一步指出实现这一目标的两个标志，一是工人和农民之间阶级差别的消失，二是人口分布不均衡现象的消失。但是，对于城乡融合后未来城市的命运，斯大林认为，城乡对立消灭后，“不仅大城市不会毁灭，并且还要出现新的大城市，它们是文化最发达的中心,它们不仅是大工业的中心,而且是农产品加工和一切食品工业部门强大发展的中心,这种情况将促进全国文化的繁荣,将使城市和乡村有同等的生活条件”(斯大林,1979)。从当前世界城市化发展趋势看,斯大林的看法可能更符合实际。这里,斯大林显然把“将使城市和乡村有同等的生活条件”作为实现城乡一体化的一个重要标志。

如果说马列主义从战略高度出发来看待城乡一体化,美国著名城市地理学家芒福德(Lewis Mumford)则从操作措施层面来探讨城乡一体化的问题。他认为,“城与乡,不能截然分开;城与乡,同等重要;城与乡,应当有机结合在一起。”他主张通过分散权力来建造许多“新的城市中心”,形成一个更大的区域统一体(Regional entries),通过以现有城市为主体(但要分散),就能把这种“区域统一体”的发展引向许多平衡的社区里,这就可能使区域整体发展,不仅可以重建城乡之间的平衡,还有可能使全部居民在任一地方都享受到真正的城市生活之益处;同时可以避免大城市的困扰,追求整体化的、清晰的区域交通网络,与交通轴理论交叉点相结合的城镇集聚等,把城市和乡村两者的要素统一到一个多孔的可渗透的区域综合体,并作为一个整体运行。

因此,城乡一体化就是生产力发展到相当高的程度时,把城市与乡村建设成一个相互依存、相互促进的统一体,充分发挥城市与乡村各自的优势和作用,使城乡之间的劳动力、技术、资金、资源等生产要素在一定范围内进行合理的交流与组合,通过城市领导乡村、支援乡村,乡村服务城市、支援城市,城带乡,乡促城,互为资源,互为市场,互相服务,既使人们享有充分城乡交流穿梭的自由,城镇和乡村都可以公平地享受到现代文明,同时又处在互为环境、各具特色的城乡空间的对立统一中。

因而,城乡一体化应当包含了体制一体化、经济一体化、社会一体化和空间一体化等内涵。这几个方面虽各有侧重,但也相互关联和相互影响。

(1) 体制的一体(或市场的一体)

打破城市与乡村市场和空间的体制分治,特别是城乡之间的要素分割体制。实行经济运行机制的融合,如经济管理、金融、价格、市场体制等方面的融合与城乡一统;打破原来户籍制度下的城乡人口隔离和不流动,创建一个城乡人口既有自由穿梭权利、又有合理调控的体制。

(2) 经济的链接

根据城市与农村的不同特质要求和发展优势,在发展农村型产业(农业经营为主)和城市型产业(工商业经营)的基础上,建立城乡产业相互关联和链接。经济融合还表现在农业企业的发展和农业相关工业的重要性增强,特别是垂直一体化和契约农业的出现。这表明农业经营者与工商业经营者有着趋同与相互依赖。

(3) 社会的趋同

指破除“重城市、轻农村”、“保城市、弃农村”、“发展城市、掠夺农村”的发展想法，破除轻视、瞧不起农民的观念，鼓励城乡生活方式的趋同，公共物品的享受基本一致。随着美国农业及农业劳动形式的变迁，农业工人的生活方式与城市人基本没有差别。大众传播和交通运输的改善，地域性群体的重组，也使传统的农村封闭式结构不复存在。在农业地区，地缘的或群体的即初级关系的重要性在降低，而具有相同利益的正式结构、政府机构及商业公司及次级关系的重要性在提高。“许多迹象表明，乡村人的社会关系变得更为证实，更加非人化和科层化”(罗吉斯等，1988：5)。

(4) 空间的融合

在空间上互为环境，合理利用城乡空间，强化生态环境保护，妥善安排产业发展、城乡建设和区域基础设施建设，促进城乡之间基础设施衔接和配置一体化，在兼顾各方面利益的基础上促进合作、有序竞争、共享设施。

因此，城乡一体化，是一个充分发挥城乡各自优势，互相吸收先进、健康因素，理顺交流途径的双向演进过程，并不等于城乡一致，不等于城乡差别的消失，更不意味着社会区域由非均质空间演变为一种彻底的均质空间。城乡一体化并不会导致城乡的“低层次平衡发展”和“平均主义”，它不是降低城市的地位去屈就乡村，而是将乡村的地位加以适当提高，使其在市场体制下处于与城市相对同等的竞争地位。城乡一体化强调城乡间要素的融合、贯通，但并不排斥差别，相反这种差别，是城乡之间合作、互通和城市化的基本动力，而且在科学、合理的配置安排下可以转化为各具特色，这将有利于形成系统的高层次协调发展。

三、城乡一体化与“城乡一致”

城乡一体，并不等同于“城乡一致”，城乡区别或城乡的差异性，也就是我们如何来定义城市、如何来定义农村的标准，也是城市化的向心力和离心力的根本体现。“一体化并不等于中心和外围经济的消失，仅意味着二者高度相互依赖”(杨开忠，1993)。城市是人类社会发展到一定阶段的产物，是社会进步的标志，是人类文明的结晶。城市作为人类各种活动的集聚场所，通过人流、物流、能量流和信息流与外围区域发生多种联系，通过对外围腹地的吸引作用和辐射作用，成为区域的中心。外围乡村区域则通过提供农产品、劳动力、商品市场、土地资源等而成为城市的依托。城市与乡村共同组成为“区域”，可以说，城市与乡村相互依存，城市借区域而立，区域依城市而兴。城乡之间的差异，根本上体现为“中心与边缘的关系”，城市与乡村作为两大地域类型，其发展方向，并不是把乡村完全变成城市，这是没有必要的，也是不现实的。城乡之间的差别主要体现在以下几个方面。

1. 功能差异

马克思在《资本论》中提到“一切发达的、以商品交换为媒介的分工的基础，都是城乡的分离。可以说，社会的全部经济史，都概括为这种对立的运动。”(马克思，1975)城乡分离，首先体现在功能分离上，城乡之间的功能分离，是社会分工的必然产物。在这一功能分离的过程中，城市是中心，是一个国家和区域现代化的中心，是科学技术和文化思想的策源地，是先进社会生产力和现代市场的载体；乡村作为城市的一种补充，不仅为城市居民提供食物，为工业生产提供各种原料，为商业发展提供市场，更重要的是它还为城市提供绿色的开敞空间，改善生态环境。

2. 行业差异

城乡之间的功能分异，体现在各自空间承载行业的差异。传统意义上的城乡行业格局是“城市-工业”、“农村-农业”；然而，随着工业化和现代化的深入发展，城市不仅仅是制造业的中心，更重要的是资源要素配置中心、市场服务中心，城市产业功能是制造业功能和为生产、生活服务的功能，随着后工业化发展和全球经济一体化的发展，城市的市场、信息与商务服务功能更显突出。工业大市至多只能成为经济大市，要由经济大市向经济强市转变，就必须将城市产业结构调整为以服务业为主(洪银兴，陈雯，2000)。强化城市功能，重点在于强化市场功能，提高城市服务业比重。服务业具有劳动和技术密集的特点，对特大城市和大城市来说，服务业的发展可以有效支撑城市巨大的就业需求。而且更为重要的是，现代服务业如物流、金融等控制了城市物资、资本等要素流动、配置等，因此，变工业型城市为贸易型、服务型和消费型城市，有助于城市功能的提升，强化城市市场中心的地位和作用。

农村中的农业也不是传统意义上“脸朝黄土背朝天”的耕作方式，随着城市化发展以及大片“都市化”区域再出现，农村与农业的功能和经营性质的转变成为城市化最具特色的表现形式。例如在美国，“农业已经成为一种企业，农业与其他企业部门之间的区别正在消失”。农业的主要变化表现在以下几个方面：“技术和教育水平的提高，商品化、专业化和资本化的发展以及由此带来的生产效率提高，农业规模扩大和农民数量减少。”“1960 年，每个农民可以供给国内外 24 人所需的粮食、纤维和烟草。1970 年这个数字增加到 45 人。”(罗吉斯等，1988：35)。美国农业转化为“农业工业”，或称“工业农业”，农业与工业日益表现为经营与生产目的的同质性，主要表现为：农业企业的发展和农业相关工业的重要性增强，特别是垂直一体化和契约农业的出现，表明农业经营者与工商业经营有着趋同与相互依赖。但无论如何发生变化，城市仍是以非农产业为主，乡村仍是以农业为主。

3. 收入差异

城乡之间行业的比较劳动生产率的差异，导致了城乡收入的差距，城市居民的收入一般要高于乡村居民的收入，随着城乡一体化发展，这种收入差距在不断缩小，但差距依然存在。即使在美国，农业仍然是低比较劳动生产率的产业，来自农业生产部门的收入仅占美国国民收入总值的1.6%，农业的就业人口占全国就业人口总数的2.9%，比较劳动生产率小于1，即意味着小于平均劳动生产率；其次，工业化的进程，造成财富在城市中的巨大集聚，城市产业规模效应与空间集聚效应，又往往引发更大规模的产业空间扩张，一般来说，这种扩张城市高于乡村，大城市高于小城市。反过来，城市较高的生活品位和服务，也使城市的支出要远远高于乡村地区。一些学者认为，正是城乡收入差别的效应，使人们对城市趋之若鹜，是城市化发生的根本动力（王振亮，1998）。

4. 景观差异

景观差异，是城市与乡村的最直观的认知差别。一些学者认为，可将城市职能向农村地域扩展，城乡之间职能交融（苏俏云，2002）。我们认为这种认识并不完全恰当，一旦农村地区具备了城市非农产业的职能，同时又发展了城镇景观，这种农村地域实际上就已经是城市化地域，是城镇，而不能再把它定义为、理解为农村。城乡之间的功能分离仍然是存在的，城市化的目的除了指让农村人口进入城市，更重要的是把城市职能和景观引入农村地域，从而缩小承担农村地域职能的地域面积，保留少量的农村承继其本性，发展生态、农业等职能（苏俏云，2002）。

第二节　都市圈的城乡一体化战略与基本路径

一、都市圈：城乡一体化的率先发展区域

随着经济全球化和区域一体化的发展，国家、地区、城市之间的分工、交流、竞争和联合日益强化，以跨国公司为主体的产业配置与资本流动在全球范围展开，大城市以其经济集聚和设施完善在国际竞争中占有先机和优势，并成为跨国公司支配全球经济命脉的主要空间载体。国家、区域之间的竞争越来越集中地表现为城市之间，特别是具有一定国际影响力的大城市、特大城市之间的竞争。以大都市圈为代表的城镇密集区域，成为集聚国内乃至国际经济社会要素的巨大影响空间。

都市圈是全球化形式下在一个区域内城市发展的新格局和新的城市化形式。关于都市圈的概念，虽然现在还没有明确的说法，但它与以前提出的大都市连绵区、城市群、城市地带的概念在内涵上有很多相近之处。“都市圈”是指一个或多个大的核心城市，以及与这个核心具有密切社会、经济联系的，具有一体化倾向的相

邻城镇与地区组成的城乡复合体。除了常见的“单核心都市圈”外，还有一些以多个中心城市为核心的“多核心都市圈”，如荷兰的兰斯塔德地区、日本的京阪神都市圈。“都市圈”的形成是中心城市与周围地区双向流动的结果，健全的都市圈的运作是以内在的社会经济紧密联系为基础，以便利交通、通讯条件为支撑，以行政的协调领导为保障的。“都市圈”是客观形成与主观规划双向推动作用的产物，其建立的根本意义是打破行政界限的束缚，按经济与空间、环境功能的整合需求及发展趋势，构筑相对完善的城镇群体空间单元，并以此作为更为广域空间组织的基础。因此，都市圈的建立与形成不仅具有空间形态和环境优化上的规划价值，更重要的是区域内部经济高强度联系、一体化的产物。

都市圈的首要特征是人口和城市密集分布，城镇规模和城镇分布密度都要高于其他一般地区。

其次，都市圈是以中心城市的近域扩散为主体的城市化，也是城市群的一种空间表现形式，是由核心城市及周围城市和乡村地域共同组成的联系紧密的一体化区域，在都市圈内城乡关系十分密切。

第三，都市圈是非农产业集聚的地区，产业具有明显的都市型，而且其农村和农业也都明显地表现为都市型，如都市农村、都市农业。

第四，都市圈作为区域经济发展的重要单元，随着城市化和区域经济一体化的发展，其城市与区域的关系更加紧密，已经由原来的“城市-区域”中城市散点分布在区域上的格局，转变为城乡交融、网络化发展的“城市化区域”。

第五，对都市圈中的城乡界定，城是指圈内的都市（中心城市）（目前上海明确为建设上海都）。而都市郊区及过去的县域经济，在经济全球化和城市化背景下应该定位为都市型城乡经济。这里有城市也有乡村，这里的城乡又包含在都市圈内。提出城乡经济的概念取代过去的县域经济和郊区经济的，另一个内容是要明确在城乡一体的框架内发展这一特定地区的经济。它包括都市农业、都市农村、都市城镇、都市卫星城。

从都市圈的发展过程看，都市圈一般经历了以下几个发展阶段：① 以集聚城市化为主的据点形成过程，这一时期的地区开发一般表现为据点开发模式或增长极模式，通过着力培育城市的规模和集聚效应，使人口与产业向这一增长极集中，形成人口、产业、资本、技术高度密集的大都市。② 集聚与扩散并行的都市圈形成阶段。一方面产业与人口急速向城市集聚，另一方面由于大城市中心区的高度集聚，大城市中心区的用地拓展、环境恶化、人口拥挤等矛盾日益突出，城市用地开始向用地潜力大的周边地区发展，既有向外蔓延，不断扩大城市规模，同时也有空间跳跃，在一定距离内沿交通干线建设新城，发展新的居住区和工业区，成为中心城市的卫星城或辅城。这一时期的扩张表现为点-线扩张的模式。③ 城乡交融一体的都市圈成熟阶段，这一时期，城市化向郊区和乡村地区扩展，城市之间形成密集的网络化的空间联系，原来局限于市域内的资源和要素可以在都市圈内城与城之间、城与乡之间自由流动，共享圈内公共资源和外溢资源；城乡交融，使城市之间有着乡村绿色空间的阻隔，形成了优化的开敞式城镇个体及群体空间的形态。毫无疑问，这一时期实施的是城乡一体的战略。从都市圈的发展特征和发展过程来看，都市圈实际上是不断城市化的地域，也是成为城乡一体率先发展的区域。

纵观国外的都市圈发展历史，如英国大伦敦、法国巴黎大区、荷兰兰斯塔的地区、日本东京圈以及韩国首尔大都市区等，在都市圈发展到一定时期，几乎都不可避免地遭遇到中心城市膨胀、生态环境恶化、城乡差异大等问题，这些问题，如果不以城乡综合的方式看待城镇和乡村，紧紧依靠中心城市是不能完全解决问题的，而需要城乡合作和协调。如果说都市圈的初期阶段，是采用了增长极的点-轴模式，而都市圈的健康成长至成熟阶段，是离不开城乡一体的发展战略。

二、都市圈的城乡一体化战略

城乡一体化战略的核心在哪里？有些学者认为是城乡统一市场的建立(甄峰，1998)，城乡一体化的核心在于城市化，前者是目标，后者是路径。党的十六大报告提出，要统筹城乡经济的发展，建设现代农业，发展农村经济，增加农民收入，是全面建设小康社会的重大任务。城乡一体化，实际上是城镇城市化、结构非农化、农业产业化和商品化、空间网络化的合一，偏缺一方都不行。要做到经济链接、社会趋同、空间融合的城乡一体化地区，必须大量地减少农民，富裕农村，使城镇和农村的发展与都市的发展水平进一步缩小，否则城乡在巨大的落差之中是难以整合在一起的。减少农民，从推力和拉力两方面做文章，即农业现代化，减少土地对农民的束缚，推进城市化来增大农村劳动力的转移承载容量。致富农民，发展农村，必须推进农业产业化和商品化；缩小城镇和都市的差距，又必须推进城镇城市化，发展空间网络化，推进城乡整体现代化，使都市圈所有的地区都能具有同等的机会享受现代文明与现代服务。

1. 都市现代化

从现代化的角度给城市定位，首先需要给城市“正名”，还城市的本来面目。城市顾名思义是市场中心。过去在短缺经济年代城市成为经济中心是因为它是工业中心。现在工业制成品成为买方市场，工业中心不再是经济中心，只有市场中心才能成为经济中心。城市实现上述功能转变涉及城市产业结构调整：第一是通过城市产业结构重组，将城市工业向周边小城市和城镇转移，金融、贸易、信息、服务、文化教育等第三产业向大中城市集中。第二，积极吸引包括乡镇企业在内的公司总部及营销中心进入城市，使城市由工厂林立转向公司林立。第三要抓住中国进入WTO的机会，积极创造条件，以更加开放的环境吸引外资银行、保险公司、贸易企业、电讯公司和各类高科技研发中心进入中心城市。吸引外国服务业进入的环境不仅仅是政策环境，更为重要的是基础设施和服务环境。城市越是开放，越是国际化，现代化程度越高。

2. 城镇城市化

城乡一体化的最重要的现实条件是将大量农民转移出来，城镇是都市与乡村的过渡，是调和城乡利益的产物。城镇的发展，可以为农村剩余劳动力提供一个相对低成本、高质量的转移空间。针对都市圈内大部分的城镇绝大部分以工业立市，而"市"功能极其弱化的问题，要强化中心对外围的辐射扩散作用，将城市功能向城镇扩散和转移，不仅是城市的制造职能，更重要的是城市的服务职能、市场职能以及设施功能扩散到城镇，使人们在城镇与城市具有同等的机会，能够享受到现代文明和现代社会经济生活的气息，使城市化在都市区、城镇乃至乡村同时推进。

3. 结构非农化

结构非农化，即提高制造业和服务业比重，降低农业比重。作为都市圈地域，必然是都市化的地域，因而也是工业化和现代化的区域，农业是不可能支撑一个都市圈的成长的，更不可能促进城乡一体化的发展。结构非农化的途径有自上而下和自下而上的两种方式。自上而下，就是通过城市工业和服务业的"墨渍扩散"和空间转移，把要素、资本、技术向都市以外的据点区域扩散，从而扩大非农化集聚的空间，降低农业的比重；自下而上，是通过乡村经济的自组织嬗变，在农业基础上孕育非农产业，靠乡镇企业的发展实现非农化。考虑都市型城镇经济的特点，这些企业既可以发展制造业加工，也可以发展服务业，发展旅游业。从都市圈产业集聚及生态要求出发，在不同的区域形成不同的产业基地（集群），如大都市以现代服务业和高新技术集群为主，中小城镇以制造加工集群和区域性服务为主。农业企业除了发展产业化农业，还可以利用各种机会谋生，如在欧洲，许多农村就发展农庄假日游、风力发电等，而且，环境、自然和文化遗产保护的社会价值正在不断增长，为农业提供了多种多样的就业机会。

4. 农民市民化

即鼓励农民进城，成为真正意义的市民，允许农民进入城市参与建城。现在大家都强烈地意识到，城乡分割的户籍制度已严重限制城乡人口流动和劳动力资源的开发，虽然户籍制度的改革正在逐步推进，对"户籍"重要性的认知也在逐步降低，但是与户籍制度改革相配套的一系列措施没有跟上，使户籍改革所带来的农民进城的成效并没有那么明显，如农民"地权"问题没有解决，加上城市经济活力没有完全激化，农民进城面临着一系列就业、住房、就医等现实问题，缺乏经济社会安全保障。在推进户籍制度进一步改革的同时，要有切实措施解决农民市民化过程中的保障问题，探索以“地权”换“资本”的可能性；提高农民受教育程度，适应城市就业、生活的环境；缩小城乡收入与就业机会的差距，使一部分农民就地安置，或就近进入小城镇。近5年来，我国已有1.3亿农民工80%左右转化为城镇人口。

5. 农业都市化

农业都市化是指农业结构调整的方向是发展都市农业。如上海提出3个1/3的农业结构调整方向，即1/3经济林地，1/3果蔬基地，1/3种源基地。都市化农业必须走产业化的道路，意味着农业生产过程日益工业化，即在农业生产过程中，大量投入各种工业投入物以代替劳动力，这将极大地提高农业劳动生产率，提高务农收入。农业产业化顺应垂直一体化和契约农业经营的基本模式是公司加农户，即以公司或企业为龙头，以农产品基地为依托，农户实行生产、加工、销售一体化经营。这种模式主要有：一是以农产品加工企业或市场特别是专业批发市场为龙头，以农产品基地为依托，带动农产品生产，实行农产品生产、加工、销售一体化；二是以各类中介组织为龙头，以农产品基地为依托，通过提供信息、资金、加工、技术、销售等各项服务，带动农产品生产，实行生产、加工、销售一体化；三是以各类技术协会、科技实体为龙头，以农产品基地为依托，通过开展技术服务，带动某项农产品生产、加工或销售，实行技术服务与生产、加工、销售一体化经营。除了选择主导产业外，农业产业化中的其他要素是生产基地、龙头企业、利益机制和管理制度。都市化农业也是商品化、高新技术化的农业，通过农业的深加工度和附加价值，提高农产品的商品化率。提供合适的教育和进一步培训的机会，提高农业技术水平，帮助农业拓宽收入来源或可供选择的办法。

6. 空间网络化

城乡的交融发展，必须靠日益高水平的交通、通讯、水电等基础设施的完备和完善才能得以实现。通过优先交通、通讯、物流等方面的基础设施建设，城乡之间形成网络化的便捷联系，使所有地区具有同等的机会达到交通基础设施和获取信息。城乡一体化条件下，必须有快速便捷的交通体系联系城乡，保证城乡的经济密切链接、城乡居民远距离就业可行性、乡村居民生活消费行为的便利性。同时，通信网络的高质量服务可以弥补外围地区由远距离和低人口密度造成的乡村劣势。通讯技术的革新，现代通讯技术普及到乡村的每一个角落，可以保证乡村企业享有与城市企业近乎同等的商业机会，才能使居住在乡村的人们可以享受到与城市近似的生活质量。通过基础设施的更新，密切外围与中心的联系，缩短城乡之间的“空间距离”，结束乡村封闭状态，扩大城市场（urban field）(Frieldmann and Miller, 1965)，使城市空间走向区域化，促进城乡空间融合，推动人口非农化与城乡人口融合，在发展水平上进入都市圈。

第三节　实证分析：江苏三大都市圈的城乡一体化发展路径

根据江苏社会经济发展的长远设想[①]，江苏的城镇发展战略重点在于南京、苏锡常和徐州3个都市圈的建设。2000年7月，江苏省省委、省政府为了积极推进江苏省城市化进程，加快城市现代化步伐，召开了全省城市工作会议，提出通过强化南京、苏锡常、徐州三大都市圈的功能，更好地带动全省城镇的快速发展。都市圈的建设，一方面，能够更好地促进核心城市功能的完善和发挥，有助于核心城市的社会经济影响力通过节点城市向区域传递，带动以核心城市为中心的周边城市发展，缩小区域差距；另一方面，通过打破行政区划的限制，促进各类生产要素在更大区域范围内流动，共同构建都市圈统一的市场化体系，统一基础设施共建共享，优化城镇和产业空间布局，有利于实现都市圈各城市共同发展，符合都市圈内各城市发展的需求。以城乡一体化的战略来推动都市圈的建设和发展，是本节拟进一步尝试的题目。

一、三大都市圈的城乡关系

南京都市圈以南京为中心，包括南京、镇江、扬州、马鞍山、滁州、芜湖的全部，以及淮安的南部和巢湖的部分地区[②]。苏锡常都市圈是以苏州、无锡、常州三市为中心的多核心圈[③]。徐州都市圈以徐州为中心，包括江苏的连云港市、宿迁市，安徽的宿州市、淮北市，山东的枣庄市、济宁市微山县，河南商丘的永城市，总共涉及8个地级市[④]。

从3个都市圈的经济发展水平来看，苏锡常都市圈经济总量、均值水平最高，以制造业为主，第二产业的比重比较大；徐州都市圈经济总量（1 750.7亿元）远低于苏锡常都市圈（3 341.5亿元）、南京都市圈（2 528亿元），GDP、人均GDP、地均GDP等指标的增长率均远低于南京、苏锡常都市圈，还是一个以农业为主的地域；南京都市圈介于二者之间。

---

① 江苏省国民经济与社会发展的“十五”规划和江苏省城镇体系规划（2001～2020）.

② 江苏省建设厅等.南京都市圈规划（2001～2020）.

③ 江苏省建设厅等.苏锡常都市圈规划（2001～2020）.

④ 江苏省建设厅等.徐州都市圈规划（2001～2020）.

表 7-1　徐州、南京、苏锡常都市圈现状(2000 年)

都市圈		南京都市圈合计	苏锡常都市圈合计	徐州都市圈合计
土地面积(km^2)		35 495.7	15 126	48 042
年末总人口(万人)	1999 年	2 004.6	1 349.3	3 127.4
	2000 年	2 024.6	1 354.3	3 188.4
GDP(亿元)	1999 年	2 304.6	3 035.2	1 673.9
	2000 年	2 528	3 341.5	1 750.7
	增长率(%)	8.84	9.17	4.39
人均 GDP(元/人)	1999 年	11 497	22 495	5 352
	2000 年	12 486	24 674	5 491
	增长率(%)	7.92	8.83	2.53
地均 GDP(元/km^2)	1999 年	649	2 007	348
	2000 年	712	2 209	364
	增长率(%)	8.81	9.16	4.28

表 7-2　三大都市圈产业结构比较(2000 年)

都 市 圈	三 产 结 构
南京都市圈	12.2∶49.8∶40.0
苏锡常都市圈	5.5∶56.6∶37.9
徐州都市圈	25.2∶41.9∶32.9
江苏省	12.0∶51.7∶36.3

从 3 个都市圈的城乡差异来看，苏锡常都市圈、南京都市圈、徐州都市圈的城乡差异有逐步增大的现象。苏锡常都市圈中市县之间的差距比较小，如无锡市区与江阴城区以及江阴华士镇的人均 GDP分别为 41 584 元，56 657 元和 30 401 元，比值为1∶1.36∶0.73，无锡市区还低于江阴市区；南京都市圈内，南京市区、江浦县城及江浦汤泉镇分别为 32 316 元、19 820 元和 10 694 元，比值分别为1∶0.61∶0.33。

从 3 个都市圈的城乡关系的发展情况，苏锡常都市圈是通过乡镇企业带动小城镇发展自下而上的模式与城市开发区等为主体的多元投资推动的自上而下的模式一体发展的结果，工业发展面上扩张，带动整个区域的城市化进程，城乡差距比较小，在城乡关系中存在的问题主要反映在农村发展中城市化过程的滞后，导致乡村地区非农化，而没有真正实现完全意义上的城市化和现代化。因此苏锡常都市圈再城市化和现代化成为城乡一体化进一步发展面临的主要问题。

表 7–3 苏南、苏中、苏北的城乡差异状况

地 区	城乡人均收入差异	市县城区人均存贷款差额(元)
苏南地区	0.843	14 195
苏中地区	1.060	10 694
苏北地区	1.121	4 172
全省	0.948	10 148

南京都市圈是以南京为中心的自上而下的典型发展模式，但中心城市仍然处于集聚发展的阶段，其产业和空间对周边地区的扩散能力有限，周边区域的产业和城镇发展层次低，城乡差距仍然比较大，城乡一体化面临的主要问题是中心城市的扩散问题，即如何培育中心城市的区域功能，放大中心城市的扩散作用，带动周边城乡经济的繁荣。

徐州都市圈，处于发达地带的欠发达地区，经济实力弱，徐州都市圈人均经济水平(6 899 元/人)略高于西部十省区(4 329 元/人)的平均水平。徐州中心城市人口占全省 11%，而 GDP 只占全省 7.8%，人均 GDP、人均财政收入则比全省平均水平分别低35.8%和 47%。中心城市集聚能力不够，更谈不上对周边地区的带动作用；都市圈内的县域经济非常薄弱。一方面县城区与市区之间的差异比较大，特别是在徐州和连云港两市，绝大部分县及县级市的人均 GDP 不到中心城市的 40%，最低的灌南县只有 14%。另一方面，县城区的经济发展与县域的发展水平比较接近，甚至一些县城还不如乡镇，这在很大程度上说明县城的发展还基本停留在农村地区的集镇的发展水平，集聚要素的能力和效应低下。因此，都市圈的城乡发展战略还处于培育据点的阶段。

表 7–4 徐州都市圈江苏部分的城区、县区及市县域的人均 GDP 差异比较

市县	城区人均 GDP(元)	县城区与市区比值 (市区为 100)	市县域人均 GDP (元)	市县域占市县区的比值 (市县区为 100)
徐州市	19 727.42	100.00	7 960	40.35
新沂市	8 226.145	41.70	5 485	66.68
邳州市	6 268.945	31.78	4 638	73.98
丰县	6 322.231	32.05	4 005	63.35
沛县	7 247.866	36.74	5 882	81.15

续表 7-4

市县	城区人均GDP(元)	县城区与市区比值(市区为100)	市县域人均GDP(元)	市县域占市县区的比值(市县区为100)
铜山县	15 191.14	77.01	7 856	51.71
睢宁县	5 173.674	26.23	3 221	62.26
连云港市	20 326.99	100.00	6 901	33.95
赣榆县	6 421.964	31.59	6 346	98.82
东海县	6 846.154	33.68	5 521	80.64
灌云县	5 351.039	26.32	4738	88.54
灌南县	2 987.5	14.70	3 399	113.77
宿迁市	8 382.92	100.00	4 377	52.21
宿豫县	5 159.558	61.55	4 406	85.39
沭阳县	2 982.944	35.58	4 035	135.26
泗阳县	5 758.477	68.69	3 708	64.39
泗洪县	8 036.264	95.86	4 687	58.32

二、苏锡常都市圈[①]的城乡一体化重点：再城市化过程

苏锡常都市圈的城乡之间的经济能得到持续、快速、全面地发展，除了囿于自身基础雄厚等原因外，很大程度上得益于改革开放以来曾经成功地抓住几次比较大的机遇，即“由农转工”:20 世纪 80 年代以“离土不离乡、进厂不进城”的乡镇企业异军突起，实现了由农业经济为主向工业经济为主的转变；“由内转外”，抓住 90 年代初期以上海浦东开发、开放以及全球制造业转移为契机，实现了由国内自我循环为主的经济向经济国际化的转变；“由一转多”:由过去单一经济转向多元化经济。苏南县域经济已由外资为主到外资内资相结合，增长模式由量的扩张转变到质的提升，股份制企业、私营个体企业、外商投资企业已成为势头强劲的新经济增长点。

经济外向化、高度化的发展，对区域环境和现代化发展水平要求的日益提升。这种大发展的势头如果在空间上仍继续过去“苏南模式”的分散形态，小城镇推动

① 江苏省建设厅，江苏省城乡规划设计研究院，南京大学，中科院南京地理与湖泊研究所，南京市规划设计院. 苏锡常都市圈规划(2001～2020).

战略镇化，这种城镇化替代城市化概念所产生的负效将会越来越明显，城乡发展所面临的问题解决也日益迫切。这种分散模式导致城镇规模不经济、资源浪费和环境破坏严重等现象继续维系，城乡功能分工不清，“城不城，乡不乡”的现象将更为严重，从而影响整个都市圈的空间竞争力。为此，该地区发展提出了“三集中”政策，促使乡镇工业向工业园区集中，农民向小城镇集中，农田向种粮大户集中。实现集中的关键机制在于农民承包的土地能够在目前土地基本制度框架内流转起来。在实践活动中，基本采取将土地要素的使用权和所有权分离，有些地区允许农民有偿转让土地的承包权，有些地方允许农民通过将承包土地入股，使其参与某种经营，也有些地方采取土地置换的方式将分散的功能集中起来。实际上无论采取何种集中的方式，对于苏南农民搬迁进镇区而言，重要的不是空间上的迁移，而是从就业和社会保障等方面真正能够融入城市社会。

因此，到现在，苏南的城镇化和城乡一体化的发展不能再停留在农民建镇，而要用现代化的思路、城市化的眼光来发展城乡一体化区域，实现城镇的再城市化和再现代化。

1. 发展综合服务业，改造城市和城镇功能

苏南的许多城镇缺乏综合服务，特别是城市性的服务，如果用发展乡镇的模式来发展城市，即以单纯工业推进发展城市，那么必将成为城市发展的可怕障碍，这不仅表现在经济上，也表现在城市形象上面。要在工业化发展的基础上，通过服务产业的发展扩大城市化规模，以高质量的文化、商业等综合服务，来促进城市现代化的发展，真正实现城与镇、镇与村的共同现代化。

2. 发展城市和城镇，构建“紧凑城市、开敞空间”的一体化区域

苏南分散小城镇的发展是在城乡割裂的格局中成长起来的，承继了粗放型增长方式，看起来改革成本和阻力小，可以避难就易，但仅靠小城镇的发展模式无法获得工业、第三产业发展所需的人口聚集效益和规模效益，与现代经济相联系的第三产业更以城市规模为条件，文化教育、金融保险、房地产业、信息服务业等均适于在城市发展。在节约资源、经济合理性等方面小城镇均无优势可言。而且小城镇发展不仅使污染从点向面扩散，大量建设用地导致绿色生态空间被过度硬质化。时至今日，农村城市化需要改变现有的小城镇模式，推进城镇的适度集中，着力培育若干对城市和区域发展有意义的地区，构建小城镇群，尔后逐步按照形成区域市场中心的要求发展大中小城市，以聚集经济能量，并通过城镇集聚，节约出大量生态空间，改善一体化的生态环境格局。

3. 改善城镇的质量，凸现城镇特色

苏南地区的小城镇经济建设有了一个突飞猛进的发展，但是反观小城镇的建设，以工立镇、城镇建设滞后，出现了“城不城、乡不乡”的小城镇面貌。现在虽然许多小城镇开始重视建设，但由于建设资金、规划设计、发展理念等限制，小城镇抄袭严重，甚至把大城市的作品照搬照用，形象千篇一律，与国外小城镇的生活质量和景观个性相比，仍有很大的差距。对小城镇建设要从产业和城市发展的内在需要出发，从适应性建设转向超前性开发，高起点规划，高水平建设，高效益经营，力争做到民族特色、地方特色、现代化气息和文化内涵的统一，着力培育小城镇的高水平的生活质量和高品质的景观特色，缩小与大中城市的差距，使之成为都市圈的主要人居的吸引点，各类生产要素的集聚点，农民进城的首选之处，对外招商的一张王牌。

4. 借助上海综合优势，推动苏锡常都市圈与上海一体化，力争苏沪"双赢"

近几年来，上海以增强城市综合竞争力为主线，促进资金、商品、技术、人才、信息"五流"汇通，使上海成为市场化配置资源中心，构筑金融、贸易、科技、人才和制造业的"高地"，确立国际经济中心城市的地位。

但是，由于江苏省尤其是苏州的外向型经济发展对上海客观上产生了较大的压力，上海在发展金融贸易等第三产业的同时，对其一贯见长的制造业是始终放在相当突出位置的，而外资特别是台资等这些产业链较高的企业在昆山、苏州的集聚，有可能对上海制造业产生冲击并引起上海产业的"空心化"，因此，上海最近几年在阶段性的策略上可以说有种"北防南联"的意图，原本与上海紧密相连的昆山、苏州感到与上海之间有了一道无形的、若有若无的"防火墙"。

上海有着雄厚的实力和基础，有着中央政府的强力支持，成为国际金融贸易中心城市是历史的必然。与上海地缘相联、人脉相近，是江苏一个极大的机遇，改革开放以来江苏经济的两次飞跃也是与这种机遇密不可分的。因此，通过与上海加强合作与联系，主动加入到上海金融贸易中的建设中去，在合作中竞争，在竞争中合作，积极谋求与上海的交通运输体系、高科技及加工体系、农产品管理生产流转体系以及服务业更加融合，从而冲破那道无形的"防火墙"应是江苏的首选之策。

三、南京都市圈①的城乡一体化重点

南京都市圈内部各个城市之间、城乡之间的发展水平差异较大。南京市经济集聚较强，集中了都市圈38%的GDP，其中南京市区集中了都市圈35%的GDP。与苏锡常都市圈相比，南京都市圈县域经济发展水平低，中心城市与县域经济差距大。2000年，南京都市圈地级以上（含地级）城市市区与所属县（县级市）人均GDP之比为2.86∶1，南京市市区与郊县人均GDP之比为2.82∶1，而苏锡常都市圈仅

① 江苏省建设厅，江苏省城乡规划设计研究院，南京大学，中科院南京地理与湖泊研究所，南京市规划设计院. 南京都市圈规划(2001～2002).

为 1.31∶1。究其原因主要在于南京都市圈多数县(市)接受外来投资少、中心城市带动作用不足。因此,推动南京都市圈城乡一体化的重点在于辐射和扩散中心城市的能量、提高县域经济发展水平。

1. 培育中心城市的扩散源

为什么南京市的经济没有很好的扩散源,除了周边地区经济尚未崛起等主导原因外,其中一个重要的原因在于南京市的大型国有企业长期以来适应了计划调配的生产组织方式,较少向周边地区扩散。培育中心城市的扩散源,要培育以民营经济为主体的企业群,通过资本、要素的流动,扩散中心城市的蓄能。

2. 增强网络节点的连通性

南京都市圈的建设,将从区域层面上推进核心城市、节点城市与县域之间在基础设施建设、产业分工与协作、生产要素有效流动、共同市场构建等方面进行合作,有助于改善县域的投资环境,增强县域的自我发展能力。同时,随着区域基础设施的完善和核心城市、节点城市实力的增强,各级城市对县域经济的辐射带动作用将不断增强,有利于从整体上提高都市圈发展水平。

3. 充分发挥县域的资源、区位和市场等优势,发展县域经济

近年来,南京都市圈中有一些县域经济发展得比较好,如扬中县从"供销员经济"到"工程电器岛"。扬中人充分发挥"四千五万"精神,奋力开拓市场,使扬中这个全国最小的县从 1993 年起,连续 3 次跻身百强县之列,"供销员经济"从此闻名遐迩。现在,扬中支柱产业——工程电器产业国内市场占有率达到 20%以上,成为名副其实的"工程电器岛",长江上的一艘航母巨无霸。还有,如句容是南京的东南门户,依靠"山水"招商,近年来外向型经济发展很快,利用外资连续两年名列镇江市第一,外商直接投资跻身全省前 10 位。剖析这些事例,可以发现特色经济是县域经济的生命线。发展县域经济必须在转化特色资源、开发特色产品、培植特色经济上下功夫。县域经济的活力来自以市场导向并符合本地实际的发展思路,来自特色所产生的综合竞争力。

4. 深化户籍制度改革,推进农民市民化

深化户籍制度改革,实施积极的人口迁移政策。尽早建立城乡统一的户口制度,逐步打破长期限制劳动力流动、影响人力资源合理配置的根本约束。调整城乡土地政策,建立市场化的土地使用权流转制度,缓解城市发展与用地的矛盾。改革社会福利保障体系,建立面向进城农民的社会保障制度(张京祥,邹军,2001)。

5. 发展现代农业,实现农业产业化和商品化

实施"城乡一体、科技兴农、外向带动、多元发展"战略,以增加农民收入为中心,以市场需求为导向,加速实现资源优势向产业优势、传统农业向现代农业的转变,逐步建成融经济、生态、文化功能为一体的现代农业。加快农业产业结构调整,根据市场需求和地域特点，调整农业产业结构，形成优质高效的现代农业生产体系；在都市圈核心城市和节点城市郊区、南京都市圈辐射通道两侧等区域发展都市型农业，建立现代化农业示范带工程和郊县现代化农业经济示范区；在皖东地区、里下河平原水网地区大力发展规模农业，建立若干农副产品生产基地。提高农业产业化水平和外向度，扩大农业的规模化经营，提高农业产出质量和效益。围绕优势农产品及农业产业链，培育龙头企业，提高农业产业化经营水平。提高农业利用外资水平，积极发展创汇农业，大力发展外向型农业龙头企业和具有鲜明地方特色的农产品出口生产基地，进一步提高农业的开放度。

四、徐州都市圈[①]的城乡一体化发展路径

徐州都市圈处于发达地带的欠发达地区，工业化和城市化水平都比较低，加速据点——增长点的培育，是培育都市圈城乡一体化的基础。

1. 培育中心城市

从历史的交通和市场中心分布及城市人口和经济总量等方面看，徐州市无疑是都市圈的中心城市。徐州市在地理位置上位于都市圈的中心，是圈内乃至于华东地区最重要的交通枢纽之一，目前是徐州都市圈乃至淮海经济圈唯一的百万人口城市，经济实力和科教文卫资源在圈内居于前列，组织都市圈内各城市的经济联系比较便利。

徐州市中心城市的集聚和扩散能力有限，存在“中心城市不中心”的问题；而且，作为都市圈乃至淮海经济区的中心地位，正面临着严峻挑战。2001 年，徐州市在淮海经济区中，GDP 和财政收入虽然总量仍为第一，但 GDP 和财政收入的同比增速分别排名第六和第十二，人均 GDP 和人均财政收入总量排名分别为第五和第八，同比增速均排名为第十一。徐州市 GDP 总量仅比邻近的山东济宁高 67 亿元，与临沂相差也不足 100 亿元，而济宁与徐州的财政收入相当，多项人均指标高于徐州市；而且济宁正在构建济宁-兖州-曲阜-邹城特大都市区，虽然这一都市区的形成尚待时日，但其实力和规模足以与徐州特大城市相抗衡。同时山东省灵活的边界政策也使徐州市周边地区的资金、人才等生产要素不断向鲁南和鲁西南流动。

面临日益激烈的地区竞争，不进则退。如果徐州不加快发展，将会在区域经济竞争中丧失中心地位和发展优势，没有徐州大发展就没有苏北大发展，也就没有江苏全省的大发展，因而，也会严重制约徐州都市圈的发展和苏北地区的振兴。因此，“做强徐州、带动周边、发展苏北”，是都市圈建设乃至苏北经济发展的必然选

---

① 江苏省建设厅，江苏省城乡规划设计研究院，南京大学，中科院南京地理与湖泊研究所，南京市规划设计院. 徐州都市圈规划(2001～2002).

择。都市圈的产业空间载体的培育，重点要培育和建设好徐州中心城市，充分发挥其带动作用，以期带动徐州都市圈的“低谷隆起”。

徐州中心城市一是要强调依托徐工、维维等企业集团，建设制造加工中心，使之成为制造业的龙头和链头，通过配套协作带动周边地区的工业化进程。制造中心主要发展工程机械、食品制造、医疗仪器仪表业等。同时要发挥徐州科研文化优势以及与上海、苏南高校科研单位的联系便利，创造条件，积极创建工程中心和研发中心，推动都市圈高新技术产业的应用和推广，提升产业技术层次和水平。二是要发展商贸中心，除了进一步完善商贸体系外，商贸发展可以结合旅游业的发展带动新的增长点。把握现代旅游业发展趋势，打造徐州市区域购物中心。随着现代旅游业从单纯旅游到定点旅游、购物、休闲的方向发展，徐州可以良好的自然山水条件和独特的两汉文化遗迹发展旅游业，与商贸业形成协同、互促发展。徐州作为游客集散地，也应成为购物和休闲中心。以“淮海食品城”为基础，进一步扩展商贸范围、规模，提高中心地位，如可以借鉴美国 factory outlet 的经验，在城市边缘区高速公路路口发展大型厂方消费品直销市场（outlets）或大型购物中心（shopping mall），带动人气，提高城市吸引力；这种大型的购物中心很有可能成为新增旅游景点。三是发展物流中心。徐州为京沪和陇海铁路交汇点，在西部大开发中具有重要的战略地位，徐州区域生产资料市场已成为淮海经济区最大的物资集散地之一。这是徐州赖以发展成为物流中心的基础，在此基础上积极向皖北、豫东腹地辐射，建设成物流园区、物流中心和配送中心的物流网络。提高徐州至上海、连云港和青岛的物流效率，积极拓展往中西部地区的渗透，真正发挥徐州交通枢纽的桥梁作用，将徐州物流园区建成为中西部地区产品往国外输出的梯级带和中转地。吸引和培育第三方物流企业，制定物流园区土地征用等方面的政策，营造省级物流园区吸引国内外第三方物流企业的政策环境，降低对进入省级物流园区的第三方物流企业的准入条件。四是信息中心，结合物流中心的建设，利用徐州的中心地位和信息港的优势，发展信息咨询、技术中介、环节经营、策划等服务业，为周边地区的经济社会发展做好信息咨询、中介、策划等服务。积极建设徐州城市物流公用信息平台，将其纳入江苏省物流共用信息平台之中，加强物流企业信息系统之间的关系，为物流发展构筑电子商务支撑。要着重培育新的观念和体制，配套基础设施，扩大网络覆盖，形成集约化、规模化的经营。五是公共服务中心，通过发展文化、教育、卫生、医疗等服务的中心功能，发挥中心城市的服务职能，构建淮海经济旅游圈的旅游组织中心和客源集散中心。

2. 县区经济的培植

县域经济是国民经济体系的重要层次和组成部分，是省域经济、市域经济的基础和依托，它既是城市经济和乡村经济的结合部，又是工业经济与农村经济的交汇点，也是宏观经济与微观经济的衔接处，具有较强的综合功能，是实现经济宏观调控的重要环节。

县域经济在徐州都市圈中占有重要地位。由于这一城市圈的城乡经济结构差异较大，而县域经济正好处于城市与乡村经济之间。如果县域经济能够很好地衔接这两部分，形成连续合理的经济体系，对于带动当地农村经济并加速徐州都市圈整体经济开发的意义重大。然而，县区经济的落后，不仅给区域经济发展拖后腿，而且使中心城市的许多资源要素越过县区而流到区外，特别是在市场经济体制下，如果县区实力过于薄弱，中心城市的大型企业往往越过县区而直接向区外寻找配套合作伙伴，从而使县区经济更加落后，中心城市带动能力无法体现，城乡融合无法实现。

县区经济的发展，关键在于要：

(1) 从县域经济的实际出发，正确定位，发挥比较优势，并强化特色，进行错位发展

特色经济是县域经济的生命线。徐州都市圈各县的农业经济比重较大，但是农业结构比较单一，农业中的技术含量也比较低，还没有形成自己的特色。各县应该依据自己原有的农业基础，调整农业结构，提高农业的科技水平，在强调特色化的同时推动产业化发展，实现同行业的纵向联合。例如，新沂在发展以出口加工和高效创汇农业为主的陆桥经济方面具有优越条件，沭阳有"花卉之乡"之称，还有"意杨之乡"泗阳、"螃蟹之乡"泗洪，睢宁的农艺园，丰县的华山芦荟园等等，这些都是各县的特色，可以充分发挥这些相对优势，促进县域农业经济的发展。

(2) 加快开放步伐和民资的吸引力度

徐州都市圈所包含的县区大多处于各省的边缘地带，区位优势不明显，难以吸引到外资，即使民间资本对县域经济的贡献也不大。发达地区的经济技术扩散也难以到达这些地方，接受发达地区经济辐射的机会不多。另外，由于县区相对闭塞，人才外流的较多，致使地区的创新发展受到阻碍，经济发展的活力不足。为此，要加快县区的开放，放宽条件，积极吸引资金的流入，为企业落户各县提供方便快捷的途径。

(3) 培育中心城市与县区的经济联系，有重点地发展市县交通、通讯联系

由于县级经济的力量比较薄弱，在单独的一个县难以形成完整的产业链。因此，徐州都市圈中各县应该进行多方面的经济合作，在合作中发展自己的特色经济，与其他地区形成优势互补，共同实现经济的腾飞。为此，必须加强市县经济联系。随着中心城市之间交通体系的日益完善，徐州都市圈的培育重点应逐步转向优先发展中心城市和市县区之间的交通、通讯联系，建立都市圈内部县城乃至重点中心镇为节点的便捷、快速的交通、通讯体系；各县要打破行政壁垒，进行相互的交

流与合作，并努力创造良好的发展环境，为资金和人才的流入打好基础。

（4）重点发展市县城区，增强县城对县域经济的辐射功能，推进城乡一体化

突出重点中心镇建设，发展区域经济重镇和商品集散中心。提高小城镇规划水平，把引导乡镇企业合理集聚、完善农村市场体系、发展农业产业化经营、推进社会化服务等与小城镇建设结合起来，增强城镇集聚效应。加强城镇及农村基础设施建设，密切城乡联系，促进城乡产业布局一体化，加快城乡商品及生产要素的合理流动。

参考文献

埃弗里特·M·罗吉斯，等. 乡村社会变迁[M]. 杭州：浙江人民出版社，1988.

曹平揆. 我国过渡时期的城乡经济联系[M]. 上海：上海人民出版社，1957：10.

洪银兴，陈雯. 城市化模式的新发展. 经济研究，2000(12).

刘诗白. 新知研究院研究报告[M]. 成都：西南财经大学出版社，2003：50～62.

马克思. 资本论，第3卷[M]. 北京：人民出版社，1975：902.

马克思. 资本论，第1卷[M]. 北京：人民出版社，1975：390.

塞缪尔·P·亨廷顿. 变化社会中的政治秩序[M]. 王冠特译. 北京：生活·读书·新知三联书店，1989.

斯大林. 斯大林选集，下卷[M]. 北京：人民出版社，1979. 558.

苏俏云. 走向知识经济时代的新型城乡关系[J]. 人文地理，2002，17(2)：81.

王振亮. 城市一体化的误区[J]. 城市规划，1998，22(2)：55～56.

杨开忠. 迈向空间一体化. 成都：四川人民出版社，1993.

杨荣南. 关于城乡一体化的几个问题[J]，城市规划，1997(5)：41.

甄峰. 城乡一体化理论及其规划探讨[J]. 城市规划汇刊，1998(6)：28～30.

张京祥，邹军. 论都市圈地域空间的组织[J]. 城市规划，2001(12)：16～20.

中国科学院国情分析研究小组（周立三主编）. 城市与乡村——中国城乡矛盾与协调发展研究[M]. 北京：科学出版社，1995：10～30.

陈雯，邹军，等. 江苏省三大都市圈规划研究[M]. 南京：南京大学出版社，2006.

第八章　信息环境下城市空间的新发展

自20世纪中叶以来计算机、网络及通讯技术的快速发展，对当今社会产生了极大的冲击力。

首先，人际交流的方式由迅速普及的电话、传真、电子邮件部分取代了面对面交谈、通信等传统方式，增强了人与人之间联系的频度，扩大了联系的范围。交流方式的改变使得社会生活的各个层面出现了新的内容，如电视教学、网络购物、远程医疗诊断、GPS(全球定位系统)与GIS(地理信息系统)支持下的自动交通引导系统等。

其次，社会经济的格局发生了重大变化。在产业构成上，以计算机、网络、通讯技术为核心的高科技工业成为最有潜力和发展速度最快的产业。与之相关，银行、保险、投资、专业管理以及公共服务业等对信息及信息技术依赖程度较大的产业成为就业及经济的主体，人们往往将之称为第四产业，以区别于低技术含量、简单服务为主的第三产业。

另外，新技术发展无限扩大了人们接触信息的范围，而信息自身不属于任何人的开放性本质，使得接触与获取信息的途径成为发展的玄机。类似于农业社会的土地与工业化早期的矿产，信息的富有与贫乏决定了经济的发展。对信息的追逐，使得城市，特别是大城市再次成为经济集聚的中心而受到人们的瞩目。大城市凭借固有的地位成为大量信息汇聚的中心，吸引了大批的信息消费群，由此而衍生出更多需求，需求则刺激信息供给机能的进一步发展，而如此循环发展的结果可能是经济在少数大城市的高度集聚。

第一节　信息环境下城市发展的新技术

一、信息化、电信与信息新技术问题

信息化是一个内涵深刻、外延广泛的概念。从内涵的角度来看，它是指信息的

利用非常广泛和普遍，信息观念深入人心，信息咨询服务业高度发达和完善。从外延来讲，它是指一个国家或地区的信息环境。

电信又称远程通讯，指对实时信息或来自存储源的种种信息的互动传输。存储源包括文字、数据、声音、图像、音乐、电视等。

信息技术指用途多样、数量庞大的计算机应用技术以及多种信息存储源。随着技术的进步，电信与信息技术之间的差异日益缩小，走向融合。

二、以电信业发展为特征的信息环境成长

就在20年前，远程通讯还停留在老式电话服务(POTS)时代，依赖模拟公共交换网提供电报、电话和少量数据传递服务，以及收音和电视信号传播服务。今天，电信的含义发生了根本的变化，改进后的数字公共交换网与多样化的信息传输系统(如无线电波、微波、有线等)结合，提供高效率的电话、电报、图文和数据通信业务。随着数字技术的发展，声音、图像等不同信息转化为同一种数字信号，得以在同一平台上操作，促成独立运行的远程通信、计算机和传媒技术相互渗透，融合发展(图8-1)。与老式普通电话通讯时代相比，当今信息化时代的远程通讯在经营管理、服务内容、技术手段、空间格局上都具有了不同的特征。

1. 远程通讯的经营管理由政府垄断转向市场竞争

自20世纪初电报电话业兴起至70年代，除美国而外的世界各国电信业都由政府统一经营，由国家邮政电信局统一管理。美国的电信业主营公司AT&T虽然是一家私营企业，但它代理政府统一经营和管理美国的电信业务。这种统一经营格局的形成与电信业在发展初期所需的巨大的一次性基础设施投入有关。铺设遍布全国每一个城市和地区的电话线路网需要国家和政府的支持。而且由于电话的使用成本与使用频率成反比，在市场运作下只会使人口密度高的城市地区或使用频繁的高收入阶层获得更好的服务，而低密度农村地区或低收入阶层得到服务的机会减少，不利于国家管理和长远发展，因此，统一的垄断式经营成为电信业发展初期的主要模式，我国也不例外。

20世纪70年代之后，电信业业务由一般电话业扩展到传真、电子邮件、图文信息电视、多媒体数字传输等复杂内容，集中单一化的经营组织不能胜任如此之多复杂的通信业务，政府垄断的电信业经营管理模式面临变革。首先，表现在国际商业资本向电信业的渗透。面对一个全球商业化电信市场的巨额利润诱惑，国际投资集团纷纷要求进军电信业，迫于国际竞争和投资商的压力，美国、英国和日本率先在80年代早期放开电信经营市场，其他西方国家也相继仿效。一些国际合作组织如欧盟、西方七国首脑会议、关贸总协定(世界贸易组织前身)则竭力倡导和推动

全球性开放的电信服务市场的形成。其次,表现在国内电信业的私营化和一些新增服务内容向市场开放,如移动通信业。伴随着国家邮电主营部门的完全或部分私营化,相应规则出台允许其他企业进入电信市场,参与电信业务竞争。但是原先的邮电主营部门分化形成的企业依旧是国家和地方经济的巨头,如英国的 BT,我

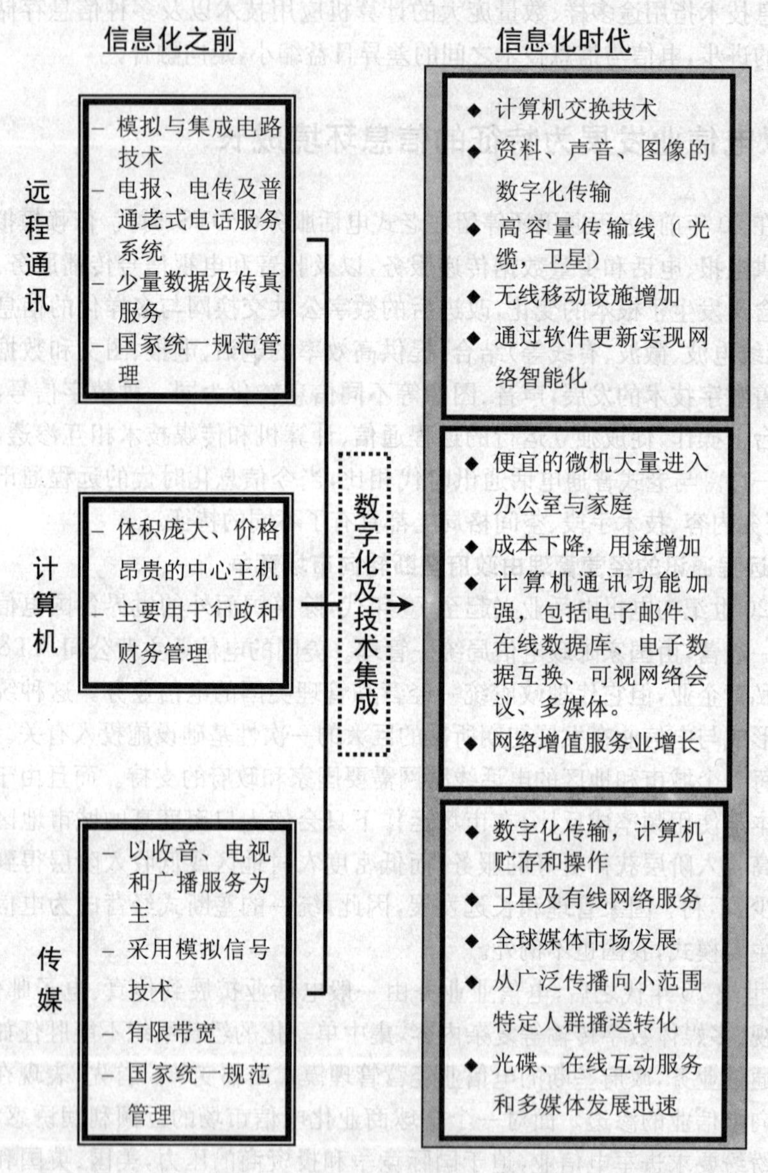

图 8-1　远程通讯、计算机及传媒技术在信息化时代的融合

(转绘自 Graham and Marrin, 1996)

国的中国移动、中国联通等。参与争夺高利润用户的电信集团除国家主营集团(如法国电信)之外还包括私营化之后的邮电集团(如 BT 和 AT&T)、全球数据网络专营公司(如 IBM)、与电信业关系密切的交通等基础设施供给商(如 British Rail)、私营 IT 供应商(如Motorola)和一些小型电信公司(如 Hutchinson Telecom)。这些竞争主体一方面在自己的国土上迎接来自各方的挑战,同时又极力扩大自己的服务范围,其结果是相互交融、联合发展,共同推动一个由国际资本和经营操纵的全球统一通信市场形成。另外,计算机、通讯及信息传播在技术层面上的融合刺激和加速了国际间的合作,使竞争方之间界线变得模糊。有线公司与电信公司合并、新闻媒体集团购并有线公司、通信设备公司与娱乐及电信公司联合等等,诸如此类的商业活动使电信与媒体业巨头合作,试图从计算机、通讯及信息传播技术融合后形成的全球电信市场中获取高额回报。

2. 远程通讯的服务内容由单一走向多层次、多样化

远程通讯服务可以分为信息传输及终端服务两部分。

首先,信息传输服务在传统公共电话服务系统和少量有线电视网基础上滋生出新的宽带网、无线移动通信、卫星及微波通信。宽带网最初是在有线电视网基础上发展而来的,原用于弥补无线频道的不足,为电视传播提供更多频道。随着光纤与数字交换技术的发展,宽带网逐步展开交互式服务,如远程通讯、付费收视、电话购物及其他增值服务。目前在相当多的国家,宽带网被允许直接进入公共电讯交换系统的服务领域,与传统电讯展开竞争,从通讯业中谋取的利润已远大于电视业。无线通信系统是当前发展最快的远程通讯服务,全球每年移动电话用户以50%～60%的速度递增。由于无线网络使电话与数据通讯方式具有较大的灵活性,不需要传统公共电讯交换网的固定接收终端,使得移动电话更为个性化。随着技术不断更新、无线网络覆盖范围扩大和通讯成本下降,移动电话市场急剧膨胀,而移动通信公司间的竞争也更为激烈。卫星通信具有覆盖面广,地面基础设施建设投入少的特点。借助卫星地面接收站,卫星信号通过高速数据传输网再送达传呼机、导航仪、移动电话等用户终端,也可以在用户终端与卫星间直接进行信号传递。微波通信在信息交换量巨大的城市地区能发挥很好的作用。微波传输的特征在于它对声音、数据和视频信号在短距离、点到点的直线传播功能十分强大,可以绕开超负荷、经常堵塞的本地回路,直接连通用户终端与网络结点,缓解城市中心区的通讯阻塞。

其次,在信息传输多元化的同时,用户终端服务异彩纷呈。个人电脑是电信时代远程通讯终端服务的重要特征。一改原先笨重的外形和昂贵的造价,电脑成为极平常的办公、通讯和娱乐工具,从专业实验室走入寻常办公室和家庭。伴随计算机网络技术的发展,个人电脑通过局域网、广域网及城市网相互连通,并与电讯网连接，具有了收发电子邮件、可视电话、网络会议、网上购物、网上交易等功能。另一个明显的终端服务特征表现在财务电子结算方式。网络电子资金转账(EFT)和销售点终端(EFTPOS)取代了传统商店的钱箱；电子信用卡和智能卡取代现金交易；自动柜员机(ATM)代替银行出纳员。其他的终端服务还包括传真机、传呼机、移动电话、个人数据助手(PDA)等。所有这些终端服务统称为网络增值服务(VANS)，它们促进了以计算机为媒介的信息流、通讯和事务处理系统(如在线数据库、电子邮件、电子数据交换等)在城市区域内部及跨区域发展，并推动融声音、数据、影像信息于一体的多媒体电信流的形成。

3. 远程通讯的技术手段由电控机械发展为数字通信

传统的老式公共电讯服务系统采用电控机械设备完成信号交换处理。

随着通讯、计算机和传媒技术发展，声音、视像、图片和资料等信息全部可以转化为称为“比特”的二维数字信号以便于计算机识别和管理。引入计算机编程控制的信号交换处理系统可以同时处理声音、视像、图片和资料信号，提高了信号处理的容量和精确性，同时降低处理成本。集成服务数字网(ISDN)技术则可以利用原有电话线传输声音、图片、视频和音频信号。新近发展的智能网技术完全依靠计算机来控制信息服务流和管理通讯网络，使网络具有更大的可调适性和通讯容量，通过对计算机软件重新编程就能实现网络更新，省却了更换交换设备的麻烦。另外，光纤电缆的铺设极大地促进和支持了通讯技术的发展。如今光缆已成为各个国家或城市电信网络的主干，连通主要用户，为高速、大容量远程通讯提供足够的传输空间。

4. 远程通讯的空间格局由统一均质分布向多极分异演化

在老式电话服务系统时代，电话服务具有一定的公益性，通常由政府掌管，作为刺激地方经济、推动社会发展的手段，因此，电话服务在地域分布上表现出均质性特征。电话服务网不仅遍布高人口密度、高收入人群分布的区域，同时也深入低人口密度或低收入人群分布的地区，形成一张无所不在的中心化、多层次服务网络。然而，在国际资本和跨国集团操作下的新的远程通讯系统引入了更多的市场化机制。在市场杠杆作用下，新的电讯服务更多地集中于高收益地区，例如那些大的财务公司集中的地区，而相对贫穷落后的地区则只能沿用老的通讯设施。这种通讯基础设施和服务分布的区域差异，导致通讯业在地理空间和社会空间上的不平衡发展(Pelton，1992)。随着新的通讯技术的进一步发展，这种极化趋势表现得更为强烈。

三、信息环境下城市研究新问题

信息化时代城市除了是建筑密集区、社会经济文化中心和交通枢纽，同时也是各种信息汇集的地方。它们作为覆盖全球的信息网络的结点，产生、分发和传递着信息。人们预期信息技术发展将对城市结构、内涵和发展模式产生巨大影响，城市社会也将由工业化时代进入以信息和通讯服务为主导的信息社会。有关信息化对城市影响大致有如下问题：

◇ 电子网络将对居民的日常生活和城市结构产生什么影响？

◇ 当城市经济的主体从有形物品的生产和流通向无形信息产品的流通和消费转移，城市所发生的变化是什么？

◇ 当城市的集聚经济优势随着远程通讯技术的发展而削弱时，城市如何持续发展？

◇ 电信业的发展是否会如同铁路和汽车一般，引起城市形态的变化？

◇ 基于网络的虚拟社区的兴盛将对城市社会生活产生什么效应？

◇ 信息和通讯技术的发展能否解决工业社会的环境可持续发展问题？

◇ 信息和通讯技术的发展对城市规划、管理和管治有什么特殊意义？

以下将就信息化对城市经济、城市形态与空间结构、城市管理及“数字城市”建设等问题展开讨论。

第二节　信息化对城市经济的影响

一、全球化效应与城市经济体系重组

信息与通讯技术的发展使经济行为在一定程度上克服了空间距离的障碍，讯息的快速传递为统一市场形成和跨国集团对子公司远程管理创造条件，推动了经济的全球化。在信息化和全球化背景下，城市由二战后“福特”时代的制造业中心向消费服务业中心转化，城市经济不再只是国家经济体系的一个等级，而是跨越国家范畴、打破垂直等级体系、链接到全球范围运行的若干自然、经济和机构网络，使经济体系的运转无论在空间上还是时间上都更为流畅。在此转换过程中，电信业的发展具有关键的作用。

1. 城市是电信投资和使用的集中区域

远程通讯技术使当事人无需亲身前往就能够处理远距离之外的事务，而凭借电信网络，可以在信息处理中枢控制和管理网络所覆盖的区域。鉴于历史发展的因素和自然区位条件的优势，城市首先成为电信网络的中枢，而电信网络的中枢控制特征，进一步强化城市的中心作用。这种循环效应促进了城市中具有强大办公

和管理功能的中心商务区的形成，推动着少数超大工业城市的成长。以电话为例，城市中密如蜘蛛网的电话网络使管理者足不出户就能高效、低成本、即时地处理零散分布的生产作业，强化管理的力度和效率。因此，世界大城市总是电话最集中的地区。例如，东京的人口约 2 300 万，电话数量却比拥有 50 000 万人口的非洲还要高 3 倍。

虽然远程通讯技术对于二战后的城市蔓延和郊区化现象起到一定的促进作用，但是电信投资和使用仍然集中在城市地区。越是具有全球化倾向的城市，其电信网络的发展越快、可靠性越高、使用成本越低、网络结构越精细复杂，被社会和经济团体利用的程度也越高。以欧洲为例，伦敦、法兰克福和巴黎都是电信投资和使用集中程度最高的城市。随着这些城市作为跨国公司总部所在地对欧洲甚至全球经济控制能力增强，电信业在这些城市的集中程度也在不断上升(OECD,1992)。美国印第安纳州城市的经验则表明，由于大城市中心化作用，电信业在大城市的集聚已远远高于中等及小城市，大城市与中小城市之间已出现明显的鸿沟。

电信投资和使用集中于大城市的一个根本原因在于电信管理体制由国家专营向全球性市场开放的转变。市场竞争使电信投资商的目光专注于有丰厚回报的地区，而城市特别是全球性大城市是信息量大而密集的公司与机构所在地，也就成为对电信投资商极具诱惑力的市场，因此往往较其他地区优先获得新的电信基础设施和服务。例如，英国的有线网络就集中分布在以伦敦为中心的信息密集的英格兰东南部地区。另外，该地区以 24%的人口比例，却拥有了全英宽带网总量的 39%。通过对英国伦敦、美国纽约、法国巴黎、日本东京和澳大利亚悉尼的电信及人口占全国比重的分析表明，国际性大城市的电信流量总是远高于其他城市和地区，其中尤以巴黎为最。

因此，尽管远程通讯技术能将城市的部分功能分散到郊区和农村，一定程度上促成了二战后城市的蔓延和郊区化，但是我们不能高估电信的这种扩散功能。正是由于电信技术克服了距离的障碍，一些处于中心控制地位的事务管理功能不会分散到农村地区，大城市成为信息流和信息设施高度集聚的地区。

2. 城市担当私营合作通讯网络的结点

私营合作通讯网络有别于传统的政府专营通讯网络，是在经济全球化背景下为迎合跨国集团公司的跨地域经营需求而快速发展起来的。由于跨国集团是在全球尺度上运作，要求通过远程通讯来控制、管理分布于世界各地和不同领域的生产、研发、服务和物流，而原有的政府专营网络往往难以达到信息通畅的要求。跨国公司通常以削减投资或搬迁为手段逼迫政府开放通讯经营权，使私营合作通讯网络得以发展(Graham and Marrin,1996)。这种网络的布设不以均匀为原则，而主要分布在信息集中的高利润地区，客观上迎合了跨国集团的需求。就信息网络的供给商而言，为了满足用户的“一站式”通讯服务要求，大的电讯网络商强强联合，产生了基于全球通讯的“智能网”。作为这种合作电讯网的结点，大城市在远程通讯网络中的主导地位得到进一步加强。

借助于合作电讯网络，跨国公司可以在经营的空间布局上更为灵活，降低成本，获取最大回报。跨国公司根据劳动力市场的全球分配情况，将一般制造功能安置在欠发达或处于工业化初期的国家，将开发、设计功能布置在新工业化地区周围教育水平高、充满创新活力的地区，而把控制和管理的职能留在如伦敦、纽约和东京的世界性超级城市。其间，通过合作电讯网络的数据通信、远程服务、电子金融、声音和视像适时传播以及远距离工作网络对接功能，打破时间和空间障碍，揉合跨国集团的各个部门，迅速完成生产和经营的远距离跨部门调配。另外，在汽车及零售业中，随着电子数据互换(EDI)和电子资金转账(EFT)系统的发展，合作电讯网络还可以延伸到供应商与消费者。由于在激励创新、鼓励竞争和促进资金流动方面的作用，电讯网络成为跨国集团持续发展的重要因素。

3. 超级大城市成为“全球指挥中心”

全球经济体系中，伦敦、纽约、东京、巴黎、香港等大城市同时具备综合控制、高级金融服务和关键性生产环节等职能，成为世界经济的指挥中心，其中电讯网络的影响表现在以下三个方面。

首先，跨国公司内部一般性生产环节向全球扩散，而对全球的综合控制职能向少数超级大城市集中。由于经济全球化，地区之间、部门之间的经济关系变得极其复杂，经济形势瞬息万变，表现出高变动率、高周转率和不可预见性。这就要求全球指挥中心必须承担极大的风险。只有复杂和综合性极强的超级大城市能够最大限度地降低风险，以各种机遇应对各种不确定性。

其次，全球统一市场和跨国集团发展，要求统一的金融市场服务于资金的跨国流动，推动全球金融中心在超级大城市出现。如伦敦、纽约和东京三足鼎立，为全球构筑了24小时不间断的股票交易市场。当伦敦进入梦乡的时候，东京正准备一天的第一笔交易，而华尔街的酒吧正是交易结束后一天中最热闹的时候。在全球统一金融市场的运作中，由卫星及光缆组成的复杂而精确的通讯网络起着十分关键的作用。它最大程度地削减金融交易的延时性，提高资金周转的效率。另外，与全球通讯网络相连的计算机交易处理系统使顾客与交易员之间实现瞬时连通，加快交易速度，使之与汇率及股价的变动速率相适应，有利于投资者从股市和汇率的变动中即时获益。强大的资金流及金融信息流同时刺激和带动了其他信息在超级大城市间的流动，提高了大城市全球指挥中心的地位。

第三，大量办公机构及跨国公司总部在大城市集聚，使得这些地区对高层次生产服务人员的需求扩大，如会计、法律、保险、咨询和广告等行业的服务人员。同时，由于高级管理人员的增加，拉动低层次消费性服务需求相应增加，如餐馆、零售、清洁、休闲等。这些低层次服务工作不稳定，随意性较强，低薪且多为兼职，它们与高级管理工作职位的比例大致是 3：1。高级专业管理人员与低层服务人员同时在大城市集聚，促成了城市的非均衡发展和社会阶层的高度两极分化。

远程通讯技术的发展使制造业向城市郊区及全球扩散，少数具有强大信息服务功能的城市如东京、纽约、巴黎等指挥着全球经济，成为世界性城市。一方面，一些不可取代的必须面对面进行的高级事务处理集中在这些城市，成为很多跨国公司总部所在地和金融证券中心；另一方面，先进完备的信息处理和传输功能使指挥中心的指令和讯息得以方便地传往世界各地。发达的信息网络使得这些世界城市相互链接，除去地域的分隔之外，它们的关系如同古希腊时代的城邦，具有一定的独立性，与所属国家经济体系的关系被削弱，其范围不再由地理环境或法律决定，而决定于电话及计算机网络所及的范围。

二、后工业化趋势与城市经济扩散

随着资本的全球化，城市经济结构由福特时代的制造业向消费型产业转移，如休闲、零售、信息服务、银行、保险、传媒、教育和广告等，它们有一个共同特征就在于都是围绕着信息和信息产品的制造、分配和处理，与远程通讯技术密切相关(OECD,1992)。少数特大城市成为世界经济的指挥中心，集聚了各种跨国公司的总部，控制着分散在全球的生产活动。与此同时，为了降低成本，一些不需要面对面商谈、可以通过远程通讯处理的一般性事务从中心城市向外围劳动力、服务和物价相对较低的地区扩散，外围城市则积极争取承接这种后台办公(back officing)职能，成为直接服务于世界城市的次级中心城市。目前城市经济的扩散总体上有 4 个方向，即从全球而言由发达国家向欠发达和新工业化国家转移；在西方发达国家内部由中心地区向边远地区转移；由大都市区向小城市转移；由市中心向郊区转移。

1. 工作场所的灵活机动性使得部分专业人员可以远离中心城市，通过远程通讯网络参与城市经济活动

他们可以在选择的地点、方便的时间进行工作，处理事务，摆脱传统的定时集中办公方式。但是这种分散办公并不是绝对的自由，在一定程度上受客观环境的限制，要求人们居住的地点必须有方便快捷的交通设施连接主要城市，因为电子通讯还不能完全取代面对面的交流，大量琐碎的非正式信息也不能通过电子媒介传播。在具备分散办公的基本条件下，人们在对居住场所的选择中更多地关注良好的居住环境。往往那些风景优美的乡村和小城镇最受人们的青睐，一些高层管理人员和专业人士在这些地方度过一年中的大部分时间。例如西班牙的巴利阿里群岛(Balearic Islands)作为度假胜地,同时拥有大量装备先进的电讯网络与欧洲大陆北部连接。美国西部和南部的许多风景优美的小镇也吸引了大量的远程办公从业人员。这些人大多为自雇的专业人士,如咨询顾问、猎头和作家,他们能自由地选择生活地点,同时不脱离城市主流经济。

2. 无需面对面进行的非专业性一般事务处理工作向城市外围地区扩散,以降低劳动力成本

这种后方事务主要指那些不需要很高专业技术水平,可以通过远程通讯解决的事务性工作,如电话接线生工作,经济部门中的一般数据处理工作,邮件分捡等。英国电信集团中为英格兰东南部服务的绝大部分电话接线生就工作在苏格兰。美国的邮政部门采用图像通讯技术,使操作邮件分捡工作的工人无需在工作现场,以便充分利用那些邮件较少地区的工作人员为其他地区分捡邮件。由于后方事务工作转移,不少城市积极创造条件争取承接这种转移,作为地方经济发展的动力。后方事务处理中心城市除需具有低廉的劳动力和低物价水平之外,还应该是光纤通讯网络的中枢,同时较高的人口素质和先进完备的电讯基础设施是吸引后方事务转移的重要因素。如爱尔兰,以其国民较高的受教育程度、英语语言优势和发达的通讯网络吸引美、英金融服务、出版、数据处理和软件开发行业向该地区转移。

3. 以电讯为媒介的生活性服务业成为后台办公的主要内容,它们从大城市集中转移到中小城市,出现为全国乃至全球服务的后台办公事务中心

金融服务业是受电讯网络技术发展影响最大的行业之一。电子银行与信用卡、电子结算系统、智能卡等共同构成无现金消费的重要环节,人们可以通过电话或网络银行随时向智能卡充值及其他银行业务操作,使传统的银行服务网点功能萎缩,网点数量由此也大量削减,只在少数富人集中居住区保留部分支行,而这些被裁减的工作岗位实质上向电子银行服务中心所在地转移。例如英国运行最成功的电话银行 First Direct,成立于 1988 年,目前雇有约 1 300 名员工,通过电讯网络为遍布全国的逾 400 000 用户提供全天 24 小时服务,其服务中心仅占地 10 000 m^2,设立于英国地理中心城市利兹(Leeds)。又比如航空订票服务网点,以前大多分散在临近机场的豪华办公大楼中,现在通过采用自动电话转接技术,来自全国各地的订票业务可以同时传送到一个大的虚拟办公室统一处理。不仅可以大大降低人工成本,而且实现在 20 秒内处理 80%以上电话的反应速度,提高服务效率和精确性(Graham and Marrin,1996)。

后台办公事务的转移不仅发生在发达国家内部,表现出全球性转移的趋势,一些发展中国家和新工业化国家,也通过优惠的财政政策,鼓励地方政府与西方电讯公司共同建设自由贸易港、电讯港、电子港等,作为承接发达国家后方事务处理转移的基地，带动地方经济发展。除了低技术要求的一般性服务，如信息市场和预订业务之外，一些高技术高附加值服务内容也在向低劳动力成本地区转移，如金融分析、软件工程、电影动画、图像处理、计算机编程、学术编辑出版等。例如西方的信息服务公司，通常将在西方国家收集的原始资料传送到欠发达国家进行数据处理，然后输入计算机，再售给西方国家的用户。又如，印度目前已成为全球的计算机软件大国，有15 000～20 000人从事软件业。由于大量低廉的高水平专业技术人员存在，西方许多软件服务热线实际上都设在印度。因此，欠发达国家人员通过电讯网络在西方发达国家谋职，进行“电子移民”已变得极为现实。世界银行就曾建议，让非洲廉价劳动力为美国大型购物中心闭路电视监控系统服务，甚至可以通过这种方式，使非洲经济融入全球经济中。

三、新兴产业的滋生和技术创新

1. 远程购物

在人们乌托邦式的想像中，远程购物即借助电讯网络和虚拟现实技术，在虚拟的环境中模拟进行货物的挑选，通过电子银行和电子结算系统下订单、付款，足不出户即可在家采购所需物品。但是目前的发展表明，远程购物仍只占到零售业的很少一部分，远程购物主要集中于一些特殊的商品，如书籍和音乐等。与电子银行相比，要完全实现在家购物的理想还存在不少技术和社会问题。因为购物实质上也是一种休闲和社交行为，人们享受着讨价还价的乐趣和得到意外收获的惊喜，这些都是虚拟购物环境所无法满足的。

当前远程通讯在零售业中的作用更多地反映在对货物流的组织和管理上，而非对购物环境的虚拟。通过电讯网络最大限度地缩短供给与需求之间的距离，创造更加机动的零售模式。这种模式一般采用大型中心化商场，基于电讯网络的物流管理系统连接生产、分配和消费环节，可以即时补给库存，同时适应和满足顾客不断变化的商品种类需求。因此，远程购物只是对传统零售业的一种补充，而非取代。

2. 制造业发展及新产业空间产生

电讯与网络技术在制造业的应用主要体现在生产的过程。局域网(LAN)和计算机集成制造(CIM)技术将各种自动化设备与生产过程的其他环节连接，提高整个生产过程的自动化程度。由于电讯网络技术在监控与事故处理方面所特有的实时性和高效性，还被用于企业物流规划、生产流程设计和财务等管理部门，促进部门整合，提高生产效率。在企业之间，电讯网络主要用于组织各种不断变化的供应链模式，为实现从原材料到消费的供应链即时(Just-in-time)管理系统奠定基础。

随着传统制造业从城市经济主体地位上日渐淡出，一批新兴产业在城市中迅速成长，包括电子、电讯、生物技术、空间技术、核技术、医药技术、环保技术等。这些新兴产业在一定的空间集结，产生了如美国的硅谷、法国的图卢兹(Toulouse)、德国的 Baden Wurttemberg 等新兴城市。由于这些新兴产业的产品和技术更新周期很短，需要不断的智力和知识投入，强大的研究开发网络是支撑高新技术产业持续发展的基础，电讯和网络技术能有效地连接各种研发机构，为新兴产业发展服务。我国"十五"期间的信息产业将以 3 倍于国民经济的速度发展，2005 年市场总规模将居世界第一位，出口创汇比 2000 年翻一番。信息产业将成为带动国家经济增长、结构升级的先导性支柱产业和增加综合国力的战略性产业(陈述彭，2001)。从应用平台着手可以大力发展各类应用软件和应用系统，特别是基于因特网应用的各类电子服务系统，如中文信息处理、信息检索、电子商务、远程教育、远程医疗等应用软件和系统，推动政府、企事业、社区、学校和家庭上网。

3. 技术创新

技术创新离不开高度发达的远程通讯基础设施和服务，但更需要一种类似"校园氛围"的创新气氛。它建立在人与人及创新者与企业之间长期直接接触形成的信任和各种非正式联系上。这种对于空间邻近性的要求，使得大量创新人才和新兴产业集中于一定的区域，形成不断孕育创新的温床。因此，提高区域的创新机能不能简单地通过建设电讯基础设施实现。例如意大利 Prato 市于 1980 年建成了名为 SPRINT 的电讯网络系统连接政府部门、贸易协会、公司及商业机构，希望通过这一网络形成一种电子社区，实现信息的实时交换。但是，由于并不是工业区内所有的信息都适于通过电讯传播，而且当时还没有形成相应的网络文化，因此只有很少量的信息在网络上流通，网络的利用率很低，并没有实现政府建设它的初衷。实际上，电讯网络的发展更趋向于研究和开发机构的跨国连接。例如，法国的 Renater网络连接了 280 个主要研究中心、技术创新集中地区和大城市，并提供网关通往 Internet，形成号称全球信息传播容量最大的网络，为技术创新提供快速实时的信息服务。

四、结论

信息与电讯技术的发展对城市经济进行了空间与组织结构的重组。首先，它从根本上改变了经济活动与空间的关系，使得一种产品可以分散在多个地方生产；其次，地理空间上相互隔离的城市通过远程通讯技术实现经济的连接，通过资金、劳动力、信息和服务的流动，整合形成统一的电子经济的网络，这种基于电讯网络的经济体系较之传统经济形式具有更多的变动性和不确定性。由于电讯网络技术的发展,大城市作为复杂的信息服务中心的优势逐渐消失,一些边远小城市甚至农村地区通过网络可以获得在线信息服务,具备同大城市争夺投资的基本条件。为了降低成本、提高企业应变能力和竞争能力,雇主们不断减少永久性职员数量,以资本替代劳力,提高自动化程度,造成工作机会向低成本地区转移。通过后方办公事务转移和远程就业等新兴产业发展,部分承接产业转移的城市的工作机会增加。与之相对应,电讯时代的城市化表现出新的特征。大城市一般性事务向边远地区的转移促进了这些地区的城市化;另一方面,很多城市着力于休闲、旅游等消费型服务业发展,争当区域性或全球服务中心。

去工业化(deindustrialization)以及基于电讯发展的产业结构调整和生产自动化,使得工商业的劳动力需求减少,社会就业率下降。而政府为了摆脱经济危机的困扰和促进新经济的滋生,保持在全球化背景下的竞争优势,不得不致力于推动电讯业和远程工作、居家办公、转包服务的发展,目的在于通过远程通讯实现劳动力和就业机会的重新分配,使得创新机能较强地区的一般性服务工作向劳动力密集地区转移。但是,这种重新分配的结果则是造成了城市社会和空间的双重极化。只有在跨国公司总部和世界城市中的少数高级管理人员和专业技术人员拥有稳定的高收入,其他大多数人都只能从事后台办公和转包的工作,或者从事低层次的零售、休闲服务业工作,甚至于失业。在空间层面上,一些世界城市的中心地位不断得到增强,它们利用信息和技术优势发展新兴产业,借助远程通讯技术将低层次的后方事务处理和服务性工作向其他地区扩散;另一方面,那些缺乏先进技术和信息基础设施的城市由于相对较弱的竞争力,不能与中心城市抗衡,只能被动接受低水平产业的转移,形成恶性循环。电讯业发展在促进技术进步的同时所可能造成的城市社会和空间非均衡发展,值得我们认真地思考和研究。

第三节 信息化对城市空间结构的影响

一、信息技术对城市空间的影响方式

英国纽彻斯特大学(University of Newcastle) 的 Graham 和 Marvin(1996)将信息技术对城市空间的作用概括为四种效应,即协作效应、替代效应、衍生效应和增强效应。

1. 协作效应

指信息技术的发展与城市发展呈现一种协同并进的趋势,在空间上表现为信

息空间的扩展与城市空间延伸的复合。通讯网络的设计总是以主要城市为节点，光缆等信息通道也与公路、铁路、运河等交通线相伴连接各个城市，这样信息的流通仍旧集中在交通发达的城市及连接各城市的交通走廊。而在城市内部，饮水、煤气、下水线路则往往为通信线路所利用，以英国为例，其国内第二大电讯公司 Mercury 公司，在建设通讯网时就沿用了伦敦主要金融区地下的旧供水网线路，因此信息服务的主要空间还是城市地区。

2. 替代效应

指通讯技术的发展可以克服原本存在于人际交流中的一些时间和空间障碍，利用信息传递取代或减少人的来回通勤。人们期待着可以在家里办公、通过网络购物、利用多媒体技术召集身处不同地点的职员商讨事务。有了方便快捷的联络方式，公司总部不再设在地价昂贵的中心商务区，而可以分散于环境良好的任意地点。据此推而广之，人们为未来勾勒出乌托邦式的场景，认为随着信息技术的日趋完善，人的活动将摆脱距离的约束，而城市将逐渐消失，如“地球村”的设想、有关世界将进入一个“后城市时代”的论断。更有学者认为城市将不再以地理空间来定义，而将通过电讯技术广为融合(Pascal,1987)。

3. 衍生效应

表现为信息技术的发展可以促进城市经济的发展。以交通业为例，电讯的发展在替代部分交通行为的同时，衍生出一些新的交通需求，并通过改革原有交通管理模式来扩大其系统容量，从而满足新的需求。例如，我们所熟知的电话、传真、电子邮件等并没有完全取代人的出行，而是使出行更方便和高效。而电子数据交换(Electronic Data Interchange)和即时管理法(Just-in-time)在生产上的应用加快了产品的出厂速度。移动通讯的发展使旅途时间可以被充分利用，成为工作时间的延伸，从而使被电讯服务覆盖的城市地区及城市与城市之间的交通走廊变得更有吸引力。通讯技术的发展也诱发了一些新兴产业的出现，例如电话理财服务、自动取款机(ATM)等，而环球电话及电子邮件则构建了一种从未有的广阔的人际关系网。

4. 增强效应

指信息技术的发展可以扩大原有物质形态网络，如路网、电网、水网等的容量，提高它们的功效，使其更具吸引力。例如，道路交通信息引导系统(Road Transportation Informatics)使道路系统智能化，通过对交通的疏导和控制，提高道路的利用效率。

二、信息环境下城市空间形态的变化

信息技术发展对城市空间形态的作用在不同历史阶段具有不同特征。在 20

世纪 40 年代之前，以电话为代表的远程通讯技术加强了城市中心区与外城区的联系，人口和产业不断在城市外围集聚，使得城市以单核心模式自中心向外持续扩展。因此，这一时期信息技术对城市形态的影响主要表现为中心集聚效应。40 年代之后，远程通讯的速度、质量和容量大为提高，电信网络的服务素质和覆盖范围也得到增强，加之汽车的迅速发展，大大改善了远郊居住区生活的方便程度，城市人口开始大量向郊区转移，到 60 年代，这种郊区化趋势表现得最为强烈。城市郊区化的结果是在远离中心城市的农村地区出现大量以居住为主要功能的“卧城”，居民的生活和工作地逐渐分离，依靠远程通信及私人轿车与中心城保持密切联系。因此，这一时期信息技术对城市形态的作用突出表现为扩散效应。

对当今城市而言，信息技术对城市空间形态的作用是立体的、多方位的，简单地将其概括为分散或集聚都过于片面。信息技术的实质在于信息的远距离快速传递，这决定了其成为促进人口和经济分散的潜在动力，但是，就人本身而言，面对面的交流所传递的信息并非都能通过电讯网络实现，因此居住的集中倾向不会改变，分散是有限度的(Scott,1988)。就经济而言，社会生产各部门的联系包括横向和竖向的联系，一方面，公司总部与下属分部或生产厂家的竖向联系较为简单，发达的通讯技术可以化解空间距离的增加，分公司和生产厂可以游离于中心城市之外，依据劳动力、交通、土地成本等择地而建；另一方面，各公司之间、公司与服务体系之间及各类服务体系之间的横向联系错综复杂，且信息环境本身使得社会生产和服务门类越分越细，其关系也就更趋复杂，因此以处理各类复杂信息为主要任务的高层管理机构，更倾向于集中分布，以便最有效地掌握信息。在现实环境中，信息技术的发展是非均衡的，不同地域获得信息服务的程度不同。中心城市固有的信息枢纽地位，使其首先成为信息技术服务的地区。又由于信息技术可以提高现有经济体系运作效能，孕育新的产业、创造新的就业机会，信息相对集中和通讯发达的主要城市地区的经济也必将高速发展。由此可见，当今城市形态具有两大特征，即家庭中心化使传统城市空间结构逐渐消解，而作为信息结点的少数城市的集聚度越来越高(McGee and Robinson, 1995)。

在信息环境作用下，未来城市形态将同时表现出蔓延和集聚两种趋势。首先，信息技术使个人事务可以借助于网络服务集成处理，足不出户即能进行交易或享受各种服务，如零售、购物、收发信息、娱乐及银行业务等；也使得远程管理控制和在家工作成为可能，提高了产业布局的灵活性。这两大因素极大地促成了城市形态的郊区化倾向。但是，远程控制和信息交流并不能完全取代人们的社交需求以及由此而建立的信用体系，家庭办公也不能满足人们对不同环境的需求，所以原有的城市中心区功能不会消失，未来城市空间扩散的形式为：服务业集中在中心商务区同时散落于城市周边的小镇，而工业及仓储业以环状分布于中心城市与乡村小镇之间。与此相对应，往来于中心城及外围居住场所间的通勤交通量将大量削减，城市中心区的拥挤程度将降低，环境得到根本改善，阻隔了“空心化”趋势。另一方面，信息技术的应用与当地的社会经济状况密切相关。因为通信网点的延伸通常意味着对一个地区控制力度的加强，在政治或经济利益驱动下，通信网络的布设总是呈现出非匀均状态，不是每一区域都拥有相同的信息可达性，由此形成一系列的网络结点，而这些结点定位又在很大程度上与区域的社会、经济历史状况有关。我们通常谈到“信息高速公路”，其实未来城市信息网络的形态用“信息轨道系统”似乎更加贴切。因为高端信息技术的分布并不是如同高速公路一般延伸到每一个地方，它只沿着少数轴线延伸并依靠结点来组织，就如同铁路线和站点的关系。结点所在地多为社会经济较发达、信息产生和需求量较大的城市，成为结点之后汇聚了更多的信息，带动更多就业岗位产生、劳动力市场发展、服务体系完善以及社会文化事业兴旺(Gottmann and Harper，1990)。因此，结点城市发展迅速，其影响力通过信息网络得到强有力的扩散。同时，一些基础条件不太好的乡村地区或小城市则可能成为被信息城市化过程跳过的地区，其发展远落后于地理空间距离并不遥远的相邻城市。城市形态表现为鱼网状缕空的结点集聚形式。

三、信息技术推动城市竞争及城镇体系的变化

信息技术的发展为城市在区域及全球范围的竞争创造了条件。主要表现在推进经济的全球化。首先，劳动力的地域分配引起产业在全球的大扩散，信息技术强化了管理机构的控制能力，从而推动了这种生产的全球化，而发展中国家和地区一般成为承接这种产业扩散的场所。其次，信息技术发展有助于世界市场的统一和规范化，很多产品都可以在世界各地随处购得，经济变得更为开放，各个国家的经济都与全球经济紧密相关，成为全球经济的有机组成，各国经济政策也更趋于开放，限制的范围大大收缩。经营者面对如此纷繁眩目的机会和选择，事务处理成为经营活动的重要内容，事务处理的成本在总投入中所占比重也越来越大，而信息技术则能帮助人们抓住机遇、有效降低处理事务的成本。

信息网络传输的特点决定了总存在一些节点位置，这些节点一般位于基础设施条件较好的中心城市，吸引着各类高层管理机构向这些信息节点汇聚。如一些世界性大城市，伦敦、纽约、东京、巴黎等在经历了自20世纪70年代至80年代初的停滞之后，80年代中开始又成为各类跨国公司总部选址的热点。我国于2000年10月开通的宽带高速互联网(CNCnet)一期工程线长8 490 km，设置了106个中继站、17个节点，贯通了东南部的17个大城市：北京、天津、济南、合肥、南京、上海、杭州、宁波、福州、厦门、广州、深圳、长沙、武汉、南昌、郑州和石家庄。CNCnet

作为全国性的高速宽带骨干网络将承包语言、数据、视频、多媒体等综合业务及增值服务。这些信息量高度汇集的节点城市像磁石一样吸引着各方投资和经济集聚,而通讯技术则使得节点城市对信息网络覆盖范围具有强控制力,加之信息技术发展与投资之间的互动效应,使节点城市具有非同寻常的意义。随着空间距离对于产业布局约束力的弱化,高技术、高创造力的劳动力资源,靠近高等院校和科研院所的地理位置以及优美的环境,成为吸引投资的要素(姚士谋等,2001)。而吸引到绝大多数新技术的城市往往得到极大发展,从而吸引更多的投资。

由于经济全球化产生的新的经济活动不可能均匀分布,也不会沿袭固有的经济部门和经济地域分配,城市之间必然面对发展的竞争,而信息技术成为城市参与竞争最有效的手段。不少大城市都确立依靠信息技术增加城市吸引力的发展战略,主要表现在如下方面:

(1) 发展电讯港及高技术商务中心

计算机及现代通讯技术在办公活动中的广泛应用,使先进的通讯系统成为办公楼必不可少的基础设施,而中心商务区所拥有的通讯产品消费市场则吸引了相关信息技术公司在附近集中发展。这种发展模式在巴黎的 LaDefense 和纽约的 StatenIsland 都十分成功,其他如鹿特丹、阿姆斯特丹、东京和大阪等城市也正着手此类电讯港的建设。

(2) 制定政策鼓励私人投资通讯基础设施建设

这些项目包括通讯光缆、智能化办公楼、计算机网络建设等。政府可以通过出让线路权,如允许光缆沿现有路网铺设,吸引私人投资,加快通讯设施建设。另外,政府还可以通过发展计算机公众网,引导私人投资参与网路建设。

(3) 在公共服务系统中大量采用信息技术促进经济发展

一般而言,政府是信息的最大消费者,信息技术在税收、财政、土地及各种条例的管理上都能发挥显著作用,在政府的公共服务系统中引入信息技术,能大大提高政府的服务效能,同时带动信息产业的发展。

(4) 制定政策强化城市信息功能

在认识到信息及通讯技术在城市经济发展政策中的地位后,一些城市通过各种途径来强化利用信息的功能。如德国科隆通过在市中心设立媒体广场来强化其广播、出版中心的地位,日本 Kawasaki 曾计划建设 18 个"智能广场"作为智能化办公楼的中心,各办公楼之间通过 30 km 的光缆来连接,以实现信息城市的目标。纽约作为全球通讯中心之一,其国际长途电话的频次占全美的 35%,而其拥有的铺设光缆的办公楼为 470 栋,高于东京的 110 栋和伦敦的 400 栋,为了进一步强化城市的信息功能,在 1990 年纽约市就制定了新的信息发展政策,称之为"一万亿的风险投入:电讯与纽约经济的未来"。

总之，信息已成为城市竞争的焦点，而城市竞争的结果是，在全球是少数几个信息节点的城市如伦敦、纽约、东京等不断壮大为世界性城市；在各个区域也将出现一些主要的中心城市，在这些城市及其周边地区经济高度集聚发展。源于城市活动的分散与重组，区域城镇体系的分布模式也将由传统的单一中心城市向多核化发展，进而发展为广大都市地区的节网状居住模式。取决于技术与管理的成效，这一模式或者表现为分散的集约型城市用地，城市化与非城市化地区具有明显的差异，土地资源得到良好利用；或者表现为低密度的都市蔓延。

第四节　信息化对城市管理与规划的影响

一、基础设施建设和管理

城市基础设施一般包括交通、燃气、电、水和电信，它们构成现代城市社会和经济系统的支撑。城市基础设施网络的结构依托于城市的形态。随着远程通信发展所带来的城市经济在空间上的集聚与扩散，基础设施网络的覆盖范围增加，服务内容及服务方式趋于复杂化；由于基础设施经营的垄断局面正在消融，国际资本介入和交叉投资造成多网融合的趋势，由此强化了电信在城市基础设施管理中的作用。

1. 电信技术促进基础设施网络的综合管理

电信技术的发展使城市基础设施的管理者更有效地掌握交通、能源、给排水等服务的供给条件，了解顾客对服务的动态需求以便提供更具有个性化的服务，清楚掌握高峰状态的各部分资源的利用状况，使服务能力得到最有效利用。电信技术在交通、能源、给排水及废物管理方面的功能如图 8-2 所示。结合 GIS 的集成电信网络早已是铁路运输、能源供应及给排水管理的重要支持系统。另外，利用远程通信技术还能加强对公路交通流量、客户能源消费及环境状况的监测，将实时数据快速汇总到中央处理系统，根据设施运行能力调控交通流量及用电、用水需求，优化设施的运行效率。基于电信技术在基础设施管理中的大量运用，这些基础设施运营商对电信业发生强烈兴趣，并且随着电信垄断的逐渐解体，他们依托自身强大的资金实力、管道或线网铺设的有利土地条件及已形成的电信管理网络，开始进军电信产业，促进了电信业的多元化发展。例如，英国最大的电力公司国家电力(National Power)投资建设一个大型电子计算机与电信工程，力求改善对用户的服务质量，增加服务的灵活性与调控能力。另一方面，竞争促成的电信业在服务质量和服务内容上的提高则进一步加强了其对于基础设施管理的效能。

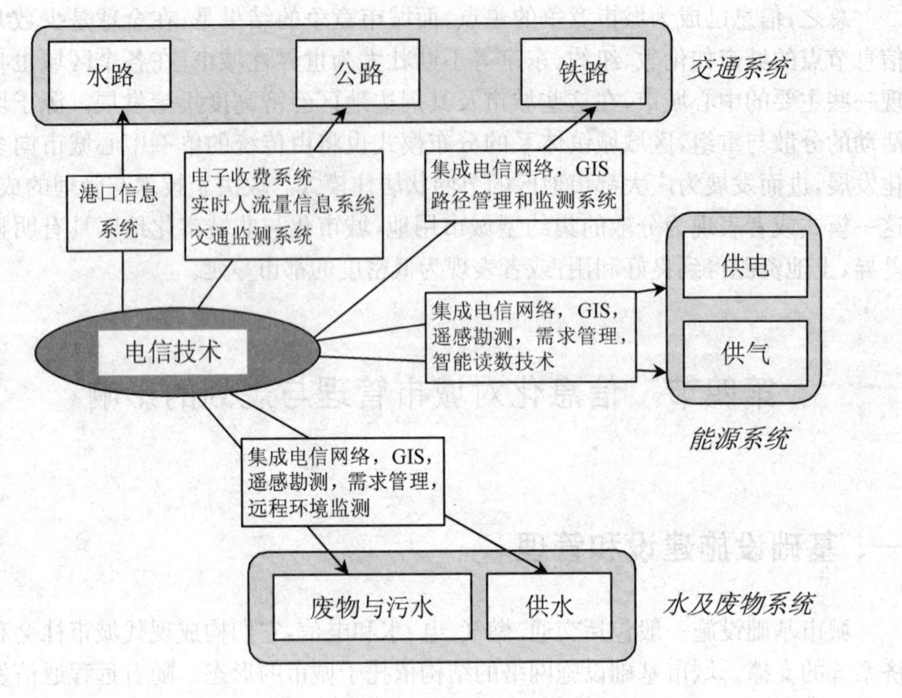

图 8–2 电信技术与城市基础设施集成管理

（转绘自 Graham and Marrin，1996）

2. 电信技术促进智能交通发展

城市道路交通所面临的不断增长的通勤距离、交通堵塞及环境污染等问题日益严重，发达国家曾尝试通过道路电子程控技术建立灵活高效的交通调度与安全系统。智能交通研究起步于 20 世纪 60 年代的交通管理计算机化，随着对于道路功能和车辆智能化研究的不断深入，系统工程扩展到道路交通运输的全过程及有关服务部门，发展成为带动整个道路交通运输现代化的“智能运输系统”(ITS)。

该系统涉及三个重要方面，即城市交通调控系统、服务于商业运输的物流系统、可借助无线通信技术与交通调控中心及物流系统保持联系的智能车辆，三者整合形成“一体化道路交通环境”。在此环境中，充分利用现代化的通讯、定位、遥感以及地理信息系统、电子地图和其他相关技术来减少交通拥挤、提高交通量、改善地面交通运输条件。通过车辆与控制中心之间的双向通信设施传递出行时间、路线选择、交通模式等信息，实现控制中心对交通的调控，具体表现为电子道路收费系统、电子路线指南系统、出行人员信息及智能化高速公路通道等。如下所示：

道路通行管理

· 车辆自动识别及电子道路收费装置
· 自动化道路通行强制性限制措施

驾车信息及其传递

· 路线规划电子辅助系统
· 交通状况广播
· 路径指示板
· 电子路线指南
· 自动化车辆定位系统

交通控制增强

· 与路线指南连接的交通控制
· 公路与封闭道路的综合控制
· 事故侦察功能
· 人工智能交通控制技术

自动车辆控制

· 自动化净空高度控制
· 全自动高速公路

自动收费控制

· 通信技术用于自动收费系统管理

智能交通系统将汽车、司机、道路及其相关的服务部门相互联系起来，使汽车在道路上的运行功能实现智能化。出行者可实时选择交通方式和交通路线；交管部门可自动进行合理的交通疏导、控制和事故处理；运输部门可随时掌握车辆的运行情况，进行合理调度。这样就实现了出行者、车辆与宏观基础设施的智能连接。我国已开始不停车收费系统、车辆信息服务系统、快速货运系统以及车辆的定位与跟踪等方面的技术攻关和示范工程，近期将展开城市交通管理系统，快速货运系统，高速公路监控、通信和收费系统，交通信息服务如通过交通信息网为公众提供订票、旅行、旅馆等服务。

3. 电信技术促进市政设施管理现代化

目前，市政设施领域的电信投入成为电信业发展的主要力量。例如，英国在1989～1990年度用于公用设施管理的电信工程预算增长了147%，是其他经济部门的5倍。这些电信投入主要用于建立自动数据收集和传递系统，以便降低市政设施的运行和管理成本、提高服务水平和用户满意程度、增强管理调控力度及效率，同时实现资源节约利用。具体应用在如下几个方面：

· 建立基于行政管理和客户管理体系的信息采集与管理系统
· 改进对广泛分布的网络的监控能力和及时侦察故障能力
· 增强对设施的遥控保养能力，如利用机器人进行下水管检修
· 通过提高信息精确度、系统控制及自我优化能力来加强资源管理
· 设立连接区域中心控制系统的用户智能米表装置，改进客户服务能力
· 建立模型模拟设施利用状况，针对大幅波动的需求信息设立最优设施利用方案
· 根据天气预测情况自动设计供需管理方案
· 将移动通信技术用于市政设施管理

例如，城市地下管线信息系统包括了各类管线的空间位置、分布、特性及其相

互关系，具备数据采集、空间查询、空间分析、统计分析和制图输出等功能。用户可以利用它查询各类管线、全要素基础地形图，可随意打开、关闭显示层，可放大、缩小、屏幕漫游等，同时可查询管线点坐标、构件，查询管线的材质、管径等特征。它还可按照用户要求，生成各种专题图，如路网图、专业管线图和综合管线图等，自动生成指定区段的管线纵断面图和指定剖面的横断面图。这些功能便于规划管理部门实时掌握地下管线的空间信息与非空间信息，并为政府部门进一步改善城市环境提供科学依据及决策支持。

二、城市环境管理

信息化发展被人们普遍认为是解决当前城市环境问题的希望，因为信息产业不同于传统的制造业，对资源的消耗低，生产过程中排放的污染物量也相对较少，被认为是一种清洁工业。信息化发展也使得电子信息传递部分取代人们的出行需求，减少用于交通的能源消耗。但是，信息化对于城市环境的最明显的贡献在于其对城市环境管理所发挥的积极作用。

1. 环境监测

运用程控自动监测系统可以实时掌握城市空气、水、噪声污染的状况，借助卫星监测系统则能完成对全球环境变化的动态观测，描绘环境状况的时空分布和变化规律。结合城市的社会、经济信息可以揭示城市环境污染产生的原因与发展趋势。例如，德国柏林在全市布置了38个环境监测站，它们主要以4 km×4 km的网格均匀分布于城市，少数分布在污染较严重的主干道、工业区和人口稠密的居住区，另外，在城市周边东、南、西、北4个方向布置4个监测点作为对比值。这些站点能自动获取空气中NO_x、SO_2、O_3、CO等污染物的浓度，信息通过网络传递到中心控制系统。因此在控制中心便可即时掌握全城的空气质量状况，并且得到时均、日均或年均空气质量水平。环境监测系统及环境监测数据是建立环境信息系统的基础。

2. 环境预警系统

环境预警系统是环境监测、信息传输及其他城市信息管理系统的综合。以空气质量预警系统为例，当电子遥感系统测得空气污染达到一定浓度时，空气污染警报将通过广播、电视、电子邮件等一切传播手段公之于众，引起人们的注意；当这种超标持续相当长时间或达到另一更高警戒水平时，则会启动交通管制系统，限制入城车辆数目以减少污染物排放，并告诫司机在污染严重地段要关闭汽车引擎，同时要求火力发电厂等主要污染源减产降污。

3. 资源使用量控制与资源节约利用

分户自动计数技术实现了城市水、电、气用量管理的自动化。通过遍及全城与分户自动计数装置相连的电信网络，城市管理者能即时掌握资源需求量分布及变化规律。根据不同需求时期制订相应资费标准以调节高峰时期的资源供给，实现资源的有效配置和设施的完全利用。用户则通过计数装置能即时了解资源使用情况，防止不经意间过度消耗资源。

另一富含信息技术的资源节约举措为智能大厦。在智能大厦中，采光、取暖、通风、保安等实现智能化管理，例如当人不在的时候，灯光就会自动熄灭。这样有利于最有效地利用资源和保持大厦的良好运转。智能管理系统甚至还可以监控外墙被风蚀程度和结构损伤情况，并将信息及时反馈至中央控制系统。当所有的智能大厦连接成网后，则可真正实现对城市的自动控制，使城市以最少的能耗实现最优的运转。

三、城市规划设计

1. 信息化环境下城市规划的新趋势

信息化环境下的城市是一种以知识为基础的网络化社会，这种网络化特征首先体现在城市生产和管理向网络形式演变，其次体现在资本的全球运作和城市物质空间的网络化，由此产生以信息技术和金融业为先锋的新经济特征。因此在城市规划中确立城市性质时，应在综合考虑我国城市等级体系前提下有重点地发展几个国际化大城市，使其融入国际城市网络，承担网络节点的作用，协调和整合进入网络的一切元素。对于各个大城市都要着重培养其创新能力，在研发上加强投入，改善基础设施与交通，吸引各类人才营造创新环境，使城市由全球经济分工的底层上升到更高的层次，实现经济和社会的持续发展。

在信息化环境下城市总体功能布局应由原来的圈层式基本形态向网络化结构转变(孙世界，吴明伟，2002)。由于商务方式的改变和信息网络应用引起的地价成本的降低，城市中心区用地强度将降低，中心区内的文化娱乐功能将加强，商业将分散，而工业空间则呈现出边缘化趋势。城市总体空间发展体现为开放式布局，以适应信息城市所具有的流的空间特征，利于各种物质和信息流动的互动与输入输出。在居住区规划层面上，应充分考虑信息社会中家庭功能和家庭结构的变化，住宅设计应结合远程活动需求，提供相应的自动控制、远程端口和信息网络管线的配套公共设施，实现在家远程活动和家庭电器的远程控制，以及水、电、气等市政公用服务的自动测数和收费。

2. 信息技术在城市规划领域的应用

随着信息技术和计算机技术的发展，海量数据的获取、传输和存储技术趋于成熟，从而可以对城市进行多分辨率、多尺度、多时空的三维描述(顾朝林，2002)。把城市地形、规划、道路交通、市政管线、地籍房地产等空间数据，社会、经济、人文的属性数据，以及文档数据进行收集、整理和归纳，并按照地理坐标建立完整的信息模型，再用网络加以连接，使城市管理者、专业研究人员和公众都能通过互联网快速、完整、形象地了解城市的现状及其发展过程，实现跨行业综合基础数据共享。在城市规划实践中，GIS 技术与城市管理系统及 CAD 技术结合推动虚拟城市规划和设计。

首先，运用 GIS 技术能记录地籍、基础设施等方面的空间信息。包括土地权属、建筑物使用性质、城市道路体系及其相关附属设施、城市地上和地下的给水、排水、电力、通信、燃气等各种市政管线。这些空间信息通过 GIS 和计算机技术集成城市现实环境，为虚拟城市规划设计提供操作平台。例如，广州市的城市规划管理信息系统就是建立在坚实的航空摄影与航空遥感资料基础之上，包括覆盖全市的 1∶2 000 比例尺数字正射影像地图和1∶5 000比例尺彩色数字影像图，并建成了数字影像 DTM 数据库。在此基础上，建立历史文化名城保护规划信息系统，其中包括一个储存有空间环境景观、历史风貌、文物古迹、革命史迹、近代优秀建筑与古树名木等保护对象信息的多媒体查询系统；建成普查地下管线数据库，具备综合查询、网络或截面分析、管线工程辅助设计、规划综合与管线制备等功能，从而实现了管线规划与实施的办公自动化；提出了 1991～2010 年跨世纪的远景发展总体规划，包括城市发展结构、土地利用模式、环境保护、供电等 37 个专项和 50 幅专题图件，以 CAD 和 GIS 技术综合集成为多层次、多类型的多媒体规划管理信息系统。由于城市发展变化快，信息老化速度快，而城市数据的生产与更新周期长、费用高，我国目前大多数城市的空间数据种类单调，现实性差，可用性低。数据总体上不能满足应用的需求，成为城市信息系统建立与服务的“瓶颈”。另一方面，城市数据共享性差，已有数据没有得到充分有效利用，重复生产时有发生。这些问题阻碍着信息技术对新的城市规划方式的推动。

其次，运用 GIS 技术能分析地形，建立包括道路、水系、建筑物等的多层次场景引擎、视点相关动态多分辨率地形三维模型。其中，高程数据是实施三维再现的关键。当地形按一定的地理间距被分为网格状，我们给每个均匀分布的网格赋以相应的 X、Y 坐标和高程(Z)数据。利用已开发的软件模块可以将这些网格数据转化为 OpenFlight 格式的三角网格模型，然后将航片或卫片上的地表纹理信息贴到相应地形上。一些具有精确地理坐标的文化特征数据，如建筑物、道路、桥梁等也可投影到地形上，生成相应的三维模型，并与地形相适应，构成完整的地形/地貌数据库。在广州市 1991～2010 年的城市规划中运用 GIS 技术对城市发展方向的条件及城市功能分布进行了评价，指出广州市白云山脉、珠江泛滥平原上残余丘陵等自然门槛和文物保护区绝对不能作为建筑用地；现有城区内的结构性门槛较多，而向东发展有较好的潜力。

第三，在城市虚拟现实建模基础上综合相关管理信息系统，可以进行交通与土地利用规划建模，实施虚拟城市规划。传统的城市规划与设计通过平面图、效果图、沙盘模型和三维动画展示规划设计成果，处于准三维水平，而对于城市地下空间规划、地下管线、多层建筑、立交道路、空间环境以及城市工程地质、水文地质与环境地质的分析都需要三维空间数据的支持。利用虚拟现实技术能使人们在城市规划与设计阶段用动态的交互的方式对未来城区进行全方位审视，同时在地理信息系统中集成相关人口、经济、交通、市政信息。虚拟城市规划的特点主要表现为：全方位、多方式、自由控制的场景漫游；实现多种城市规划方案的对比；进行不同城市发展阶段比照；建立三维城市信息平台，为城市管理及公众参与服务。

第四，运用因特网提供公众信息。公众参与是城市规划的重要组成内容，互联网能向公众发布城市规划动态，收集市民对于规划成果的反馈。结合包含三维空间信息及文化特征数据的城市信息平台可以为公众参与提供灵活、多样化的服务。互联网作为公众与规划者之间的信息传输通道，则具有双向、方便、快捷传递信息的特征，可促进公众与规划者之间的互动。

四、结论

在信息化环境中，政府的管理重心从物质与能量向信息转变，在这个过程中，不断地采用现代信息技术装备政府管理的各部门，从而极大地提高政府管理的适应度和效率。

信息技术发展对于政府管理的影响首先体现在政府决策模式的变革。政府通过构筑的电子网络实现与公众的直接对话，使政府能够收集到大量准确、全面的信息，以使政府管理决策行为由主观经验发展为决策诊断，发展为对备选方案的理性权衡，由传统的令人满意式决策向最优决策转化。政府与公众之间的交互式信息传输使得决策所代表的利益更具有广泛性和代表性，也更易于得到公众拥护，因而易于执行，实现决策的最终目标。决策者还能利用虚拟仿真设备将收集到的信息全部加工处理，把制定的决策方案、实施决策的各系统数据全部输入计算机，进行决策仿真，达到决策的最优化和效益的最大化。

其次，政府的组织方式由封闭转向开放。在传统的城市管理中，政府是管理的唯一权威，而在信息化政府管理中，管理的主体既可以是政府机构，也可以是其他公共部门，从而形成对社会的网络化管理。政府的权力运行也由传统的自上而下的单一向度管理转化为公共部门和市民社会的互动过程，呈现多元、互动的管理模式。随着政府管理所依赖的资源从物质转向信息，政府的主要任务转变为最大限度地利用信息资源以有效地推行公共事务的管理，向公众提供权威性和指导性的信息服务。

第三，政府的组织结构呈现扁平化趋势，即不同于传统层级式结构的水平管理模式。一方面政府通过构建一个基于计算机网络环境的信息平台实现与公众用户的直接对话，提供有效的公共服务和公开平等的信息资源。通过政府构筑的管理平台，公众可以主动地参与政府管理和实施有效的监督。另一方面，政府将被重构为许多小的能够提供某种专门服务的自选管理的单位和单元组织。这些机构和单元组织是任务导向型，当外界环境发生变迁时，它们的结构和程序也随之发生变化，充分体现了政府组织的灵活性和有效性，有利于管理复杂多变的环境。

第五节　城市信息化与“数字城市”

城市信息化是指数字化、网络化、智能化和可视化的全过程。因为有了数字化之后，才能被计算机处理，才能通过网络传输，所以城市信息化又称为城市数字化或数字城市（王晓明，王浣尘，陈明义，2000）。

一、城市信息化的技术结构

1. 遥感、遥测、地理信息系统、全球定位系统和城市基础空间数据库技术

遥感技术（RS）可用于“城市热岛”监测，利用 IKONOS 卫星影像可以用于城市详查与远程监测，航空遥感摄影技术可用于城市基础设施调查；全球定位系统（GPS）主要用于精确定位，包括水平与垂直精确定位；数据库与地理信息系统（UDB，UGIS）技术则用于城市基础设施数据与功能数据的管理、监测、分析和规划等。

2. 数字神经系统、计算机网络、各种传感器及数据收集技术

互联网–万维网（Internet-web）的发展趋势是：宽带化、无线化、综（融）合化和空间属性化，尤其是后者，改变了原来认为网络无国界，网络模糊了空间和时间的概念的看法。多种数据的集成和融合技术可使不同类型图件叠合，进行遥感影像的彩色合成（融合）。

3. 城市信息表现技术

包括综合运用文字、数字、标记、图形、影像、动画及音像等的多媒体（MM）技术，构造 1D（线）、2D（面）、3D（立体）和 4D（动态）效果的多维表达技术，以及可用于三维景观漫游、实时纹理编辑和进行建筑物测量和设计的仿真与虚拟技术。

4. 城市信息共享技术(IS)

包括数据仓库(Data Warehouse)和数据交换中心(Data Clearing House)的建设,远程数据互操作、互运算技术、数据挖掘技术 (Data Mining)。

二、城市信息化的政策环境需求

1. 城市信息规范标准化

它是城市信息开发与应用,实现城市信息资源共享与系统兼容的关键。只有建立在统一的规范和标准上,才能使广大用户充分地进行数据共享,减少重复建设和低水平开发,而且可以使政府各部门建立的信息系统进行联网和兼容,顺利、畅通地进行数据交换。另一方面,良好的信息分类体系、编码体系既可以节省存贮空间,减少数据冗余,而且可以大大地提高信息查询检索、统计、分析和操作的速度,从而提高系统的运行效率。城市信息规范标准化包括如下内容:城市基础设施、功能设施信息的分类体系和编码系统的制定;城市信息的数据标准、质量标准、转换标准的制定;城市信息技术标准制定;数据与系统的安全、保密和使用标准及规范的制定(陈建光,吴洪举,2000)。

2. 重大设备与数据共享制度

长期以来,由于我国部门分割及拨款制度的弊端,一方面基础设施投入严重不足,另一方面某些大型仪器设备重复购置,单位与部门间相互封锁,设备利用率不高。对科学数据的重要性及数据建设的公益性认识不够,投入少,数据管理分散落后。今后应当加强科研基础设施的建设和跨部门、跨单位共建专管共用制度的建立;结合拨款制度的改革和信息中心的发展,有步骤地由点及面地加快数据、资料共享制度的实施。

3. 政府为主、多种行业部门协同努力的运作机制

"城市信息化"作为国家的战略计划,应该建立高层次跨部门的专门发展协调委员会,制订地理信息产业发展目标与规划,对城市空间数据的标准、规范、更新周期、方式和经费支持等进行立法,以建立和形成一种有效的、实时的更新机制和更新保障机制,加强宏观协调与管理(李京文,甘德安,2002)。其主要任务是对重大基础性科研项目的设置进行跨部门协调,定期研究优先发展领域的发展战略,为政府和各有关部门总体最优投资决策提供咨询。城市地理信息产业的主要服务对象是城市规划、建设和管理部门以及公众,政府必须加大投入,解决城市数据生产和更新的资金不足问题,采取政府牵头,国家、集体、个人、合资一起上,"谁投资、谁经营、谁受益",以充分发挥信息产业要素的作用。

三、城市信息化的基础设施与应用体系

1. 城市信息化的基础设施包括宽带网、智能建筑、数字化社区、数字化企业等

宽带指每秒信息传输速率高于150万比特的高信息容量信道，与全国信息高速公路相连、延伸到城市各个部分的宽带网是城市信息化的重要平台。智能建筑、数字化社区和数字化企业是信息化城市的组成单元，其中智能建筑是利用计算机技术、控制技术、通信技术和CRT图形显示技术（合称4C技术）建立一个房层管理使用的计算机综合网络，包括楼宇自动化系统、办公自动化系统和通信自动化系统，为人们提供一个安全、舒适的生活、学习与工作环境（承继成，王浒，2000）。数字化小区建立于智能建筑基础之上，由家庭智能控制系统、通信入网、小区物业管理服务系统和小区综合信息服务系统构成，具有完善的安全措施、全面的公用设施监控管理和信息化的社区服务管理，并为小区居民提供多媒体的多种信息服务。

2. 城市信息化的应用体系包括电子政务、电子商务、数字化生存和智能化城市管理等

电子政务一般建立于以电子签章及公开密钥等技术构建的信息安全环境下，用于推动政府机关之间、政府与企业间以电子资料交换技术进行通信及交易处理，被很多国家与城市作为促进信息化的第一步，它有助于改进政府组织，重组公共管理，实现办公自动化和信息资源共享。电子政务的相关内容包括电子采购及招标、电子福利支付、电子邮递、电子化公文、电子税务等。电子商务主要包括网上购物与网上交易两种模式。据统计，目前我国已有4万家商业网站，其中网上商店700余家，而电子商务的项目也种类繁多，包括电子商务咨询、网上商店、网上拍卖等。受认证系统、支付手段、配送体系、上网速度等影响，网上购物的发展受到了一定的限制。但是网上交易凭借其在减少信息搜寻投入、降低信息传送成本方面的优势发展迅速，随着参与者数量增长，网上交易所创造的经济价值也在不断增长，推动其进一步发展。电子商务不仅改变了我们的经营途径，而且改变着我们的购物方式乃至思维方式，成为影响整个社会和时代的一次经济革命。

四、"数字城市"建设

"数字城市"是城市信息化的集中体现，其本质是对物质城市及其经济社会特征的统一数字重现和认识，是用数字化的手段来处理、分析和管理整个城市，促进城市各项功能的高效运行。"数字城市"建设的主要内容包括如下方面：

1. 建立城市空间基础数据系统

空间基础数据包括利用遥感技术获取的卫星及航空影像资料，以及城市三维

或多维空间信息。通过GIS技术能将所采集的信息加以集成,绘制城市基础地图,建立信息管理系统,并利用网络技术实现分布式地理信息管理系统的全程建设和运行,实现各种信息的数字化、标准化、计算机化和网络化,从而达到可以进行统一交流、管理、数据共享与办公自动化相联等一系列的运行系统功能。

2. 建立数字化城市基础设施系统

数字化的城市基础设施是以空间信息为基础,将地下管线、规划、土地、交通、绿化、道路、环境、经济、开发、旅游、房地产、人口、商业、农业、林业、矿业、渔业、水利、金融、电讯、电力及企事业单位信息叠加在空间信息上,建立各种专业性质的地理数据,如城市规划、土地利用、地下管网、环境污染等,反映城市基础设施的空间属性、专题属性、时间属性和统计属性等等。

3. 建立城市辅助决策支持系统

在城市基础空间信息系统及专业信息系统基础上可以建立不同专业的分析模型和辅助决策支持系统,对交通网络、投资环境、规划管理、企业选址、工程效益、工程环境影响等城市问题进行综合评价、分析,为政府决策提供参考方案,并对决策结果进行模拟。也可以在城市安全、防灾减灾、水利与防洪、环境预警等方面建立专题信息系统,使城市决策者有据可依地做出快速反应。

参考文献

Gottmann J, Harper R A. SmceMegalopolis, The Urban Writtings of Jean Gottmann[M]. Baltimore: The John Hopkins University Press, 1990.

Graham S, Marrin S. Telecommunications and the City: Electronic Spaces, Urban Places. London: Routledge, 1996: 433.

McGee T G, Robinson I M, eds. The Mega-Urban Regions of Southeast Asia[M]. Canada: UBC, 1995: 384.

Organization for Economic Co-operation and Development (OECD). Cities and New Technologies (Proceedings)[C], 1992.

Pascal A. The Vanishing City[J]. Urban Studies, 1987, 24: 597～603.

Pelton J. Future View: Communications, Technology and Society in the 21st Century[M]. New York: Johnson Press, 1992.

Scott A J. Metropolis. Berkeley, C A: University of California Press, 1988: 260.

陈建光,吴洪举. 城市规划建设与管理信息系统信息规范标准化探讨[J]. 北京测绘,2000(4): 8～12.

陈述彭. 地理科学的信息化与现代化[J]. 地理科学,2001,21(3): 193～197.

承继成,王浒. 城市信息化的基本框架[J]. 测绘科学,2000,25(4): 17～20.

顾朝林,段学军,于涛方,等. 论“数字城市”及其三维再现关键技术[J]. 地理研究,2002,21(1): 14～24.

李京文，甘德安. 建设“数字城市”的经济学思考[J]. 城市规划，2002，26(1)：21～25.
年福华，姚士谋，陈振光. 试论城市群区域内的网络化组织[J]. 地理科学，2002，22(5)：568～570.
孙世界，吴明伟. 信息化城市的特征——关于信息化条件下我国城市规划的思考[J]. 城市规划汇刊，2002(1)：9～11.
王晓明，王浣尘，陈明义. 一种新型城市信息化发展评价方法的建立[J]. 系统工程理论方法应用，2000，9(4)：278～281.
姚士谋，陈爽，朱振国，等. 从信息网络到城市群区内数码城市的建立[J]. 人文地理，2001，16(5)：20～23.

附录一

中国城市化健康发展的关键性策略①

对于城市化健康发展与可持续发展之间关系的讨论并不仅限于学术研究的象牙之塔，实际上，世界上各国政府、政治团体和地方政府都对这个问题非常关注(迈克尔·布雷赫尼，1996)，可持续发展的理念越来越深入人心。[1]中国城市化健康发展涉及国家经济社会可持续发展的方方面面，从综合的角度出发，按照科学发展观的指导思想，其城市化道路及发展方向应采取以下几个关键性策略。

基本策略之一：建立资源节约型国民经济体系

由于我国人口众多、资源短缺，我国的国情及其历史基础确定了我国必须走可持续发展的健康之路，不能盲目追求西方高指标的道路，应建设资源节约型国民经济体系，城市发展有适度、合理的规模才是我国城市发展的理想的模式。

作为一种开放的人文与社会活动空间组织系统，城市的成长发育总是伴随着系统活动空间的扩张而变化。以上海为例，1982～2005 年间，人口从 1982 年的 622 万人增加到 2005 年的 1 024 万人，人口规模仅扩大了 0.64 倍，但物质供应总量和运输距离却增加了 1.6 倍和 0.8 倍。[1]显然，目前中国城市化发展，特别是城市化快速发展地区(如长江三角洲、珠江三角洲、环渤海地区)所呈现出的普遍性淡水、土地和能源供应短缺及生态环境恶化的现象，引起整个地区资源供应失调。长三角地区城市化发展过程中土地资源已成为重要的制约因素和瓶颈。2004 年长三角地区中心城市建成区面积(3 086 km^2)比 1997 年(1 384 km^2)增加了 1 倍多，大大高于全国建成区面积的扩张速度。长江三角洲地区建设用地外延扩张迅速，1996～2004 城市发展已占用近 30 万 hm 的耕地。江苏省上一轮土地利用总体规划确定的建设用地指标 90%以上已使用完，剩余规划建设用地指标满足今后建设用地需求的难度较大，据测算，江苏沿江八市每年的农用地转用计划缺口都在 0.67 万 hm 左右。从土地利用效率来看，长江三角洲地区土地综合产出率最高的上海(以单位土地面积实现的国内生产总值表示)则高于全国平均值近 120 倍，但仅为深圳特区的 1/4，低于香港的 1%。②

我国是地球上人均资源比较贫乏的一个大国，人均耕地面积为世界的 1/5，人均森林资源为 1/6，人均水资源为 1/4，人均矿产资源位居世界的第 80 位，而且贫矿多、富矿少。我国现有的矿产资源存量以及开采状况却不容乐观。由于我国不少省市对一些稀缺而又具有迫切需要的矿种保护不力，有些地区出现乱采、过度开采的局面。2004 年全国仅有 40 种矿产能够满足经济发展的最低需求；按照地矿部预测到 2010 年仅有 20 种；到了 2020 年将下降到 6 种。主要矿种为：石油、铁矿将 56%～58%依赖进口。同时人口增长过快，农村人口基

---

① 本项研究得到国家自然科学基金重点项目(批准号：40535026)的资助以及香港大学中国重点计划的支持(课题号：10206177-06066-30100)。

② 见：杨桂山，万荣荣. 长江三角洲区域发展规划研究报告(城市用地专题). 中国科学院南京地理与湖泊研究所，2005.

数大，城乡二元结构明显、地区差异较大，城市化水平目前还比较低[2]。这一切就决定了我国今后建立的国民经济体系必须是资源节约型的国民经济体系(周立三，1991)。每年我国广大农村向全国 660 个城市输入劳动力人口 2 000 万人，但城市就业岗位仅能提供 900 多万个，城市居民中每年还有 200 多万大专院校毕业生、复员退伍军人以及下岗人员仍需就业，这样我国的就业岗位还不能满足城市人口的就业问题，供求关系严重失衡。对于人口众多，区域差异大、生产率低、资源环境承载能力有限的大国来说，正确认识自身环境特征和经济的脆弱性，是我国城市化健康发展的基本前提与策略。北京大学周一星教授，通过多年的比较分析，认为我国今后城镇化水平一年提高 0.6～0.8 个百分点是比较合适的，如果城镇化每年增加一个百分点，甚至高于此数，那么人均 GDP 需要增长 11%才能够支撑。目前我国的人均 GDP 超过 10%是不可能的。所以，有人认为我国城镇化水平可以超过 1.44 个百分点，是有风险的，也是虚假的[3]。总之，资源节约型的国民经济体系包括节能、节水、节地为中心的工业生产体系和城市化健康发展体系、努力实现城市可持续发展的方针。

基本策略之二：建立高效安全的城市交通体系

稳定健康的城市化道路，才能逐步减轻全国各大中城市的交通压力，使城市交通畅通，节约能源，减轻城市中的汽车尾气及其污染性的二氧化碳排气量，有益于人民生活的健康，保障城乡人民的工作生活的社会安全。

与传统农业社会相比，现代社会生产方式的最大特征在于高度集聚并产生交通的高速与密集布置。城市功能的完善及其产生的问题与城市生态安全和资源环境利用密切相关(图 1)。现代城市特别是大中城市以这种高度集聚方式的集中体现，这也正是具有群居天性的人类长期的追求。现代城市不仅具有集聚生活和集聚生产的功能，而且具有集聚消费和集聚污染的功能，进而造成各种“城市病”，造成交通阻塞、大气污染、交通事故等。当前中

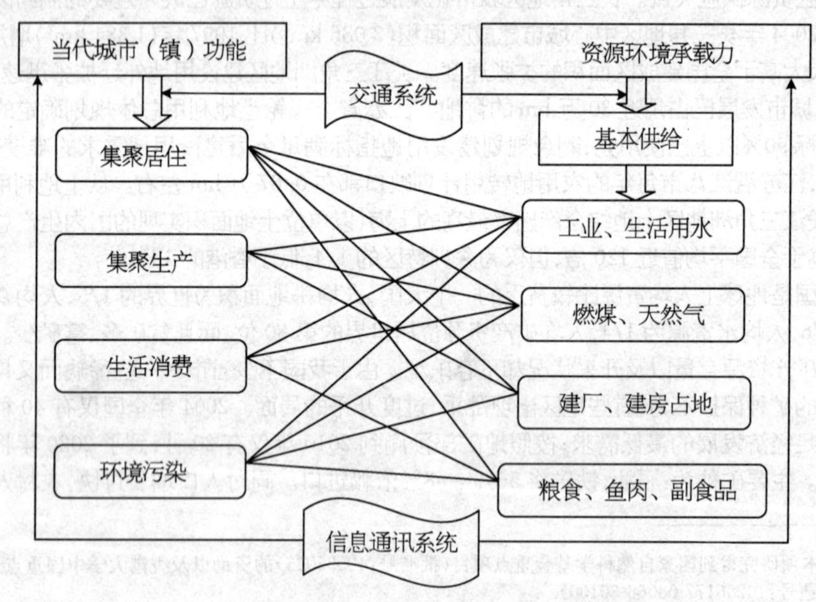

图 1　当代城市(镇)功能分解与资源环境相互关系

国许多大中城市都有一种怪现象，即城市的更新似乎仅靠大量拆迁、改造老城市就能实现；许多城市的规划还只是单纯地从物质层面来理解一个城市的发展，似乎社会问题靠政府的权力用推土机就能解决。结果社会矛盾、社会不公平却被推土机越碾越多[4]。

从当前的情况分析，中国各地的交通事故在世界上居高不下，发生事故的总量及其伤亡人数为世界之最。按每万辆交通事故死亡人数统计，中国 17.3 人，美国 2.2 人，加拿大 2.0 人，意大利 1.9 人，日本 1.3 人（1998 年资料）。2002 年资料表明，中国全国因交通引发的事故有 77.32 万起，死亡人数 10.94 万人，伤者 56.21 万人，造成直接经济损失 33.24 亿元人民币[5]。美国一位规划学家认为，一个可持续性的城市“必须具有便于步行、非机动车通行及建立公共交通设施的形态和规模，并具有一定程度的紧缩性，以便于人们之间的社会主动性。”（Elkin，1991）

基本策略之三：城市应在科学发展观指导下，因地制宜，适度发展，同时要建设生态宜居的城市环境

健康的城市化大环境，才能创建最佳的人居环境和工作场所，才能建立良好的生态城市和“宜居”的城市。伟大的哲学家亚里士多德说过，人们云集在城市为了生活。为了过上幸福的生活，他们集聚在一起，需要有一个美好的城市环境。

在城市化的进程下，这种数量、规模和面积的改变，使城市产生了质的变化，而且扩大了城市的影响范围。城市规模不是越大越好，应有一个适度合理的发展，才能体现城市综合效益。北京、上海在 20 世纪 50 年代时，城区人口密度约 1.5～2.0 万人/km²，21 世纪初城区人口密度超过 2.6 万人/km²，甚至一些老城区超过 4 万人/km² 的密度。如今的纽约市区每平方公里仅 8 000 人；伦敦市区仅 7 500 人；东京接近 1 万人。因此，北京、上海的人口密度相当惊人。社会学家和经济学家的未来经济和城市扩展计划是以现在起作用的力量为基础的，他们只能制订加速这类力量的计划，得出这样的结论：特大城市将会普遍化、机械化、标准化，完全丧失了人性，这难道是城市进化的最终目标？

我国过去一些时期不少大中城市，过度追求城市规模的无限扩大（见表 1），使得城市规模盲目扩大，出现许多负面影响。同时，由于地方政府决策失误、追求政绩，满足开发商不合理的要求，往往在河流上游以及上风向布局污染工业；乱建开发区，盲目建设许多不适合国情的别墅豪宅，浪费资源现象严重。房地产的盲目发展造成许多小区高密度、间距小、绿地少的状况，不适合人类居住；不少开发区经济效益很低，乱占耕地，破坏郊区资源环境。还有一些大中城市建设了很多质量不好的生活区，甚至大建“豪宅”，一个四口之家，往往建房 200～250 m²之多，既浪费了土地资源与物力财力，又浪费了城市有限的用地空间和居住空间。国内还有不少郊区农村，不断占地建房，而且大部分老宅居地没有改造成为农田，使得农村有限的肥沃耕地不断减少，造成了城市化不健康发展。根据浙江省的调查资料，杭嘉湖地区和宁绍平原农村大约有 1/5 的农村老宅居地未能改造，大约造成每年 26.4 万亩耕地的闲置，有些老宅居地仅仅作为农户饲养家禽或堆放杂物的地方。此种情况在江苏、安徽、湖南、江西等省也普遍存在。我们的公路工程师和城市规划师在城外建了快速公路，在城内建设停车场，鼓励大家尽可能地使用私人小汽车，间接导致公共交通系统恶化衰退，破坏了城市内在机理，限制了在区域范围内创建一个更大的城市活的有机体的可能性。

表 1 我国若干个特大城市用地(建成区)扩展情况(1952～2005) 单位:km²

城市	1952	1978	1997	2005	扩大倍数
上海	78.5	125.6	412.0	819.6	10.4
北京	65.4	190.4	488.0	950.4	14.5
广州	16.9	68.5	266.7	735.6	43.5
天津	37.7	90.8	380.0	530.2	14.1
南京	32.6	78.4	198.0	512.4	15.7
杭州	8.5	28.3	105.0	310.5	36.5
重庆	12.5	58.3	190.0	582.2	46.6
西安	16.4	83.9	162.0	280.4	17.1

资料来源:① 姚士谋等,经济地理,2005(2):212.
② 中国城市统计年报(建设部.2006 年).

香港许多居民小区(如沙田、浅水湾、屯门、荃湾等),特别是香港市中心处处是高耸的大厦,半空中的街道,远处的风景,新鲜的空气,还有楼宇之间的停车场和公园,正确处理了城市密集化、可持续性及生活质量这三者之间的关系。国内许多地方尤其是北方很多城镇,规划布局喜欢大马路、大广场,城镇规模偏大。根据河北省国土厅的调查,石家庄、沧州、唐山等市域农村,城镇人均用地超过建设部有关规定,高达 160～170 m²/人,全省共有 937 个建制镇,如果乡村集镇每人节约用地 50 m²,那么全省建制镇人口 840 万,可以节约用地 26.4 万亩。内地城市的居民区规划应当好好地学习与借鉴香港的经验,她为我们旧城改造与集中紧凑发展城市居住地,合理使用有限的土地资源树立了良好榜样。

基本策略之四:在城市化过程中,应严禁过度开采地下水,适当限制超高层大楼的盲目建设

我国许多超大城市,目前大兴土木,到处是一片繁忙的"工地",全国每年生产了占全世界 60%的水泥(2004 年中国水泥生产量高达 10 亿吨),全国 660 个城市和 2.1 万个建制镇消耗量几乎占到全国水泥生产量的 85%。因此,许多大中城市大量引进外资,建造高楼大厦,使得房地产业畸形发展,连美国的报纸都登载了这个消息。自 1990 年初以来,上海至少已建成十八层以上的高层建筑达 2 880 栋(纽约时报,2003-10-14)。根据上海市规划局有关资料,到 2006 年底,全市超过 18 层以上的高楼已有 4 000 多栋,而且还有 850 栋在建。

由于各大中城市房地产业畸形发展,各地都在互相攀比,竞建高层,城市工业发展与居民区大量兴建,供水供电不足,大量超采地下水,造成一些城市出现严重的地面沉降现象(见表 2)。

表 2 我国发生地面沉降的城市

城市	沉降年代	沉降深度(m)	地面沉降影响范围(km²)
上海	1921～2004	2.63	400(城区为主)
天津	1959～2001	2.15	900(包括郊区)
北京	1970～2003	2.0～3.5	440(城区为主)
西安	1959～2004	1.34	200(城区)
太原	1979～2004	1.38	254(城区)

资料来源:中国地质环境监测院资料(2001,2004).

我国地面沉降不能忽视，以西安为例，几十年来无节制地超量开采地下水，大量兴建高层楼房，造成城区地面沉降严重。作为古城重要标志之一、有1 300余年历史的大雁塔已下沉了1 198 mm，并向西倾斜达886 mm。由于市区内各个区域沉降发展不均衡，已经出现了11条明显的地裂缝，总长度达76.68 km，严重影响到市区建设与社会的安全发展。[6]

据不完全统计，全国有50多个城市和地区出现地面沉降现象，总面积达5万多平方千米，比如上海、宁波、嘉兴、苏州、无锡、常州、保定、德州、阜阳等城市，其中上海的地面沉降现象较为严重(见表3)。上海地面沉降的主要原因是地下水过度开采与房屋建筑过多。

表3　上海市地面沉降灾害经济损失估算

项目	估算值(亿元)	项目	估算值(亿元)
直接经济损失	189.38	涝灾损失	847.77
安全高程损失	169.46	运力下降损失	6.63
市政设施损失	16.01	挡潮工程费用	51.09
深井损失	3.92	排水工程费用	76.86
间接经济损失	2 753.69	减灾防灾投入	16.75
潮灾损失	1 754.59	总计(损失)	2 943.07

资料来源：张维然等.1921～2000年上海地面沉降灾害经济损失评估.科学生活，2003，249(12).

基本策略之五：树立建设生态城市的长远目标，促进城市现代化，建立严格的城市管理制度，实现区域政策法律化

我国的城市必须建立严格的城市管理制度，尤其是建立城市治理、管制与社会安全体系，这是我国现代化城市可持续发展的必由之路。

尽管城市生活日趋繁华，现代化城市魅力无穷，迷惑诱人，但对于城市经济成长过程中，劳力者与劳心者之间的矛盾不容忽视，对于那些贫富差距大、失业率过高的一些大都市来说，社会治安还是一个大问题(最近巴黎的骚乱，纽约9·11事件、世界许多城市的恐怖主义分子的破坏，令我们感到惶恐不安!)。众所周知，发展中国家人口快速增长以及城市盲目扩大(如印度、墨西哥、印尼等)，给环境与社会安全问题带来沉重压力，正是在这些城市里，对资源的透支性消耗及利用，产生了最主要的全球环境问题，我们应该把关注的焦点瞄准这些地区，以解决日趋严重的环境问题(Mike Jenks，1996)。我国改革开放后，许多大城市也出现了一些社会治安不健康问题，如广州、成都、郑州、武汉、哈尔滨、吉林、长沙等等一些城市不同程度存在着环境与城市形象的问题。

今后，不仅要提高城市领导的管理水平与领导艺术，实行数字城管，提高城管效率，提升城管现代化水平，而且还要提高全体市民的文化科技水平，提高城乡人口的素质，重视城市现代化的建设水准，逐步缩小城乡差别，走有中国特色的中国城市化道路。

我国目前的经济增长模式，大部分依赖高投入、高消耗、低效益的粗放型路子，沿海一些大中城市如北京、天津、沈阳、上海、南京、济南、唐山、淄博、宁波、广州等等，都成为我国重化工、重型机械、钢铁、建材等工业的集中地，不仅浪费了大量的人力、物力，而且对城市的生态环境产生了极大的负面影响。例如，江苏省虽然是全国经济发达的工业大省，2005年全省的GDP达到1.5万亿元，人均国民生产总值达3 000美元，与上海、广东、山东、浙江省构成了我国沿海最发达的省市,成为全国现代化的前沿基地。但是,这几年来,我们走的还是一条"高投入、高消耗、高污染"的道路,按照科学计算,江苏省的GDP每增长一个百分点,要占去4.5万亩土地、消耗4.5万度电,能源消耗高出美国6.9倍,日本8.8倍[7]。从这点分析可知,加强各级领导与城市经济管理水平多么重要,党中央、国务院多次强调的,用科学发展观构建和谐社会的时代要求多么重要,应当成为各级领导与专业技术人员的座右铭。

总之,根据能量守恒定律和生态学的基本理念,将国家城市化发育与资源环境基础开发纳入到"人地关系"协调机理的大系统框架中来。具体而言,就是将国家和地区城市体系作为一个相对独立的人类生态系统,以此探讨这一系统的生存与发育过程的物质能量守恒和交换状态,以及实现这种守恒和交换的资源环境保障基础和有效空间组织。必须引起注意的是要强调城市化速度、城市总人口规模、功能和空间结构变化与自然生态系统发育两者之间的协调性,以此确定城市特别是城市集聚地区资源供应保障、社会利益再分配(城市与乡村的供水、供电与土地资源等等)、资源开发重大设施(跨流域输水和优质能源长距离输送)的空间组织与环境风险以及社会安全的根本问题。中国城市化健康发展需要解决从决策层到民众的认识高度统一,用科学发展观指导我们的行动,构建和谐社会[8],正确理解中国城市化应当坚持正确的道路与发展模式,这就是21世纪新时代中国城市化健康发展的新策略。

参考文献

[1] 虞孝感,张雷,姚士谋,等. 长江流域可持续发展研究. 北京:科学出版社,2003.

[2] 姚士谋,陈振光,朱英明. 中国城市群[M]. 2版. 合肥:中国科技大学出版社,2006.

[3] 王世玲. "十一五"警惕城镇化超速(周一星教授向中央政治局讲课的报导)[N]. 21世纪经济导报,2005-10-20.

[4] 钟华. 城市规划的文化解读. 科学时报,2005-11-25(B2).

[5] 中国交通(北京). 2005.6. OECD. ESCAP. IRF and World Bank(2004.10)

[6] 许凯. 大上海因何沉降? [J]. 科学生活,2003,249(12)412.

[7] 顾松年,沈立人,等. 以科学发展观实施"五个统筹,增强江苏经济持续发展势头. 江苏经济学通讯. 2004.2.28.

[8] 人民日报社论. 构建和谐发展的社会[N]. 人民日报,2005-9-25.

(姚士谋,万荣荣,陈振光)

(2005年香港大学学术会上的发言)

附录二

大城市空间扩展规律的复杂性问题探索①

城市是以人为主体、以建筑为依托、以交通联系为活力的一个庞大的空间实体，尤其是人口百万以上的大都市(特大城市)。在每一个城市发育与成长的历史长河中，都是在工业化与城市化过程中，不断地集聚人口，集聚工业，集聚物质财富以及创造具有文化价值的历史文明与新的社会环境。可以说城市的时空演化是一个多层次、多要素、多变量的巨大的社会经济与自然环境的复合系统[1]。因此，我们秉承科学发展观与地理空间的理念，探索大城市空间扩展的规律，极富于复杂性、挑战性，也是具有时代意义的科学问题。

一、对大城市空间扩展规律的几点认识

由于近代社会经济的发展，工业生产力和人口的不断集聚，城市空间扩展每时每刻都在发生变化；特别在城市化、信息化时代，城市的扩展极为迅速，极为深刻。那么每一个城市的成长发育，城市建成区的扩大，有无规律可循？如何揭示和认识大城市的空间扩展规律？下面在系统研究的基础上分四个方面进行阐述。

1. 大城市增长的必然性和规律性

在全球经济一体化的背景下，由于工业化的有力推动，我国许多大城市的空间结构，出现资源要素集聚、资本流动加快、人口高度集中、产业集群不断扩大，交通网络化与信息化等等因素的汇合与相互依存，给我国大城市的空间扩展带来新的机遇。例如，在我国经济最发达地区的苏州市，从 1995 年到 2005 年间，耕地减少约 96 万亩，城市建设用地每年都在扩大，苏州市国民经济发展很快，GDP 总值达 2 450 亿元(2005 年)，比之 1990 年时增长 20 多倍；而建成区也扩大了 8.5 倍。经济增长很快，近几年来每年有 680 多亿元税收上交中央，给省政府 100 多亿元；每年引进外资 70 多亿美元，外来民工高达 310 万人，经济的发达程度为全国最高。但近 10 多年间，可以看出，我国大城市的增长扩大是有一定经济规律的。从我国一些大城市、特大城市的建成区 50 年间的扩展变化分析可见，上海、北京、广州、天津、杭州、重庆等用地扩展非常快。这些城市都是我国各地区或全国性的中心城市、经济发展中心、外资、台港资近 20 年来投入很多，城市的空间扩展(建成区扩大)成倍增长。例如广州、杭州、重庆 50 年间城市空间扩大了 21～23 倍之多，什么原因呢？其一，50 年前，这些城市老城区面积很小，大部分为消费城市，1978 年后工业布点较多；其二，十多个 5 年计划后，特别是改革开放后的二十多年间，社会经济发展非常快，港台、外商的投入使开发区发展很快，与城市连片发展；其三，某些行政体制发生了变化，重庆自 1997 年后成为中央直辖市，二、三产

① 基金项目：国家自然科学基金面上项目(40571055)资助，香港大学中国重点研究计划(课题号：10206177－06066－30100)。

业发展迅速。这反映了我国大城市社会经济增长与城市空间扩展的必然性与规律性。

2. 城市社会经济复杂要素集聚的客观性

产业集群、生产力集聚以及社会各方面的集团组合形成了城市社会经济的空间实体。恩格斯曾经对资本主义城市形成发展规律的因素作过分析,人气形成财气,促使城市空间"一方面向四面八方扩大,一方面向高空发展,这两种方法结合起来,使城市既膨胀又拥挤,也产生了最大的获得利润的机会"[2]。

在现代社会,特别是城市发展到100万人以上的城市化高度集约时期,集聚产生效益这一法则促使了社会经济从分散走向集中,并从集中走向垄断(朱熹钢,2002)。从生产的集中、资本的集中到人才、技术、金融服务业等的集中,必然伴随着人口的空间集聚,也就是城市不断扩大的活的催化剂。我们从长江三角洲20多个大中城市建成区的扩展现象分析,可以反映出社会经济复杂要素的集聚,表现为三种形式:① 城市工业、人口、资金的集聚是与建成区向城市边缘扩展规律成正比,两者互为因果关系;② 城市扩展沿交通干线的"走廊式"发展是一个普遍规律,尤其是开发区建设尤为明显;③ 具有优越区位、资源条件富集的区域,容易产生企业集聚、第三产业发展兴旺,市场活跃、城市扩展快速的现象。因此,可以说城市的高度集中(主要指现代社会生产力尤其是产业集群与现代第三产业)就是城市空间从集中到超密集的集约,就是经济集聚规律对城市空间扩展过程在起重要作用(如图1所示)。

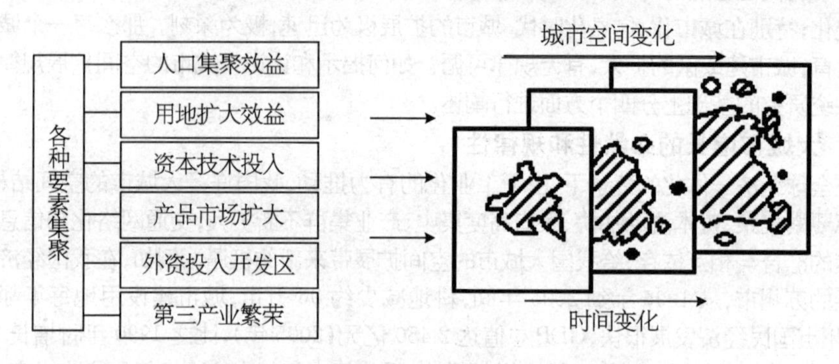

图1 城市规模经济效益与市区空间扩展图

3. 城市社会经济发展与城市生态环境相对平衡的协调性

人类社会发展到今天,社会文明的巨大进步与生存环境的生态危机现象即"二律背反"的现象日益明显。特别是人们在追求高度工业化(高效的经济利益)带来了一系列全球重大生态问题的严重挑战。西方发达国家占世界人口仅有1/4,但所消耗(占用的)自然资源却高达3/4,是地球上最大的污染者,并且这种差距还在进一步拉大,特别是反映在经济发展和城市化进程上的差异(吴良镛,2001)。我们发展中国家应当引以为戒,吸取教训。实践证明,传统的发展模式与消费方式难以维系,必须努力寻求一条人口、经济、社会发展与资源、环境相互协调的道路,也就是既满足当代人的需要又不危害我们子孙后代,满足其可持续发展之路。应转变经济增长方式,建设资源节约型、环境友好型社会(胡锦涛,2006)。我国城市规划建设五十多年来,不少城市被公认为城市发展与生态环境比较协调发展的城市,也有些是被联合国公认为"花园城市"或"最佳人居环境城市"等,主要表现在城市用地结构的合理比例上(表1),也是全国人民最喜欢的园林城市、旅游城市、文化城市和现代化城市之一。这就是我们当代需要认真研究的城市社会经济发展与城市生态环境相对平衡的协调性,也加深了我们对大城市空间扩展规律复杂性、限制性的认识。

表1　我国若干个大城市用地结构合理化比例(%)

城　市	居住用地	工业用地	交通用地	文教机关	公共设施	绿地公园
杭州	38.5	19.6	13.8	6.8	6.2	12.6
深圳	42.0	21.6	14.4	6.4	5.6	13.2
苏州	39.5	20.5	15.1	6.2	5.8	11.3
合肥	38.8	21.4	14.3	6.6	5.9	12.1
南京	41.5	22.3	14.8	8.6	6.4	11.4
扬州	40.2	18.5	12.5	6.8	5.9	11.8
大连	39.5	19.5	12.8	7.2	5.8	10.2
青岛	39.6	18.4	12.1	7.2	5.6	10.4

资料来源:各大城市总体规划修编材料(2002～2004)。

当代城市,一方面城市空间结构演化运动的总过程、总趋势是高度集中,这种集中表现了城市各个层面、各种因素诸如人口、经济、资源、环境等等相互作用的动态过程,另一方面表现了城市发展过程中所耗费的大量人力、物力、财力引起的生态危机,又对我们的城市、社会、经济产生巨大压力。

二、大城市空间扩展的动力机制与模式

城市,尤其是大城市和特大城市,是国家经济、政治和文化的中心,是我国实现现代化的主要基地,城市的发展必然要反映国家社会经济发展的总体趋势,同时也促进国家的全面发展。

大城市的空间扩展也是在一定的社会经济条件下,工业化推动、生产力高度发展的结果,特别是随工业布点、重大项目建设而不断扩大。一般来说,城市的形成发展过程主要是通过经济规模、人口规模和用地规模的扩大而发展起来的。例如南京与合肥的城市扩展,经历过几个工业化时期的经济发展阶段。在空间上主要体现在用地规模的增加,城市向周边地区不断工业化、城市化和郊区化形成的(见表2,3)。面向21世纪,我国大城市的空间扩展有怎样的背景和特征[3]？一是两个根本转变,由计划经济体制向市场经济体制的转变,经济增长方式由粗放型向集约型转变;再次是两大战略:一是可持续发展战略,一是科教兴国战略(陈为邦,1998)。人类为了生活得更美好,聚居于城市,不断创新,提高生产力,不断改造与扩建城市,使得人类追求现代生活的摇篮——城市、大都市更加璀璨夺目。在这个新世纪里,全球化与多样化的矛盾将在大城市中更加尖锐(吴良镛,1999)。

表 2　大城市空间扩展的复杂因素分析(南京)

年　份	1952	1978	1996	2002	2005
建成区面积(km^2)	32.6	78.4	186.0	260.0	360.0
人口(万人)	65.0	143.3(1982)	226.8	370.0	400.0
城市扩展因素	① 恢复生产 ② 省会城市 ③ 工业布点 ④ 军工企业	① 生产停滞 ② 人口增加慢 ③ 郊区城镇建设	① 四大工业基地建设(石化、钢铁、建材、机械电子) ② 重大事件推动: A. 浦口、江宁、仙林新城开发区的建设 B. 大学城布点 C. 河西新区(奥体中心)		

资料来源:据南京市城市总体规划修编(2005 年).

表 3　大城市空间扩展的复杂因素分析(合肥)

年　份	1949	1962	1989	1999	2004
建成区面积(km^2)	5.00	52.00	64.00	126.00	177.92
人口(万人)	5.30	43.15	111.08	165.91	184.82
城市扩展因素	① 省会城市 ② 工业集聚 ③ 商贸发展		① 全国性的教育科研基地 ② 省会城市、三大开发区和工业区建设 ③ 交通枢纽、物流中心的建设		

资料来源:据合肥市城市总体规划资料(2004 年 6 月).

城市空间扩展过程中最核心的问题,是城市功能特征的变化引起城市用地结构的演化。由于城市功能结构、城市性质规模的不同,城市用地的扩展方式、强度和用地结构也是不同的[4]。在这里,城市空间扩展是城市地理学研究过程中一个高度概括的概念,包括了从用地形态到社会地域结构、城市人口,从中心到外围的分布、就业与居住关系和交通形式等方面。从城市空间扩展过程变化看,最主要的扩展因素和动力机制有如下 3 个方面,但从多层面分析,扩展因素极为复杂。如图 2 所示。

1. 城市经济高度集聚,使人口集中、城市规模扩大,引发城市空间扩展

城市社会生产力高度集中到一定规模与密度后,在溢出效应的作用下,城市空间会向外扩展。一些原有的机构、公司、工业企业不断发展壮大,因在城市原地无法发展而必然向郊区、城市边缘区扩散;还有一些新的机构、新的社会团体在城市空间密集区未能找到理想区位[5],在市区中心地价过高,房租飞涨的情况下也会向外迁移。

城市经济高度集聚主要体现在产业空间的转化效应,特别是在大江大河或沿海地区,由于工业用水、用地以及交通比较方便,许多产业集聚布局在一起。例如南京,改革开放后,在原有基础上发展成为全国著名的四大产业基地(石化、钢铁、机械电子、建材)。扬子乙烯工程,1990 年时仅有 60 万吨乙烯,15 年后扩大为 120 万吨,为全国第二大石化基地,化工园区占地 40 km^2;南京汽车制造业由 1996 年的 3.2 万辆,发展到 2006 年年产 26 万辆,汽车总厂占地由原来的 1500 亩发展到 4500 亩,在南京市区北部与南部边缘区建设起来了,促进了南

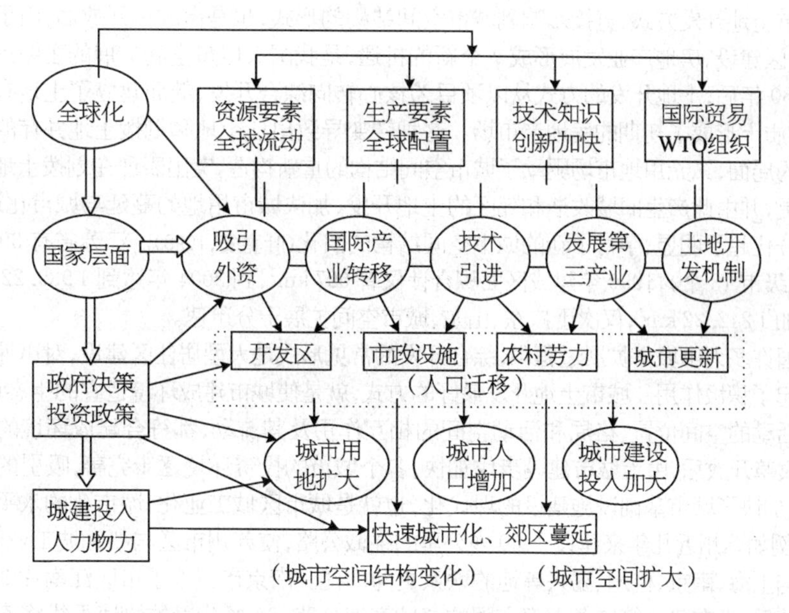

图 2　全球化视角下中国大城市空间扩展机制

京市的扩展。近十多年来，南京工业化、郊区化以及三大开发区的建设，促使市区面积不断扩大，至 2006 年南京主城区的面积扩大到 450km²，人口增至 420 万人(含外来人口)。

2. 交通运输的现代化、网络化，引发城市空间的定向发展

在芒福德时代，铁路与家庭小汽车的发展成为分散运动的物质基础与技术依托。交通工具的进步，使城市空间的集中结构发生变化。一方面，城市通达性的提高可能使空间集中速度加快；另一方面，也使空间的分散有了交通工具的技术支撑而成为真正的可能。但是西方发达国家早期城市化过程中，由于城市生态环境恶化，开始向郊区、边缘区发展，出现“逆城市化”现象，为了新鲜空气，人们付出了高昂的代价[6]。

城市空间的扩展，在交通便捷的基础上，很多城市都是沿着交通走廊的轴线发展的，由于区位、距离、物质条件的限制，城市扩展总是沿着能耗小、距离短和时间少的方向发展，称为“城市发展的交通脉动规律”与“城市空间扩展的定向开发规律”(姚士谋，刘塔，1995)，尤其是房地产业和一些工业开发区以及各类批发市场等[7]。我国的大城市兰州、大连、青岛、常州、洛阳、十堰等城市表现得特别明显。波兰著名的区域地理专家萨伦巴论述过：从沿海地区港口城市到内陆城市，城市的空间扩张与城市交通、城市的投资强度和城市的经济实力有着密切的关系。改革开放后，我国许多大城市的开发区以组团式发展，住宅建设以板块结构集聚。陆大道院士也称之为“节点或轴线发展模式”。

3. 城市土地开发过程社会化，促进城市空间连片扩展

城市土地的开发是指为了满足多种活动对空间的需求而进行的土地生产过程，最终形成各类建筑物和地块[8]。我国的城市土地开发过程，大体又经历过三个阶段：以项目为核心的开发的(1949 年后)计划经济时代，综合开发的改革开放时代(自 1978 年后)，土地出让制度建立后的房地产开发及开发区建设时代(自 1987 年后)。

城市土地开发方式,直接影响到城市空间结构的形式,也是自改革开放后,由于工业布点,开发区建设、房地产业发展形成一个新的机遇,是我国大城市空间扩展的主要动力。我国自1980年后,土地开发的方式从以项目为核心转向综合开发,继而建立了土地有偿出让制度,实质上形成了初期的房地产市场。这种转变导致出让土地和划拨土地并存的二元用地市场的局面,二元用地市场驱动了城市空间结构的重新构造,突出表现在划拨土地用途的自发变更,并由此产生旧城改造和郊区的土地开发,加快城市用地的蔓延与城市化运动,加上社会分化趋于明显,孕育了新的城市空间结构的演化(叶嘉安,1998)。江苏省有39个城市(其中地级市13个),1990年建成区面积合计仅有697 km^2,到2004年达到1 939.22 km^2,15年间增加1 242.22 km^2,仅次于广东、山东,城市空间扩展十分迅速。

我国许多大中城市扩展过程中,综合开发的常见形式是大型居住区建设,对迅速改变城市面貌起了积极作用。城市土地开发最好的方式,就是使城市建成环境适宜的生态城市,城市各项活动的空间位置、格局和活动空间的相互作用及其流动,都符合建成环境的组织原则[9]。改革开放后,由于城市建设步伐加快,各个城市的投资环境逐步完善,吸引的外资越来越多;加快了城市基础设施建设的现代化,也就是城市区域工业化、城市化的水平日益提高[10]。例如苏州近几年来建设了60多公里的绕城公路,使苏州市区与新加坡工业园区、西区以及与上海、南京、杭州、嘉兴等地的联系更为便捷。南京市完成了市区江南片36 km的绕城高速后,又在建设第二条大都市圈的绕城高速公路,80多公里的快速干线将南京市的江南江北连成一体。从而也促进了城市用地空间的不断扩大,形成了城市新的市区(见图3)。

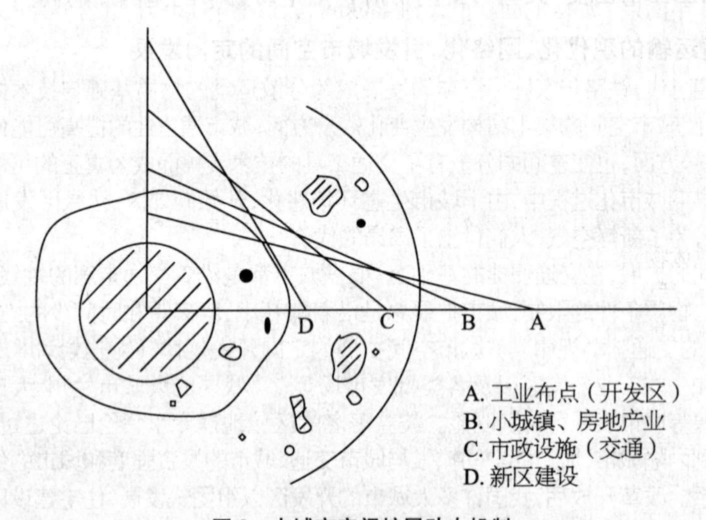

图3　大城市空间扩展动力机制

总之,我国大城市的空间扩展主要受生产力发展、工业布局、城市产业转型和工业开发区(含高新技术开发区)的拉动和制约,同时因不同类型城市不同时期的规划建设而有所变化,在空间上因时间的延续性与投资强度不同而有差异。城市空间扩展的变化模式主要体现出三种模式:① 城市更新的内涵完善扩展模式。城市空间内涵式的变化,即城市更新、大规模的市政设施建设与旧城改造(包括居住区建设与老工业企业外迁,大批公共设施的新建等等);促进城市本身发育更加完善,也为城市向外扩展奠定了物质基础。② 城市空间外延式的扩展模式,城市用地向外延伸,依靠工业化的推动,依靠郊区城市化的动力;在城市边缘地区建设许多与城市连片的工业区、高新技术开发区、居住区和旅游休闲区等。③ 沿着交通走廊带状发展模式。城市的扩展像一条条伸展轴沿着城市对外交通的道路两旁发展(高速公路由于封闭式建设,两旁的建筑物不可能连续开发),依托城市干道向外伸展,市政设施、工厂与居住区的建筑景观出现狭长的条带状,虽然物质交换、人际交流比较方便快捷,但往往由于各种复杂的管线、通讯网络不断拉长,增加了基础设施建设成本。

三、我国大城市空间扩展合理性的几点建议

目前,世界大城市正经历着一场深刻的空间结构与空间扩展的重新构造,正如诺克斯(J. Knox)指出,城市空间结构变动与扩展反映了其内在的经济和社会文化的转变。当然一些城市正遵循城市演变的客观规律在变化;但也有相当一些城市违反了城市本身发展规律在盲目扩张,无限制地膨胀,带来了许多难以解决的问题。正如吴良镛院士指出的,工业革命后,人类利用自然、改造自然取得了骄人的成就,也付出了高昂的代价:人口爆炸,农田被吞噬,空气、水和土地资源日渐退化,环境祸患正威胁人类。人类尚未揭开地球生态系统的谜底,生态危机却到了千钧一发的关头[11]。为此,我们要居安思危,高瞻远瞩!

1. 从我国国情出发,大城市空间扩展也应走资源节约型的新思路

由于我国人口众多、资源短缺,我国国民经济发展应建立资源节约型的国民经济体系,城市发展应走可持续、健康城市化的道路,大城市的空间扩展也应走资源节约型的新路子,特别是用地问题上。因此,大城市空间扩展的核心问题在于城市用地的科学规划,因地制宜,合理适度,有序建设。

用科学发展观指导城市合理发展,包含着四个深层次的问题:① 应当将城市作为一个相对独立的人类社会物质循环系统、生态系统来研究,特别是城市发育扩展过程中的物质能量交换及其总体物质消耗、投入与产出应基本合理,适应可持续发展的机理;② 强调城市化发展规模、功能结构变化与自然生态系统发育两者的协调性,不能用巨大代价换取效益;③ 特别要确保城市集聚地区的资源供给保障、社会利益再分配(例如城乡用地、用水与能耗的合理性);④ 严格计算城市发展人口规模、用地指标以及城市物质供应的合理性,应当有一个门槛以及限制性条件。但我国许多大城市的性质、功能都界定为综合性的政治、经济、文化中心,特别是省会城市。因此,市政府领导和一些专家都喜欢自己的城市成为经济中心、交通中心、金融中心,文化教育中心、物流中心、旅游休闲中心等等,那么,这样多中心的大城市人口规模、用地规模是无法控制的,像广州、沈阳、武汉、成都、西安等等。

2. 城市空间扩展的合理性关键在于人口规模的合理控制

长期以来,有关城市"最佳人口规模"的讨论,一直是城市规划、城市地理学界很多学者最关心的焦点问题,以便为政府机关提供城市发展趋势的科学依据,为城市的合理扩展提供理想的方案。但这一问题相当复杂,一个城市涉及的各种因素,都可以组合成为一个城市发

展的巨系统。经过较长时间不少人文地理学家的实践研究①,比较一致的意见认为,城市合理的人口规模涉及城市的自然基础(水土资源、地理区位、气候、生物多样性等)、社会经济因素(市政设施、交通保障、就业安排、城市安全、城市防灾等)以及城市生态与环境保护等等复合因子。因此,城市空间扩展的合理性与每一个城市的社会经济发展客观要求、产业发展需要、高新技术发展需要以及抑止生态环境恶化都有密切的关系。

20 世纪初,欧美的经济学家和社会学家大多把福利和人口总量联系起来分析,从中寻求理想的或适度的人口规模,但这样的做法是片面的(穆光宗,2005)。美国的经济学家威克塞尔后来也看到了科学技术知识的进步和经济的发展决定了适度人口规模是一个可变量,具有十分复杂的因素。

我国沿海许多大城市,从 20 世纪 70～90 年代,直至 21 世纪初,都做过很多次城市总体规划、发展战略规划和概念规划等,但每次规划的人口规模都不断有所突破,城市规模不断扩大,无法控制。例如北京的城市总体规划(2004～2020 年)提出,到 2020 年,北京市的总人口控制在 1 800 万人左右。根据全国 1%人口抽象调查显示,2005 年 11 月 1 日零时,北京常住人口为 1 536 万人(未包括暂住人口 380 万),比之 2000 年"五普"人口 1 382 万人,又增加 154 万人,人口增长非常快,达到 11. 14%,年平均增加 31 万人,人口的压力给北京带来的问题越来越多。

北京的人口目标不断突破,没有一个合理的门槛,已经是一个"顽症"。北京市可以不怕奥运、不怕沙尘暴、不怕严重缺水,但是不敢制定人口适度规模(顾宝昌,2006)。很多学者都一再警示:作为一个特大城市,正在向国际化大都市迈进的北京,她的生态环境日益恶化、地下水资源、能源、交通、安全、市政设施和经济社会发展水平等问题,都是有限的,不可能再这样盲目地扩展下去了!(吴良镛,2002;吴传钧,2003;王如松,2004;等等)[12]

3. 城市空间扩展的限度要有一个适宜的环境容量,促使生态城市的建成

城市是人类文明最大的空间载体,也是人类利用自然、改造自然、实现全社会高度现代化的前进基地。因此,很自然的想法就是,城市空间扩展是有一定限度的,也有一定的"门槛"的,这也是建筑在一个城市符合自然规律的适宜的生态环境基础上的。为了实现可持续发展目标(社会更加富足,更加现代化),人类仍然需要依赖城市走向更加美好的未来。为此我们更加需要强调城市空间扩展要有一个适宜的环境容量,迫切需要解决大城市发展过程中五大问题:① 强调保护城市地区河湖水体的洁净,特别是保护饮水水源以及淡水资源,严格限制工业规模的扩大,特别是有环境污染的企业。② 限制私人汽车的盲目发展,重点发展以公共交通为主的城市交通系统,防止交通严重阻塞,防止汽车尾气过多地扩散。③ 有机疏散老城区、城市中心区的人口,降低人口密度,改善居住区、社区的人居环境。1990～2004 年间,上海老城区已经向浦东、闵行、松江、嘉定等新区有机疏散了 100 多万人口;南京、杭州向新区疏散人口也有 30～40 万人。④ 以生态发展为基础,加强城市社会、经济、环境与文化的整体协调,维持城市与乡村的生态完整性、系统性。⑤ 加强城市总体规划与土地利用规划、生态环境规划和旅游规划的有机结合,形成科学的城市土地利用空间体系,确保

---

① 1988～1992 年间,南京大学吴友仁、崔功豪等,完成了建设部有关城市人口合理规模研究;1996～2000 年,胡序威、许学强、周一星、顾朝林等也做过城市规模与发展战略等问题的国家自然科学基金项目研究。

开发的持续性和保护的有效性。

4. 城市空间扩展中城市形态的科学设想

国外学者认为城市空间扩展中的形态问题，出现了两个极端：集中化与遏制，以及分散与低密度开发，二者都反映了城市形态与可持续性之间的某种联系，但是方向却迥然不同(迈克·詹克斯，凯蒂·威廉姆斯，1996)[13]。西欧北美大多数城市在扩展过程中，都注意到城市形态应当适应城市本身发展的客观性，不宜过度集中人口，不宜在市中心大建高楼，不能超过一定的环境容量、盲目扩张建成区[14]。因此，像纽约、东京、伦敦、巴黎、柏林等等超大城市、国际性城市，其人口密度都是控制在每平方公里万人以下的水准，这些国际大都市市区的人口密度约在 6 800～9 500 人/ km^2，而我国的上海、北京、天津、广州、武汉等等，市区人口密度超过万人以上，有些老城区例如上海城隍庙一带人口密度高达 4.5 万人；广州的东山区、市中心均超过 2.1～2.8 万人[15]。这些大城市的核心部分人口密度高、流动人口集中、交通混乱，生态环境恶化，生活质量较差。

我国许多大城市的空间结构特征是，老城过度集中，新城相对分散。人口密度与商业活动表明，我国的上海、广州、北京、沈阳、天津、成都等等，城市中心区人口密度大，建筑密度大，绿地公园少，交通拥挤，环境质量差，社会安全问题不少。因此，我国城市空间扩展中的城市形态规划设计，要用科学发展观的指导思想，用有机集中、有机疏散的新理念，对我国大城市的空间扩展加强科学规划与管理。处理好城市形态与区位选择、用地结构、功能划分、资源配置、环境要素、生态保护的关系，使之有机结合成一个整体。

总之，经过了长期的实践，人们比较一致地认识到，中国的城市在走向更加可持续的发展形态上，并非仅仅是城市空间扩展本身的过程，而是要考虑城市在集中与分散的形态(模式)上如何确定一个合理的发展规模、适度的经济发展比例，适宜的城市环境容量和人居条件，用科学发展观指导我们的城市规划与建设应当是当代城市发展的主导因素。美国、西欧和日本等发达国家，半个世纪前逆城市化的潮流以及城市中心衰退现象已经表明，很多西方城市也经历过一段痛苦的历程[16]；而我国目前许多城市的发展正在蓬勃成长、方兴未艾，但我们也要有一个冷静的科学思维，吸取他人的经验教训，走自己有特色的中国城市发展的新思路。

参考文献：

[1] 姚士谋，王兴中，陈振光等. 中国大都市的空间扩展[M]. 合肥：中国科学技术大学出版社，1998：88～90.
[2]《马克思恩格斯全集》第二卷[M]. 北京：人民出版社，1970：303.
[3] 陈为邦. 序言[M]//姚士谋. 中国大都市的空间扩展. 合肥：中国科学技术大学出版社，1998.
[4] 姚士谋，王兴中，陈振光等. 中国大都市的空间扩展[M]. 合肥：中国科学技术大学出版社，1998，10～12.
[5] 朱熹钢. 城市空间集中与分散[M]. 北京：中国建筑工业出版社，2002：102～110.
[6] 芒福德著，倪文彦，宋俊岭译，城市发展史[M]. 北京：中国建筑工业出版社：320～340.
[7] 姚士谋，刘塔，帅江平. 城市用地与城市生长[M]. 合肥：中国科学技术大学出版社，1995：127～130.
[8] Healey P. Barrett S. M. Structure and Agency in land and property Development processes ：Some Ideas for Research Urban Studies. 1990，27：89～103.
[9] Bourne L. S. Urban Spatial Structure：An Introductory Essay on Concepts and Criteria. And edition. New York：Oxford University. 1987：23～45.
[10] 叶嘉安. 序言[M]//姚士谋. 中国大都市的空间扩展. 合肥：中国科学技术大学出版社，1998.

[11] 吴良镛. 建筑学的未来:世纪之交的凝思[M]. 北京:清华大学出版社. 1999,6:4~5.
[12] 李晨,潘希等. 一个更为科学的人口概念[J]. 北京:科学时报. 2006,7.
[13] Mike Jenks, Kaite Williams. The Compact City: A Sustainable Urban Form? [M]. London: E&FN Span, 1996:352~356.
[14] Breheny M J, ed. Sustainable Development and Urban Form[M]. London: Pion, 1992.
[15] Xu Xueqiang, CaronYeh, Hu Huaying. The Social Space of Guangzhou city, China[J]. Urban Geography, 1995, 16(7).
[16] Dantzig G B, Saaty T L. Compact City: A plan for a Liveable Urban Environment[M]. San Francisco CA: W. H. Freeman, 1993.

（姚士谋，刘云霞，陈爽，陈振光）

附录三

长江三角洲地区人口空间演变特征及动力机制①

人口分布是指一定时间内人口群体在地理空间中的分布、集散及组合情况。人口分布的空间演变是人口发展过程在时间和空间上的表现形式，人口分布状况反映着一个地区自然地理条件的差异和经济发展水平的高低，研究人口分布的核心意义在于揭示人口分布的地域特点，进一步掌握人口空间分布的规律性[1,3]。长江三角洲地区是我国经济最活跃、生产力最发达、科技实力最雄厚的地区之一，2003 年，本区以占全国 1.1%的土地和5.8%的人口，创造了全国 18.5%的国内生产总值，研究本区域的人口空间演变，对于揭示我国经济发达地区人口空间分布规律具有重要意义，并对我国西部落后地区将来的社会经济发展具有一定的借鉴意义。此外，本区的人口结构近 20 年来发生了巨大变化，引发了一些亟待解决的问题。在首次召开的长江三角洲地区人口发展战略研讨会上，专家们一致认为：外来人口的不断迁移，迅速改变的人口空间结构，导致区域的承载能力面临巨大挑战，正日渐成为长江三角洲地区可持续发展面临的最严峻问题之一[2]。

长江三角洲地区各市 1980、1990、2000、2003 年 4 个典型年份的人口总量及人口密度等数据见表 1，通过本区域人口空间演变进行分析，试图揭示长江三角洲地区二十多年以来人口空间分布的变化特征及动力机制[4]。

表 1　长江三角洲地区人口数量和密度变化(1980-2003)

城市	总的人口增加量(万人)			人口密度(人/km²)			
	1980～1990	1990～2000	2000～2003	1980	1990	2000	2003
全区	661.52	355	109.58	642	702	734	744
南京	65.95	43.1	27.34	662	762	828	869
无锡	40.82	16.9	7.93	787	872	908	924
常州	28.93	16.6	4.74	676	743	781	791
苏州	42.4	17.2	12.8	611	661	681	696
南通	46.88	8.54	−6.91	911	970	981	972
扬州	30.5	14.1	2.99	612	658	679	684
镇江	21.22	8.54	0.52	616	671	693	695

① 项目资助：国家自然科学基金重点项目(批准号：40535026)，本文长江三角洲范围是根据目前国家发改委牵头组织开展的《长江三角洲地区区域规划》所确定，包括上海、南京、扬州、镇江、泰州、南通、苏州、无锡、常州、杭州、绍兴、嘉兴、宁波、舟山和台州市。

续表 1

城市	总的人口增加量(万人)			人口密度(人/km²)			
	1980～1990	1990～2000	2000～2003	1980	1990	2000	2003
泰州	28.62	13.7	2.14	793	842	866	870
杭州	51.93	46.8	21.21	315	346	375	387
宁波	44.14	29.18	8.13	499	546	578	586
嘉兴	25.63	15.06	1.71	742	808	846	850
湖州	25.32	10.51	0.99	378	422	440	441
绍兴	32.31	18.8	1.15	462	501	524	525
舟山	−16.09	26.56	−1.29	611	499	683	674
台州	56.13	31.13	5.99	488	548	581	587
上海	136.83	38.28	20.14	1808	2024	2084	2116

资料来源:① 1981、1991、2001、2004 上海、江苏、浙江统计年鉴.

② 第三、四、五次全国人口普查资料.

③ 2004 长江和珠江三角洲及港澳特别行政区统计年鉴.

注:以上数据的采取,以 2003 年行政单元为标准,对于历史上的行政区划变更均以此作了数据上的调整。

一、人口分布现状特征

1. 各市人口数量相差巨大

从 2003 年人口数据来看,长江三角洲人口空间分布差异较大。就人口总量而言,人口超过 500 万人的地区有 8 个,人口规模最小的舟山市仅为 97 万,而人口规模最大的上海市则达到 1 340 万之多,跨入超级城市行列;总体分布态势集中于几个大的城市地区:以上海为中心,苏州、南通为外围的沪区,外加长江三角洲的两个副中心城市南京地区和杭州地区,三区的人口总量几近长江三角洲人口总量的一半。

2. 人口密度北高南低

就人口密度而言,区域内部人口密度极差较大,最大的上海地区达到 2 100 人/km²,而最小的杭州地区仅为 390 人/km²,人口密度区域极差达到 1 710 人/km²。人口密度在 500 人/km²以下的地区除了杭州之外,还有浙江的湖州。此外,其他地区的人口密度均在 500～1 000 人/km²。

对照表 1 以及图 1 可以看出,长江三角洲地区人口密度明显呈现出北高南低的分布状态,江苏部分总的人口密度 815 人/km²,浙江部分仅为 523 人/km²,二者差距达到 292 人/km²。除浙江省的嘉兴市外,长江三角洲江苏部分各地区的人口密度普遍高于浙江各个地市。

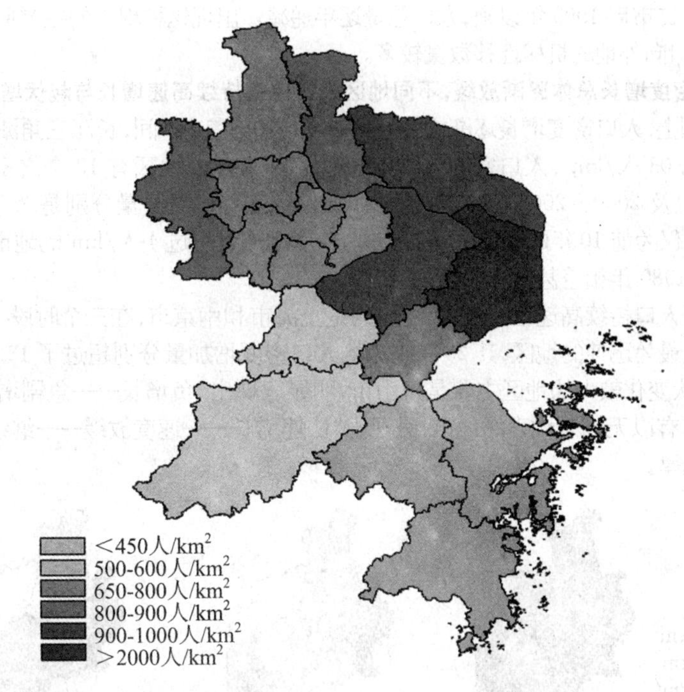

图1　2003年长江三角洲地区人口密度分布图

3. 人口沿交通轴线集中分布

人口分布沿轴线集中发展特征显著，尤其是在沪宁高速公路、铁路等重要交通干线两旁。沪宁高速通过的南京、镇江、常州、无锡、苏州和上海6个城市人口总量占到全区的近一半，人口密度超过平均水平(744人/km²)的7个地市中，沪宁沿线占据了4个席位。

二、人口分布演变特征

1. 各地区人口总量均明显增长，但增长幅度存在差异

自改革开放以来，长江三角洲地区人口总量发生了巨大变化。1980年本地区人口总量为7 034.92万，至2003年底增加至8 160.98万，增幅超过1 100万，总的人口增长率高达16%。

不同时段人口数量变化各具特点。由表1可以看出，1980～1990年之间，人口变动幅度很大，而1990年之后长三角人口增长速度则开始放缓；1990～2000年10年间人口增加量仅为1980～1990年的1/2强；2000年至今的人口增速也是没有太大变化。空间上人口变动同样存在着较大差异：人口变动具有较强的地域集中趋势，主要集中在以上海为核心的苏州、无锡、南通等地以及长江三角洲的两个副中心城市南京和杭州。

总体来说，长江三角洲各个地市人口是逐年增加的，并且空间上有不断向以上海都市圈和南京、杭州两个副中心集中的趋势。但局部地区人口近几年开始出现减少分散的趋势，比

如南通和舟山二市自 1995 年以来,人口总量逐年递减。出现这种现象的主要原因是本区经济欠发达,人口向外地的机械迁移数量较多。

2. 人口密度增长总体逐渐放缓,不同地区人口密度持续高速增长与起伏增长并存

时间序列上,人口密度增长逐渐放缓。1980～1990 年 10 年间,长江三角洲地区人口密度年均增加 6.03 人/km^2,人口密度增加量超过 4 人/km^2 的地区有 13 个之多,而 1990～2000 十年间以及 2000～2003 年 3 年间,总体人口密度年均增长量分别是 3.24 人/km^2 和 3.33 人/km^2,仅为前 10 年的 1/2 强,同时人口密度增加量超过 4 人/km^2 的地市分别仅有 3 个和 5 个,与 1980 年相差甚远。

部分地区人口持续高速增长,最为突出的是上海市和南京市,在三个时段中,几乎都是人口密度增长最为迅速的地区,其 23 年来年均人口密度增加量分别超过了 13.4 人/km^2 和 9 人/km^2;起伏变化较大的地区主要是舟山市,明显表现出“负增长——急剧增长——负增长”的态势;另有以无锡为代表的地市,呈现出“快速增长——速度放缓——继续加速”的人口密度变化规律。

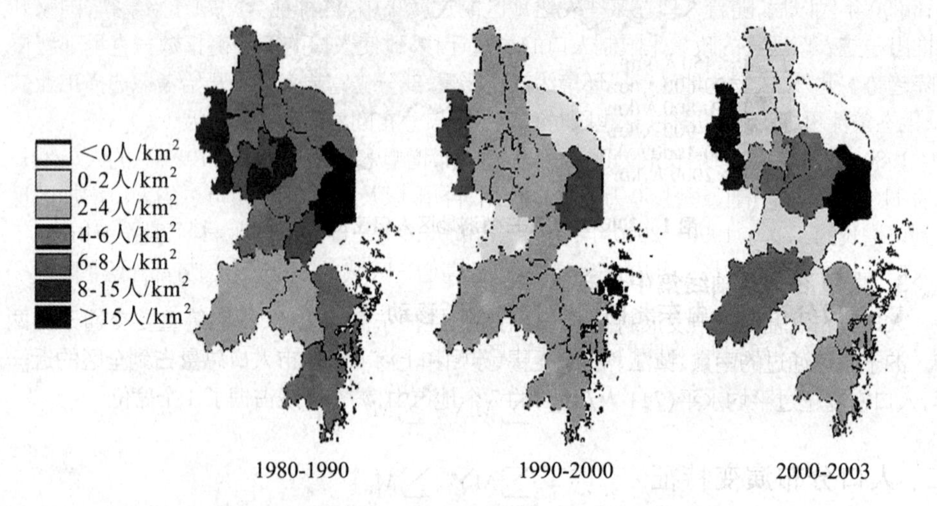

图 2 不同时段长江三角洲地区人口密度年均变化对比

3. 人口总体分布先集中后分散

区域人口的集中分散趋势,可以通过人口分布不平衡指数 U 来表示[5]。

$$U=\sqrt{\frac{\sum_{i=1}^{n}\left[\frac{\sqrt{2}}{2}(y_i-x_i)\right]^2}{n}}$$

式中:n 为行政区数目;y 为各行政区占区域总人口的比重;x 为各行政区占区域总面积的比重。

依据上面的公式,我们分别计算了一些典型年份的人口不均衡指数,见表 2,从中可以粗略判断 20 世纪 80 年代以来,长江三角洲地区人口空间布局的集中分散趋势。

表 2　1980 年以来长江三角洲地区人口不均衡指数变动情况

年份	1980	1990	1997	2000	2003
不均衡指数	0.0249	0.0253	0.0247	0.0246	0.0244

根据表 2 明显可以看出，长江三角洲地区人口空间结构变动可以划分为两个阶段：1990 年以前，人口不均衡指数处于上升趋势，由 1980 年的 0.0249 上升到 1990 年的 0.0253，说明本区人口分布趋向于集中；之后指数开始下降，由 1990 年 0.0253 下降至 1997 年的 0.0247，再至 2000 年的 0.0246，直到 2003 年下降到 0.0244。表明在改革开放的前 10 年左右，长江三角洲地区人口分布开始逐渐集中，之后又逐渐开始分散，趋向于平衡。这种集中-均衡式人口空间演变现象的产生并非偶然，它在一定程度上反映了社会经济的变动。改革开放初期，国家放宽了土地、户籍等各方面的政策，中国的工业化和有计划的商品经济发展迅速，使广大的农民挣脱了土地和户籍的束缚，纷纷开始向上海、南京、苏州等经济较发达的地区迁移；而 90 年代以后，随着人口在某些发达地区的过度集中，各种社会问题开始暴露，国家开始推出一些人口迁移的政策来限制人口的过量迁移，致使人口的不均衡指数一直呈现缓慢下降趋势。此外，较发达地区一般环境污染较严重，部分先富起来的人开始考虑选择工业较少、生态条件更好的地区居住，这也同时有利于人口分布向着均衡方向发展[6]。

1980～1990 年人口增长最为迅速的为上海市，增幅达到 136.83 万，10 年总的人口增长率为 11.9%。人口增长超过 50 万的还有杭州、台州、以及南京，4 个城市总的人口增加数量占到总增长的 47%。1990～2000 年，上面四市的人口增长量则下降到 44%，且上海市 10 年的人口增长率下降为 3%，说明在全区范围以及高增长区域人口的集中趋势都开始下降。

4. 人口分布重心由东北向西南方向逐渐移动

关于人口分布重心[7]，可用下面公式计算得到：

$$\begin{cases} \overline{x} = \sum_{i=1}^{n} M_i X_i / \sum_{i=1}^{n} M_1 \\ \overline{y} = \sum_{i=1}^{n} M_i Y_i / \sum_{i=1}^{n} M_1 \end{cases}$$

式中：X_i，Y_i 分别指较小单元人口分布重心的经度和纬度坐标，在此可用各地市市政府所在地的地理位置坐标代替；M_i 指各地市人口总量；x，y 分别指长江三角洲地区人口分布重心的经度和纬度坐标。

通过以上公式的计算可分别得出长江三角洲地区不同时段人口分布的重心(见表 3)，绘制出不同时期人口分布重心变化的轨迹图(见图 3)。

表 3　不同时段人口分布重心变化对比

时间		1980	1990	1997	2000	2003
人口分布重心	经度(°)	120.558	120.554	120.554	120.552	120.548
	纬度(°)	31.150	31.147	31.137	31.135	31.133

由表 3 和图 3 可以看出，长江三角洲地区人口分布重心一直在发生变化，尽管变动幅度

不是太大，但变化趋势却十分明显，主要由东北向西南方向逐渐偏移，且东西方向变动较小，约为0.01度，南北方向变动较大，约为0.017度。具体位置大致是从苏州市吴中区的横泾镇转移至浦庄镇，重心的移动距离大约在2 km左右。

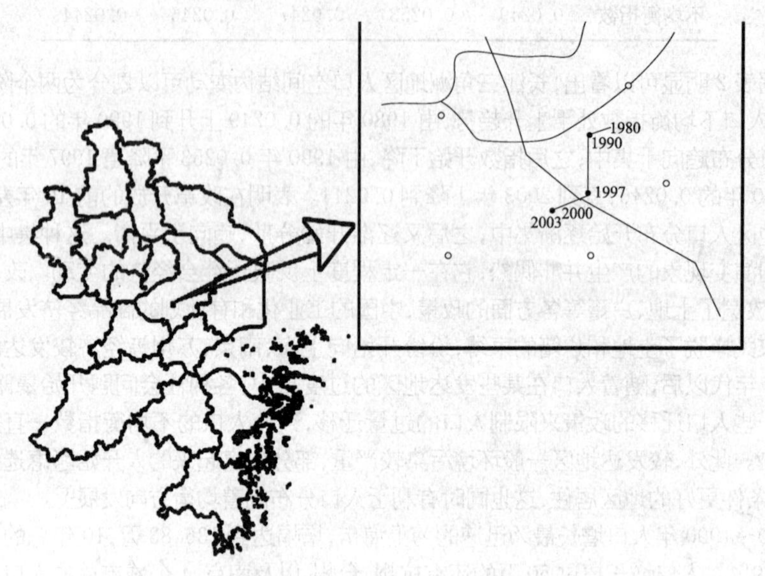

图3 不同时期长三角地区人口重心变化轨迹图

三、人口空间演变动力分析

人口的空间结构宏观格局是在社会、经济、自然等多种因素的共同作用下形成的，这些因素通过影响人口再生产和人口迁移，不断塑造着人口空间结构的面貌。所有这些因素相互联系、相互制约，又在一定的时段内发生作用，而且不同时段各因素所起的作用也各不相同，应用辩证发展的眼光来看待它们[8]。

1. 经济因素

自然环境往往对于人口空间结构的长期塑造具有决定作用，而经济因素则在相对较短时期内影响人口分布。长江三角洲地区自然地理条件相差不大，加之我们的研究时段仅为改革开放后二十几年，社会经济发展水平起到了更大的作用，其在一定程度上决定了该地区的人口总量、人口密度以及人口分布的集中与分散趋势。比如生产力相对落后，以第一产业部门为主的地区，人口分布一般具有大分散小集中的特点；而生产力相对较高，以二、三产业为主的地区，人口分布则呈高密度状态[9]。

就全国而言，长江三角洲地区属于相对均质的经济发达区域，尤其改革开放后，以上海为中心的长江三角洲地区二三产业开始加速发展，城市也迅速扩展，成为全国经济增长的热点地区，因此吸引了大量中西部的外来人口流入，人气日渐旺盛，经济与人口二者相互促进，交错上升。而其他地区的人们清醒地认识到了这种经济上的巨大差距，而缩小这种差距的最好途径便是进行地域上的亲密接触，人们以各种形式潮涌至长江三角洲地区，极大地改变了长江三角洲地区的人口的空间结构,因此,总体来说长江三角洲地区的人口总量以及人口密度都有了大幅度的增加。

就长江三角洲内部而言,我们可以通过对 16 地市人均 GDP 与人口密度进行相关性分析,分别得出 1980、1990、2000、2003 年 4 个典型年份二者的相关关系(见表 4):

表 4　典型年份长三角 16 地市人口分布与经济发展相关关系

	1980	1990	2000	2003
相关系数	0.844	0.669	0.498	0.397
显著性水平	<0.01	0.003	0.042	0.115

通过表 4 可以看出,长江三角洲地区人口分布与经济发展密切相关,但关联程度随着时间推移逐渐降低。1980、1990 年份二者具有很强的相关性,显著性水平小于 0.01 的情况下,相关系数分别高达 0.844 和 0.669;至 2000 年则下降到 0.498,在 0.05 显著性水平依然相关显著;到 2003 年相关度则降低到了 0.397,二者并不再呈现显著性相关。这种现象的产生绝非偶然,有其内在的深层次的原因:改革开放初期,长江三角洲地区整体经济水平并不高,人们的学习、工作和生活都不得不围绕经济而展开,而长江三角洲地区内部经济发展的相对不平衡性便导致了内部人口的快速流动,进而使得本区域人口空间结构发生较大变化,人口的集中度加强,而随着社会经济的快速发展,部分人在追求较高的劳动收入之余,更加重视较高的生活质量,向着生态条件较好、更加有利于健康的地区迁移,而这些地方又往往是经济发展水平相对较低的地区[10]。

2. 城市地位与功能

人口变动有两个方面的原因:一是人口迁移;二是人口自然变动。对于长江三角洲地区而言,自然变动一般不大,有些城市甚至出现多年连续的负增长,人口变动主要源于外来人口。从外来人口聚集地区分布情况可以看出,经济发达程度、城市行政地位和历史传统是形成外来人口聚集的最主要原因。上海、南京和杭州作为直辖市和两个副省级城市,均是一定区域范围内的经济中心,以及区域性的行政中心,同时也相应集中了比较多的教育、科研、信息等社会资源,外来人口在此定居发展的机会也多,吸引力较其他城市大得多。

3. 政策因素

新政策的实施总会推动社会发生变化。不同的时代国家总是推行不同的政策,20 世纪 80 年代以来,国家在不同时期分别推行了不同的社会经济政策,极大地刺激了长江三角洲地区人口分布的变动发展。

第一阶段:1980～1990 年,改革开放、计划生育政策开始推行阶段。

就全国范围而言,长江三角洲地区是改革开放受益最大的地区之一,经济迅速发展,根据表 3 判定,本阶段人口集聚主要受地区间经济发展差异的影响。部分人口开始由西部向经济相对发达的东部迅速迁移,加之本时期计划生育政策刚刚推行,“人多力量大”的错误思想尚未完全纠正,尤其是在 80 年代前半段的农村地区,人们的生育欲望仍然相当强烈,人口增加的惯性仍然存在。两者共同促进长江三角洲地区人口迅速增加,由 7 034.92 万增加到了 7 696.44 万,净增人口达到 661.52 万,10 年总的人口增长率为 9.4%。就长江三角洲内部而言,各地区对于改革开放享受的政策并不完全相同,且对这个历史性的机遇把握程度不同，导致各地区经济发展差距拉大，区域中心以及沿海城市则依靠原有基础以及区位优势获得巨大利益，苏南地区大力招商引资，乡镇工业率先大跨步发展，导致内部人口的空间分布发生了巨大变化，人口增长主要集中在了区域中心、沿海城市以及苏南地区城市。如作为区域中心的南京市人口增幅为65.95万，增长率达到15%，位居全区之首。人口增长超过40万的城市还有上海、杭州、南通、宁波、苏州和无锡。这其中比较特殊的是舟山市，在长江三角洲各地区人口迅速增长的大局势下，本区人口出现大幅度的下降，且达到十几万人之多[11]。

第二阶段：1990～2000年，沪杭甬产业带的开发，以及浙江民营企业的大发展。

此期间，随着沪杭甬产业带的开放以及浙江民营企业的大发展，长江三角洲地区人口增长在空间上开始转移。尽管16个地级市中，南京的人口增长规模仅次于杭州排在了第二位，增幅达到了43.07万，但就整个区域而言，增长率超过平均水平的6个市中，除南京属于江苏省，其余五市全部属于浙江省，连80年代人口减少的舟山市都有了迅速发展，人口密度由1990年的499人/km^2上升至2000年的683人/km^2，每平方公里增幅达180多人。而增幅最小的地区——江苏的南通市和镇江市，只有8.54万，仅为杭州市的六分之一强，而南通市增长率同样居全区之末，只有1.1%。说明上世纪90年代长三角浙江区域人口增长速度明显要高于长三角江苏区域和上海市。

第三阶段：2000～2003年，人才流动得到肯定以及就业双选全面推广。

随着国家对人才流动合理性的肯定，地区间人们的工作调动日趋频繁，极大程度地改变了区域的人口空间结构。此外随着高校毕业生就业双向选择政策的全面推广，毕业生就业有了更大的自由，可以完全按照自己的意愿选择工作地，相同情况下，毕业生就业常常考虑就近原则，而上海、南京、杭州三市则集中了本区域90%的高等院校及科研院所。因此在这个阶段，人口增加受益最大的莫过于这三个城市，其三年的增加量分别为20.14万、21.21万和27.34万，三市增长量之和占长三角人口增加总量的比例更是高达63%[12]。

4. 信息、交通等因素

随着我国信息技术的提高和信息产业的发展，我国正逐步步入一个崭新的信息社会，在这个社会里，市场开始变得透明起来，经济相对较为落后地区的人们通过电视、广播以及功能强大的互联网，认识到差距，而另一方面长三角地区也急需大量的外来人口聚集人气、不断创新、进一步发展经济。构建于双方自愿基础上的人口流动在交通迅猛发展的成全下得以产生[13]。

信息使人口流动成为可能性，而交通的发展完善则使其成为了现实。区域交通的发展，是现代经济社会发展的基础支撑，是实现人口集中与扩散的根本途径和基本载体，交通线以及交通枢纽对人口集聚具有很大的影响力和吸引力。改革开放以来，随着长三角地区内部铁路、港口、高速公路等的迅速建设，综合交通运输网不断得到完善，区域以及区际的联系不断得到加强，并随之兴起和强化了许多交通枢纽城市，如沪宁杭高速公路的节点城市上海、南京、杭州等等，沿线的一连串车站也多逐渐形成较大的居民点，有的地区，人口稠密区往往沿交通线成为长带状，离开交通线人口密度即显著降低。

五、小结

长三角地区要实现区域整合，首先要求进行合理的人口整合，而人口整合则要求实现合理的空间人口分工与布局，即要求人口根据各小区域定位，实现空间结构合理分化，形成合理完善的人口空间结构，这样才能使大区域整体实现功能的稳定性[14]。本次研究仅以市域为单元对长三角的人口进行了初步研究，所采用的分析单元相对较大，进一步研究可以细化研究单元，结合流动人口的变化进一步分析长江三角洲地区的人口空间结构，以期得出更为有价值的研究成果。

参考文献：

[1] 张善余等编著. 中国人口地理，科学出版社. 2003：271～278.

[2] 王桂新，魏星等. 中国长江三角洲地区城市化与城市群发展特征研究. 中国人口科学，2005，2 .

[3] 陈修颖，等. 区域空间结构重组理论初探. 地理与地理信息科学，2003，3

[4] 第三、四、五次全国人口普查资料及历年上海、江苏、浙江统计年鉴.

[5] 李俊莉，王慧，曹明明. 西安市人口的分布变动研究. 人文地理，2005，20(1).

[6] 陆玉麒. 江苏沿江地区的空间结构与区域发展，地理科学，2000，20(3).

[7] 徐建，岳文泽. 近 20 年来中国人口重心与经济重心的演变及其对比分析，地理科学，2001，21(5).

[8] 伍理. 重视城市化过程中的人口分布变化——以上海市为例，人口与经济，2001，5.

[9] 王桂新. 中国人口分布与区域经济发展———项人口分布经济学的探索. 华东师范大学出版社，1997.

[10] 吴启焰，朱喜钢. 城市空间结构研究的回顾与展望，地理学与国土研究，2001，17(2).

[11] 王雯菲，张文新. 改革开放以来北京市人口分布及其演变. 人口研究，2001，1

[12] 高向东，江取珍. 对上海城市人口分布变动与郊区化的探讨，城市规划，2002，26(1).

[13] 甄峰，张敏，刘贤腾. 全球化、信息化对长江三角洲空间结构的影响，经济地理，2004，11.

[14] 于涛方，李娜. 长江三角洲地区区域整合研究，规划师，2005，21(4).

（王书国，段学军，姚士谋）

附录四

南京市生态空间规划

一、生态安全格局

（一）圈层架构

1. 主城核心圈

主城指绕城公路以内约 243 km^2 的地区，是市域人口和产业高度密集区域，生态空间以分散于城中的近自然山林、道路绿带、公园绿地、河湖沟渠为主体，构成城市的开敞空间，为市民提供休闲、娱乐、造氧固碳、调节气候等生态服务功能。密集的人口与高强度开发使得该区域生态建设任务繁重，近期 2008 年建设重点是对城北燕子矶、幕府山及南郊雨花台、将军山、牛首山等重点风景区的植被生态修复；远期着力于通过主城人口疏散、老城改造及主城内化工企业向江北搬迁，增加主城绿地及开敞空间，规划 2020 年主城区绿化覆盖率达到 50％，主城居民在任意 500 m 出行范围内可达公园绿地，形成城林交融、景观优美、环境宜人的城市生态景观。

2. 都市发展区中间圈

主城以外都市区，是新市区与新城集中分布区，生态空间以城市组团间间隔地与间隔环的形式存在，以林地、耕地、园地等为主体，作为城市组团的隔离区、主城“退二进三”的缓冲区、农副产品供应区和景观生态通道，服务于城镇人口和产业需要。由于承接主城功能扩散造成的进一步高强度开发压力，使得开发与保护冲突激烈，生态管护力度必须加大。规划 2008 年前恢复与完善被侵占的主城与东山新市区间、主城与尧化组团间等绿化隔离区，建设若干都市农业观光区和生态农业基地，作为城市环境调节的主要空间；2020 年前将建设用地比重控制在 25％以下(不包括主城 243 km^2)，保持绿色开敞空间比重不小于 75％，切实加强江北老山、城东青龙山－大连山、南郊牛首山－祖堂山、南山和横山等城郊森林建设，使中间圈森林覆盖率不低于 30％，形成组团式城镇空间镶嵌于大片森林及农田背景的城林生态景观。

3. 郊县外围圈

都市区外围市域，是城镇发展的生态支撑空间，以耕地、林地和园地为主，包括近自然山林、湖泊湿地等大量生态敏感地区，需要加强开发引导，规避生态风险，提升生态保护能力。规划 2008 年前通过产业向园区集中、居住向城镇集中，在建设用地总量控制基础上加强乡村居住环境建设和经济发展；2020 年前通过进一步的农村居民点撤并和生态建设，将建设用地比重控制在 10％以下，保持绿色开敞空间比重 90％以上，提高林木覆盖率至 30％，形成以农地、林地、湿地等绿色空间占绝对主导地位的农林生态景观，支撑南京城市可持续发展。

（二）生态网架

1.“一核六片”生态源区

生态源区是保障区域生态安全的关键地区，作为现存或潜在的乡土物种分布地，构成物种扩散和维持的原点，是多种生态服务功能集聚的节点地区。依据南京市域生物多样性分布特征及自然植被分布特征，规划建设以城区绿心——紫金山为核，包括北部止马岭片区、西部老山片区、东部青龙一大连山片区、南部云台山片区、东南东庐山片区、西南牛首山、祖堂山片区在内的“一核六片”生态源区，充当水系保护廊道和关键物种迁移廊道的节点区。

绿心——紫金山。紫金山生态源区面积约35 km^2，包括钟山南麓、北麓及其余脉富贵山、九华山、鸡笼山和玄武湖，其中森林面积约23 km^2，是南京城区最重要的自然植被集中分布区，充当调节城市环境、保护森林生态系统景观与生物多样性的功能。

北片——止马岭。止马岭生态源区森林面积约12 km^2，位于南京市域西北角六合区境内。该区远离城市，受开发干扰影响小，是植物和动物资源比较丰富的区域，规划承担拯救珍稀物种、进行科学研究的基地。

西片——老山。老山生态源区总面积约80 km^2，位于长江北岸与滁河之间，浦口珠江镇附近。老山植被类型属落叶阔叶与常绿阔叶混交林，动植物资源极为丰富，是秤锤树、青檀、獐、灵猫等珍稀动植物的栖息地，具有生物多样性保护的重要生态功能。

东片——青龙山、大连山。青龙山一大连山生态源区森林面积约36 km^2，位于南京城东南10 km，江宁区境内。平行排列、呈东北一西南走向的青龙山、大连山区覆盖的森林植被，是南京都市发展区内重要的自然景观保护区。规划建设珍稀濒危植物迁地保护景观区，重点保护和展示秤锤树、尾叶樱、南京柳、蒙桑、南京椴，以及宝华玉兰、梭罗树等。

南片——云台山。云台山生态源区由分别位于江宁区南部铜井镇、陶吴镇、横溪镇的南山、云台山和横山森林斑块构成，总面积约70 km^2。该区域野生植物资源丰富，是生物多样性及重要森林生态景观保护区。

东南片——东庐山。东庐山生态源区由溧水县城东南的东庐山、马占山、双尖山等构成，森林植被面积之和约40 km^2，具有秦淮河源头水源保护及重要森林景观保护功能。

西南片——牛首山、祖堂山。牛首山一祖堂山生态源区，规划面积40 km^2，是中华虎凤蝶物种和生境保护地，森林资源丰富，江宁河水系源头地区，是南京城乡结合部上的重要生态功能保护区。

2.“四横两纵”生态廊道

以“一核六片”生态源区为主体，链接周边面积较大的绿斑、水廊及道路绿化带，组成“四横两纵”的生态廊道，与南京城市总体规划、生产力布局规划等相衔接，共同发挥生态调控的协同效应，规划控制长度约600 km，总面积约421.2 km^2。该网架是南京市域范围内严格控制开发建设的优先保护地区，因此也是重点的生态管制地区。宏观生态网架的作用，一是从东西方向为沿江开发的产业布局提供适度的生态空间及其服务功能，确保主城的生态安全；二是控制六合雄州以北自然生态的破坏、有序引导发展生态农业和生态旅游；三是有序引导沿机场路、宁高路的产业开发和重点城镇建设，确保生态市规划建设的重要生态功能区面积得到落实，为南京市的可持续发展留足生态保护空间；四是从东、南、西、北四个方向分别连通镇江宝华山、浙西天目山、皖南丘陵及江淮丘陵的大面积绿斑，对南京都市圈以及长江三角洲大尺度区域生态环境的稳定与提升起重要的集聚与辐射作用。

老山—滁河东西向廊道。该廊道由老山绿斑、滁河水系廊道与宁合、宁通等道路绿化带组成。全长约100 km，生态用地控制面积约90 km^2。西起浦口区亭子山、经宁合高速公路汤泉段、连接龙洞山、鹰山，向东北经龙王山接宁通一级公路南京—六合雄州段，过雄州镇沿滁河延伸，在龙袍镇赵坝入长江。

该廊道优先保护的重要生态功能区是：老山（亭子山、龙洞山、鹰山）森林生态系统及其生物多样性（如国家保护的珍稀濒危植物种秤锤树、青檀、明党参，国家公布的珍稀动物獐、灵猫、鹗等）；浦口区桥林镇水库水源地；珍珠泉，佛手湖生态旅游景区的山水林景观。

污染控制与防范的重点：南京化学工业园及其配套园区、六合经济开发区与南京主城之间的重要生态防护隔离带，该廊道滁河段（包括一个入江支流）和长江玉带段与八封州夹江合拢形成闭环式水生态屏障，对调节与改善化学工业集中区内外水气环境质量有积极作用。

长江水生态廊道。该廊道由长江南北两岸防洪堤内的水域、湿地、洲滩组成。控制面积约100 km^2。重要湿地有已被农业开发的八卦州、梅子州；维持自然、半自然状态的新济州、新生洲、子汇州、鸟鱼渔州、七里河口湿地及滁河口湿地。

该廊道优先保护的重要生态功能区：南京市现状的9个城市集中式饮用水源保护区；自然与半自然状态的洲滩及堤外湿地；属国家一级保护的白鲟、中华鲟、小天鹅、大天鹅等。

污染防范主要围绕长江北岸的南钢、南京化学工业园等工业集中区，南岸的南京经济技术开发区、燕子矶、栖霞、板桥、铜井等地区重点排污企业的稳定达标排放及持久性有毒有害污染物控制；江心州污水处理厂与城北污水处理厂废水达标排放；岸边污染带长度控制不超过岸线的10%；提升防洪堤迎水坡、背水坡防护林带污染净化能力。

云台山—青龙山东西向复合廊道。该廊道以长江干流流域及秦淮河流域分水岭为基本走势，主要由云台山、青龙山绿斑与秦淮河水系廊道组成，总长度71 km、生态用地控制面积102 km^2。西起云台山至云台河，沿云台进入秦淮河弯道后连接方山、青龙山、大连山、孔山至射乌山出境。

优先保护的重要生态功能区为：云台山地区的森林生态及野生植物资源；青龙山等地区森林景观及九乡河与七乡河上游水源涵养区。

该廊道的云台河、方山及青龙山、大连山段从西南、南、东环绕江宁经济技术开发区、江宁科学园和东山新市区，规划控制工业污染向周边农村地区扩散，通过修复、重构与主城绿斑的联系路径，可在盛行风向条件下不断地将新鲜空气送入主城，改善与优化主城的生态环境。

横山—双尖山东西向廊道。该廊道以秦淮河流域与石臼—固城湖流域分水岭为基本走势，由横山、双尖山、东庐山、马占山等绿斑及水系廊道组成。全长约16 km，宽度在0.5～1.5 km不等，控制面积为13 km^2。自西向东途径横山、溧水县西部的小茅山，向南连接吴王山、双尖山，在东庐山与马占山连接处向东经老鸦坝水库北缘出南京市境。该廊道主要功能是保护山丘地区水库源水水质，保育水源涵养林，控制7°以上坡地的农业开发，防止水土流失，修复和重构部分自然、半自然森林斑块，促进生物多样性发展。

八百河、皂河—付家壇林场南北向复合廊道。北起滁河东西两大支流：八百河与皂河向南经宁通高速过二桥，向南经 312 国道入主城龙蟠路、龙蟠中路，在武定门处转向秦淮河，至溧水县柘塘镇共和村，向东南折向二干河，连接回峰山、芝山，经南北向的东干河直到高淳县付家坛林场出市境。总长度约 172 km，生态用地控制面积 51.6 km^2。该廊道贯通 4 个横向廊道，连接主城、都市发展区与市域生态用地，具有纽带作用，通过向两侧延伸或与周边地区零散绿斑"粘接"，提升生态调控功能。

重要生态功能保护目标：溧水县方便、姚家两水库源水水质达标，一干河水质达标，新桥河上游水源涵养林及森林生态系统保护。

近期拟创建达标的市、省、国家级环境优美乡镇，如竹镇、八百桥镇、东屏镇、白马镇、东坝等镇均在该廊道幅射范围内，廊道完善与优化可结合环境优美乡镇建设进行，如城镇生活污染控制、城乡人居环境改善以及镇域范围内的乡镇工业污染源控制。

*三桥连结线一固城湖岸线南北向复合廊道。*主要由宁合、宁淮、宁高等高速公路，牛首山森林斑块与固城湖、石臼湖湖泊湿地及水系廊道组成。控制长度约 140 km，生态用地面积约 28 km^2。北起宁合高速公路南京入境处，途径三桥，过江后沿规划建设中的宁淮（城市二外环）高速公路北侧，经牛首山、祖堂山，自云台山河转向西南进入溧水河向东南过天生桥河，再向东沿天生桥河支流转入宁高高速公路，从漆桥镇道口起向南折向漆桥河，沿固城湖岸线从蒋山出市境。

该廊道长约 25 km 的城市二外环段对位于牛首山、祖堂山的国家级珍稀物种中华虎风蝶保护基地起着重要的屏障作用。该廊道利用现状与规划的西南东北向的 4～5 条国道与省道两侧的绿化带，有助于增强都市发展区与主城的生态联系及空间的开敞性，还将有效地控制秣陵、禄口、洪蓝、孔镇、固城等城镇工业的无序发展，实施工业向园区集中发展。

3. 生态绿楔

围绕"以江为轴、拓展主域、带动两翼"的空间开发战略以及开敞式、组团化的城市功能布局框架，以生态网架上 7 个生态源区为核心，链接网架以外零星分布的山丘林地、河湖湿地及部分水生态、绿色交通，以生态绿楔的形式嵌入重点开发园区、产业组团、主城、新市区以及"三城九镇"城镇发展轴。

4. 建设与保护措施

*一是加强廊道建设生态空间管制。*建立规划、国土、农林、园林、环保、交通、水利等部门协同监管的机制，实施规划廊道长度、宽度、面积的空间供给与落实。

*二是加强物种多样性与生境结构、功能完整性的保育与保护。*进一步调查与核实市域范围内省、市、县（区）自然保护区、风景名胜区的范围并与本规划相互衔接，实施由下至上与由上至下的协同管护。

*三是加强开敞地保护、利用的生态引导。*30～40 m 等高线以下的岗、塝、冲及秦淮河、滁河平原圩区作为开敞空间以保护基本农田为基础，鼓励发展绿色、无公害、有机农业、种植经济林果或湿地的生态养殖与生态旅游开发。

*四是加强城乡结合部的生态通道建设。*主城南部、东部与西部城乡结合部地区，包括规划拥有 50 万人口的仙林大学城、30 万人口的河西新城以及宁南与东山新市区，是缓解主城边缘"生态瓶颈"的关键地区。营造融道路、水系于一体的生态通道，是把外围廊道生态效应引入主城的主要途径。

五是加强工业污染源和居住区的生态隔离。在南京经济技术开发区、燕子矶、栖霞工业集中区、龙潭经济开发区南侧建设宽 300～500 m 的防护隔离带,与南部的仙林大学城之间形成一个生态屏障。南京化学工业园周边建设生态防护带,防范工业污染影响雄州镇以及龙袍与瓜埠的农田与土壤。宽度控制在 1.5～2.0 km。

六是出台保护生态网架政策。为避免生态网架建设与南京市规划的产业和城镇沿江、沿路布局发生冲突,应该出台生态网架保护地区禁止开发建设的管理办法,控制新建、扩建与区域开发建设对生态基础网架的蚕蚀,提出建设项目环评及区域环评或规划的具体要求以及配套的管理监督办法。

七是大力推进废弃矿山的综合整治和复绿。对实施禁采已全部关闭的 244 座采石场,尽快编制植被修复工程规划、旅游主题开发规划或生态产业发展规划,力争用 10 年左右的时间,全面实现废弃矿山复绿。引导市场投资进行综合整治矿山的重点范围包括:自然保护区、风景名胜区、地质遗迹保护区;港口、机场等重要设施,铁路、高速公路、国道、省道等重要交通干线两侧直观可视范围;沿江、沿河、湖泊、水库等岸线周边地带裸露矿山。近期应着力解决城郊接合部的矿山景观恢复。

八是加强生态廊道现有林地林相改造。以多树种、多层次的针叶一阔叶、常绿一落叶、乔灌相结合的乡土树种为主体的森林植被。

九是加大受重点保育植被群系及地点的保护力度。南京地区应受重点保育、近期急需用界桩加以保护的森林植被群系有 9 个:栓皮栎林、麻栎林、枫香林、白栎林、石栎林、南京椴、黄檀林、青檀林、马尾松林。保育地点:栖霞山、紫金山、老山、牛首山、祖堂山、阳山碑材、安基山、孔山。

二、生态空间管制

在南京市域生态服务功能重要性与生态压力分区评价基础上,结合南京市地形地貌和水系流域分布状况以及土地利用现状,采用空间叠置法、相关分析法、专家集成等方法,按生态分区的等级体系,通过自上而下的划分,结合自下而上的合并,进行地域生态区划,形成三级区划体系:自然生态区、复合生态亚区、生态管制类型区,为生态空间管制提供科学基础和依据。

(一)自然生态区

一级分区根据地貌类型、水系流域等地理特点,结合行政界线将南京市域划分为 4 个生态区,反映区域的自然条件差异和生态特征。其中Ⅰ、Ⅱ区的分界线从东部开始沿六合区的东沟镇、瓜埠镇、雄州镇、新集镇的南界,向西沿老山北麓延伸;Ⅱ、Ⅲ区的分界线从西向东沿横溪镇、陶吴镇、东善桥镇、东山镇、上坊镇的北界穿越麒麟镇、汤山镇境内;Ⅲ、Ⅳ区的分界线基本以秦淮河流域的南界为界线。

Ⅰ 北部六合浦口岗地丘陵生态区

该区位于南京市的最北部,地势北高南低。北部是大片岗地,地面海拔 40 m 上下,中部降为 20～30 m,丘陵零星分布于北、中部,高度在海拔 150 m 上下。南部是滁河河谷平原,地势低平，海拔 5～10 m。该区丘陵地区分布有较为丰富的森林植被，岗地平原地区是南京重要的农产品供给基地。需要重点解决的生态环境问题为农业面源污染和水土流失。

Ⅱ 中部沿江低山丘陵生态区

该区位于南京市的中部，主要包括以南京市区为中心的长江沿岸地区。江南部分地形起伏较大，以紫金山为中心，向东至汤山一带，山地海拔在 200 m 上下，朝南至牛首山一带，山地海拔 200～300 m，北侧沿江丘陵海拔 100 m 左右。江北部分西侧是老山山地，向西南伸向苏皖边界。沿江两岸则是低平狭长的近代冲积洲地。该区是南京城市建设和扩展的主要地区，土地利用矛盾突出，重点生态环境问题是工业及城市生活污染，以及生态敏感地区保护。

Ⅲ 中南部秦淮河流域低山丘陵生态区

该区基本位于南京市城区以南直到溧水县城永阳之间。秦淮河由南而北，贯穿地区中部，地形四面环山，中间低平，呈一山间盆地状。周围山地海拔 250～450 m，北为宁镇山地，南为横山和东庐山，西面是云台山，东面有区外的句容县茅山。山地内侧分布大片黄土岗地，海拔 20～60 m。沿秦淮河两侧是低平的河谷平原，海拔 5～10 m。该区丘陵地区分布有较为丰富的森林植被，众多山区水库是广大农村的水源。需重点解决的生态环境问题是水土流失和农业面源污染，以及部分地区露天采矿造成的景观破坏。

Ⅳ 南部石臼湖—固城湖滨湖平原与岗地生态区

该区位于南京市的最南部，包括溧水的南部和高淳全境。地势东高西低。东侧丘陵属茅山向南延伸之余脉，海拔 100 m 上下，是本区两个水系的分水岭，其西属水阳江流域，其东为太湖流域。丘陵周围是黄土岗地，海拔 20～40 m。西部石臼湖、固城湖间为一片低平的滨湖平原，海拔 5～10 m。该区拥有南京两处最大的湖泊湿地：石臼湖和固城湖，是重要的农、水产品供应基地。由于地势相对低洼，洪涝灾害是该区主要的生态环境问题。

（二）复合生态亚区

根据地貌和土地利用类型，以及人类的社会经济活动如产业布局与城镇分布等因素，在一级分区基础上进行二级复合生态分区，结合行政界线将南京市域划分为 9 个生态亚区。

Ⅰ—1 北部丘陵岗地农业生态亚区

该亚区属于Ⅰ北部六合浦口岗地丘陵生态区，主要包括马鞍镇、程桥镇、八百桥镇等。生态环境较为良好，有几个较大林场和水库分布，具有重要的生物多样性保护、水源涵养等生态服务功能，同时是全市重要的农产品生产基地。

Ⅰ—2 沿滁河平原岗地农业及城镇生态亚区

该亚区属于Ⅰ北部六合浦口岗地丘陵生态区，主要包括新集镇、雄州镇、新篁镇、横梁镇、瓜埠镇、东沟镇等。由于地处滁河河谷平原，地势低平，林地较少，农业用地分布广泛，城镇较为发达。

Ⅱ—1 上游沿江农业生态亚区

该亚区属于Ⅱ中部沿江低山丘陵生态区，主要包括珠江镇、桥林镇、铜井镇、谷里镇、江宁镇等，长江贯穿其中。区内土地利用类型以农业用地为主，是重要的农产品生产区，同时拥有国家级森林公园——老山森林公园，生态环境良好，南部还分布有较多林地，是生物多样性保护、水源涵养、景观保护等生态系统服务功能的重要地区。

Ⅱ—2 中游沿江城市生态亚区

该亚区属于Ⅱ中部沿江低山丘陵生态区，主要包括江北珠江镇、顶山、泰山街道，江南板桥、西善桥、铁心桥、宁南街道，白下区，玄武区，马群街道，麒麟、汤山两镇的一部分，仙林农牧场，尧化、燕子矶街道等。南京整个主城区及江北浦口城区大部分都在其中。该区拥有国家级森林公园——紫金山森林公园，以及长江沿线的多处城市集中式饮用水水源地，在生物多样性保护、水源涵养、城市环境调节、景观保护等生态系统服务功能方面具有非常重要的地位。由于人为干扰严重，城市化程度高，区内人口密度高，第二产业和第三产业都很发达，存在较严重的工业和生活污染问题，宜加强生态环境保护，提升生态服务功能。

Ⅱ—3 下游沿江工业生态亚区

该亚区属于Ⅱ中部沿江低山丘陵生态区，主要包括六合区的长芦街道、玉带镇、龙袍镇，栖霞区的栖霞镇、龙潭镇、八卦洲街道和靖安街道等。南京沿江工业带主要分布于该区，生态环境压力较大。区内的栖霞山以及长江沿岸湿地，在生物多样性保护等生态系统服务功能方面比较重要。

Ⅲ—1 秦淮河下游城镇及农业生态亚区

该亚区属于Ⅲ中南部秦淮河流域丘陵岗地生态区，主要包括东善桥镇、秣陵镇、方山街道、湖熟镇、土桥镇等。区内城镇较为发达，人口密度较大，是未来南京人口和产业疏散的主要地区之一。东部的青龙山等森林植被对于生物多样性保护、城市环境调节具有重要意义。

Ⅲ—2 秦淮河上游农业生态亚区

该亚区属于Ⅲ中南部秦淮河流域丘陵岗地生态区，主要包括禄口镇、永阳镇、柘塘镇、东屏镇、横溪镇等。区内的东庐山、铜山林地在生物多样性保护、水源涵养等生态系统服务功能方面非常重要。

Ⅳ—1 石臼湖农业、渔业生态亚区

该亚区属于Ⅳ南部石臼湖—固城湖滨湖平原岗地生态区，主要包括古柏镇、和凤镇、晶桥镇等。区内生态环境质量较好，林地、水域占有较大比重，是南京重要农产品和水产品基地，同时在生物多样性保护、水源涵养等方面具有重要的生态服务功能。

Ⅳ—2 固城湖农业、渔业生态亚区

该亚区属于Ⅳ南部石臼湖—固城湖滨湖平原岗地生态区，主要包括桠溪、漆桥、东坝、定埠、固城、阳江、砖墙镇以及淳溪镇等。区内土地利用类型以农业用地为主，包括青山茶场、花山林地等人工森林植被，在生物多样性保护、水源涵养等方面具有重要生态服务功能，同时是南京重要的农产品和水产品供应基地。

（三）生态管制类型区

划分三类生态管制类型区，用以突出生态保护的重要性与优先性，以及生态保护与开发建设协调关系在空间上的落实。

1. 生态保护与禁止开发类型区

该类区域涵括生态网架中生态源区的森林植被、水源地和新增的重要生态功能区，约占全市土地总面积的7%，为核心保护地区。包括秦淮河支流源头水源涵养区、秦淮河与石臼湖分水地区、石臼湖与太湖分水地区等高程 100 m 等高线以上、坡度>25°的丘陵山地；长江集中式饮用水源保护区与重要洲滩湿地、重要湖泊与水库供水水源地等。禁止进行任何类型的城镇与产业开发，注重生态环境保护，保持原生态状况，着力提升自然生态系统服务功能。

2. 生态保护与限制开发类型区

该类区域涵括生态网架边缘及以外的一部分基本农田，以及高度在 10～100 m，坡度<25°的平、缓黄土岗地，丘陵坡麓地带，约占全市土地总面积的 14%，为一般保护地区。现阶段不宜大规模开发建设，控制高密度房地产开发及乡镇工业园区建设，以保护基本农田为主线，大力发展都市型生态农业及生态观光旅游产业。重点解决农村饮用水源及抗旱灌溉用水的保障问题。围绕社会主义新农村建设，加快推进农村人居环境建设和环境综合整治试点工作，以"六清六建"为核心内容，创造一类清洁优雅、生活富裕、生态良好的发展环境。

3. 生态维护与引导开发类型区

该类区域涵括生态网架以外的平原圩区及部分高度在 10～40 m、坡度<25°的平、缓黄土岗地，总面积约占全市土地面积的 79%，在保持基本生态功能不遭受破坏的前提下，合理从事各类开发活动，满足经济快速发展需求。根据不同情况，分三类进行开发建设控制与引导。一是基本农田保护地区，约占全市土地总面积的 38%，主要集中在郊县外围圈，应全力推进农业现代化、产业化、生态化，构建都市型生态农业体系。二是生态修复地区，约占全市土地总面积的 7%，主要集中分布在主城核心圈及都市区中间圈的工业集中地区。应加强生态环境脆弱地区抢救性修复与环境综合整治，逐步疏散人口和产业，削减工业开发和城镇建设强度，防止生态环境进一步恶化。三是引导开发建设区域，约占全市土地总面积的 34%，该区域可作为城镇与产业布局优先区域，在进一步加快"三集中"的进程中，加快推进产业的空间积聚，科学合理地构建产业组团及城镇发展格局，并与生态网架保护相协调。

三、城乡生态优化

（一）主城发展生态调控

1. 严格控制主城人口规模

严格控制主城人口规模，2008 年控制在 280 万，远期目标为 260 万，以改善主城生态品质。参考国际先进城市的人口密度情况，从土地集约利用与居住开敞空间需求两方面考虑，宜居城市建成区人口密度应取第一级生活质量标准，即 10 000 人/km^2，不得超过第二级生活质量标准 25 000 人/km^2。南京主城现状实际居住人口超过 250 万，建成区人口密度近 13 000 人/km^2。综合考虑到城市发展的惯性、支撑城市正常运转的各项设施可能承担的负荷，2008 年主城实际居住人口应力争控制在 280 万人，2010 年主城实际居住人口应力争控制在 300 万人以下，2010 年以后要创造一切条件引导主城人口逐步向外围城镇转移，逐步达到远景主城实际居住人口 260 万人左右的宜居城市目标。

2. 优化用地结构，增加公共用地的投放

主城未来 10 年可供开发用地有限，为提高主城生态品质及改善人居环境，必须适度控制主城尤其是旧城的居住用地投放量，重点发展公共服务用地、公共设施及配套用地和环境用地，以保证主城合理的用地结构。

3. 合理配置城市土地资源

通过完善土地储备制度，由政府预征规划建设开发的土地，并以“净地”提供给开发单位。通过控制“毛地一净地”的地价差，控制用地投放的区位和性质，控制用地开发的强度，真正发挥政府通过调控土地配置城市资源。

4. 控制旧城建设，加快新区开发

人口控制与疏散的任务相当艰巨，在南京现有的经济条件下，宜放慢旧城改造速度，避免人口高度聚集和未来的二次改造。同时改变新区单一功能发展模式为综合功能发展，增强新区的人口吸纳能力。

（二）城镇布局生态优化

对于分散布局的城镇，从生态基础设施网架构建及生态空间分区管理要求来重新考量城镇体系布局，视其所处区域生态敏感性高低，确定由弱而强的生态引导模式：促进产业生态转型、控制城镇发展规模和方向。

1. 规划提升生态功能的城镇

雄州。在南京城市总体规划中定位为“市域城镇次发展轴上的综合型城镇，六合区的政治、经济、文化中心。鼓励发展现代加工制造业、农副产品加工和其他为现代化农业生产服务的相关产业”。由于它处于南京市域的上风向，并位于市域东西向生态廊道上，不适宜发展有空气污染和水体污染的工业，建议应发展生态农业及和现代化农业生产服务相关产业为宜，鼓励建设以生态农业和观光农业为主导的综合服务型城镇。

淳溪。在南京城市总体规划中定位为“市域城镇次发展轴上的综合型城镇，高淳县的政治、经济、文化中心，具有水乡特色和古镇风貌的湖滨城市。鼓励发展旅游文化、商贸流通、农副产品加工和其他为现代化农业生产服务的相关产业”。由于它位于生态网架的南北轴线上，应避免发展污染型工业。

白马。在南京城市总体规划中定位为“溧水县东南部以发展加工业为主的重点镇”。由于处于第四条东西向生态廊道和第二条南北向生态廊道的节点位置，对生态网架的形成和发展具有重要意义，应当以生态农业和生态旅游服务业等低污染、低开发强度产业为主导，避免大规模城镇建设和人口及产业集聚。

铜井。在南京城市总体规划中定位为“江宁区沿江地区的重点城镇，以发展加工工业为主”。由于地处南京长江东西向生态廊道上，建议将建设用地控制在长江南岸 500 m 以外；地处城市上游，可以发展部分无污染的加工工业，但主要方向应调整为以旅游业和有机观光农业为主体的现代生态型城镇。

禄口。在南京城市总体规划中定位为“江宁区南部地区乡镇的服务中心，是以航空港为依托，以发展商贸、流通、生产加工为主的重点镇，将逐渐成为南京市重要的商业贸易集散地”。由于地处市域两条南北向生态走廊的节点附近，生态作用十分重要，应该以航空港为依托，结合生态农业发展花卉等需要快速运输的产业，逐渐成为南京市重要的商业贸易集散地，限制重污染型产业进入。

八百桥。在南京城市总体规划中定位为“六合区东北部的重点镇，以现代加工业、商贸业和旅游业为主”。由于地处金牛水库生态保护区域附近，同时又是八百河、皂河一付家墙林场南北向廊道的东北始端，宜控制镇区发展，并控制建设用地规模。作为六合区东北部的重点镇，以无污染或轻污染型现代加工业、商贸业和旅游业为主。

2. 规划保留原功能定位的城镇

永阳。是市域城镇次发展轴上的综合型城镇，溧水县的政治、经济、文化中心。鼓励发展旅游服务、农副产品加工和其他为现代化农业生产服务的相关产业。

横梁。是六合区东部的重点镇，以发展加工工业为主。

桠溪。是高淳县东南部的重点城镇，以生产加工业为主。

桥林。是江北浦口地区的重点城镇，未来将着重发展高新技术产业。

汤山。是江宁区东北部的重点镇，以现代旅游和服务业为主，适当发展无污染的第二产业。

汤泉。是浦口区西部的重点镇，以发展现代旅游和休闲服务为特色，适当发展无污染的第二产业。

（三）乡村发展生态引导

按照空间生态管制的要求，广大农村地区经济社会活动应按照功能区进行组织、引导和限制，建设既与城市良性互动、生产发展，又有田园风光生态景致的社会主义新农村。

1. 老山林场、牛首山地区、铜井镇的南部、青龙山、祖堂山、狮子山、双尖山等需要保护的山地区域

属于生态敏感与禁止开发区域，应该加以严格保护。该地区的村镇应该发展旅游业、生态农业、观光农业、林业等产业，分布在敏感区内村庄可以考虑适当撤并，禁止新建住房，只能修缮维护住房，鼓励和引导在平原地区建房或者迁移到中心村、集镇。通过自发地集聚，逐步减少山区内零星的居民点，降低林地斑块或其他自然地域的破碎度，有利于生物多样性发展。

2. 主城周围地区的村镇

属于生态脆弱、需要修复的区域。其开发建设主要限于分担主城区压力，发展过程中应注意保护生态廊道的连通度，避免走主城区高密度开发的后路。

3. 市域大部分村镇

属于生态维持、可以适度开发的区域，可以进行适度的工业、农业及城镇建设，但应以不造成水土流失等损害生态环境结果为前提。六合区西部、浦口区西北部、江宁区东部、江宁区和溧水县西部以及高淳县南部、固城湖及沿湖的四周地区村镇，包括现在的程桥镇、新集镇、盘城镇、永宁镇、汤泉镇、上峰镇、土桥镇、湖熟镇、周岗镇、横溪镇、石湫镇、阳江镇、固城镇、定埠镇等，属于农业发展区域，应控制镇区规模，防止侵占农田；六合东部、浦口南部、江宁大部、溧水和高淳的东部地区，属于优先建设区域，应正确引导村镇集中发展，提高土地利用效率，促进地区社会经济发展，但应避免大规模污染性产业的发展。

（四）城乡一体生态统筹

乡村生态环境是南京生态建设的薄弱环节，在规划建设城乡一体的生态空间，为城乡生态环境相互协调提供基本空间载体的同时，需要切实加强乡村地区生态环境建设。通过农村生态环境综合整治、乡村工业集中布局和产业结构升级换代以及集中式农村居民点建设，推动两县三区在 2008 年前达到生态(区)县的要求，促进 2020 年南京市域城乡一体的生态安全格局全面形成。

1. 江宁区生态建设重点

——加快环境优美乡镇建设，以点带面推动全区生态环境综合治理，规划 2008 年前 80%乡镇达到环境优美乡镇要求，促进汤山、禄口、陶吴、上坊等省市级环境优美乡镇向国家级发展。

——通过乡镇工业集中发展和园区工业“三废”集中处理，减少秦淮河上游污染物排放，切实改善入城河流水体质量。以江宁经济技术开发区为核心，加强秣陵、上坊、湖熟的乡镇级工业园区建设，改造提升传统产业，扶持发展高新技术产业，推动乡镇工业生态化建设。

——加强矿山复垦与废弃的宕口、宕坡整治，恢复自然植被，重点解决牛首山、祖堂山、汤山、大连山、青龙山一带，以及国道、省道、主要公路两侧直观可视范围内废弃的宕口、宕坡的生态修复问题。

——规划建设牛首山－祖堂山、云台山、青龙山－大连山重要生态功能保护区，保护中华虎凤蝶、秤锤树等珍稀濒危物种与森林生态景观。

2. 浦口区生态建设重点

——通过环境优美乡镇建设，以点带面推进区域生态建设。规划 2008 年前 80%乡镇达到环境优美乡镇要求，推动汤泉等镇向国家级环境优美乡镇发展。

——加强城南河水污染控制，实施环境综合整治、污水截流、绿化及局部清淤工程。

——关闭区内东北部的露采矿山，加快宕口、宕坡复绿及环境综合整治，宁合高速公路两侧可视范围内的矿点停采与复绿。整顿采矿点，集中开采与生态恢复同步。

——提高城镇公共绿地面积，通过加强珠江镇、汤泉镇等城镇绿化，以及沿江、沿河绿化和生活居住区绿化，实现 2008 年城镇人均公共绿地面积不低于 12 m^2。

3. 六合区生态建设重点

——通过环境优美乡镇建设，以点带面推进区域生态建设。规划 2008 年前 80%乡镇达到环境优美乡镇要求，推动横梁、八百桥、竹镇向国家级环境优美乡镇发展。

——加强主要水体水环境综合整治，通过加快城市污水集中处理厂建设、重点乡镇工业园区建设、乡镇工业园污水集中处理设施建设，力争 2008 年前滁河城区段水质达功能区标准，保护长江水源水质优于Ⅱ类。

——加快农业产业化经营和生态农业发展，使都市型的无公害、绿色、有机农副产品基地的覆盖面积占到全区耕地的 50%以上。

——规划建设止马岭重要生态功能保护区，进行生物多样性及森林生态景观保护。

4. 溧水县生态建设重点

——大力推进环境优美乡镇建设工作，改善全县生态环境，2008 年前使全县 80%乡镇达到环境优美乡镇标准。重点促进白马、东屏、和凤镇向国家级环境优美乡镇发展。

——加强工业园区整顿、合并、集中发展，推进村镇撤并工作，加快集中式农村居民点建设，重点发展永阳、白马等中心镇，促进城镇污水处理厂建设，改善城镇人居环境，提高人均公共绿地面积。

——保护秦淮河源头水源涵养林，扩大东庐山、马占山、双尖山等森林斑块规模，推动水源涵养与森林生态景观等重要生态功能保护区建设。

——石臼湖湿地生态保护，严格控制入湖河道的污染负荷，合理规划和落实网围养殖规模，综合协调水源保护、蓄洪行洪、航运及水产养殖功能的矛盾，充分发挥湿地的经济和生态效益。

5. 高淳县生态建设重点

——重点培育综合经济实力较强、生态产业有一定基础或特色的镇向国家级环境优美乡镇发展。2008年前建成以农、工、商、贸一体化为特色的生态镇1～2个，如淳溪、椏溪，建成以生态旅游(山、水、林、田、人文景观等)为主线，兼有生态农业、林业及民营工业园为特色的生态镇或环境优美乡镇1～2个，如东坝。通过这些典型生态城镇的示范作用，可向全县其他城镇快速推广。

——通过实施生态农业、生态工业和生态旅游业，加快资源合理开发利用和城镇环境综合整治，使生态环境恶化的趋势得到有效遏制，确保境内石臼湖、固城湖水质稳定达标。

——生态农业逐步向有机农业、绿色农业、休闲农业和观光农业转变，水土流失状况彻底得到控制，因矿山开采等造成的生态破坏基本得到恢复。

（陈爽，董雅文，杨桂山，王进，刘云霞）

附录五

合肥市在长江三角洲城市群区内的成长与发展

合肥在近代中国城市发展中犹如一部荡气回肠的史诗:从安徽省省会的中心地位的确立,到全国最重要的长江三角洲经济区内次中心城市的构建。在这里,不仅有全国著名的文教基地,还有最新的经济技术开发区、高科技的软件园与生态农高区,以及四通八达的综合交通网将安徽省的皖江城市带以及皖中、皖北城市发展紧紧地连接在一起,自北而南的工业地带,城市现代发展空间与开发区贯穿其间。全球化、信息化、城市化和长江三角洲重要的发展基地长远战略,赋予合肥市诸多的城市发展机遇与挑战。

2005年,合肥市人民政府精心完成了大合肥的科学规划、合肥市城市空间发展战略构想,研究了合肥全市空间结构将形成"141"(一个主城、四个组团、一个滨湖新区)的多中心发展态势,正在激励着合肥三百多万人的热情与实干精神。

这次有关合肥大发展新的策略,力图不"空谈理论",而是试图在理想与现实之间把握分寸,力求既高瞻远瞩地审视全球化背景下城市发展导向性的思维,又冲破现实中条条框框的桎梏去构筑宏伟的城市发展的大战略,同时也脚踏实地地探索城市近期发展可操作的方案。诚然,这种战略性的研究,对于合肥这个正在发展中的特大城市、长江三角洲重要的增点极,肯定还有很多问题一时不能解决。我们相聚在一起,与省市领导、专家学者共同研究、共同探索合肥发展的大问题、大策略、大机遇;通过这次极其重要并富有实际价值的探索,共同构建研究合肥新发展的策略平台。

一、城市发展的宏观背景

1. 全球经济一体化

全球经济一体化是一种以国际市场为导向,以金融投资与贸易自由化为基础,按照国际惯例与国际劳动分工为原则,在全球范围内有效配置生产力要素,发挥最大的经济效果,使我国产品走向国际市场;并加快我国各地区尤其是长江三角洲地区经济快速发展的必由之路。

改革开放30年来,在全球经济一体化的新形势下,中国城市化发展极为迅速,城镇人口比重由1978年的18.6%提升到2004年的42%,预计到2010年将接近50%,接近中等发达国家水平。尤其是在沿海地区的长江三角洲、珠江三角洲和京津冀等大城市群区域,工业化、城市化、信息化的迅速发展,集聚了中国大量的财富、劳力和科学技术,这些地区将率先实现小康社会,成为我国社会主义现代化的前进基地。安徽省会城市合肥,邻近长江三角洲,已经融入长江三角洲的发展之中,全省的城镇化率由2000年的28%提高到2005年的35.5%,新增城镇人口近500万。全省的GDP由2000年的2 787亿元增加到2005年的5 376亿元,增长很快。这里将成为长江三角洲地区又一个重要的增长极。

2. 工业化、城市化与信息化

1978年以来,我国国民经济持续快速发展,其中工业经济增长尤为迅速。根据发达国家工业化、城市化发展的规律,工业化是推动城市化的主要动力,而城市化带动了国民经济各个部门的迅速发展。工业化与城市化的相关系数达到0.997,几乎是两条平行上升的曲线。

目前,合肥与全国许多城市一样(特别是我国的东部与中部),正处在工业化发展的中期阶段(沿海城市密集区为工业化的中后期阶级),今后经济增长的主要动力还是工业,而工业化的发展需要城市空间的支撑。分析长江三角洲诸多城市发展过程,它们都呈现三大特点:一是在国际环境的影响下,长三角的城市化进程已经进入快速发展的轨道。城市空间不断扩大,建成区日益拓展,城市人口急剧增多(表1)。二是与经济发展模式转变相对应,适应人们不断提高的生活需求,城市发展模式逐步从量的扩张到质的提高,生态城市、园林城市、最佳人居环境等成为发展潮流,城市自然生态空间越来越大,要求越来越高。三是城市的经济辐射力,影响范围越来越大,而且形成网络化动态发展的格局,不断扩大自己的空间腹地与物流网络。

表1 我国若干个特大城市用地(建成区)扩展情况(1952～2003)

单位:km^2

城市	1952	1978	1997	2002～2003	50年内扩大倍数
上海	78.5	125.6	412.0	610.0	6.77
北京	65.4	190.4	488.0	580.0	7.87
广州	16.9	68.5	266.7	410.0	23.26
天津	37.7	90.8	380.0	420.0	10.14
南京	32.6	78.4	198.9	260.0	6.98
杭州	8.5	28.3	105.0	196.0	20.06
重庆	12.5	58.3	190.0	280.0	21.40
西安	16.4	83.9	162.0	245.0	13.94
合肥	3.5		120.0		

资料来源:姚士谋.经济地理,2005(2).

3. 巨型城市与组合城市的发展

当今世界的全球化进程集中表现在城市化以及城市扩展的焦点上,吴良镛院士认为,21世纪是城市发展的时代。全球化的进程增强了全球与各国之间的经济、贸易、文化与政治的联系,城市间各种要素流动的迅速增加,使得城市在全球范围内更加紧密地联系在一起。这种全球化的城市竞争与区域性的城市合作共同塑造了新的城市景观(城市地带、城镇密集地、城市群现象)。在很多地区,城市间的经济要素与人员等流动频繁,城市之间以前所未有的速度、尺度结合起来,形成了"全球城市地区"或"区域城市网络",在空间结构上,可能包括一个中心城市及其组合城市,也可能成为一个巨型城市如长江三角洲的上海、珠江三角洲的广州、深圳等,也可能包括数个地理上相对独立但又相互邻近的组合城市(如南京与扬州、镇江、马鞍山、芜湖、合肥)。

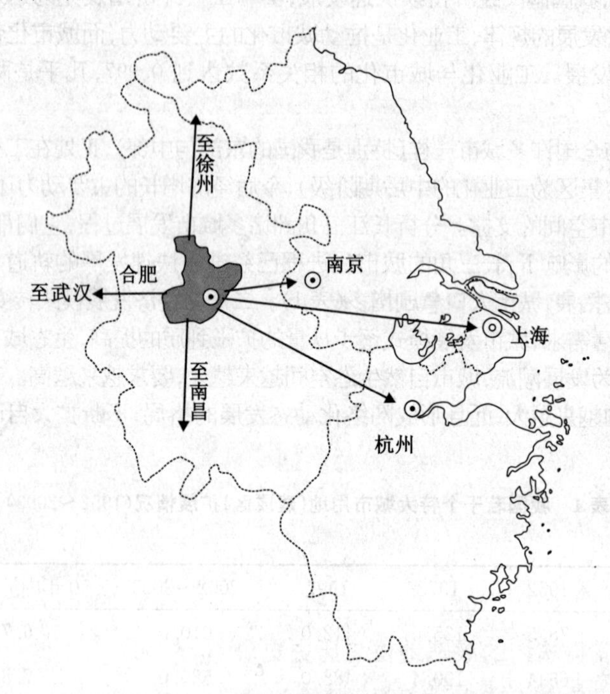

图1　合肥在长三角的地理区位图

总之,从系统观点看,城市群地区结构是一种耗散结构,其子系统之间相互协同与合作,在一定条件下能自发产生在时间、空间和功能上的稳定的有序结构,系统本身自动趋向稳定有序结构。因此,我们用综合集成的方法,发挥系统的协同和"自组织"作用,积极支持腹地区域的经济发展,增强城市实力,推进城乡一体化的进程。

二、合肥城市发展的新战略

1. 合肥在全国与华东沿海地区的区位

由于历史的原因,合肥市的社会经济发展一直比较滞后,过去她在全国、华东沿海地区经济实力较为薄弱,地位作用不明显。改革开放后,合肥的工业生产力、社会经济实力有了很大的改善,在全国与华东沿海地区的地位、作用不断提升。2005 年合肥地区国民生产总值达到 853 亿元,同比增长 16.9%,按照这一速度,合肥今后 4～5 年内可以实现 GDP 1 千亿元的规划目标,城市人口接近 300 多万。特别是经济全球化以来,我国充分利用了沿海与世界各国交往的区位优势,到一定的历史阶段,使得长江三角洲外围城市也有很多边缘效应,合肥可以发挥我国东部发达区向中西部开发的桥梁与枢纽作用,使她的发展出现新的局面。

2. 合肥市融入长江三角洲城市群发展中的空间效应

长江三角洲地区是我国经济最发达、开放且水平最高的地区，工业化、城市化的水平也很高。近年来，伴随着国际产业结构的调整、转移加快，长江三角洲地区已成为国际产业向发展中国家转移的首选地区之一。合肥在社会经济发展过程中，主动融入长江三角洲，进而以长江三角洲为桥头堡融入到世界经济体系中，实际上就是实施新一轮的大开放战略。

合肥融入长江三角洲战略实际上也是一种双赢的战略，首先，就长江三角洲而言，区域综合经济实力的提升特别是中心城市功能的增强，需要区域间的密切合作，需要进一步扩大其经济腹地范围；其次，为了加快上海国际化大都市的建设，进一步增强其国际竞争力，客观上要求上海加快与周边地区的城市进行合作，整合与优化长江三角洲地区的多种资源，提升长江三角洲的整体竞争能力。这些，不仅成为上海、南京发展的需要，而且也成为周边省份各个城市发展的需要。

合肥与上海、南京、杭州对接，相互融合，不仅具有对接的历史文化渊源与人文基础，而且安徽许多城市与长江三角洲具有较好的产业链接关系和交通物流互补的关系，合肥、芜湖的电子电器、汽车、纺织、服装、机械、建材、农产品加工等等已经融入了长江三角洲地区的产业体系和市场体系。随着皖江高速公路、合杭高速、宁合高速的建成，合肥与长江三角洲主要城市上海、南京、杭州、苏锡常与宁波地区的合作，将明显加快安徽的皖江、皖中地区与长江三角洲的资金、人才、物资、信息的紧密交流，合肥融入长江三角洲城市群的发展将起到更大的空间效应和社会经济的作用。

3. 合肥在安徽省内的战略地位与历史史命

合肥在改革开放前，是全省的行政中心、工业经济中心和文化教育中心等，起到过省会城市一定的历史作用。改革开放后，特别是到了 21 世纪的知识经济时代(城市世纪)，合肥

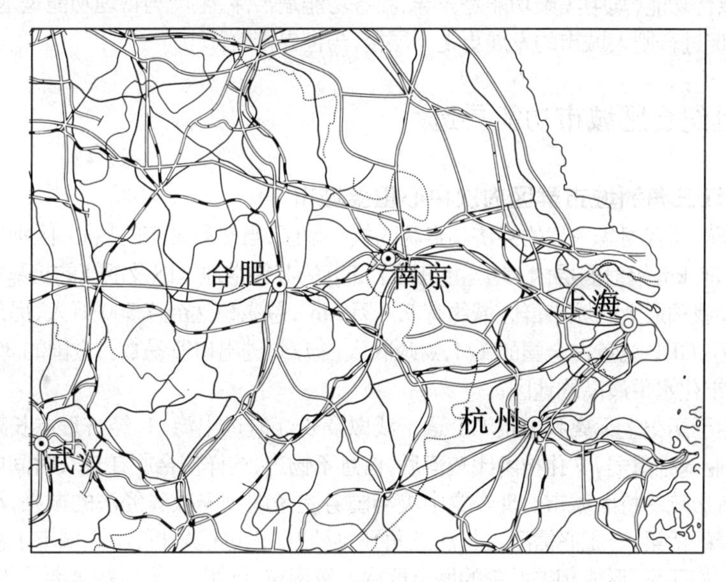

图 2 合肥市域交通网络图

作为全省的中心城市和长江三角洲地区的次中心城市,她的功能作用应当更多地表现为现代服务中心、金融贸易中心、信息中心、创新中心和物流中心。

从合肥今后的发展分析,处于长江三角洲边缘地区的次中心,但又是我国东部向中西部战略转移的桥梁,合肥这个中心城市的功能作用主要通过其特有的功能予以体现和实现的,主要从5个方面去认识,表现在历史传统职能与现代城市职能的相互结合方面:

① 生产中心的功能。在原有的工业生产的基础上实现产业转型,走新型工业化的新路,完善以及提高工业生产职能,提供区域生产、生活必需的产品,同时向区外输出优势产品,提升合肥的名气。

② 集散中心的功能。一般体现在中心城市在其经济活动中能够实现商品和要素的集聚与扩散,成为一定区域内的资金、商品、技术、人才和信息的活动中心,主要通过完善现代市场体系来实现的。

③ 管理中心功能。中心城市是一定层次的政府所在地,具有相关的行政管理职能,同时又是区域性公司、金融债券企业的总部等管理机构的汇集地,通过其决策系统发挥投资融资作用,产业配置和生产组织的功能作用。

④ 现代服务中心的功能。主要表现在中心城市为各类生产要素的流动和优化配置提供必需的服务,包括交通运输、通信信息、中介咨询、会展休闲娱乐等等服务,促进城市现代第三产业的发展。

⑤ 创新中心的功能。中心城市具有更强的综合创造能力,是各种新观念、新思路的诞生地和传播源,是新体制、新机制的发挥地和示范地,其创新功能主要包括观念创新、制度创新、体制创新等等方面。

我们认为合肥作为安徽省内最大的城市,应当担负起这些历史史命。不断完善合肥中心城市的综合功能,其中集聚功能是先导、服务功能是条件、生产与管理功能是基础、创新功能是动力,促进合肥大城市的发展更上一层楼,与世界接轨。

三、21世纪合肥城市功能再造

1. 长江三角洲城市群区内次中心重要城市

沪苏浙皖为我国华东片的经济与资源的核心地区,当然最紧密的核心,区别以上海为中心城市的150 km辐射圈层内,实质上包括了江苏的苏锡常地区以及浙江的杭嘉湖地区。长江三角洲为我国最大的城市群区域约有9.8万km^2,总人口达到7 500万人,另外有外来人口1 500多万,GDP总量占全国的1/4,财政收入占1/4,进出口贸易数占全国的30%,是全国工业化、城市化水平最高的地区。

合肥由于历史上远离我国京沪交通干线以及长江航运出海口,经济形态长期以农业社会为主,工业基础薄弱,文化技术比较落后,信息不畅达,这样使合肥在较长时间内不能发展成为一个有影响的特大城市。现在党中央与国务院考虑到安徽省经济的振兴,承接东部与中西部发展的桥梁,合肥必需融入长江三角洲,从城市化过程分析,中心城市上海也要有其他重要城市相匹配,形成相得益彰的城市群体。像南京、杭州、合肥这些重要的省会城市,完全可以成为长江三角洲国际化区域的次中心重要城市。

2. 全省经济发展中的核心城市(产业新战略空间营造)

具有优越区位和发展潜力的合肥,处于"全省居中"的地位,合肥向来是全省经济发展中的核心城市,在全省经济发展中起带头作用。合肥地处皖中与皖江城市带,又对皖北地区经济发展起着推动带领的巨大作用,因此,合肥作为省会城市,又是全省城乡经济发展的增长点是实现安徽省现代化的基础。合肥市正在落实"141"发展战略,主城人口要达到200万人;四个组团,城市向东、西南、西、北四个方向扩展,形成与中心城区紧密相连的合肥大都市圈,形成经济发达、交通方便、具有较高生活质量的现代化城市。

核心城市在城市化过程中经历了从绝对分散到相对分散以及从绝对集中到有机集中的发展演变(崔功豪,朱喜钢,2002),有机集中体现了核心城市的吸引力与辐射力和牵引力。合肥作为全省经济发展的核心,其重要作用表现在:① 具有全省最重要、最齐全的工业部门和第三产业部门;② 具有多数指挥全省经济问题的管理机关与制定各项优惠政策的政府部门;③ 具有强大的吸引力以及组织全省经济活动的领导力量;④ 具有经济发展的潜力与条件,在全省未来发展形式中起到决策作用及带动作用。

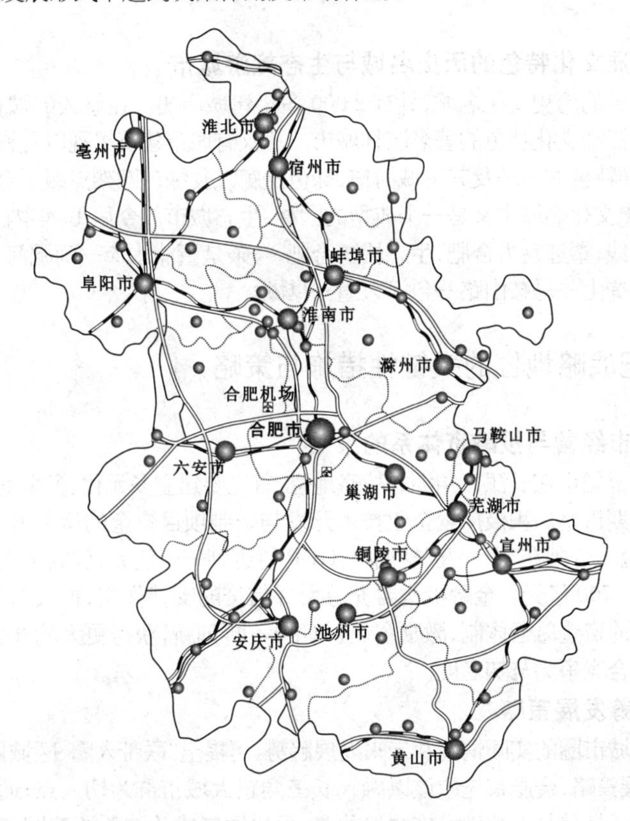

图3　合肥在安徽省的居中占略区位图

3. 全省综合交通枢纽与物流中心

合肥要成为全省重要的综合性交通枢纽与物流中心,促进全省经济快速、健康发展,须在五个重要的方面进行规划与建设。

区域交通一体化的规划建设。拓展交通空间领域,在市内外形成相互衔接,畅通无阻的内外交通体系,增强合肥的交通枢纽地位;作为区域中心城市加强与长江三角洲重要城市的紧密联系。

阶段推进战略规则。统一规划,有序建设,在不同发展阶段有不同的发展重点,保持交通建设的一定速度的前提下,增加交通流量与货流密度。

多层次的网络化交通体系。适应现代运输业的全面发展与集约化要求,公路、铁路、水运、航空协调发展,国道、省道、县乡道纵横交错,形成四通八达的网络化交通体系。

交通物流互动战略,以交通促物流,以物流带交通,通过便捷畅流的交通基础设施建立完善的物流网络,充分发挥物流和交通联动效应与乘数效应,使合肥市成为全省的物流中心,同时也是长江三角洲的物流中心之一。

现代化的交通管理战略。与时俱进,以信息化、网络化为基础,加快智能型交通的发展,实现各种交通运输的信息资源共享,促进运输资源的合理分配,把合肥建设成综合性的交通枢纽。

4. 具有江淮文化特色的历史名城与生态旅游城市

合肥是安徽省的历史文化名城,具有2 000多年建城历史。在悠久的城市建设过程中,已经形成了具有江淮文化特色的著名园林城市。不仅有城市建筑景观以及许多历史文化古迹,而且还有江淮特色的古城及其护城河道,绿色走廊以及绿色网架点缀了合肥众多的人文景观,在全国历史文化名城中又是一个典型的园林、生态城市。今后10年内,合肥将打造两条城市主景观轴线,塑造魅力合肥,生态旅游合肥,一条是董浦水库—南淝河—巢湖;另一条是紫蓬山路—大蜀山—马鞍山路—包河大道—巢湖。

四、提升合肥战略地位的关键性措施与策略

1. 建立城市经营与投融资体系的策略

要努力提升合肥市在长江三角洲的战略地位,首先要建立多元化、多渠道的城市经营以及融资体系的长期策略。积极探索企业技术开发与研制项目资金的运营方式,疏通金融渠道,吸纳社会资金。合肥在"十一五"规划中,GDP要达到一千亿元,就要加大投资项目与投资总量,至少要有700亿元。金融机构要充分发挥信贷的支持作用,扩大科技信贷投入,建立和完善多元化的资金融通体制,激励企业(单位)不断创新,获得更大的社会和经济效益,提升合肥城市综合竞争力与知名度。

2. 区域统筹发展策略

结合合肥大城市圈的实际情况和未来发展趋势,可提出"联带入圈、区域协调"的空间协调、区域统筹发展策略,合肥首先应该以融入长三角超大城市群为切入点,通过交通、产业、资源利用和市场贸易及其他基础设施共建共享,尽快发展成为沪苏浙皖城市地带紧密圈中的城市化区域,并以上海为龙头,在全球经济一体化的带动下,走上国际化,调动城市各种有利因素,促进区域发展一体化的大格局。

3. 工业化、城市化策略

目前,我国正处于城市化高速发展的重要阶级,长江三角洲地区已经成为我国城镇化水平最高、产业布局(工业化水平)最发达、人口最密集的区域之一。但是,在工业化、城市化过程中,长江三角洲区域的产业间,重大基础设施的无序竞争、耕地资源过度占用、大量的人口流动等问题成为城市化发展中需要解决的突出问题。因此,在长江三角洲区域一体化的协同发展中,如何从提高区域整体竞争力和增强可持续发展能力出发,进一步构建长江三角洲区域的特大城市、大城市、中等城市和小城市的城市群体系,包括合肥、马芜铜城市带的长江三角洲区域城市体系,用工业化推动城市化,用城市化促进现代化,走可持续发展道路,就是本区域工业化、城市化发展中的重大策略。

4. 极化发展策略

极化发展战略是由增长极的核心联想的理念。在任何一个城市化区域,区域经济的成长必需有一个最大、最主要的核心城市起带头作用,也称为城市群区的第一增长城市。第一增长城市一般是指城市群体内的核心首位城市,也称为区域性的中心城市。

合肥作为安徽省的中心城市,也是全省第一增长的核心,对全省的城市化以及城市一体化将起到重要作用。一方面应增强经济实力,发展工业企业集团,加大开发区的产业集聚,形成动力,推动全省产业链在合肥的集约化、专业化,争取更多的名牌产品与长江三角洲其他城市协作,走向国际化;另一方面,扩展城市规模,使之成为武汉、南京、郑州之间的重要增长核心以及地区中心城市。

5. 可持续发展战略

我国目前的经济增长模式,大部分依赖高投入、高消耗、低效益的粗放型工业化路子,沿海一些大中城市如北京、天津、沈阳、上海、南京、济南、唐山、淄博、宁波、广州等等,都成为我国重化工、重型机械、钢铁、建材、汽车等工业的集中地,不仅浪费了大量的人力、物力、财力,而且对城市的生态环境产生了极大的负面影响。因此,健康城市化,可持续的指导思想适合我国所有城市长远发展的战略。合肥是我国第一批国务院公布的园林城市,建设生态城市最具有条件与基础;今后合肥需要增强城市竞争力、提高工业化、城市化水平,但也不能忽视城市生态建设与保护,努力不懈、长期坚持实现城市永续发展。

总之,正如省委常委、合肥市委书记孙金龙表达了全市人民的心愿,城市建设一定要重视规划,我们要建设大合肥,就要富规划、穷建设,按照科学发展观、构建和谐社会规划一定要有前瞻性、科学性,要为子孙后代着想,保护环境,要有长远的战略眼光。

(姚士谋,夏有才,2006 年)

附录六

沈阳市城市功能定位的综合研究

从中国的地形可以看出沈阳是东北平原与环渤海地区海陆交通的必经之地,是关内联系东北的交通要塞,1625 年清建都沈阳,后又改称为盛京。日军的侵略及国内战争使沈阳古城衰败不堪,直到 1948 年解放,沈阳才重新焕发出勃勃生机,成为中国辉煌的制造业基地。全球化、新经济、中国加入 WTO、振兴东北老工业基地以及科学技术的进步,都将对沈阳的城市功能提出新要求。

一、沈阳在东北地区的定位

1. 东北地区最大的经济中心城市

沈阳是一座历史文化名城,至今已有 2300 多年的历史,清朝曾建都于此。“一朝发祥地,两代帝王城”,沈阳自古就是东北的中心城市。改革开放以来,她的城市建设日新月异,面貌大为改观。今天已经发展成为全国的工业基地和东北地区最大的商品集散地和贸易中心,东北最大的经济中心城市。

沈阳、哈尔滨、长春、大连为东北地区的 4 个副省级城市,在东北的经济发展中有至关重要的带动辐射作用,是东北经济发展的关键所在。沈阳、长春、哈尔滨又分别是东北三省的省会城市,在建国后成为中国最重要的工业基地。从表 1 可以看出,今天的沈阳仍然是东北地区最大的经济中心,2003 年国内生产总值达 1 390.7 亿元,高于其他 3 个副省级城市。实际利用外资、社会消费品零售额、固定资产投资额等指标也一路领先。

表 1　东北地区副省级城市实力比较

东北副省级城市	年末总人口(万人)	国内生产总值(亿元)	建成区面积(km^2)	社会消费品零售额(亿元)	外商实际投资额(万美元)	固定资产投资完成额(亿元)
沈阳	488.4	1 390.7	261	655.7	219 610	487.4
大连	274.8	1 242.3	248	483.5	195 144	369.1
哈尔滨	315.2	821.3	225	460.7	22 300	349.1
长春	310	998.2	171	349.5	68 267	267.8

资料来源:辽宁城市统计年鉴.2004,GDP 为市区统计值。

虽然沈阳比哈尔滨、大连、长春三市经济总量大,但并不是遥遥领先,未来发展成最大的经济中心还有相当的压力。就工业总产值而言,沈阳在建国后曾一度是中国最大的工业基地之一,被称为“共和国的总装备部”,但 2003 年工业总产值只有 1 030.8 亿元,落后于长春(1 443.2 亿元)和大连(1 402.3 亿元)(图 1),其工业的振兴乃是当务之急。

2. 东北地区最重要的交通枢纽城市

沈阳位于辽东半岛的中心、位于环渤海经济圈和东三省经济走廊结合部，长期以来是中国经济版图的重要节点。沈阳是东北地区最大的铁路枢纽。铁路运输发达，有长大、沈山、沈吉、沈丹、苏抚等重要干线在此交汇；沈阳拥有东北地区最大的民用航空港沈阳桃仙国际机场，从沈阳始发的国内航线55条，每天都有航班飞往北京、上海、广州等城市；沈阳还是中国东北地区联系东北亚各国的窗口，有飞往平壤、汉城、大阪、札幌、莫斯科等地的国际和地区航线共16条，沈阳拥有全国最高密度的高速公路网，以沈阳为中心，至北京、大连、哈尔滨、抚顺、丹东高速公路网已经建成；沈阳距营口港200 km，距大连港400 km，可与世界140多个国家和地区的港口通航。

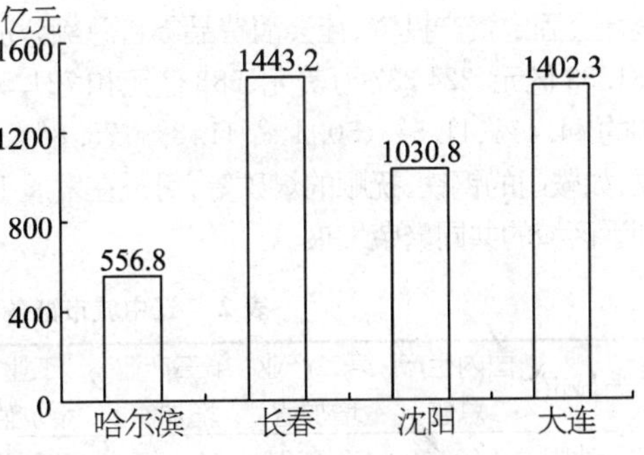

图1 东北地区副省级城市工业总产值比较

二、沈阳在辽中城市群中的定位

在辽宁中部，以沈阳为中心的百公里半径内，汇集了超百万人口的特大城市沈阳、鞍山、抚顺，人口在50万以上的大城市本溪、营口、辽阳以及中等城市铁岭，这7个城市总面积6.5万 km^2，占全省面积近45%，人口约占全省人口的50%。2003年，七市GDP占全省近55.1%，在辽宁省的经济发展中有着极其重要的作用，被称为辽宁中部城市群（沈阳经济区），沈阳是其中的领衔城市。

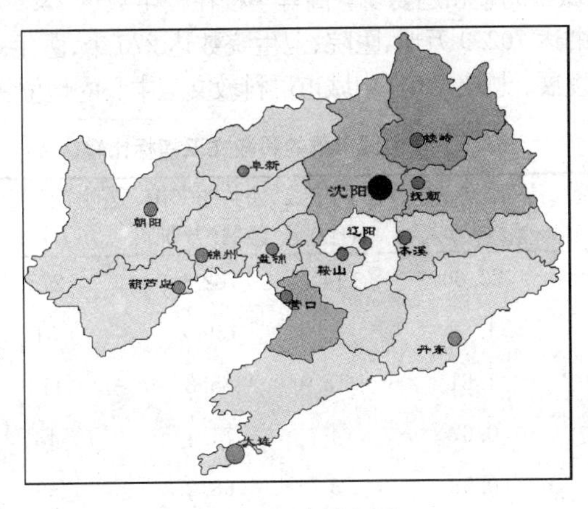

图2 辽中城市群

1. 辽中城市群经济发展的核心

从辽中城市群中各城市的经济实力来看，沈阳是当之无愧的经济发展的龙头，2003年沈阳全市的国内生产总值、第二产业增加值、第三产业增加值、工业增加值、实际利用外资、全社会固定资产投资、社会消费品零售总额分别达到1 603.4亿元、758.7亿元、759.8亿元、681.83亿元、224 237万美元、583亿元和721.5亿元(表2),分别占辽中城市群全体城市总和的44.4%、41.5%、50.4%、41.8%、75.8%、51.8%和54.4%。七城市在资源上各有侧重,如鞍山的钢铁、抚顺的煤矿等,可以在发展上形成互补,相互促进,形成资源上的共享,以利于区域的共同繁荣发展。

表2　辽中城市群各城市经济实力比较　　单位:亿元

城市	国内生产总值	第二产业增加值	第三产业增加值	工业增加值	实际利用外资(万美元)	全社会固定资产投资	社会消费品零售总额
沈阳	1 603.4	758.7	759.8	681.83	224 237	583	721.5
鞍山	790.4	438.6	308.7	389.4	22 651	175	171.2
抚顺	314.8	184.3	106.3	168	6 776	78	140.3
本溪	234.7	130.1	87.7	117.97	3 205	66	69.8
营口	253.4	132.5	90.7	115.47	24 816	104	81.5
辽阳	238.8	118.7	94.9	105.56	4 005	55	69.3
铁岭	176.5	65.9	59.9	52.9	10 196	64	73.7

资料来源:《2004辽宁统计年鉴》,GDP为全市统计值。

2. 辽中城市群的科教文卫中心

沈阳是辽中城市群的科教文卫中心,拥有其他城市所无可比拟的优势。沈阳拥有沈阳大学、中国科学院沈阳生态研究所、金属研究所、计算研究所、沈阳医学院、沈阳理工大学、沈阳体育学院、沈阳大学师范学院等几十所高等院所。2003年,沈阳的教育事业费支出达15.68亿元,比其他六城市的总和还要多。高等学校在校生数达23.60万人,更是六城市的数倍。公共图书馆藏书达702.9万册,医院、卫生院数达275个,医生人数达15 987人。随着社会经济的进一步发展,沈阳作为辽中城市群科教文卫中心的地位将会进一步加强。

表3　辽中城市群的科教文卫指标比较

城市	教育事业费支出(亿元)	高等学校在校生数(万人)	影剧院数(个)	公共图书馆藏书(万册)	医院、卫生院数(个)	医生数(人)
沈阳	15.68	23.60	14	702.9	275	15 987
鞍山	3.26	1.88	8	159.2	51	4 443
抚顺	2.79	1.81	15	85.8	118	3 401
本溪	3.04	0.67	4	74.4	48	2 826
营口	1.90	0.58	3	68.2	59	1 949
辽阳	1.70	0.47	2	70.0	63	2 819
铁岭	1.18	0.18	1	31.7	23	1 130

资料来源:《2004辽宁城市统计年鉴》整理。

3. 辽中城市群的金融商务中心

沈阳作为辽中城市群的核心城市,发挥着对经济腹地的吸纳、辐射功能,也就是发挥中心城市的服务功能,以强大的第三产业去反哺经济腹地。2003 年沈阳第三产业增加值占 GDP 的比重高于其他六城市(图 5)。沈阳市"十一五"计划明确提出要大力发展新兴的第三产业,也就是要发展第三产业的高级形式 CBD,以带动沈阳及经济腹地产业结构层次的整体提升。沈阳作为区域性的商贸、金融、信息中心,伴随着中国加入 WTO,将有大批跨国公司、金融机构进入沈阳,建立它们的总部,引发众多行业聚集,规划建设的"金廊工程"就是中央商务区的最佳载体(图 6)。

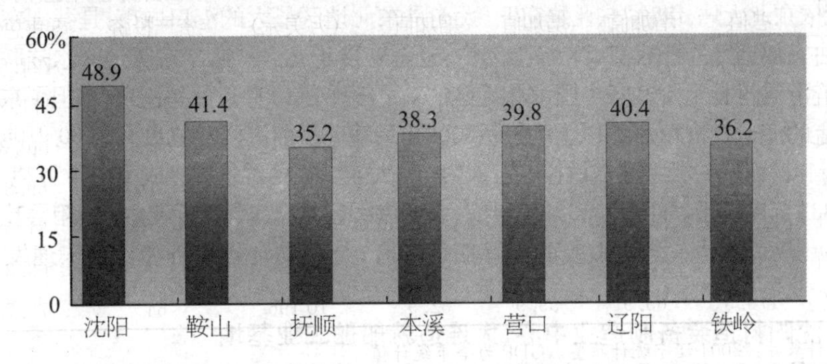

图 5　辽中城市群各城市第三产业增加值占 GDP 比重

4. 辽中城市群的客货流中心

辽中城市群是我国综合交通运输最发达的地区之一,目前已形成铁路、公路、航空多种运输方式相互联结、以沈阳为中心向四周放射的立体交叉综合运输网络。境内铁路里程 2 300 km,铁路客运量近 6 500 万人/年,铁路货运量 10 336 万吨/年。"环形+放射状"的高速公路骨架已经形成,境内公路总里程达到 20 350 km。桃仙国际机场是东北最大的区域性国际航空港。随着区域一体化进程的发展,沈阳中心城市的功能逐渐加强。未来沈阳作为辽宁中部城市群的中心城市,充分发挥吸引、辐射功能和综合服务作用,将促进区域经济一体化态势的形成。

图 6　沈阳中央商务区

三、沈阳与大连城市功能定位对比研究

沈阳和大连是辽宁省的两个副省级城市,其综合经济实力不仅在辽宁举足轻重,对整个东北地区的发展也有着较为重要的影响。两城市在发展上从以前你死我活的竞争到现在互惠互利的双赢,其功能定位根据两城市发展的自身特点,体现出了较强的互补性,区域之间的联系与

合作将会日益加强。

1. 沈阳经济腹地广阔，大连临港优势突出

沈阳位于辽东半岛的中部，地处东北腹地，是东北地区出海入关的必经之地。陆路交通十分发达，是东北地区最大的铁路枢纽，并且拥有东北地区最大的民用航空港——沈阳桃仙国际机场和全国最高密度的高速公路网，城市经济腹地较为广阔，包括 80 万 km^2 的东北三省、内蒙东部和朝鲜北部，这个范围超过百万平方公里，从城市功能上讲是东北地区最重要的交通枢纽城市和在东北亚地区有一定国际影响的国际节点城市。

大连市位于辽东半岛南端，东临黄海、西濒渤海，与山东半岛隔海相望，素有“京津门户”之称，北依东北大陆，堪称“东北之窗”。大连是东北地区最大的港口城市，是我国东北三省和内蒙古东部地区的开放窗口和海上门户，也是连接华北、华中、华东等地区水陆联运的枢纽。大连港与世界上 160 多个国家和地区的 300 多个港口有着贸易往来，承担了东北地区 70%以上的海运货物和 90%以上的外贸集装箱运输。目前国内吨位最大的 30 万吨原油码头、30 万吨矿石码头相继建成试投产。2004 年，大连港集团吞吐量完成 10 065 万吨，比上年净增 1 333 万吨，同比增长 15.3%。目前，大连港吞吐量全国排名第七，集装箱吞吐量排名第八。所以，大连是东北亚重要的国际航运中心，是带动全省经济和社会快速发展的火车头。

2. 沈阳打造装备制造业中心，大连造就船舶工业基地

沈阳是我国重要的重工业基地之一，门类齐全，基础雄厚，工业集聚能力强。20 世纪 50 年代以来，国家一直把沈阳作为经济发展的重点，投入大量的资金和技术，形成了一批在国内具有领先地位的骨干企业，被称为“共和国的总装备部”。但改革开放以来，由于对市场经济不太适应，沈阳的工业有所衰退，工业总产值由全国的第四位猛跌至第二十几位。但令人惊喜的是沈阳逐渐探索出“循环经济”的发展之路，一改过去粗放的工业模式，步入低消耗、高利用、资源化的循环经济之路。2004 年全市完成规模以上工业产值 1 435 亿元，增长 35%，4 年翻了一番。随着“振兴东北老工业基地”战略的实施，沈阳要集中做强装备制造、汽车及零部件、电子信息、化工医药和农产品加工等“五大产业”，发展成为中国的装备制造业中心。

大连造船业在我国有着举足轻重的地位，是国内 10 万吨级以上大型船舶和海洋工程的制造基地，科技教育和职业培训体系完善，技术力量雄厚，产业工人素质较高。目前，大连已形成了包括科研设计、生产总装、配套和修理在内的相对健全的船舶产业体系。全市已形成造船企业 14 家、修船企业 32 家、船舶配套企业 65 家、科研院所和院校各 3 所的船舶企业群体，已具备了向船舶产业集群发展的前提条件。2003 年，大连市造船业资产总计达 162.2 亿元，产值已突破 100 亿元。2002 年 6 月，胡锦涛总书记在视察大连造船工业时明确指出，“造船行业既是高技术、高附加值，又是劳动力密集行业，与其他行业相比，具有竞争优势。要珍惜这一优势，巩固发展这种优势”。2003 年 5 月，温家宝总理视察辽宁期间，就加快辽宁老工业基地调整和振兴问题时指示，“使东北特别是辽宁成为国家乃至世界装备制造业和重要原材料供应的基地，船舶工业是装备制造业的一个重要行业”。《大连市振兴老工业基地规划纲要》中明确提出，要把大连打造成为“四个基地”中的船舶制造基地，建设具有国际先进水平的全国主要造船基地。以沈阳为中心的装备制造业和以大连为中心的船舶工业已经成为辽宁省老工业基地振兴的重点。

3. 沈阳发掘清初文化，大连打造现代旅游

沈阳有着悠久的历史，也是东北唯一一个国家级历史文化名城，文物资源十分丰富。沈阳“一宫两陵”被列入世界文化遗产，使得沈阳成为中国拥有世界文化遗产仅次于北京的城市。大连在历史文化上不及沈阳，但由于其临海优势突出，规划科学合理，是国内著名的风景旅游城市，是名副其实的花园良港，城市形象以“花园城市”美名远扬，是中国外商投资企业及境外公司和金融机构设立常驻机构比较集中的五个城市之一。

4. 沈阳省会功能多元化，大连港城功能特色化

从沈阳与大连的区位和城市职能来看，沈阳与大连的竞争过多集中于谁会成为东北发展的领跑者，而实质上两个城市的互补合作远大于竞争。沈阳是辽宁省省会，辽宁省的政治、经济、科技文化中心，是历史文化名城，其功能上具有多元化的特色，有着政治中心和经济科技文化中心的双重身份；大连是名副其实的港口城市，是1984年中国最早对外开放的城市之一，依据自身的发展优势，在功能上具有特色化，将成为东北亚重要的国际航运中心、著名的风景旅游城市，重点发展船舶制造业和外向型经济。随着振兴东北老工业基地的提出，沈阳和大连都面临着同样的历史机遇，积极地参与全球的区域分工，紧密合作与联合，为辽宁乃至东北的振兴做出巨大的贡献。

四、沈阳市城市功能区划分

20世纪90年代以来，城市功能组织和布局出现功能分区和功能综合融合的趋势。结合沈阳市产业空间布局调整和沈阳城市空间布局呈现组团式发展的格局，沈阳城市功能区划分概括如下：

1. 中心城区——新兴都市产业密集区

中心城市区主要包括“中央都市走廊”（简称“金廊”）两侧及周边地区，主要发展现代服务业、商贸业、新兴都市工业等，同时注意北陵、故宫等文物古迹及工业文化遗存的保护和发展。金廊、太原街、中街、大东、沈飞等是中心城区将来重点建设的区域。这几个区域基础设施较为完善，配套设施较为齐全。“金廊”以高标准建设青年大街、北京街、北陵大街等展示性景观街、标志性建筑、省级行政文化中心区和中央商务区等，使其成为建筑现代化、环境生态化、道路景观化的现代服务产业聚集带。太原街通过进一步升级改造，形成以大型综合百货商店为主体，专用商店为补充，集购物、休闲、娱乐、商务、旅游等功能为一体的“太原街商贸区”。中街建设为集商贸、文化旅游、商务、娱乐、餐饮五位一体的4A级的商贸文化旅游景区。现大东工业区二环以内部分逐步退二进三，二环以外产业用地保留现状，限制发展，逐步向都市型工业转化。现沈飞产业区重点发展汽车城项目，以加工、制造、组装为主，研发、实验、创新和航空航天配套产业。

2. 东部——生态旅游开发区

该地区由怪坡、国家森林公园、马泉沟原始森林、棋盘山风景区、植物园、中华寺、民俗村等组成。利用承办“世园会”有利契机，加强和完善区域基础设施建设，搞好景区生态环境保护，严格限制发展工业，大力发展生态旅游、体育旅游、大型文化娱乐旅游，建成国际水准、现代水平的综合生态旅游区，实现“东部青山半入城、打造绿色城市”的目标。

3. 西部——铁西工业产业带

包含张士、铁西，东部到保工街一线，西部基本以三环为界限(承认目前环线以外的用地)。区内土地以工业用地为主，同时考虑布局独立的外商生活区和职工生活区，形成比较完整的产业用地体系。铁西工业区以后工业时代的高附加值产业为导向，重点在于先进制造业，是沈阳打造“制造业之都”的标志性地区，同时发展医药、电子、汽车配套、化工、食品产业。张士地区重点建设汽车零部件、机床、化工医药、模具产业园等，加快重矿机械制造业、通用设备及环保设备制造业、航天及轨道交通设备制造、模具制造业等产业发展，建设现代化装备制造业研发培训基地，形成以装备制造、新型建材、精细化工、金属深加工等产业集群为主导的组团式产业带。

4. 大浑南——新城综合发展区

按照突破三环，加快城市向南发展的战略构想，以浑南新区建设为核心，加快苏家屯组团、桃仙国际航空港、汪家组团、十里河组团的建设，完善基础设施，拓展生活服务功能，改变浑南东西带状布局，对重要结点的土地进行整理和置换，形成以高新技术产业为主体，集科研、教育、金融商贸、生活居住、旅游观光为一体的现代化新城区，与老城区形成“一城双心”的空间结构。通过发展电子信息、先进制造、生物制药、新材料等四大优势产业和物流、会展、中介、金融、服务业等，形成高新技术产业和现代服务业“双轮驱动”的产业发展新格局。另外，浑南新区包含了大学城产业区。组团布置在孤家子至王家湾沿线，依次包含高新产业用地，居住和休憩用地，大学教育用地以及研发孵化用地，占地 25.7km^2。该产业区以大学城和高新技术产业区为龙头，通过适量房地产开发进行经营。大学城建设以广义的制造业和汽车产业作为突破点，学科门类和科研项目上与汽车城和制造城形成呼应，成为浑河北岸产业更新的动力，在功能上相互支撑。

5. 北部——以农业为主的综合开发区

该区主要由新城子组团、道义组团和虎石台组团构成。以沈哈高速公路、长大铁路和京沈公路、京哈公路为轴线，进一步整合资源，调整布局，建设贯通农业高新区、虎石台、道义的产业大道，促进优势产业集聚，形成集技术、生态、农工贸为一体、各具特色的沈北农业高效经济带。重点发展农产品加工、食品加工、纺织服装、花卉种植业等劳动密集型产业和高新技术产业，建设全国最大的农产品加工产业基地，形成带动地区经济发展和农村城镇化的综合产业地带。

五、沈阳市城市功能再造

1. 东北亚区域性国际城市

国际城市主要是指在经济全球化日趋加深的环境下，具有世界和区域中心地位和影响力的现代城市。具体指标表现在金融中心地位、各类专业人才数、全球经济系统的组织节点、主要交通点、信息汇集和传播的基地等。沈阳位于东北亚经济圈的中部，是经济和文化的中心，辐射能力很强，具有雄厚的经济基础，城市规模大，城市功能完善。在东北亚地区，沈阳在生产、流通、消费等经济领域和科技、教育、文化等服务领域的区域性流通与交往比较活跃。2003年,沈阳实际利用外资额达到22.7亿美元,进出口商品总额分别为22.6亿美元、20亿美元,接待境外游客184 255人,高等学校在校人数214 541人。沈阳交通便利,高速公路和铁路、航空网络发达,靠近大连港和丹东港,拥有多条至日本、韩国、朝鲜、俄罗斯等国的空中航线,并拥有至中俄、中朝边境的高速公路,与日、韩、朝、俄、蒙有着密切的经济联系。再者,沈阳的朝鲜族居民多,对韩资的吸纳有着人缘优势。

2. 中国装备制造业中心

沈阳是建国初期国家重点建设起来的以装备制造业为主的全国重工业基地之一,被誉为"共和国装备部"。"一五"、"二五"时期,国家将6个重点项目、26个限额以上项目落到沈阳。沈阳工业实力雄厚、工业体系门类齐全、成套能力强,为国家提供了大量的物资和装备。国家"十五"计划纲提出要大力发展装备制造业,党的十六大提出"力争用15~20年时间,使我国重大技术装备基本上能满足国内经济发展的需求"。2002年中央提出振兴老工业基地的战略计划,目标是把东北建成中国乃至世界的装备制造业和原材料工业基地,使东北成为继中国珠三角、长三角和京津唐地区之后中国内地经济第四增长极,并由此确立中国在世界制造业的重要地位。

3. 东北综合经济区中心城市

最近国务院发展研究中心提出将中国内地划分为东部、中部、西部、东北四大板块、八大综合经济区国家地域经济区新设想。沈阳是东北综合经济区综合实力最强的城市,具有建设成为东北综合经济中心城市的基础和条件。2004年的《国家高速公路网规划》将建设"七射九纵十八横"的高速公路网。随着规划高速公路、铁路和管道交通的相继完成以及桃仙机场的扩建,沈阳综合交通枢纽的地位将大大提高。沈阳的交通枢纽地位与电子信息业的发展为现代物流基地的建设提供了得天独厚的条件。据统计,2000年全球物流费用总支出为3.75万亿美元,物流产值占发达国民生产总值的10%~25%。沈阳拥有大型专业批发市场,交通运输仓储业发达,加之市场体系发育良好,具备发展现代物流基本条件。依托沈阳的区位优势和交通优势,沈阳将建设东部以汽车及零配件、建材和农副产品为主的沈海物流服务区,南部以新建保税物流中心、开展保税物流为主的苏家屯物流服务区,西部以工业原材料和产成品为主的张士物流服务区,北部以农副产品、化工为主的虎石台物流服务区。在建设中将整合铁、水、公、空运输网络,构筑综合立体交通运输平台,结合物流基础设施建设商业贸易体系和公共配送体系,实现区域性现代化物流中心城市的目标。

4. 辽宁省省会

沈阳市位于中国东北地区南部,辽宁省中北部,是辽宁省省会。它不仅是全省经济文化中心,也是全省的政治中心,是全省党政领导机关所在地。从辽宁省各个城市的经济实力来看,沈阳发挥着经济龙头的作用,与省内另一个副省级城市大连形成优势互补,各施所长的互利互助关系。另外,作为辽宁省的政治中心,沈阳承担了主要党政机关办公用地的建设,是全省政治、社会、文化活动的核心地。

5. 以清初文化特色的历史文化名城和生态旅游城市

沈阳历史悠久,是清王朝的发祥地,清初史迹是本区凸显的垄断性资源。著名的"一宫"(沈阳故宫)、"两陵"(福陵、昭陵)体现了清朝皇帝陵体系,浓缩了清朝的历史。2004年,沈阳"一宫两陵"被正式列入世界文化遗产名录。以清初文化为特色开展特色旅游是沈阳打造城市特色的有效途径。“十五”及到2010年期间，沈阳旅游业将开发建设项目108个，总投资401亿元。在坚持以清文化旅游为中心，发展特色旅游产业链的同时，沈阳大力进行生态环境建设。2004年，沈阳绿化建设的力度加大，“森林城市”绿化格局基本确立，绿化覆盖率达到38.12%，各项指标已达到2010年目标，完成了浑河北岸城市段绿色廊道建设，城区新增各类绿地总量约55平方公里。为建设生态城市，沈阳将在城市周围造林20平方公里，城市绿化率有望达到40%以上。2004年沈阳空气质量优良天数达到301天，超过了国家“创模”标准292天；拆除锅炉房400座、烟囱1 003根，使集中供热率达到80%；集中式饮用水源水质100%达标。2004年沈阳环境保护投资预计达50亿元，其中用于环境基础设施建设27亿元，北部大辛、南部老虎冲两座生活垃圾处理场正常启动，使沈阳市生活垃圾无害化处理率达100%。通过一系列的环保建设，沈阳为创建综合性生态旅游城市打下了良好的基础。

六、城市性质表述

综上所述，本次确定沈阳的城市性质为：东北亚区域性国际城市，中国装备制造业中心，东北综合经济区的中心城市，辽宁省省会，具有清初文化特色的历史文化名城和生态旅游城市。

（姚士谋，高凌，李昌峰，顾朝林）